河南省“十四五”普通高等教育规划教材

“十三五”国家重点出版物出版规划项目

智慧物流：现代物流与供应链管理丛书

运输管理

第3版

主　编　梁金萍　齐云英

参　编　王　蕾　杨　萌　薛　珂

李金峰　李海燕

机械工业出版社

本书结合我国物流运输的发展现状，广泛吸收当前物流及运输管理方面的新知识和新技能，力求新颖、实用、通俗易懂。本书共10章，包括物流运输管理概述、物流运输方式及业务、物流运输决策、物流运输成本、物流运输合同、整车运输管理、集装箱运输管理、零担货物运输管理、国际联合运输管理和智能运输技术。

本书内容表现形式丰富，正文中穿插了大量小模块，如“小案例”“小思考”“课堂讨论”“课堂实训”等，不但可以方便教师丰富课堂，而且可以拓展学生视野、提升阅读兴趣。每章知识后还设置了形式多样的习题和案例分析，以帮助学生巩固所学知识。

本书可作为高校物流相关专业教材，也为物流运输企事业单位和个人提供了很好的学习材料。

图书在版编目（CIP）数据

运输管理 / 梁金萍，齐云英主编．—3版．—北京：机械工业出版社，2020.10（2025.2重印）

（智慧物流：现代物流与供应链管理丛书）

“十三五”国家重点出版物出版规划项目

ISBN 978-7-111-66671-4

Ⅰ．①运… Ⅱ．①梁… ②齐… Ⅲ．①物流－货物运输－管理－高等学校－教材 Ⅳ．① F252

中国版本图书馆CIP数据核字（2020）第183999号

机械工业出版社（北京市百万庄大街22号 邮政编码 100037）

策划编辑：常爱艳 易 敏 责任编辑：常爱艳 易 敏

责任校对：孙丽萍 封面设计：鞠 杨

责任印制：李 昂

河北宝昌佳彩印刷有限公司印刷

2025年2月第3版第10次印刷

185mm×260mm・18.75印张・463千字

标准书号：ISBN 978-7-111-66671-4

定价：59.80元

电话服务

客服电话：010-88361066

010-88379833

010-68326294

网络服务

机 工 官 网：www.cmpbook.com

机 工 官 博：weibo.com/cmp1952

金 书 网：www.golden-book.com

机工教育服务网：www.cmpedu.com

封底无防伪标均为盗版

前 言

随着国家对现代物流的不断重视以及扶持政策的逐步颁布，现代物流在我国得到了蓬勃发展，作为现代物流业重要支柱的运输也越来越受到重视。为贯彻落实党中央、国务院关于推进“互联网 +”高效物流发展相关部署的要求，健全完善管理制度，规范培育现代物流市场新业态，加快推进道路货运行业转型升级高质量发展，交通运输部、国家税务总局在系统梳理总结道路货运无车承运人试点工作的基础上，于 2019 年 9 月印发了《网络平台道路货物运输经营管理暂行办法》，鼓励网络货运经营者利用大数据、云计算、卫星定位、人工智能等技术整合资源，应用多式联运、甩挂运输和共同配送等运输组织模式，实现规模化、集约化运输生产；鼓励组织新能源车辆、中置轴模块化汽车列车等标准化车辆运输；鼓励发展网络货运，促进物流资源集约整合、高效利用。2019 年，《国务院关于加快道路货运行业转型升级促进高质量发展的意见》提出，加快建设安全稳定、经济高效、绿色低碳的道路货运服务体系，促进道路货运行业高质量发展。这不仅体现了物流运输的发展前景和发展方向，还意味着，随着网络技术的应用，传统的物流运输管理流程和方法等也在改变，物流运输人才需求和技能要求也在发生相应的变化。物流专业师生和从业人员需要不断学习。

本书从运输管理的理论基础出发，聚焦于如何优化运输管理流程、提高资源利用率，降低运输成本，结合国内外运输产业的运作特点及先进模式，将现代运输管理思想、管理方法、组织技术与实践相结合，为各类、各层次运输技术应用型人才的学习和交流提供了一个平台。

为了体现新的课程体系、新的教学内容和教学方法，本书在各章中增加了多种模块：“小案例”，主要反映行业实践动态；“小思考”，即问即答，方便学生思考学习；“课堂实训”，帮助学生进行实训操作，提高学生的动手能力；“课堂讨论”，深化学生对重难点的理解，进行拓展学习，等等。为了增强可阅读性，本书辅以大量案例说明问题；为了便于学生复习，每章章后增加了多种类型的习题和案例分析；为了方便教师教学，本书配备了 PPT 等教学资源，可提供给使用本书授课的教师。

本书由梁金萍、齐云英担任主编，编写人员包括：杨萌（第一、二章），梁金萍（第三章），王蕾（第四章），李海燕（第五章），齐云英（第六、七章），薛珂（第八、九章），李金峰（第十章）。全书由梁金萍统稿。参加编写的教师都在教学中积累了丰富的教学经验，编写内容也都是按各自的教学专长来安排的。

在本书的编写过程中，我们参考了大量的文献，借鉴和吸收了国内外众多学者的研究成果，在此，对他们的辛勤工作深表敬意。由于条件限制未能注明出处的文献资料，敬请作者海涵并告知本书主编（52198619@qq.com）。本书作者制作了配套 PPT 及其他教学资源，使用本书作教材的教师可联系出版社索取（登录机械工业出版社教育服务网 www.cmpedu.com 注册下载。

由于本书的写作时间较短，加之编者水平有限，书中不足之处在所难免，敬请各位专家、学者和广大读者朋友批评指正。

编　者

目 录

第一章　物流运输管理概述

学习目标

通过本章学习，认识新型物流行业，理解物流的定义和功能；熟悉各种运输工具的特点、性能和种类；掌握运输市场的一些基本知识；了解运输质量管理相关知识；了解我国“绿色物流”的实施情况及对我国经济可持续发展的意义。

【引导案例】

我国交通运输基础设施

2019 年 4 月，交通运输部综合规划司发布的交通运输行业发展统计公报显示：截至 2018 年年末，全国铁路营业里程达 13.1 万 km，比上年增长 3.1%，其中高铁营业里程达 2.9 万 km。全国铁路路网密度 136.0km/ 万 km^2，比上年增加 3.7km/ 万 km^2；全国公路总里程 484.65 万 km，比上年增加 7.31 万 km，公路密度为每百平方公里 50.48km；全国内河航道通航里程 12.71 万 km，比上年增加 108km，其中等级航道 6.64 万 km，占总里程 52.3%，提高 0.2 个百分点，其中三级及以上航道 1.35 万 km，占总里程的 10.6%，提高 0.8 个百分点；全国港口拥有生产用码头泊位 23 919 个，比上年减少 3659 个，其中沿海港口生产用码头泊位 5734 个，减少 96 个，内河港口生产用码头泊位 18 185 个，减少 3563 个；全国港口拥有万吨级及以上泊位 2444 个，比上年增加 78 个，其中沿海港口万吨级及以上泊位 2007 个，增加 59 个，内河港口万吨级及以上泊位 437 个，增加 19 个；颁证民用航空机场 235 个，比上年增加 6 个，其中定期航班通航机场 233 个，定期航班通航城市 230 个。（资料来源：中华人民共和国交通运输部网站）

【课堂讨论】

谈谈交通运输基础设施对运输发展的影响。

第一节　物流与运输概述

物流离不开交通运输，运输是物流的主要手段，也是物流的重要环节。整个物流活动是由包装、装卸、保管、库存管理、流通加工、运输和配送等活动组成，其中运输是物流活动的主要组成部分。为了适应物流的发展，必须要有一个四通八达、畅行无阻的运输系统作为支持。

一、运输的功能

1．产品转移

任何形式状态下的产品都离不开运输。运输的主要功能就是让产品在价值链中实现移动。

运输的主要目的是以最低的时间、财务和环境资源成本，将产品从原产地转移到指定地点，此外，产品的灭失、损坏也必须是最低的，产品转移所采用的方式必须能满足顾客有关交付履行和装运信息的可行性等方面的要求。

小词典

物流中的“运输”，是指用设备和工具，将物品从一地点向另一地点运送的物流活动，包括集货、分配、搬运、中转、装入、卸下、分散等一系列操作。

2．产品储存

运输车辆也可临时作为储存设施。在仓库空间有限的情况下，利用运输车辆储存是一种可行的选择。但本质上，利用车辆进行储存只是一种临时的、动态的措施。它的使用还要结合装卸成本、储存能力及延长前置时间等进行综合考虑。因此，对物资的临时储存是一项比较特别的运输功能。

二、运输与物流的关系

1．便利和可靠的运输服务是有效组织输入和输出物流的关键

企业的工厂、仓库与其供货厂商和客户之间的地理分布直接影响着运输费用。因此，运输条件是企业选择工厂、仓库及配送中心等物流设施配置地点需要考虑的主要因素之一。

2．运输影响着物流的其他构成因素

运输方式决定着装运货物的包装要求；运输工具的类型决定其配套装卸搬运设备及接收和发运站台的设计；企业库存量的大小直接受运输状况的影响，发达的运输系统能够比较适量、快捷和可靠地补充库存，从而降低储备水平。

3．运输费用在物流费用中占有很大的比重

从物流成本看，运输成本占52.6%，因此合理运输，以最低的费用、较快的时间，及时、准确、安全地将货物从产地运到销地，是降低物流费用和提高经济效益的重要途径。

4．运输与包装的关系

货物包装的材料、规格及方法等都会不同程度地影响运输。运输包装的外廓尺寸应该充分与运输车辆的内廓尺寸吻合，这对提高货物的装载率有重要意义，将给物流水平的提高带来巨大影响。

5．运输与装卸的关系

物流运输活动必然会伴随着装卸活动。物流运输发生一次，至少会伴随两次装卸活动，即装载和卸下。货物在运输前必须要装车，此时装卸质量的高低将对运输产生巨大影响。装卸工作组织得力，装卸活动开展顺利，可以使物流运输工作顺利进行。当货物通过运输到达目的地后，装卸是为最终完成运输任务所做的补充劳动，使物流运输的任务得以最终完成。同时，装卸还可以把不同的运输方式衔接起来。

6．运输与储存的关系

储存保管是使货物暂时处于停滞的状态，它是货物投入消费前的准备阶段。货物的储存量虽然直接决定于需要量，但货物的运输也会给储存带来重大影响。当仓库中储存的一定数量的货物正好是消费领域急需的货物时，运输就成为连接二者的关键因素。这时，运输活动组织不善或运输工具不得力，就会无端增大货物储存量，还会造成货物损耗增加。

7. 运输与配送的关系

在企业的物流活动中，将货物大批量、长距离地从生产工厂直接送达客户或配送中心的过程称为运输；货物再从配送中心就近发送到地区内各客户手中的过程称为配送。

【资料链接】

物流运输与配送的区别

运输	配送
长距离、大批量货物运输	短距离、小批量货物的移动
物流节点间的移动	企业送交客户
地区间货物的移动	地区内货物的移动
一次向一地单独运送	一次向多处运送，每次运送少量货物

三、运输质量

【课堂讨论】

某货代公司受货主委托，安排一批茶叶海运出口。货代公司在提取了船公司提供的集装箱并装箱后，将整箱货交给船公司。同时，货主自行办理了货物运输保险。收货人在目的港拆箱提货时发现集装箱内异味浓重，经查明，该集装箱前一航次所载货物为精萘，致使茶叶受精萘污染。讨论：

（1）茶叶受污染事故是谁的责任？为什么？

（2）茶叶托运时应注意什么？

运输质量的好坏意义重大，它不仅对物流企业自身有影响，而且对全社会也有重大影响。各种运输方式的质量管理内容虽然不尽相同，但要求却是一致的。

管理机构进行货运质量管理的主要任务是制定货物运输质量管理规章制度和办法，组织、指导、考核和监督全行业货运质量管理工作，处理货运质量纠纷，使全行业的货物运输达到安全优质、准确及时、经济方便、热情周到、完好送达且用户满意的目的。

（一）公路货物运输质量考核指标

货物运输质量事故是指货物从托运方起，至承运方将货物交收货单位签证止的承运责任期内，发生的货物丢失、短少、变质、污染、损坏、误期、错运，以及由于失职、借故刁难、敲诈勒索而造成的不良影响或经济损失。目前，我国公路货物运输质量考核的指标和标准主要有：

（1）重大货运质量事故次数。国家要求公路货物运输经营户杜绝发生重大货运质量事故。

（2）货运质量事故频率。这是指每完成百万吨公里发生货运质量事故的次数。事故次数以一车一次为计量单位，全国平均考核标准一般为每百万吨公里 0.7 次。其计算公式为：

货运质量事故频率 = 货运质量事故次数 / 完成货运周转量（百万吨公里）

（3）货损率。这是指在运输统计报告期内，发生货运质量事故造成货损吨数占货运总吨数的比例。其计算公式为：

货损率 =（货损吨数 / 货运总吨数）×100%

（4）货差率。这是指在运输统计报告期内，发生货运质量事故造成的货差吨数占货运总吨数的比例。其计算公式为：

货差率 =（货差吨数 / 货运总吨数）×100%

（5）货运质量事故赔偿率。这是指在运输统计报告期内，发生货运质量事故所赔偿金额占货运总收入金额的比例。其计算公式为：

货运质量事故赔偿率 =（质量事故赔偿金额 / 货运总收入金额）×100%

（6）完成运量及时率。这是指在运输统计报告期内，按托运时间要求完成的货运吨数占完成货运总吨数的比例。完成运量及时率考核标准国家暂不做统一规定，由各地根据实际情况自定标准。其计算公式为：

完成运量及时率 =（按规定要求时间完成的吨数 / 完成货运总吨数）×100%

（二）水路货物运输质量考核指标

下面的标准适用于从事营业性内、外贸货物运输及相关的港口装卸、储存及驳运等作业的企业、单位和个体户。

1．水路货物运输重大事故认定标准

发生以下任何一种事故，皆为重大货运事故：①内贸货物每一运单的货物损失赔偿金额达30万元以上，或外贸货物每一提单的货物损失金额达250万元以上的货运事故（一票整船货物除外）；②同一事故或同一航次内涉及一票以上的内贸货物的货物损失赔偿金额达200万元以上，或外贸货物的货物损失赔偿金额达500万元以上的货运事故。

当发生重大货运事故时，应在事故发生后两个工作日内，上报行业主管部门。

2．货运质量考核指标

（1）无重大货运事故。

（2）货物赔偿率不得超过1%。

四、运输价格

【小案例】有待关注的汽车货运价格

汽车货运是简单劳动，因其准入门槛较低，导致汽车货运市场竞争非常激烈。由于市场运量的过剩，经营者往往用运价差别来招徕货主，而运价恰是承运商与货主的利益矛盾所在。虽然价格早已由市场调节，但由于竞争激烈，加之诸多客观因素，导致目前货运价格混乱。一些不规范竞争者想方设法超载，用低价同正规承运商竞争。有鉴于此，加大打击非法运输的力度、净化运输市场、维护正规汽车货运商的利益是政府相关部门应着力解决的一个问题。（资料改编自：http://www.cqvip.com/onlineread/onlineread.asp?ID=22963214）

运输价格（运价）是指运输企业对特定货物或旅客所提供的运输劳务的价格。它是运输业借以计算和取得运输收入的根本依据。运输价格能在一定程度上有效调节各种运输方式的运输需求，即在总体运输能力基本不变的情况下，运输需求会因运输价格的变动而改变。但货物运输需求在性质上属于“派生需求”，运转总需求的大小主要还是取决于社会经济活动的总体水平，运输价格的高低对其影响极其有限，但有的情况下，运输价格的变动对某一运输方式的需求调节也会较明显。

运输价格的高低直接关系到运输企业的收入水平。同时，货物运输价格又是物流总成本中的有机组成部分，它的高低也会影响企业的生产经营决策。

1．运输价格的特点

（1）是一种劳务价格。运输价格是运输劳务产品价格，只有销售价格这一种表现形式。同时，因为运输的不可储存性，所以当运输需求发生变化时，只能靠调整运输能力来达到运输供求的平衡，而在现实中，运输能力的调整一般具有滞后性，故运输价格因供求关系而产生波动的幅度往往比一般有形商品大。

（2）是商品销售价格的组成部分。在外贸进、出口货物中，班轮货物的运价占商品价格的比率为 1.1% ～ 28.4%，对大宗而价廉货物而言，这个比率可达 30% ～ 50%。由此可见，货物运价的高低直接影响商品的销售价格乃至实际成交与否。

（3）具有因不同运输距离或不同航线而有所区别的特点。距离运价是我国沿海、内河、铁路及公路运输中普遍采用的一种运价形式，而航线运价则广泛地使用于远洋运输和航空运输中。

（4）具有比较复杂的比价关系。不同运输方式或运输工具在时间、速度等因素上有差别，而这些差别均会影响到运输成本和供求关系，所以，这些因素必然会在价格上有所反映。

2．运输价格的种类

运输价格可按运输对象、运输方式等的不同划分为若干种类。

（1）按货物运输价格的适用范围划分，可分为国内货物运输价格和国际货物运输价格。国内货物运价又可分为交通部直属运输企业适用的货物运价和地方运输企业所适用的货物运价。

国际货物运价按其适用范围主要有两种：一是班轮公司运价，如中国远洋（集团）公司制定的运价表及中波轮船股份有限公司制定的运价表。二是双边运价，是货方向船方协商制定的货运价格，如《中国对外贸易运输公司第三号运价表》，其是由中国对外贸易运输公司代表货方同船方商定的，凡经该公司承办的我国进出口货物，除少数外国班轮公司运输的货物外，均可适用。

（2）按对货物运输价格的管理方式划分，可分为国家定价、国家指导价及市场调节价三种。国家定价如我国对国有铁路货物运输、水路、公路运输中的救灾货物运输等均实行国家定价；交通部直属企业的计划内货物实行的国家指导价；除以上两种情况以外均实行市场调节价或市场调节价与指导价相结合的方式。

（3）按运输货物种类划分，可分为普通货物运价、危险货物运价、冷藏货物运价和集装箱货物运价四种。在普通货物运价中，一般又按其不同的运输条件和货物本身价值高低等因素划分为多个等级，如铁路《货物运价分类表》中将货物分为大类 146 项，共规定了 17 个运价号。

（4）按货物批量大小划分，可分为整批货物运价及零担货物运价。零担货物运价要高于整批货物运价。铁路、公路货物的整批或零担的认定，以一次托运量是否能装满一整车（车辆或车厢）为标准，能装满整车的为整批货，否则为零担货。

（5）按不同运输方式划分，可分为水路货物运输价格、铁路货物运输价格、公路货物运输价格、航空货物运输价格、管道货物运输价格和货物联运运价。

3．运输价格的形成因素

形成运输价格的因素主要有运输成本、供求关系、市场结构模式、各种运输方式之间的竞争及国家经济政策等。

（1）运输成本。运输成本是运输企业在进行运输生产过程中发生的各种耗费的总和。在正常情况下，运输企业为了抵偿运输成本而不至于亏本并能扩大再生产，要求运输价格不低于运输成本。

(2) 供求关系。运输供给和需求对运输市场价格的调节，通常是由供求数量不同程度的变化引起的。为分析方便，通常以假定其中一个量不变为前提来讨论供求关系对运输市场价格的影响：一是当运输需求不变时，供给发生变化对运输市场价格的影响；二是当运输供给不变时，需求发生变化对运输市场价格的影响。

(3) 市场结构模式。根据竞争程度不同，运输市场结构可大体分为以下四种类型：

1) 完全竞争运输市场。在此种市场上，运输企业和货主都只能是运输价格的接受者，运输价格完全由供求关系决定，运输企业和货主对运输市场价格均不能产生任何的影响。在现实中，虽然并不存在这种市场，但基本具备该市场条件的是海运中的不定期市场。

2) 完全垄断运输市场。这种运输市场完全被一个或少数几个运输企业所垄断和控制，垄断企业有完全自由的定价权，它们可通过垄断价格来获得高额利润。在现实中，完全垄断运输市场并不存在。但我国铁路运输因由国家独立经营，对铁路运输货物实行指令性价格，所以具有垄断运输市场的性质。但是，我国铁路运输货物实行所谓的“垄断价格”，其出发点并不是获得高额利润，而主要是依据运输成本、运输供求关系及国家经济政策等因素来定价，同一般意义上的以获取最大利润为目的的“垄断价格”有本质区别。

3) 垄断竞争运输市场。这是指既有独占倾向又有竞争成分的市场。我国沿海、内河及公路运输市场基本上属于这一类型。这种市场的主要特点是同类运输产品，在市场上有较多的提供者，市场竞争激烈；新加入运输市场比较容易；不同运输企业提供的运输产品在质量上有较大差异，而某些运输企业由于存在优势而产生了一定的垄断性。

4) 寡头垄断运输市场。这是指某种产品的绝大部分由少数几家运输企业垄断的市场。在这种市场中，运输价格主要不是由市场供求关系决定，而是由几家大企业通过协议或某种默契规定的。海运中的班轮运输市场是较为典型的寡头垄断市场。

(4) 各种运输方式之间的竞争。影响运输价格水平的竞争因素有运输速度、货物的完好程度，以及是否能实现“门到门”运输等。以运输速度为例，若相同起讫地的货物可采用两种不同运输方式，运输速度较慢的运输方式只能实行较低的运价。这是因为就货主而言，它增加了流动资金的占用和因货物逾期丧失市场机会而造成的市场销售损失。与运输速度较快的那种运输方式相比，其理论降价幅度为上述两项费用之和。

(5) 国家经济政策。国家对运输业实行的税收政策、信贷政策及投资政策等均会直接或间接影响运输价格水平。长期以来，国家为扶植运输业，在以上诸方面均实行了优惠政策。例如，目前国家对运输业所征营业税是第三产业中最低的，税率为3%。而税金是包含在运输价格中的，如果营业税率降低，在运输成本和利润不变的情况下，运输价格可随之降低。因此，目前国家对运输业实行的优惠税率政策有利于稳定运输价格并促进运输业的发展。

4. 运输价格的结构形式

运价的结构形式，是指按货物运输距离的差别制定的运价或按不同运输线路制定的运价。一般将前者称为距离运价或里程运价形式，后者称为线路运价或航线运价形式。

(1) 距离运价（里程运价）。距离运价又可分为均衡里程运价和递远递减运价两种形式。

1) 均衡里程运价。均衡里程运价是指对同一货种而言，货物运价率（即每吨货物运价）

的增加与运输距离的增加成正比关系，也即每吨公里运价不论其运输距离的长短均为一不变值。公路货物运价就是采取的这种均衡里程运价形式。之所以采用均衡里程运价形式，主要是因为公路货物运输成本的变化与运输距离的变化有其内在的联系，也即其运输成本的增加（或减少）与运输距离的增加（或减少）基本成正比，因此，采用均衡里程运价形式能较好地反映运输成本。

2）递远递减运价。递远递减运价是指对同一货种而言，每吨货物运价虽然会随运输距离的增加而相应增加，但并不成正比增加，致使每吨公里货物运价随运输距离的增加而逐渐降低。所谓“递远递减”，是针对每吨公里运价随运输距离增加而相应减少而言的。递远递减运价被广泛使用于我国水路运输（包括沿海和内河）和铁路运输中。

（2）线路运价（航线运价）。线路运价是指按运输线路或航线不同分别制定不同的货物运价。它被广泛使用于国际海运和航空货物运输中。以运输成本为基础的距离运价有时在实际中无法实施。因为国际海运和航空运输线路一般都较长，而每条线路的自然条件和运输条件千差万别，即使运输距离相同，其发生的运输成本也会有很大差别，例如北大西洋航线与太平洋航线的船舶运输显然不能相提并论。此外，各线路的运输供求关系、竞争状况以及社会、政治环境等也各不相同，因此只有按不同线路（或航线）分别确定运价才更符合实际情况。

从理论上看，无论是何种运输方式，采用线路运价才是最能反映具体情况的。但在实际操作中，由于港、站密度大，加之货种复杂，为简化运价的制定和运费的计算，目前在我国水路、公路及铁路运输中采用距离运价也有其合理性一面，但对航区或运输区域的划分应予以改进和完善。例如，公路应取消按省（市）划分运输区域的定价方法，而改为按平原地区、丘陵地区及高原地区分别定价，这样更为适当。

【小思考】

运输企业的竞争主要表现在哪几个方面？

【课堂讨论】

北京某运输物流公司拟承接一批省际货物运输业务，要求某运输物流员迅速确认客户的要求，并组织完成此项运输任务。这位客户通过电话进行了初步咨询，描述了货物的大概情况。运输物流员接受任务后马上开始了一系列的准备工作，制订计划，争取客户的实际认可。

请问此业务员在实际操作时有什么不妥之处？写出业务员的操作步骤。

第二节　载运工具

一、道路载运工具

道路载运工具主要是汽车。汽车运输的特点有：①可门到门服务；②比较适合中短途运输；③速度快；④运输可灵活安排；⑤长途运输费用相对较高。

1．汽车的定义与分类

汽车是指使用自身动力装置驱动的快速而机动的轮式陆路运输工具。

汽车的分类方法有很多，按用途分可分为轿车、客车、货车、专用车、越野汽车、工矿自卸汽车、农用汽车、牵引汽车和汽车列车等。在物流领域中，使用最多的是货车。货车是指运载货物的汽车，又称载重汽车，俗称卡车。货车通常分为以下几类：①微型货车：最大总重量不超过 1.8t；②轻型货车：最大总重量为 1.8 ～ 6t；③中型货车：最大总重量为 6 ～ 14t；④重型货车：最大总重量在 14t 以上。

【资料链接】

我国的第一辆汽车是当时由张学良将军掌管的辽宁迫击炮厂于 1929 年 5 月在沈阳制造的。张学良让民生工厂厂长李宜春从美国购进“瑞雪”号整车一辆，作为样车。李宜春将整车拆卸，然后除发动机后轴、电气装置和轮胎等用原车零件外，对其他零件重新设计制造，到 1931 年 5 月，历时两年，终于试制成功我国第一辆汽车，将其命名为民生牌 75 型汽车，开辟了中国自制汽车的先河。

2. 汽车的基本性能

（1）动力性能。这是指汽车在良好路面上直线行驶时由汽车受到的纵向外力决定的、所能达到的平均行驶速度，是汽车各性能中最基本、最重要的性能。

1）最高速度：汽车在良好的水平路面上能达到的最高行驶速度。

2）汽车的加速时间：可分为原地起步加速时间和超车加速对间。汽车加速能力的高低对平均车速有很大影响，也和行驶的安全性有关，如超车和闪避。

3）汽车的最大爬坡度：汽车满载时在良好路面上用第一档克服的最大坡度，它表征汽车的爬坡能力。爬坡度可用坡度的角度值（度数）来表示，如 30° 的爬坡度，就是说在平面出现一个坡度为 30° 的坡时，汽车能够通过。

（2）汽车的驱动力与行驶阻力。汽车在路面上以一定的速度行驶，是因为受到来自地面与行驶方向相同方向的推力，同时克服了汽车行驶中的各种阻力。而驱动力是由发动机的转矩从传动系统到驱动轮得到的，同时驱动力能否正常产生还要视轮胎与路面的情况而定，即汽车行驶受轮胎与地面附着条件的限制。在汽车行驶过程中的阻力主要有滚动阻力、空气阻力、坡度阻力和加速阻力四种。

（3）汽车的燃料经济性。当汽车以一定档位在一定道路条件下等速行驶时，耗油量与车速之间的关系称为该车的燃料经济性。油耗量越小，越经济。

（4）制动性。汽车的制动性是指汽车在行驶中强制减速直至停车的能力。汽车具有良好的制动性能是安全行驶的需要，同时也有助于提高汽车的平均车速，从而获得较高的运输生产率。

（5）操纵稳定性。汽车的操纵稳定性包括操纵性和稳定性。操纵性是指汽车能够准确地响应驾驶员转向指令的能力；稳定性是指汽车在行驶过程中具有抵抗改变其行驶方向的各种干扰，并保持稳定行驶而不致失去控制甚至侧滑或翻车的能力。实际上，两者相互联系，稳定性的好坏会直接影响汽车的操纵性。

（6）汽车的行驶平顺性。这是指汽车乘坐舒适度或保持货物完好的能力。

（7）通过性。通过性也是汽车的重要性能。它是指在一定装载质量下，能以足够高的平均速度通过各种坏路、无路地带和坎坷不平及有障碍的路段的能力。

【课堂讨论】

如何理解公路运输在目前的运输市场中所处的地位？

二、轨道载运工具

【小案例】中国铁路又添新速度

据 2019 年 1 月 10 日人民日报报道，2018 年，中国铁路运营里程首次突破 13 万 km，高铁总里程占世界的 2/3，“八纵八横”高铁网建设全面展开。从 7 万 km 迈进 10 万 km，中国铁路耗时 10 年，而这一次 3 万 km 的跨越仅用了 5 年。与此同时，运量不断增加，2018 年，全国铁路完成旅客发送量 33.7 亿人次，运量接近全球人口的一半；“中欧班列”年开行量比 2015—2017 年的总和还多 110 列。

2018 年，“复兴号”试验列车以 350km/h 的速度飞驰，试验中启动了自动驾驶系统，实现在车站和线路区间自动停靠、起动和运行。（资料来源：http://paper.people.com.cn/rmrb/html/2019-01/10/nw.D110000renmrb_20190110_1-06.htm）

思考：铁路提速对货运的影响。

轨道载运工具是沿轨道行驶的各种机车与车辆的总称。它依靠车辆外部的轨道进行导向，广泛应用于城市之间的中长途客货运输，市内和市郊的公共交通，如快速公共交通列车、市郊铁路列车、铁路客货运输列车、高速铁路列车及其他轨道式公共交通车辆或列车等。轨道载运工具种类如下：

1. 有轨电车

它由 1 ～ 3 辆车组成，每辆车有 4 ～ 6 个轴。长 14 ～ 21m，可乘坐 100 ～ 180 人，通常作为客运工具使用。

2. 轻轨交通列车

它是 6 轴或 8 轴的铰接车辆，或者由 4 辆 4 轴或 6 轴的车辆或 2 辆 8 轴的车辆组成的列车。铰接车辆长度为 20 ～ 32m，可容纳 250 位乘客，也多为客运工具使用。

3. 快速轨道交通列车

它是由 1 ～ 10 辆 4 轴车辆组成的电动列车，有专用轨道。在市郊时，轨道设在地面，进入市区时转入地下或转为高架，通常作为客运工具。

4. 市郊铁路列车

它是指中长途铁路延伸到市郊或郊区边缘，为当地提供客运服务。

5. 铁路客货运输列车

它是由机车牵引若干辆挂车组成的旅客或货物列车。货物列车由棚车、敞车、平车、罐车和保温车等车辆组成，车辆平均长度约 14m，自重 22.35t，平均运行速度为 60 ～ 90km/h。

6. 高速铁路列车

它是由高功率机车牵引若干挂车，或者同若干带动力的车辆一起组成的列车。这种列车的平均运行速度一般为 250 ～ 350km/h。由于它速度快、运量大、能耗低、舒适而安全、对环境污染小且经济效益好，逐渐发展成为一种高效中长途旅客运载工具。

7. 其他轨道式公共交通车辆或列车

其他轨道载运工具有悬挂式或骑跨式独轨车辆、橡胶轮和钢轮双用车辆、橡胶轮轨道行驶车辆及磁悬浮挂式车辆等。

三、水上载运工具

船舶是能航行或停泊于水域内，用以执行作战、运输、作业等任务的运载工具，是各类船、舰、舢板、筏及水上作业平台等的总称。在世界运输总量中，水上运输占了70%。水上载运工具也由最初的独木舟式发展到现在种类繁多的船舶。

1. 船舶的分类

根据船舶的用途，在综合物流中广泛应用的水上载运工具是运输船舶中的货船，其又细分为：

（1）干货船。

① 杂货船：用于载运各种包装、桶装以及成箱、成捆等件杂货的船舶。它具有2～3层全通甲板，根据船的大小设有3～6个货舱，通常设有吊杆或吊车以装卸货物，底部采用双层底结构以保证船舶的安全。

② 集装箱船：以载运集装箱为主的专用高速货船。集装箱船外形瘦长，通常设置单层甲板，设巨大的货舱口。绝大多数的集装箱船上不设起货设备，装卸通常由岸上的专用起重机、集装箱装卸桥来进行，装卸效率高，船舶停靠时间短。为加快船舶周转，集装箱船舶的航速高于杂货船，通常为20～30节⊖，高的可达33节以上。随着造船技术的发展及港口配套设施的改善，集装箱船舶正在向更大载箱量的方向发展。

③ 散货船：指专门用于载运粉末状、颗粒状及块状等非包装类大宗货物的运输船舶。散装货物一般是廉价的原材料或农产品等，运量大，通常为单向运输。这类船舶主要有普通散货船、专用散货船、兼用散货船以及特种散货船等。

普通散货船一般为单甲板、尾机型、货舱截面呈八角形，舱室的分隔要求不高。大吨位的散货船一般不设置起货设备。

专用散货船是根据一些大宗、大批量散货对海上运输技术的特殊要求而设计的。主要有运煤船、散粮船、矿砂船以及散装水泥船等。

兼用散货船则是根据某些特定的散货或大宗货物对海上运输技术的特殊要求设计建造的，并具有多种装运功能的船舶，如车辆散货船、矿—散—油兼用船等。

特种散货船有大舱口散货船、自卸散货船和浅吃水肥大型船等。

④ 滚装船：滚装船是把装有集装箱及其他件货的半挂车或装有货物的带轮子的托盘作为货运单位，用牵引车或叉车直接进出货舱进行装卸的船舶。使用滚装船运输货物，能大大提高装卸效率，并有利于水陆直达联运。

⑤ 载驳船：载驳船是一种用来运送载货驳船的运输船舶，各种货物或集装箱装到规格统一的驳船上，驳船（子船）在港内装完货后，用载驳船（母船）的起重设备将其装到载驳船上，载驳船把驳船运到目的地后，卸下驳船，驳船可被拖运至载驳船无法航行的航道或无法停靠的码头，把货物运送到目的地。

⑥ 冷藏船：冷藏船是指使易腐货物处于冻结或某种低温条件下进行载运的专用船舶工具。冷藏舱温度范围为-25～15℃，可以根据不同货种选择适宜的温度。

（2）液货船。液货船主要是专门用于运输液态货物的船舶，其运量在现代商船中占很大的比例。液货船主要包括油轮、液化气船和液体化学品船等。

⊖节，速度单位，1节≈1.852km/h。

① 油船：也称油轮，是专门用于载运散装石油的液货船。它是远洋运输中的特大型、大型船舶，一般分为原油船和成品油船两种。目前，油轮载货量在 5 万 t 以上的已很普遍，大型油轮载货量为 20 万～ 30 万 t。原油船由于油种单一、吨位较大，可以取得规模效益；成品油轮受货物批量与港口设备条件的限制一般比原油船小。

② 液化气船：是专门装运液化气的液货船，船上装有特殊的高压液舱，分为液化天然气船和液化石油气船。

③ 液体化学品船：是专门载运各种液体化学品，如醚、苯、醇、酸等的液货船。因为液体化学品一般都具有易燃、易挥发、腐蚀性强等特征，有的还有剧毒，所以对船舶的防火、防爆、防毒、防泄漏、防腐等方面有较高的要求，通常设双层底和双重舷侧。

（3）驳船、推船与拖船。驳船是内河运输货物的主要运载工具，本身一般无推进动力装置，依靠推船或拖船等机动船带动形成船队运输。

推船是用以顶推驳船或驳船队的机动船，有较高的功率和良好的操纵性能。

拖船是专门用于拖拽其他船舶、船队、木排或浮动建筑物的工具，是一种多用途的工作船，与推船一样具有大功率和较好的操纵性。

2. 运输船舶的主要性能

（1）船舶航行性能。船舶必须具有良好的航行性能以适应各种海况、气候、海区等航行条件较为复杂的情况，从而保证航行安全。

船舶的航行性能主要包括浮性、稳性、抗沉性、快速性、适航性和操纵性。它们由设计人员在船舶建造前根据船舶拟投入营运的航区等各种信息来设计，并由船员在船舶营运过程中根据具体要求进行控制。

（2）船舶的重量性能。运输船舶的重量性能包括船舶的排水量和载重量，计量单位以吨表示。

① 排水量：排水量是指船舶浮于水面时所排开的水的重量，它等于船及其所载物体的总重量。根据不同的装载状态可分为满载排水量、空船排水量、空载排水量及压载排水量。

满载排水量一般也称为设计排水量，是指船舶满载时的排水量，即船舶在满载水线下所排开的水的重量。它是空船、货物或旅客、燃料、淡水、食物、船员和行李等重量的总和。

空船排水量是指新船造好后的排水量，等于空船重量，即船上只有船体钢料、机电设备、木作舾装这三部分重量后船舶所排开水的重量。

空载排水量是指船舶空载时排开水的重量，即不装货物时的重量。

压载排水量是指船舶压载航行时排开水的重量。船舶为了保证空载航行时的航行性能，常在船上加压载水，使船处于压载航行状态。

② 船舶载重量：船舶载重量是指船舶运输货物的能力，有总载重量和净载重量之分。

总载重量是指船舶所允许装载的最大重量。它是考虑了货物和旅客、燃料、淡水、粮食和供应品、船用备品、船员和行李以及船舶常数等的总重量。船舶总载重量等于相应吃水时的船舶排水量减去空船重量。

净载重量是指船舶所装载的最大限度的货物重量。船舶净载重量等于船舶总载重量减去燃料、淡水、粮食和供应品、船用备品、船员和行李以及船舶常数后的重量，是总载重量中能够盈利的那部分。

③ 船舶载重线标志：为了保证运输船舶能够在各种条件下安全行驶，同时又能最大限度

地利用船舶的运力，国家验船机构或其他主管机关，根据船舶航行于不同的航区和季节，分别规定船舶的最小干舷及允许使用的载重水线，称为船舶的载重线。它用载重线标志的形式，勘绘在船中两舷外侧，以限制船舶的最大吃水量。

（3）船舶的容积性能。船舶的容积性能包括货舱容积和船舶登记吨位。

① 货舱容积：货舱容积是船舶货舱内部空间大小的度量，可细分为型容积、散装容积和包装容积三种。

型容积是指货舱的理论容积，即不考虑外板厚、货舱内的骨架等，丈量所得到的货舱内部的总容积。

散装容积是指货舱内能够装载散货（如散粮、矿砂、煤炭、盐等）的货舱容积，它是型容积中扣除骨架体积后的容积。它包括船舶两侧壳板内缘、舱底板、舱盖板和横舱壁包围的容积，并扣除肋骨、支柱和横梁所占的容积。

包装容积是指货舱内能够装载包装件货的货舱容积，它是型容积中扣除骨架体积及骨架间容积后的容积，一般为散装容积的 90% ～ 96%。

舱容系数是船舶货舱容积与船舶净载重量的比值，即每一净载重吨所能提供的货舱容积数。将船容系数与货物的积载因数相比较，判断船舶是适宜于装重货还是轻货。船容系数越大船舶越适宜装轻货；反之，则适宜装重货。

② 船舶登记吨位：船舶登记吨位是指按船舶吨位丈量规范的有关规定丈量所得的内部容积，它是为船舶注册登记而规定的一种以容积折算的专门吨位，分为总吨位和净吨位两种。

总吨位是通过对船舶所有围蔽处所进行丈量计算后确定的吨位，一般用于表示船舶的大小等级，供国家统计船舶数量使用，可作为计算造船、买卖船舶及租船费用的依据，船舶登记、检验和丈量的收费标准，计算海损事故赔偿的基准，以及计算净吨位的依据等。

净吨位是指对船舶能够实际营运的载货（客）所进行丈量计算后得出的吨位，一般用于计算船舶向港口交纳各种费用和税收等。净吨位大致为总吨位的 0.63 ～ 0.7。

（4）船舶航速。船舶的航行速度简称航速，是指船舶在单位时间内相对于陆地或水面所移动的距离。运输船舶的速度性能包括试航航速和服务航速。船舶航速常用的单位为节，即海里 /h（1 海里＝ 1.852km）。

试航航速是船舶试航时测得的航速。服务航速也称常用航速或营运航速，是指运输船舶在平时营运时所达到的航速。服务航速一般是一个平均值，通常比试航航速小 0.5 ～ 1 节。这主要是由于：海上有风浪且风浪大小变化多端，主机不常开最大持续功率以保护主机，另外，船的装载量大小和船舶污底等都会对航速产生影响，使船舶服务航速比试航航速小。

（5）船舶的装卸性能。船舶的装卸性能随货舱的布置、船体结构及起货设备的不同而不同，即具有不同货舱布置、船体结构和起货设备的船舶，其装卸性能有优劣之分。

货舱布置，包括船舱货舱数的多少、舱口尺度、舱口数、货舱位置、货舱容积的平衡性等因素都会影响船舶的装卸性能，进而影响船舶的装卸效率。

船体结构对船舶装卸性能的影响主要涉及货舱的结构和甲板的层数等。

船舶装卸设备的形式、数量、技术性能（包括起货设备的起重量、工作幅度、起升高度、起升速度、旋转速度、变幅速度、输送机的输送量及油泵的输油量等）对船舶的装卸效率起着决定作用。装卸设备的技术性能越好，数量越多，装卸船舶的效率就越高。

目前，运输船舶正朝着大型化、专业化的方向发展，船舶装卸设备也采用专业机械并大幅度地提高单机效率和自动化控制，以适应新形势的需要。

【资料链接】运河的分类

①海运河：位于近海陆地上，沟通内河与海洋或海洋与海洋，主要行驶海船，如苏伊士运河和巴拿马运河；②内陆运河：位于内陆地区，供内河船舶通航；③设闸运河：运河内设有船闸以克服水面比降大；④无闸运河：水面比降较小，不设船闸；⑤跨岭运河：运河跨越分水岭或山丘时，为了减少开挖工程量，常在两侧山坡上建船闸，越过山岭；⑥旁支运河：用于沟通厂矿和附近航道而开挖的支航道。

四、航空载运工具

飞机最初主要用于军事领域，20 世纪初，出现了运输机，飞机开始承担快速空中运输任务。目前，飞机是技术发展最迅速的一种运载工具。

1. 飞机的种类

（1）按运输类型分类。

① 航空公司定期航班或非定期航班使用的各种运输机。

② 为工农业生产飞行、商业飞行和教学飞行等服务的民用航空飞机。

（2）按航程距离分类。

① 短途飞机：短途飞机的航程约在 1000km 以下，主要用于地方支线和通勤运输的飞行，其最大起飞重量在 40 000kg 以下。

② 近程飞机：近程飞机的航程约在 3000km 以下，适用于在国内主要航线上飞行，其最大起飞重量在 40 000kg 以上。

③ 中程飞机：中程飞机的航程约在 3000 ～ 5000km 范围内，适用于在洲内主要航线上飞行，其最大起飞重量在 100 000kg 以上。

④ 远程飞机：航程约在 8000km 以上，主要用于洲际飞行。其航程远，耗用燃料量大，机体尺寸和重量都很大，所需跑道也长。

（3）按发动机及其产生推力的类型分类。

① 活塞式：是以汽油发动机为动力，带动螺旋桨旋转以产生推动力的飞机。

② 涡轮螺旋式：是以燃气涡轮发动机为动力，带动螺旋桨旋转以产生推动力的飞机。部分短程支线和通勤运输飞机，以及少数双发动机通用航空飞机会采用这种类型。

③ 涡轮喷气式：是由燃气涡轮发动机向后喷射出高速气流以产生推动力的飞机。早期生产的喷气式运输机采用这种形式，但后来被摒弃不用而代之以涡轮风扇喷气式。

④ 涡轮风扇喷气式：在涡轮喷气发动机的前部（或后部）加上一个风扇以产生推动力的飞机。目前除短途飞机外，几乎所有运输飞机都采用这种形式。

2. 飞机的性能

（1）稳定性。各种运输工具除了能正常行驶外，都必须保持稳定。飞机稳定性是指飞机长时间以要求的姿态保持平衡状态的能力。飞机自身具有的稳定性对飞行安全至关重要，同时对飞机本身的性能也有重要影响，这一性能与飞机的结构、控制等技术紧密相关。

（2）操纵性。飞机除了能通过空气动力部件保证飞机的稳定性之外，还应具备良好的操纵能力。良好的操纵性能是指飞行员不需要用很大的力就可使飞机改变飞行状态。但飞机的操纵性能也不是越灵敏越好，如果太灵敏，就会使飞行员的神经过分紧张，要时刻注意飞机的操纵，易于疲劳，影响其他工作。

飞机的操纵性和飞机的稳定性有密切关系，二者在具体要求上往往相互矛盾。稳定性很好的飞机，操纵性可能不灵敏，而操纵性能很好的飞机稳定性又差。因此，应当根据不同用途飞机的不同性能要求，适当地协调安排，使稳定性和操纵性综合起来处于最佳状态。

【资料链接】世界上最大的运输机——安-225运输机

安东诺夫安-225“哥萨克人”运输机（简称安-225运输机）是一架离陆重量超过600t的超大型军用运输机，它可以运输8座坦克和2架战斗机。它还曾经帮助中国运输过一辆火车，以此闻名世界。安-225运输机是截至2014年全世界承载重量最大的运输机，其翼展宽度仅次于休斯力士运输机，是翼展第二宽的飞行器。

五、管道式载运工具

管道主要用来输送油、气，有时还可用来运输粮食和矿石等。管道自身没有动力，主要依靠各种增压设施驱动油、气及矿石沿着管道流向目的地。

【资料链接】

我国是最早使用管道输送流体的国家之一。第一条原油管道在1865年的美国出现，它使用管径50mm的熟铁管，全长9.75km，每小时输原油13m³。20世纪50年代，随着石油开采的迅速发展，各采油国开始大量兴建油气管道。

【小案例】管道运输优势明显

扬子石化为国内最大的环氧乙烷生产商之一，年产量可达10万多吨。该产品易燃易爆，且有毒，是典型的危险化学品；赫克力士（南京）有限公司是一家以环氧乙烷做原料生产羟乙基纤维素的公司。2007年年初，两家公司签订了通过管道供应环氧乙烷的意向书。此举首开中国石化环氧乙烷产品就近管道运输的先河，对改善化工物流、确保运输安全具有重要意义。（资料改编自：http://www.ccin.com.cn/front/home/templet/default/ShowArticle.jsp?id=20911）

1．根据运输介质分

（1）输油管道。输油管道是专门输送油品的管道，分原油管道和成品油管道两种。输送原油的管道，需要在沿线设加压泵站，而输送易凝结或高黏度的原油，还要增设加热或热泵站进行热处理。

（2）输气管道。输气管道是输送从气田开采出来的天然气和石油伴生气的管道，在世界管道总长度中，输气管道占一半以上。

（3）输送固体料浆的管道。固体料浆管道则是指输送煤、铁矿石等固体介质的管道，不过需要将煤、铁等碎成粒状，与适量的液体配置成浆液进行管道运输。

2．根据制造材料分

（1）竹制管道。

（2）铁制管道。

（3）钢制管道。

3．根据动力驱动机械分

管道内的运输介质不同，要求由不同类型的泵或压缩机来驱动，如往复泵、螺杆泵等。根据泵的驱动机械动力不同，又分蒸汽机驱动、内燃机驱动、电动机驱动和燃气轮机驱动等。

【课堂讨论】

某公司首次承揽到三个集装箱运输业务，时间较紧。从上海到大连铁路1200km，公路1500km，水路1000km。该公司自有10辆10吨普通卡车和一个自动化立体仓库，经联系附近一家联运公司虽无集装箱卡车，但却有专业人才和货代经验，只是要价比较高，至于零星集装箱安排落实车皮和船舱，实在心中无底。你认为采取什么措施比较妥当？

第三节　绿色运输

【小案例】

日本三大啤酒公司之一的麒麟啤酒，也是世界前十大啤酒集团。该集团强调一番榨只萃取第一道麦汁，产品单宁酸含量低，所以口感清爽不苦。如今，人们在发展经济的过程中，过多地摄取了经济利益而忽视了对环境的保护，并且，物流活动对环境的影响已经威胁到我们的日常生活。该公司认为，在人们呼吁绿色环境的大背景下，发展绿色物流是企业适应社会消费生活的要求与趋势。为此，公司在物流方面做了以下改进：首先在包装方面，提高啤酒瓶装量、推动轻型包装，使瓶子容量增加，提高单次运载的运载工具的运载量，减少了物流过程中人力、物力、财力的成本和对环境的污染。其次，改进装卸过程中的保护措施，减少破损的生产原料与破损的啤酒瓶对自然环境造成的严重影响。

思考：为什么说发展绿色物流是大势所趋？

随着经济的发展，人类的生存环境遭到严重破坏，人们开始更加关注环境保护、资源节约等偏重社会效益方面的问题。为保证未来社会实现良性循环，人们提出了可持续发展战略，即经济、社会、资源和环境保护要协调发展，在发展经济的同时，保护好自然资源和环境，使子孙后代能够持续发展。绿色革命也正是基于可持续发展战略，对消费、生产及流通等环节提出的要求。这种绿色革命的可持续发展战略同样适用于运输活动，于是绿色运输理念应运而生。

一、绿色运输的含义

绿色运输倡导在运输活动中采用环保技术，提高资源利用率，最大限度地降低了运输活动对环境的影响。绿色运输要求在企业供应链中时时处处考虑环保与可持续发展，采取与环境和谐相处的理念去建立和管理交通运输系统。

企业实施绿色运输要达到两个主要目标：一是实现共生型运输，即在提高现代运输效率的同时不以牺牲生态环境为代价，采取有效的技术和措施实现运输与环境的共同发展；二是实现资源节约型运输，通过集约型的科学管理，合理配置企业资源，使企业所需要的各种物质资源得到最有效、最充分的利用，使单位资源的产出达到最大，减少、降低运输中造成的资源浪费。以上两个目标之间相互联系、相互制约。通过这两个目标的实现，最终使企业发展目标和社会发展目标与社会发展、环境改善协调同步，走上企业与社会都能可持续发展的双赢之路，真正实现绿色运输既追求经济高效又追求节约资源、保护环境的可持续发展目标。

小词典

绿色运输是指以节约能源、减少废气排放为特征的运输，它是绿色物流的一项重要内容。其实施途径主要包括：合理选择运输工具和运输路线，克服迂回运输和重复运输，以实现节能减排的目标；改进内燃机技术和使用清洁燃料，以提高能效；防止运输过程中的泄漏，以免对局部地区造成严重的环境危害。

【小思考】

为何要倡导绿色物流？

二、发展绿色运输的意义

1．发展绿色运输是改善环境的关键

现在大部分运输工具的使用都需要消耗燃料；内燃机的大量使用，在获得了大量能量、实现快速运输的同时，排放出来的一氧化碳、二氧化碳及各种氮硫氧的化合物，不但直接影响大气的质量，对人类及各种动物的呼吸系统造成了巨大伤害，而且破坏臭氧层，造成酸雨、温室效应，对整个生态圈造成了前所未有的威胁。运输产生的噪声污染，还会损害人类健康。绿色运输恰恰可以解决传统运输给环境带来的诸多弊端。我们通过对运输节点的科学设置，优化运输路线，选择合理的运输工具和运输方式，构建出有利于环境的运输系统，在运输为社会经济发展做贡献的同时使其给环境带来的不利影响降到最低，促成环境运输共生型绿色运输。

2．绿色运输是经济可持续发展的必然选择

我国生态环境脆弱，人均资源不足，发展与环境的矛盾十分尖锐。绿色运输作为可持续发展的一个重要环节，与绿色生产、绿色消费共同构成了一个节约资源、保护环境的绿色经济循环系统。可持续发展的原则之一，就是使今天的商品生产、流通和消费不至于影响未来商品的生产、流通和消费的环境及资源条件。将这一原则应用于现代物流管理活动中，就是要求从环境保护的角度对现代物流体系进行研究，尤其是该体系中的运输环节，使之形成一种与环境共生的绿色运输系统，改变原来经济发展与物流之间的单向作用关系，抑制运输对环境造成的危害，同时又要形成一种能促进经济和消费生活健康发展的现代运输系统。

3．发展绿色运输有利于满足人们的需要

绿色运输有利于满足人们不断提高的物质和文化需要。运输作为生产和消费的中介，是满足人民物质和文化生活的基本环节。而绿色运输则是伴随着人民生活需求的进一步提高，尤其是绿色消费的提出而产生的。试想绿色的生产和产品，如果没有绿色无污染物流的支持，绿色消费就难以进行。

4．发展绿色运输有利于企业获取新的竞争优势

日益严峻的环境问题和日趋严厉的环保法规，使企业为了持续发展，就必须积极解决经济活动中的环境问题，改变危及企业生存和发展的生产方式，建立并完善绿色运输体系，通过绿色运输来追求高于竞争对手的相对竞争优势。

国内企业，要参与国际物流市场竞争，必须加快物流的绿色化建设。一旦国外在物流业的绿色化上设置准入壁垒，那么我国的物流业将遭受打击。绿色运输的实施，将改变传统企业的运作模式，使其在公众中的形象发生极大改观，这必将使企业能够获得原来没有的竞争优势。

5．绿色运输代表着21世纪物流管理发展的新趋势

产品从投产到销出，制造加工时间仅占10%，而几乎90%的时间被储存、装卸、运输、流通加工及信息处理等物流过程所占用。绿色运输不仅是一般物流活动节约和降低成本的关键，还可以提高能源的利用效率并且降低污染。它对生产经营成本的节省可以说是无可估量的。从环境的角度对运输体系进行改进，将有效利用资源和维护地球环境放在发展的首位，建立效率化的、信息流与物质流循环化的绿色运输系统，代表了21世纪新的物流管理发展趋势。

三、我国绿色运输发展现状及存在的问题

（一）传统运输的弊端

传统运输是相对现代绿色运输而言的。传统运输主要存在以下弊端：

1．严重破坏环境

物流活动离不开交通工具的使用，交通网的发展和交通工具的大量使用提高了全社会的物流速度，但作为物流的载体之一，这些交通工具本身也产生了较为严重的环境污染。大部分运输工具的运行都需要消耗燃料，过分地耗竭将不利于可持续发展。而且，交通工具会排放大量有害气体，产生噪声污染，损害人类的健康，也会损害道路周边植物的健康生存，加剧对生态平衡的破坏。其次，在物流过程中如果因储存和运输不当而发生泄漏，将对环境造成严重的破坏。如运输原油的海轮发生泄漏事故，会造成海水污染，导致海生动植物的死亡；运送液化化学产品泄漏，会对人员和环境造成严重污染，等等。

2．大量占用土地资源

土地是人类赖以生存和发展的物质基础和环境条件，是社会生产中最基础的生产资料。在传统运输方式中，随着社会物流量的增加，运输规模的扩大，主要是通过建设更多的交通基础设施来与之相适应，这样就不可避免地占用了大量的耕地或有经济价值的土地。

3．频发交通事故且后果严重

交通事故一方面是指运输工具失事导致人员伤亡和财产损失，另一方面是指危险品和有毒物质运输时因发生泄漏而造成的灾害。从统计数据来看，公路运输交通事故发生最频繁，火车、飞机、轮船发生灾难的频率虽然较公路低，但一旦发生后果往往相当严重。这些事故的发生给人类生命、财产安全及生态环境带来了严重危害。

4．产生大量不合理运输

不合理运输是指在现有条件下可以达到的运输水平却没有达到，从而造成了运力浪费、运输时间增加及运费超支等问题的运输形式。从当前运输行业来看，一是运输效率不高，空载或者装载不足、对流运输或重复运输等现象普遍存在，浪费了人力和物力，导致运营成本提高；二是信息化管理水平不高，缺乏统一调度和对各项信息实时监控，没有及时对信息系统加以更新，造成信息滞后；三是在整个运输过程中运输方式的选择比较单一，缺乏根据各自具有的比较优势、供给特征以及运输需求结构的变化，通过利用综合运输来优化运输方式的观念，这些因素共同造成了不合理运输现象的存在。

（二）绿色运输存在的问题

1．思想观念问题

一方面，领导和政府的观念仍未转变，绿色物流的思想还没确立，更不用说绿色运输思

想，缺乏发展的前瞻性。另一方面，经营者和消费者绿色经营和绿色消费的理念仍很淡薄，绿色物流的思想更少，对连接绿色供给主体和绿色需求主体的绿色通道物流环节，也没有足够的重视和关心。

2．政策措施问题

一些发达国家的政府在绿色运输的政策性引导上，制定了诸如控制污染发生源，限制交通量和控制交通流的相关政策和法规，而且还从物流业发展的合理布局上为运输绿色化铺平道路，如日本早在2000年就制定了《废弃物处理与清洁生产法》和《有效利用资源法》等法律规定。

我国自20世纪90年代以来，也一直在致力于环境污染方面的政策法规的制定和颁布，但针对物流行业绿色运输的还不是很多。另外，由于物流涉及的有关行业、部门、系统过多，而这些部门又都自成体系，各做各的规划，各建各的物流基地，导致物流行业存在一定的无序发展状况，造成资源配置的浪费，也为以后物流运作上的环保问题增加了额外的负担。

3．技术装备问题

绿色运输离不开绿色技术的掌握和应用。我们目前的技术和绿色要求有较大的差距。物流装备水平仍然较低，各种运输方式之间装备标准不统一，物流器具标准不配套，物流包装标准与物流设施标准之间缺乏有效衔接，在一定程度上延缓了物流机械化和自动化水平的提高，影响了运输工具的装载率、装卸设备的荷载率以及仓储设施的空间利用率。企业物流信息管理水平和技术手段比较落后，缺乏必要的公共物流信息平台，订单管理、货物跟踪、库存查询等物流信息服务功能较弱，制约了物流运输效率和服务质量的提高。总之，没有先进物流技术的发展，就没有现代物流的立身之地，绿色运输就更无从谈起。

四、绿色运输的实现方式

【课堂讨论】

荷兰首都阿姆斯特丹有着世界上最大的花卉供应市场，机场和花卉市场的货物供应与配送完全依靠公路，对于一些时间要求很高的货物（如空运货物、鲜花、水果等），拥挤的公路交通将是巨大的威胁，供应和配送的滞期会严重影响货物的质量（鲜花耽搁1天贬值15%）。因此，人们计划在机场和花卉市场之间建立一个专业的地下物流系统，整个花卉的运输过程全部在地下进行，只在到达目的地时才露出地面，以期达到快捷、安全的运输效果。

讨论：对建立地下运输系统进行利弊分析。

运输是物流活动中最主要的活动，同时也是物流作业耗用资源、产生污染和破坏环境的重要方面。如何实现绿色运输、保证运输与社会经济和资源环境之间的和谐发展、实现运输的可持续发展模式，已成为我国物流业发展的重要内容。借鉴发达国家的经验，我们可以从以下几个层面入手来实现我国传统运输向绿色运输方式的转变。

1．政府层面

（1）实施环境立法，制定绿色物流运输标准。要实现绿色物流，不可能完全依靠市场而自发实现，因此，在绿色物流的实施过程中运用法律手段进行调控必不可少。制定绿色物流运输标准包括下面两个内容：①最低排放标准，主要包括运输工具的废气排放标准和噪声标准，其中，尾气排放最低标准须针对不同的污染物制定；噪声标准包括运输工具的噪声标准和装卸机械的噪声标准。②交通工具技术标准，包括速度标准、安全标准、设备规格及使用的燃料标准等。

（2）实施奖惩制度。对积极采用先进环保设备、清洁能源以及积极实施资源循环利用的企业给予“绿色补贴”政策或税收优惠。补贴的方式包括物价补贴、企业亏损补贴、财政贴息、税收优惠、对无污染或减少污染的设备实行加速折旧等。对没有很好实施绿色物流的企业实行排污收费。

（3）实施强有力的行政管理。政府对绿色运输的行政管理主要体现在发生源管理、交通流管理和交通量管理等三个方面。发生源管理的主要措施包括根据环境法规对废气排放及车辆进行管理，禁止排放超标的车辆上路，以及对车辆噪声进行规制；交通流管理即通过建立环状道路、制定道路停车规则以及实行交通管制的高度自动化来减少交通堵塞，以提高配送效率；交通量管理即通过政府的指导作用，推动企业从自备车辆运输向社会化运输体系转化，大力发展第三方物流，以最终实现高效率的物流。

2．企业层面

（1）切实树立起绿色物流的理念。物流企业要切实树立起绿色物流的理念，认识到绿色运输首先有利于企业树立良好的公众形象和赢取公众信任，扩大企业的知名度和影响力；其次，企业对资源的节约利用和对运输的科学合理的规划，将极大降低物流成本，降低物流过程的环境风险成本，从而为企业拓展利润空间；再次，企业通过绿色运输还可以降低原材料成本，提升客户服务价值，增强企业的竞争优势。因此，物流企业要积极配合政府的管理，遵守政府制定的关于物流运输管理的法律法规和行政规定，响应政府的引导，不断致力于运输设备的升级换代，以期在造成最低负面效应的情况下获得最大的企业和社会效益。

（2）积极推进运输设备的改进或改良。这主要从以下三个方面入手：一是发展替代能源，在全球能源危机及环境污染日益严重的情况下，发展使用替代能源不仅能起到降低能耗和污染的作用，还能提高运输工具的运行速度及配送效率；二是研制使用更清洁的能源、更节能的发动机；三是开发尾气净化技术。在净化处理方面主要是提高燃油的燃烧率，安装防污染处理设备和开发新型发动机。

（3）大力优化运输方式。一是发展多式联运。多式联运就是指从装运地到目的地的运输过程中包含两种以上的运输方式——海、陆、空、内河等。多式联运一是可以减少包装支出，降低运输过程中的货损、货差；二是克服了单个运输方式固有的缺陷，通过最优化运输线路的选择，各种运输方式的合理搭配，使各种运输方式扬长避短，实现运输一体化，从而在整体上保证运输过程的最优化和效率化，以此降低能源浪费和环境污染；三是从物流渠道看，它有效地解决了由于地理、气候及基础设施建设等各种市场环境差异造成的商品在产销空间、时间上的分离，促进了产销之间的紧密结合以及企业生产经营的有效运转。

二是发展共同配送。共同配送是指由多个企业联合组织实施的配送活动，主要适用于某一地区的客户所需要物品数量较少而使用车辆不能满载、配送车辆利用率不高等情况。共同配送的优点在于：可以最大限度地提高人员、物资、资金和时间等资源的利用效率，取得最大化的经济效益；可以去除多余的交通运输，并取得缓解交通、保护环境等社会效益。

三是建立信息网络。生活方式的多样化，导致人们对多品种、小批量的物流需求成为趋势，这在客观上要求企业信息系统的顺畅可靠。因此，采用和建立库存管理信息系统、配送分销系统、用户信息系统、EDI/Internet 数据交换、GPS 系统、决策支持系统、货物跟踪系统和车辆运行管理系统等，对提高物流系统的运行效率起着关键作用。同时，要更好地建立和运用企业间的信息平台，将分属不同所有者的物流资源通过网络系统连接起来进行统一管理和调配使用，物流服务和货物集散空间被放大，物流资源得到充分利用。

3．公众层面

公众是环境污染的最终受害者，也是绿色物流不可缺少的行为主体。作为公众，首先要树立起绿色物流的概念，要认识到绿色物流给环境及社会带来的好处，并积极响应政府号召，在日常的消费活动中要将企业是否实行了绿色物流来作为对企业的运输服务或运输产品认可的一个重要参考依据。只要全民都树立起了绿色物流的消费概念，那么将极大促进企业将其运输过程绿色化，从而有效降低物流对环境产生的污染，为建设节约型社会和环境友好型社会做出贡献。

【课堂实训】

一个传统的大型运输物流企业正在召开关于“十三五”期间企业发展定位的讨论会议。会议参与方是企业中层以上干部及一个物流咨询机构的相关人员。企业方觉得传统的运输行业因为受到较多的限制，比如竞争对手恶性竞争、油价、人力成本上升很快、市场变化大等原因，使得企业在“十三五”期间的发展面临很大的局限性，企业应该重点做的是降本增效、环保创新、强化内功。物流咨询机构认为企业应该抓住“十三五”我国经济从创新型、环保型经济、降本增效等促进经济转型、实现经济活力的契机，长远布局，进行一次大的战略转型，向多功能的现代物流企业转变。

请拟定你的角色定位，进行一个简短的会议讲话。要求：要有理有据，重点突出。

本章小结

本章重点介绍了运输的功能及其与物流的关系；介绍了公路和水路货物运输质量的考核标准；介绍了运输市场的分类，以及运价形成的相关知识；接着对各类载运工具进行了介绍，分析了每一类载运工具的特点及其分类标准；最后对目前正在兴起的“绿色物流”中的绿色运输做了介绍，重点分析了发展“绿色运输”的意义及实现措施。

案例分析

郑州中欧班列运输合理化

2019 年 1 月，中国铁路郑州局集团有限公司发布消息，中欧班列（郑州）2018 年全年开行 752 班（416 班去程、336 班回程），同比增长 50%，累计货值 32.36 亿美元、货重 34.68 万 t。

2013 年 7 月 18 日，中欧班列（郑州）正式运行，当年仅开行 13 班。2018 年，这一线路全年开行数量暴增，开行频率也从起初的每周“单趟对开”到如今的“九去八回”。2018 年 5 月 18 日，中欧班列（郑州）还开通了支线中亚班列郑州—塔什干；同年 10 月 24 日，该班列在原线路上再向西延伸至比利时列日；2018 年年底，又开通了至东盟越南的货运线路，列车向南抵达越南河内。5 年多来，中欧班列（郑州）累计开行 1760 班，累计货值 84.62 亿美元、货重 84.69 万 t，凭借回程比例、发送货量、开行计划兑现率、班期频次兑现率和运输安全等综合运行能力，持续在全国中欧班列中保持领先地位。（数据来源：http://www.chinawuliu.com.cn/zixun/201901/15/337883.shtml，中国物流采购联合会）

案例思考：请结合以上案例思考郑州中欧班列如何实现运输合理化。

基本训练

1．单项选择题

（1）寡头垄断运输市场的价格由（　　）来操纵。

A．一家　　B．多家　　C．少数几家

（2）均衡里程运价是对（　　）。

A．不同货物而言　　B．多种货物而言　　C．同一货物而言

（3）汽车的爬坡度是用（　　）来表示的。

A．度数　　B．分数　　C．小数　　D．系数

（4）运输灵活方便，能实现门到门运输的是（　　）。

A．火车　　B．汽车　　C．轮船　　D．飞机

2．判断题

（1）运输在物流中是一个可有可无的环节。（　　）

（2）合理的运输就是无论花多大代价都要把客户所要求的货物及时送到客户手中。（　　）

（3）对物资的储存是运输的一项特别功能。（　　）

（4）货物运价的高低间接影响商品的销售价乃至实际成交与否。（　　）

（5）一般来说，零担运输的价格要低于整车运输的价格。（　　）

（6）采用均衡里程运价形式的原因主要是因为公路货物运输成本的变化与运输距离的变化有其内在的联系。（　　）

3．多项选择题

（1）物流的功能有（　　）。

A．包装功能　　B．装卸搬运功能　　C．运输功能　　D．储存功能　　E．配送功能

（2）运输企业面临的竞争表现在（　　）。

A．价格方面　　B．服务质量方面　　C．运输质量方面　　D．运输方式方面

（3）按供求关系划分，运输市场有（　　）。

A．有弹性市场　　B．缺乏弹性市场　　C．买方市场　　D．卖方市场

（4）市场结构模式有（　　）。

A．完全竞争运输市场　　B．完全垄断运输市场

C．垄断竞争运输市场　　D．寡头垄断运输市场

4．问答题

（1）如何理解运输的储存功能？

（2）运输价格与运输需求之间的关系是什么？

（3）发展绿色运输有何意义？

实践训练

结合如图 1-1 所示某时点不同快递公司价格数据，思考不同快递公司运输价格差异的原因何在。（图片来源：http://www.chinawuliu.com.cn/xsyj/201712/27/327432.shtml，中国物流采购联合会）

快递公司及运输方式		异地 北京朝阳区 - 上海浦东新区		同城 北京朝阳区 - 海淀区	
		价格（元）	时间（天）	价格（元）	时间（天）
德邦	精准卡航 / 城运	130	2	61	1
	精准汽运	106	3	56	2
顺丰	标快	513	3	111	1
	特惠	250	4	111	1
	次晨	515	1	111	1
圆通	速配	412	3-4	59	2
	普快	410	3-4	108	2
申通	普通	502	4	402	3
韵达	普通	505	3	155	1-2
中通	普通	173	3	85	2
百世物流	普通	120	3	120	1

图 1-1　不同快递公司价格数据（按 90cm × 60cm × 30cm 或 50kg 货物计）

第二章　物流运输方式及业务

学习目标

通过本章的学习，了解各种运输方式的划分；熟悉各种运输方式的优缺点；掌握各种运输方式的运输业务及应该注意的问题；知晓各种运输方式适合的运输范围。

【引导案例】

香港港口的基本情况

香港港是自由港。香港港有海上航线20多条，通往世界120多个国家和地区近1000个港口。2019年，香港港口货物总吞吐量达到2.633亿t，其中抵港货物和离港货物分别为1.709亿t和0.924亿t。

香港港有15个港区：香港仔、青山（屯门）、长洲、吉澳、流浮山、西贡、沙头角、深井、银矿湾、赤柱（东）、赤柱（西）、大澳、大埔、塔门和维多利亚。其中维多利亚港区最大，掩护条件良好，港宽1.6～9.6km，面积达$52km^2$，可停泊长305m的大型船。

香港港有72个远洋船系船浮筒，其中44个可系泊137～183m长的船舶、28个可系泊长137m以下的船舶，57个为台风时系船浮筒。此外，港口还有香港当局和私人的系船浮筒2000多个。这些浮筒可系泊待靠码头船舶，也可进行海上过驳倒载作业。浮筒作业周转期仅2.7天。

葵青货柜码头位于维多利亚港区西北部，面积达85万m^2，有6个泊位，岸线总长2378m，水深12m。其中一个泊位设有可停靠滚装船的装卸设施。自1970年建成集装箱码头以来，集装箱装卸作业量平均每年增加11%。2019年集装箱吞吐量为1836万标准箱（TEU），占全港干货吞吐量的77.45%，集装箱船的装卸时间平均仅13.2h。（改编自香港海运港口局资料）

【课堂讨论】

下列货物可用哪几种运输方式？比较一下哪一种最好。

1. 把鲜花从广州运到北京。
2. 把煤炭从山西运到济南。
3. 把新鲜蔬菜从郑州郊区运到郑州市区。
4. 将一批钢材从重庆运到武汉。
5. 将两箱急救药从成都运到重庆。

第一节 物流运输方式的分类

运输在现代物流中占据十分重要的地位，是实现物流的基础。在现代物流管理中，根据客户的要求以及承运的货物种类，选择什么样的运输方式，在预定的时间内高效率、低成本地将货物运达目的地，是运输管理的基本内容。

物质产品从生产所在地向消费所在地的物理性转移，可以通过不同的运输方式来实现。在物流过程中，对运输方式和运输工具的选择，成为合理运输的重要内容。组织合理运输对提高物流系统的整体效益有重要的意义。

物质产品运输有五种基本方式，即铁路运输、公路运输、水路运输、航空运输和管道运输。为了提高运输效益，在五种基本运输方式的基础上，还形成了联合运输、散装运输、集装箱运输等具有特殊功能的运输方式。

一般来讲，运输方式选择的限制条件有运输物品的种类、运输量、运输时间、运输成本等方面。当然这些条件不是相互独立的，而是紧密相连、互为作用的。对运输方式的选择应准确把握现代运输方式的分类与特点，深入了解选择的要求，此外还要注意一些选择的要点。

现代运输方式的分类可按运输工具、运输线路、运输作用及运输的协作程度，以及是否集装等进行分类。

一、按运输工具分类

（一）公路运输

公路运输是主要使用汽车或其他车辆（如人力车、畜力车）在公路上进行货客运输的一种方式。公路运输主要承担近距离、小批量的货运，水运、火车难以到达地区的长途、大批量货运，以及铁路运输、水运优势难以发挥的短途运输。由于公路运输具有灵活性，近年来，在有铁路、水运的地区，长途大批量运输也开始用公路运输。

公路运输的主要特点是灵活性强，易于因地制宜，对收货站设施要求不高，可实现“门到门”运输，即从发货者门口直到收货者门口，而不需转运或反复装卸搬运。公路运输也可作为其他运输方式的衔接手段，其经济半径一般在200km以内。

公路运输可按不同的分类标准来划分。

1．按货物运输组织方法的不同划分

（1）整车运输。按照《公路货物运价规则》和《公路货物运输规程》的规定，托运方一次托运货物在3t以上者为整车运输。货物重量虽在3t以下但不能拼装，需单独供车装运的货物，也按整车运输办理，适用整车费率。

（2）零担运输。零担运输是指托运人一次托运货物的重量不足3t的情况，适用零担费率。零担运输一般需要特别的运输处理作业，如要求定线路、定班期发运。

2．按运送速度的不同划分

（1）一般货物运输。一般货物运输主要是指在运送速度上没有特殊的要求，只要满足常规的货物运送的速度要求就可以达到托运人的意愿的运输方式。

（2）快件运输。根据《道路零担货物运输管理办法》的规定，快件运输是指从货物受理的当天 15：00 起算：300km 运距内，24h 以内运达；1000km 运距内，48h 以内运达；2000km 运距内，72h 以内运达。由于快件运输对运达时间有限定，一般是由专门从事该项业务的公司和运输公司、航空公司合作，派专人以最快的速度在发件人、货运中转站或机场、收件人之间递送急件。

（3）特快专运。特快专运是指应托运人要求即托即运，在约定时间内运达的运输方式。

小看板

轻泡货物（或称轻浮货物、轻货）是体积大而自重轻的货物；在铁路运输中是指装满车箱但总重达不到车辆标记载重的货物；在公路运输中是指每立方米不满 333kg 的货物，在航空运输中是指每立方米不满 167kg 的货物；在水路运输中是指每立方米不满 1t 的货物；在国际航运业务中，按惯例是指每 $40ft^3$（$1.133m^3$）不满 1t 的货物。

3．按经营方式的不同划分

（1）公共运输。公共运输专门经营汽车货物运输业务并以整个社会为服务对象，其经营方式有：①定期定线：不论货载多少，在固定路线上按时间表行驶。②定线不定期：在固定路线上视货载情况，派车行驶。③定区不定期：在固定的区域内根据货载需要，派车行驶。

（2）契约运输。契约运输是指按照承托双方签订的运输契约运送货物。托运人一般都是一些大的工矿企业，常年运量较大而且稳定。契约期限一般都比较长，短的有半年、一年，长的可达数年。按契约规定，托运人保证提供一定的货运量，承运人保证提供所需的运力。

（3）自用运输。自用运输是指工厂、企业、机关自购汽车，专为运送自己的物资和产品，一般不对外营业。

（4）汽车货运代理。汽车货运代理本身既不掌握货源也不掌握运输工具，他们以中间人的身份一面向货主揽货，一面向运输公司托运，借此收取手续费用和佣金。有的汽车货运代理人专门向货主揽取零星货载，加以归纳集中成为整车货物，然后自己以托运人名义向运输公司托运，赚取零担和整车货物运费之间的差额。

4．按货物类别不同划分

（1）普通货物运输。普通货物是指运输、保管及装卸工作中没有特殊要求、不必采用专用汽车运输的货物。零担货物运输也存在普通零担货物运输。普通零担货物系指《公路货物运价规则》中列明并适于零担运输的一、二、三等普通货物。

（2）特种货物运输。特种货物是指货物的本身性质、体积、重量和价值等方面有特别之处，在运输、保管或装卸等环节上必须采取特别措施方能保证货物完好地实现位置的移动。特种货物包括危险货物、贵重货物、长大笨重货物、鲜活易腐货物等。

1）大型、特型笨重物件运输。因货物的体积、重量的要求，需要大型或专用汽车运输的，为大型、特型笨重物件运输。托运人托运大型、特型笨重物件，应提供货物性质、重量、外廓尺寸及对运输要求的说明书；承运前，承托双方应先查看货物和运输现场条件，需排障时由托运人负责或委托承运人办理；运输方案商定后办理运输手续。

2）危险货物运输。承运公路《危险货物品名表》列名的易燃、易爆、有毒、有腐蚀性、有放射性等危险货物和虽未列入《危险货物品名表》但具有危险货物性质的新产品，为危险货物运输。

3）鲜活易腐货物运输。鲜活易腐货物包括易腐货物、活动物等。鲜活易腐货物运输的条件主要有：需冷藏保温的货物，托运人应提出货物的冷藏温度和在一定时间内保持温度的要求；托运鲜活货物，托运人应提供最长运输期限及途中管理、照料事宜的说明书，货物允许的最长运输期限应大于汽车运输能够达到的期限；运输途中需要饲养、照料的活动物和有生植物，托运人必须派人押运。

【资料链接】我国公路网总体水平明显提高

我国以高速公路为骨架的干线公路网络基本形成，国省干线公路等级逐步提升，农村公路行车条件不断改善。

据中华人民共和国2018年3月发布的《2017年交通运输行业发展统计公报》显示，截至2017年年末，全国公路总里程达477.35万km比上年增加7.82万km。公路密度每百平方公里49.72km，增加0.81km。

至2017年年末，全国四级及以上等级公路里程433.86万km，比上年增加11.31万km，占公路总里程90.9%，提高0.9个百分点。二级及以上等级公路里程62.22万km，增加2.28万km，占公路总里程13.0%，提高0.3个百分点。高速公路里程13.65万km，增加0.65万km；高速公路车道里程60.44万km，增加2.90万km。国家高速公路10.23万km，增加0.39万km。（资料来源：《2017年交通运输行业发展统计公报》）

【课堂实训】

某物流公司运输部接到货运任务见表2-1。

表2-1 货运任务

任务	货物名称	货物数量	发货地	收货地
1	机器设备	25t	河北邯郸	黑龙江七台河
2	石油焦	500t	河南濮阳油田	安徽合肥
3	玉米	10t	山东淄博	山东菏泽
4	集装箱	20TEU	青岛前湾港	河南郑州
5	冷冻水产品散货	8t	青岛黄岛保税区	山东济南
6	袋装货物	100t	北京	河南洛阳

针对每一项运输任务，公司应该选用哪些公路货运车辆与设备？选择时应考虑哪些参数？

（二）铁路运输

铁路运输是使用铁路列车运送客货的一种运输方式。铁路运输主要承担长距离、大数量的货运，在没有水运条件的地区，几乎所有大批量货物都是依靠铁路，它是在干线运输中起主力运输作用的运输形式。

铁路运输速度快，运输不大受自然条件限制，载运量大，运输成本较低，但是灵活性差，只能在固定线路上实现运输，需要与其他运输手段配合和衔接。铁路运输经济里程一般在200km以上。

（1）铁路货物运输按照运输条件的不同分为普通货物运输和特殊货物运输两种。

特殊货物有铁路阔大货物（包括超长货物、集重货物和超限货物）、铁路危险货物、铁路罐装货物和铁路鲜活货物，其他均属于普通货物。

（2）按照运输速度的不同，铁路货物运输又可分为普通货物运输、快运货物运输和班列货物运输三种。

1）普通货物运输。普通货物运输是指按正常速度行驶的货物列车进行的运输。

2）快运货物运输。为加速货物运输，提高货物运输质量，适应市场经济的需要，铁路开办了快运货物运输（简称快运），在全路的主要干线上开行了快运货物列车。托运人按整车、集装箱、零担运输的货物，除不宜按快运办理的煤、焦炭、矿石、矿建等品类的货物外，托运人都可以要求铁路按快运办理，经发送铁路局同意并切实做好快运安排，货物即可按快运货物运输。

3）班列货物运输。为了适应市场经济发展的需要，向社会提供优质服务，铁路开展了货运五定班列运输。货运五定班列（简称班列）是指铁路开行的发行站间直通、运行线和车次全程不变，发到日期和时间固定，实行以列、组、车或箱为单位报价包干办法，即定点、定线、定车次、定时、定价的货物列车。班列按其运输内容分为集装箱货物班列（简称集装箱班列）、鲜活货物班列（简称鲜活班列）、普通货物班列（简称普通班列）。班列的开行周期实行周历，按每周 X 列开行。

（3）铁路货物运输按照一批货物的重量、体积、性质、形状分为整车运输、零担运输和集装箱运输三种。

1）整车运输。一批货物的重量、体积、性质或形状需要一辆或一辆以上铁路货车装运（用集装箱装运除外），即属于整车运输。我国现有的货车以棚车、敞车、平车和罐车为主，标记载重量（简称为标重）大多为50t、60t及其以上，棚车的容积在100m^{3}以上。达到这个重量或容积条件的货物，应整车运输。

2）零担运输。为了便于装卸、交接和保管，有利于提高作业效率和货物安全，除限按整车办理的货物外，一件体积最小不得小于0.02m^3（一件重量在10kg以上的除外）、每批件数不超过300件的货物，均可按零担运输办理。

3）集装箱运输。它是以集装箱作为运输单位进行货物运输的一种最先进的现代化运输方式。它具有“安全、迅速、简便、价廉”的特

【课堂讨论】

托运人宋某与济南铁路局于10月31日签订运输合同一份。货物是苹果1500箱，纸箱包装，苹果毛重30t，承运人运输期限6天，到达站为南京西站，收货人为宋某本人。济南铁路局配给宋某棚车一辆，货车标记载重量为45t。宋某自行装车，装苹果2800箱，货物标明“鲜活易腐”，11月1日18时挂有该棚车的111次列车从济南车站出发。讨论：

1. 铁路运输的车辆及分派给宋某的车辆是否符合所运输货物的要求？
2. 这批货物应如何计算运费？

点，有利于减少运输环节，可以通过综合利用铁路、公路、水路和航空等各种运输方式进行多式联运，实现“门到门”运输。

（三）水路运输

水路运输，简称水运，是使用船舶运送客货的一种运输方式。水运主要承担大数量、长距离的运输，是在干线运输中起主力作用的运输形式。在内河及沿海，水运也常作为小型运输工具使用，担任补充及衔接大批量干线运输的任务。

水运主要进行低成本、大批量、远距离的运输，其运输速度慢，受港口、水位、季节、气候影响较大，因而一年中中断运输的时间较长。水运有以下四种形式：

（1）沿海运输。沿海运输是使用船舶通过大陆附近沿海航道运送客货的一种方式，一般使用中、小型船舶。

（2）近海运输。近海运输是使用船舶通过大陆邻近国家海上航道运送客货的一种运输形式，视航程可使用中型船舶或小型船舶。

（3）远洋运输。远洋运输是使用船舶跨大洋的长途运输形式，主要依靠运量大的大型船舶。

（4）内河运输。内河运输是使用船舶在陆地内的江、河、湖泊等水道进行运输的一种方式，主要使用中、小型船舶。

【资料链接】

在我国内河运输业务中，石油及其制品、煤炭、矿石、生产资料是主要货源，与国内沿海运输的货源相似，这充分说明沿海港口的许多物资是通过内河运输提供的；而内河运输又把沿海港口的物资大量地疏运到全国各地。这样就使我国的内河与海洋运输形成了有机的运输网络。

水路运输按其营运方式可分为班轮运输和租船运输两种。

1. 班轮运输

班轮运输是指船舶在特定的航线上按照船期表所进行的货物运输。班轮运输又分为定期班轮和不定期班轮两种。定期班轮严格按照预先公布的船期表运行，船舶到、离港的时间及计划停靠的港口固定不变，是班轮运输的主要形式。不定期班轮根据预先公布的船期表运行，但船舶到港、离港的时间有一定的伸缩性，有固定的始发港、目的港，中途停靠港则视货源情况可能有增减。

班轮运输的货物主要是件杂货，包括工业制品、半成品、食品、工艺品等。与大宗散货相比，件杂货批量较小、货物种类多、收发货人数多且分散，不易于组织整船运输。而且这些货物的价值相对较高，并有一定的时间要求，为保证运输质量，对适航船舶的性能也有较高要求。

2. 租船运输

租船运输是指船舶出租人（船东）向承租人提供船舶的全部或部分舱位装运约定的货物，从某一港运至另一港，由承租人支付租金的运输方式。它不同于班轮运输，没有预先制定的船期表、航线，也没有固定的停靠港口。船舶的航线、运输货物的种类以及装卸港口等都是根据货主的要求而定的，并依据双方签订的租船合同来明确彼此的权利和义务。

租船运输的主要特点是采用租船合同组织运输，出租人与承租人双方首先要签订租船合同，合同条款是双方权利和义务的依据；租船运输的运价受国际航运市场的行情影响大，一般由双方议价，货主难以把握，一般委托货运代理参加洽谈。

【小思考】

班轮运输的主要特点是什么？

租船运输适合大宗的低价值货物运输，如粮食、饲料、矿产品、石油及其制品、农药、化肥、水泥等散杂货整船装运。

【小案例】

长江航运集团公司与武汉钢铁集团公司、沿江两岸大型火力发电厂等国有企业签订的运输进口铁矿石和煤炭的长期包运协议，就是由船方在规定的时间内用若干条船运完合同规定的货物数量，企业按合同向船方结算运费。

零星货源或少量件杂货源由地方航运企业承担航次租船运输业务，价值高的货物一般走集装箱船运输。

（四）航空运输

航空运输是使用飞机或其他航空器进行运输的一种形式。航空运输的单位成本很高，因此，主要适合载运的货物有两类：一类是价值高、运费承担能力很强的货物，如贵重设备的零部件、高档产品等；另一类是紧急需要的物资，如救灾抢险物资等。

航空运输的主要特点是速度快，不受地形的限制。在火车、汽车都达不到的地区也可依靠航空运输，因而有其重要意义。

航空运输的方式主要有：

1. 班机运输

班机（Scheduled Air-line）是指定期开航的定航线、定始发站、定目的港、定途经站的飞机。一般航空公司都使用客货混合型飞机（Combination Carrier），一方面搭载旅客，一方面又运送少量货物。但一些较大的航空公司在一些航线上开辟定期的货运航班，使用全货机（All Cargo Carrier）运输。

班机运输的特点如下：

（1）班机有固定航线、固定停靠港且定期开航，因此国际货物流通多使用班机运输方式，使货物能安全、迅速地到达世界上各通航地点。

（2）便利收、发货人确切掌握货物起运和到达的时间，这对市场上急需的商品、鲜活易腐货物及贵重商品的运送是非常有利的。

（3）班机运输一般是客货混载，因此舱位有限，不能使大批量的货物及时出运，往往需要分期分批运输。这是班机运输不足之处。

2. 包机运输

包机运输（Chartered Carrier）分整包机和部分包机两种。

（1）整包机。整包机即包租整架飞机，是指航空公司按照与租机人事先约定的条件及费用，将整架飞机租给包机人，从一个或几个航空港装运货物至目的地。

包机人一般要在货物装运前一个月与航空公司联系，以便航空公司安排运载和向起降机场及有关政府部门申请、办理过境或入境的有关手续。

包机的费用一次一议，随国际市场供求情况变化。原则上，包机运费是按每一飞行公里固定费率核收费用，并按每一飞行公里费用的80%收取空放费。因此，大批量货物使用包机时，均要争取双程都有货载，这样费用比较低。如果只使用单程，运费比较高。

（2）部分包机。部分包机即由几家航空货运公司或发货人联合包租一架飞机或者由航空公司把一架飞机的舱位分别卖给几家航空货运公司装载货物。这种方式适用于托运不足一架整飞机舱位但货量又较重的货物。

3．集中托运

集中托运（Consolidation）是指由空运货代公司将若干单独发货人的货物集中起来组成一整批货物，由其各航空公司托运到同一到站，货到国外后由到站地的空运代理办理收货、报关并分拨给各个实际收货人。

（1）集中托运的特点。

1）节省运费。航空货运公司的集中托运运价一般都低于航空协会的运价。发货人可得到低于航空公司的运价，从而节省费用。

2）提供方便。将货物集中托运，可使货物到达航空公司到达地点以外的地方，延伸了航空公司的服务，方便了货主。

3）提早结汇。发货人将货物交给航空货运代理后，即可取得货物分运单，可持分运单到银行尽早办理结汇。

集中托运方式已在世界范围内普遍开展，形成较完善、有效的服务系统，为促进国际贸易发展和国际科技文化交流起了良好的作用。集中托运已成为我国进出口货物的主要运输方式之一。

（2）集中托运的限制。

1）集中托运只适合办理普通货物，对于等级运价的货物，如贵重物品、危险品、活动物以及文物等不能办理集中托运。

2）目的地相同或临近的可以办理集中托运，如某一国家或地区，其他则不宜办理。例如，不能把去日本的货发到欧洲。

【小案例】

2019年2月13日民航局召开新闻发布会发布消息，2019年1月，全行业共完成运输总周转量106.2亿t·km，同比增长12.4%，实现了2019年的良好开局。

民航局运输司副司长于彪介绍了中国航空运输企业在印度航空市场的相关情况：2018年冬春季，印方无货运定期航线，友和道通、顺丰航空两家公司经营自昆明及武汉两个城市至德里、孟买、马德拉斯及班加罗尔四个城市的定期货运航班，每周38班。（资料来源：前瞻网，2019.2.25）

4．陆空联运

陆空联运包括火车、飞机和汽车的联合运输方式，简称TAT（Train-Air-Truck），以及火车、飞机的联合运输方式，简称TA（Train-Air）。

我国空运出口货物通常采用陆空联运方式，这是因为我国幅员辽阔，而国际航空港口岸主要有北京、上海、广州等，虽然省会城市和一些主要城市每天都有班机飞往上海、北京、广州，但班机所带货量有限，费用比较高，如果采用国内包机，费用更贵，所以在货量较大的情况下，往往采用陆运至航空口岸，再与国际航班衔接。由于汽车具有机动灵活的特点，在运送时间上更可掌握主动，因此一般都采用“TAT”方式组织出运。

【小案例】

我国长江以南的外运分公司目前办理陆空联运的具体做法是用火车、货车或船将货物运至我国香港，然后利用我国香港航班多，到欧洲、美国运价较低的条件（普通货物），把货物从我国香港运到目的地，或运到中转地，再通过当地代理，用货车送到目的地。长江以北的公司多采用火车或货车将货物送至北京、上海航空口岸出运。

陆空联运货物在我国香港的收转人为合力空运有限公司。发运前，要事前与它们联系，满足它们对单证的要求，便于提前订舱。各地发货时，可使用外运公司的航空分运单，也可使用“承运货物收据”。有关单据上要注明是转口货，要加盖“陆空联运”字样的标记，以加速周转和避免征税。

5．急件快递

急件快递（Air Express）不同于一般的航空邮寄和航空货运，它是由专门经营这项业务的公司与航空公司合作，设专人用最快的速度在货主、机场、用户之间进行传递。该业务目前是由快递公司办理。

急件快递通常用于样品、目录、宣传资料、书籍报刊等的空运快递业务，由国内空运代理委托国外代理办理报关、提取、转送和送交收货人。

【资料链接】郑州航空港经济综合实验区最新发展

近年来，郑州航空港实验区充分发扬“争分夺秒、拼尽全力”的港区精神，始终坚持以塑造“国际、魅力、机遇、幸福”航空新城为目标，聚焦“一区一群一体系一新城”，全力推进“开放、培育、提质、创新、民生”五项工程，经济社会发展呈现出“一持续两提升一转变”的良好态势。

2018 年，郑州航空港实验区地区生产总值突破 800 亿元，达 800.2 亿元，同比增长 12%，分别高于全省、全市 4.4、3.9 个百分点。电子信息业产值突破 3000 亿元，达 3084.2 亿元。外贸进出口总额突破 500 亿美元，达 527 亿美元。跨境电商业务单量突破 2000 万单，达 2114.4 万单，全市占比由 2016 年的 3.28% 提升至 2018 年的 21.8%。规模以上工业增加值增长 11.7%，分别高于全省、全市 4.5、4.9 个百分点。一般公共预算收入完成 42.4 亿元，增长 16.8%，分别高于全省、全市 6.3、7.8 个百分点，增速全市排名第一。客货运规模继续保持中部地区“双第一”，客运达 2733.5 万人次，其中国际旅客达到 171.5 万人次；货运达到 51.5 万 t，进出口货物达到 32.92 万 t。（资料来源：郑州航空港经济综合实验区官网，http://www.zzhkgq.gov.cn）

（五）管道运输

管道运输是利用管道输送气体、液体和粉状固体的一种运输方式。其运输形式是靠物体在管道内顺着压力方向顺序移动实现的，和其他运输方式的重要区别在于，管道设备是静止不动的。

管道运输的特点主要是由于采用密封设备，在运输过程中可避免散失、灭失等损失，也不存在其他运输设备本身在运输过程中消耗动力所形成的无效运输问题。另外，其运输量大，适合于大且需要连续不断运送的物资。

【资料链接】中国将在“十三五”增加油气管道里程近六成

截至 2015 年年底，除我国台湾外，全国已建成的油气管道总里程已达 12 万 km，形成了横跨东西、纵贯南北、连通海外的油气管网格局。“十三五”期间，中国将建成原油管道约 5000km，新增一次输油能力 1.2 亿 t/ 年；建成成品油管道 12 000km，新增一次输油能力 0.9 亿 t/ 年。“十三五”期间，新建天然气主干及配套管道 4 万 km，2020 年总里程达 10.4 万 km，干线输气能力超过 4000 亿 m^3/ 年；地下储气库累计形成工作气量 148 亿 m^3，比 2015 年增加两倍。（数据来源：https://www.jiemian.com/article/1080479.html）

二、按运输线路分类

1．干线运输

干线运输是利用铁路、公路的干线，大型船舶的固定航线进行的长距离、大数量的运输，是进行远距离空间位置转移的重要运输形式。干线运输的速度较同种工具的其他运输要快，成本也较低。干线运输是运输的主体。

2．支线运输

支线运输是与干线相接的分支线路上的运输。支线运输是干线运输与收、发货地点之间的补充性运输形式，路程较短，运输量相对较小。支线的建设水平往往低于干线，运输工具水平也往往低于干线，因而速度较慢。

3．城市内运输

城市内运输是一种补充性的运输形式，路程较短。干线、支线运输到站后，站与用户仓库或指定接货地点之间的运输，由于是单个单位的需要，所以运量也较小。

4．厂内运输

厂内运输即在工业企业范围内，直接为生产过程服务的运输。这种运输一般在车间与车间之间、车间与仓库之间进行。小企业中的这种运输以及大企业车间内部、仓库内部则不称“运输”，而称“搬运”。

三、按运输作用分类

1．集货运输

集货运输即将分散的货物汇集的运输形式，一般是短距离、小批量的运输。货物集中后才能利用干线运输形式进行远距离及大批量运输，因此，集货运输是干线运输的一种补充形式。

2．配送运输

配送运输即将据点中已按用户要求配好的货分送给各个用户的运输。配送运输一般是短距离、小批量的运输，从运输的角度讲是对干线运输的一种补充和完善的运输。

四、按运输的协作程度分类

1．一般运输

孤立地采用不同运输工具或同类运输工具而没有形成有机协作关系的称为一般运输，如汽车运输、火车运输等。

2．联合运输

联合运输简称联运，是使用同一运送凭证，由不同运输方式或不同运输企业进行有机衔接运输货物，利用不同运输手段的优势、充分发挥不同运输工具效率的一种运输形式。

联合运输实行一次托运、一次收费、一票到底、全程负责，可以简化托运手续，方便用户，同时可以加速运输速度，也有利于节省运费。联合运输的形式大致有两大类：一类是交通运输部门之间的联运，是指由两种以上运输工具的接力运输，或虽是同一种运输工具，但需要通过中转完成的运输形式，如铁海联运、公铁联运、公海联运等；另一类是货物的产、供、运、销各部门组成的运输大协作，如一条龙联合运输。

3. 多式联运

多式联运是联合运输的一种现代形式。一般的联合运输规模较小。在国内大范围物流和国际物流领域，往往需要反复地使用多种运输手段进行运输，在这种情况下，进行复杂的运输方式衔接，并且具有联合运输优势的运输方式称为多式联运。

【资料链接】我国货车的基本型号

我国货车的基本型号用大写的汉语拼音字母来表示。这些字母多数是各类货车名称的第一个汉字的汉语拼音首字母，但也有个别例外，如表 2-2 所示。

表 2-2　我国货车的基本型号

车　种	基本型号	车　种	基本型号	车　种	基本型号	车　种	基本型号	车　种	基本型号
棚车	P	罐车	G	矿石车	K	家畜车	J	特种车	T
敞车	C	保温车	B	长大货物车	D	水泥车	U	守车	S
平车	N	集装箱车	X	毒品车	W	粮食车	L		

第二节　各种运输方式的特点

一、公路运输的特点

公路运输受自然条件影响较小，通用性较好。公路运输网一般比铁路、水路网的密度要大十几倍，分布面也广，因此公路运输车辆可以“无处不到、无时不有”。与铁路相比，公路运输投资少、机动灵活、适应性强，在时间方面的机动性也比较大，车辆可随时调度、装运，各环节之间的衔接时间较短。尤其是公路运输对运量的大小具有很强的适应性，汽车的载重吨位有小（0.25 ～ 1t）有大（200 ～ 300t），既可以单独车辆独立运输，也可以由若干车辆组成车队同时运输。以铁路和船舶为主力的中、长干线运输，无论是直达联运，还是中转，都需要汽车为终端运输。

【课堂讨论】

小鲁在温州购买了 100 箱鞋子，准备运往南宁市销售。他租用了一辆 15t 的载货汽车运输。对其合理性应如何评价？

（一）公路运输的优点

1. 公路运输可以做到门到门的直接运送

公路运输不受线路、车站、港口的制约，运送速度比较快，运输途中不需中转。汽车除了可以沿公路网运行外，还可以深入工厂、矿山、车站、码头、农村、山区、城镇街道及居民区，空间活动领域大，这一特点是其他任何运输工具都做不到的，因而汽车运输在直达性上有明显的优势。并且，从发货人处到收货人处，也不需要其他运输机械的帮助，就能把货物送到。

2．易于采用连续服务体制

公路运输可以把物品从供应地直接送到目的地，这也为采用连续服务体制提供了方便条件。例如，客户通过互联网在某家公司订购某些商品，公司则可利用汽车把商品送到客户家中，并提供相关的服务。

3．汽车可以作为自主运输的工具

许多单位都有自备汽车，而随着经济的不断发展以及人们生活水平的不断提高，家庭购买汽车越来越多，这些汽车也可以作为自主运输的工具。而火车、轮船、飞机一般不会作为自主运输的工具，因为它们所需的投资太大。

4．运输灵活、方便

公路运输机动灵活、方便，既可以成为其他运输方式的接运方式，又可以自成体系。汽车运输对货物批量的大小具有很强的适应性，既可以单车运输，又可以拖挂运输。运输途中货物的撞击少，几乎没有中转装卸作业，因而对货物包装的要求不高。

5．时间自由

铁路运输、船舶运输和航空运输一般都是按照已制订的计划定期定时运行，即使有不定期运行，也不能频繁地进行。然而，汽车运输在时间上自由度很大，通常可以在客户所要求的任何时间运输。

6．原始投资少，资金周转快

公路运输与铁路、水路、航空运输方式相比，所需固定设施简单，车辆购置费用一般也比较低，因此，投资兴办容易，投资回收期短。据有关资料表明，在正常经营情况下，公路运输的投资每年可周转1～3次，而铁路运输需要3～4年才能周转1次。

（二）公路运输的缺点

1．运输成本高

对于同样的运输量，汽车运输的动力费、劳务费较高。特别是长距离运输场合，公路运输成本是铁路运输的11.1～17.5倍，是水路运输的27.7～43.6倍，是管道运输的13.7～21.5倍，但比航空运输成本低，只有航空运输的6.1%～9.6%。

2．运输单位小

由于汽车的载重量有限，在大批量的运输场合，必须增加汽车的台数和驾驶员的人数，单车产生不了大批量运送的经济效果。目前，世界上最大的汽车是美国通用汽车公司生产的矿用自卸车，长20多米，载重350t左右，但仍比火车、轮船的运载量少得多。

3．交通事故及公害问题多

因为汽车是无轨道行驶，一般也不按准确时间运输，而且听任驾驶员的自由意志，所以交通事故多，易造成人身、货物和车辆的损害。另外汽车所排出的尾气和引起的噪声也严重地威胁着人类的健康，是大城市环境污染的最大污染源之一。

4．运行持续性较差

据有关统计资料表明，在各种现代运输方式中，公路的平均运距是最短的，运行持续性较差。例如，铁路运输平均运距为公路运输的25倍，水运是其59倍，管道运输是其2.7倍，航空运输是其90倍。

5．运输能耗很高，劳动生产率低

公路运输能耗很高，分别是铁路运输能耗的10.6～15.1倍，是沿海运输能耗的

11.2～15.9倍，是内河运输能耗的13.5～19.1倍，是管道运输能耗的4.8～6.9倍；劳动生产率低，只有铁路运输的10.6%、沿海运输的1.5%、内河运输的7.5%，但比民航运输劳动生产率高，是民航运输的3倍；此外，公路建设占地多，随着人口的增长，占地矛盾将表现得更为突出。

（三）公路运输适用的主要作业

1. 近距离的独立运输作业

公路运输主要是中短途运输（50km内为短途运输，50～200km为中途运输）。由于高速公路的兴建，汽车运输从短途逐渐形成短、中、远程运输并举的局面，其适合运距有所增加，但仍不及铁路运输及水路运输。

2. 补充和衔接其他运输方式

所谓补充和衔接，是指当其他运输方式担负主要运输时，由汽车担负起点和终点处的短途集散运输，完成其他运输方式到达不了的地区的运输任务。

公路运输以其活动的广泛性和灵活性，深入到社会活动的各个方面。正基于此，借助于公路运输的发展，才能把各种运输方式连接成网，形成一个分工合作、协调发展的综合运输体系，充分发挥运输业在经济和社会发展中的重要作用，并提高综合运输能力和综合运输效益。公路的这种独特的作用是其他各种运输方式所不能替代的，它在经济和社会发展中的重要地位是毋庸置疑的。

二、铁路运输的特点

铁路运输是指利用机车、车辆等技术设备沿铺设轨道运行的运输方式，铁路是一种适宜远距离的大宗客、货运输的重要运输方式。在我国，铁路运输不论在目前还是可以预见的未来，都是运输网络中的骨干和中坚。

（一）铁路运输的优点

（1）承运能力大。它能够承担巨大的运输量，铁路的一列货物列车一般能运送3000～5000t货物，适合大批量低值商品及长距离运输。

（2）铁路运输不受气候和自然条件的影响，能保证运行的经常性和持续性。

（3）轨道运输安全系数大，计划性强，在运输的准时性方面占有优势。

（4）铁路运输可以方便地实现驮背运输、集装箱运输及多式联运。

（5）全国铁路网四通八达，可满足远距离运输的需要。

（二）铁路运输的缺点

（1）固定成本很高。铁路运输基础设施建设投资较大，需要消耗大量钢材、木材等，修路、架桥、开凿隧道工程量较大，建设周期较长。

（2）运输时间较长。在运输过程中需要有列车的编组、解体和中转改编等作业环节，占用时间较长，因而增加了货物的运输时间。

（3）铁路运输中的货损率比较高。由于装卸次数较多，货物损毁或灭失事故通常也比其他运输方式多。

（4）难以实现“门到门”运输。铁路运输通常要依靠其他运输方式配合，或者托运人和收货人均要有专用线，才能实现“门到门”运输，完成运输任务。

（三）铁路运输适用的主要作业

（1）适合大宗低值货物的中、长距离运输，也较适合运输散装货物（如煤炭、金属、矿石、谷物等）、罐装货物（如化工产品、石油产品等）。

（2）适用于大量货物一次高效率运输。

（3）适用于运费负担能力小、货物批量大、运输距离长的货物运输。

【小思考】

冬季应选择哪种运输方式？

三、水路运输的特点

水路运输是指利用船舶，在江、河、湖泊、人工水道以及海洋运送旅客和货物的一种运输方式。在现在运输方式中，水路运输是一种最古老、最经济的运输方式。

水路运输的生产过程相当烦琐，具有点多、线长、面广、分散流动、波动大的特点。水路运输的生产过程主要包括货物在起运港接收、仓储、装船，船舶运行到到达港，在到达港卸船、仓储、疏运或交付收货人等过程。

水路运输的重要特点是利用天然水道，进行大吨位、长距离的运输，由于运量大、成本低，非常适合于运输大宗货物。与其他运输方式相比，水运对货物的运载和装卸要求不高，因而占地较少。新建 1km 铁路需占地 30 ～ 40 亩⊖，公路需占地 15 亩左右，而水运航道几乎不占用土地，港口、码头均建在海岸或江河岸边，这就节约了国家的土地资源。

对于海上运输而言，其通航能力几乎不受限制。一般来说，水运系统综合运输能力主要由船队的运输能力和港口的通过能力所决定。

（一）水路运输的优点

（1）水路运输运量大，成本低，非常适合于大宗货物的运输。在五种基本运输方式中，水路运输能力最大。在长江干线，一支拖驳或顶推驳船队的载运能力已超过万吨，国外最大的顶推驳船队的载运能力达 3 万～ 4 万 t，世界上最大油船的载运能力已超过 50 万 t。我国沿海运输成本只有铁路的 40%，美国沿海运输成本只有铁路运输的 1/8，长江干线运输成本只有铁路运输的 84%，而美国密西西比河干流的运输成本只有铁路运输的 1/4 ～ 1/3。

（2）水路航道四通八达，在运输条件良好的航道，通航能力几乎不受限制，而且投资小。

（3）水路运输是开展国际贸易的主要方式，是发展对外经济的主要运输方式。远洋运输在我国对外经济贸易方面占重要地位，我国有超过 90% 的外贸货物采用远洋运输。远洋运输在我国对外经济贸易中占重要地位，是发展国际贸易的强大支柱。

（4）水运建设投资省，劳动生产率高。水路运输只需利用江河湖海等自然水利资源，除必须投资购造船舶、建设港口之外，沿海航道几乎不需投资，整治航道的费用也仅仅只有铁路建设费用的 1/5 ～ 1/3；沿海运输劳动生产率是铁路运输的 6.4 倍，长江干线运输劳动生产率是铁路运输的 1.26 倍。

（二）水路运输的缺点

（1）船舶的平均运速较低，不能快速将货物运达目的地，使在途的货物多，增加货主的流动资金占用。

⊖1 亩 =666.67m^2，全书同。

（2）水路运输生产过程受自然条件影响较大，特别是受气候影响较大。例如，内河航道和某些港口冬季结冰，枯水期水位变低，难以保证全年通航；又如海洋风暴或台风等都不利于海上运输。因此，水路运输呈现较大的波动性及不平衡性，难以实现均衡生产。

（3）水路运输运营过程相当烦琐复杂。

（三）水路运输适用的主要作业

（1）承担大批量货物，特别是集装箱运输。

（2）承担原料、半成品等散货运输，如建材、石油、煤炭、矿石、谷物等。

（3）承担国际贸易运输，即远距离、运量大、不要求快速抵达的国际客货运输。

【课堂讨论】

广西武鸣县养殖大户李某，要从武鸣运260头生猪到深圳，他选择水路运输，走南宁—钦州港—深圳港。其运输过程合理吗？

四、航空运输的特点

航空运输是一种快捷的现代运输方式。航空运输除具有速度快、货运质量高、超越地理限制、运价高等特点之外，在运输市场中还具有下列特征：航空货物运输的对象十分广泛（如邮件、鲜花、贵重物品、易腐和危险物品等）、货物运输具有方向性（通常是经济发达和对外开放程度高的地区货运量较大）。班机由于固定航线、固定停靠港和定期开航，因此国际货物流通多使用班机运输方式，能安全、迅速地到达世界上各通航地点，便于收、发货人确切掌握货物起运和到达的时间，这对市场上急需的商品、鲜活易腐货物以及贵重商品的运送是非常有利的。

【资料链接】

航空是人类在20世纪所取得的最重大的科学技术成就之一。在民用领域，它首先应用于交通运输事业，使人类大大扩展了自己的活动范围，把天涯海角联系在一起。飞机还在国民经济的越来越多的部门得到应用。国际上把从事盈利性公共航空运输活动以外的所有民用活动统称为通用航空，主要包括为工农业生产服务的作业飞行、文化体育运动飞行、教学飞行、娱乐游览飞行、公司及政府的专用飞行等。根据上述需要，派生出一系列专门用途的飞机，如农业机、森林防护机、航测机、医疗救护机、游览机、公务机、体育机、试验研究机、气象机、特技表演机、执法机等。通用航空飞机还包括各种轻型和超轻型飞机、直升机和滑翔机等。

（一）航空运输的优点

（1）运送速度快。航空运输在各种运输方式中运输速度最快，这已是众所周知的，也是航空运输的最大特点和优势。其时速为1000km左右，是铁路的13～15倍，比轮船快20～30倍，且距离越长，所能节省的时间越多，快速的优势也越显著。

【小思考】

为什么航空运输长距离更有优势？

（2）包装要求简单。货物空运的包装要求通常比其他运输方式要低。在空运中，用一张塑料薄膜裹住托盘货物并不少见。

（3）破损少。空中航行的平稳性和自动着陆系统减少了货损的比率。

（4）舒适、安全。现代民航客机平稳舒适，且客舱宽敞、噪声小，机内有供膳、视听等设施，旅客乘坐的舒适程度较高。随着科技进步和管理的不断改善，航空运输的安全性比以往已大大提高。据国际民用航空组织统计，近年来世界民航定期航班失事率大大降低，平均每亿客·公里的死亡人数为0.04人，是其他运输方式事故死亡人数的几十分之一到几百分之一。尽管飞行事故会造成机毁人亡（事故严重性最大），但按单位货运周转量或单位飞行时间损失率来衡量，航空运输的安全性是很高的。

小看板

国际货物航空运输的优点：运送迅速；节省包装、保险等费用；可以运往世界各地而不受河海和道路限制；安全准时。因此，航空运输对易腐、鲜活、季节性强、紧急需要的商品运送尤为适宜，被称为“桌到桌快递服务”（Desk to Desk Express Service）。

（5）机动性大、不受地形的限制。航线不受高山、大川、沙漠、海洋的阻隔，且可根据客、货源数量随时增加班次。在火车、汽车都达不到的地区也可依靠航空运输。航空运输的这一优点使其成为执行救援、急救等紧急运输任务中必不可少的手段。

（二）航空运输的缺点

（1）运费偏高。其运载成本和运价比地面运输高。

（2）受重量限制。飞机机舱容积和载重量都比较小，舱位有限，大批量的货物往往不能及时出运，需要分期分批运输。

（3）受气候影响较大。因飞行条件要求很高，航空运输在一定程度上受到气候条件的限制，从而影响运输的准点性与正常性。

（4）可达性差。在通常情况下，航空运输难以实现客货的门到门运输，必须借助其他运输工具（主要为汽车）转运。

空运虽然运费较高，但从总成本考虑，有它的经济、便捷之处。随着世界经济一体化、高级化、信息化，空运的作用将日益增大。

（三）航空运输适用的主要作业

（1）运送价值高、运费承担能力很强的货物，如贵重设备的零部件、高档产品等。

（2）紧急需要的物资，如救灾抢险物资等。

（3）对保鲜期短的货物的运送，如鲜花、鲜水产等。

（4）快递邮件。

五、管道运输的特点

【资料链接】

现代管道运输始于19世纪中叶，1985年美国宾夕法尼亚州建成第一条原油运输管道。然而它的进一步发展是从20世纪开始的。随着第二次世界大战后石油工业的发展，管道的建设进入了一个新的阶段，各产油国竞相开始大量兴建石油及油气管道。从20世纪60年代开始，输油管道的发展趋于采用大管径、长距离，并逐渐建成成品油运输的管网系统。同时，开始了用管道运输煤浆的尝试。目前全球的管道运输承担着很大比例的能源物资运输，包括原油、成品油、天然气、油田伴生气、煤浆等。其完成的运量常常大大高于人们的想象（如在美国接近于汽车运输的运量），一般人很少注意到它的地位和作用。近年来，管道运输也被进一步研究用于解决散状物料、成件货物、集装物料的运输，以及发展容器式管道运输系统。

（一）管道运输的优点

（1）运量大。一条输油管线可以源源不断地完成运输任务。根据其管径的大小不同，其每年的运输量可达数百万吨到几千万吨，甚至超过亿吨。例如，一条管径为720mm的管道就可以每年运送易凝高黏原油2000多万吨，管径为1200mm的管道年运输量可达上亿吨。

（2）占地少。运输管道通常埋于地下，占用的土地很少；运输系统的建设实践证明，运输管道埋藏于地下的部分占管道总长度的95%以上，因而对于土地的永久性占用很少，分别仅为公路的3%、铁路的10%左右。

（3）不受地形限制。管道埋于地下，可以穿过河流、湖泊、铁路、公路等，一般不受地形与坡度的限制，从而运输距离短。

（4）管道运输建设周期短、费用低，运营费用也低。管道运输系统的建设周期与相同运量的铁路建设周期相比，一般来说要短1/3以上。例如，新疆至上海市的全长4200km的天然气运输管道，预期建设周期不会超过两年，但是如果新建同样的铁路专线，建设周期在三年以上。统计资料表明，管道建设费用比铁路低60%左右。

（5）管道运输安全可靠、连续性强。由于石油、天然气易燃、易爆、易挥发、易泄漏，采用管道运输方式既安全又可以大大减少挥发损耗，同时由于泄漏导致的对空气、水和土壤的污染也可大大减少，沿线不产生噪声，有利于环境保护。也就是说，管道运输能较好地满足运输工程的绿色环保要求。此外，由于管道基本埋藏于地下，其运输过程受气候条件影响小，可以确保运输系统长期、稳定地运行。

（6）管道运输耗能少、成本低、效益好。管道运输可以实现封闭运输，损耗少；发达国家采用管道运输石油，每吨千米的能耗不足铁路的1/7，在大量运输时的运输成本与水运接近，因此在无水条件下，采用管道运输是一种最为节能的运输方式。管道运输是一种连续工程，运输系统不存在空载行程，因而系统的运输效率高，理论分析和实践经验已证明，管道口径越大，运输距离越远，运输量越大，运输成本就越低。以运输石油为例，管道运输、水路运输、铁路运输的运输成本之比为1∶1∶1.7。

（二）管道运输的缺点

（1）灵活性差。管道运输不如其他运输方式（如汽车运输）灵活，承运的货物比较单一，只能运输液体、气体及个别散物料，它也不容随便扩展管线；难以实现“门到门”的运输服务，对一般用户来说，管道运输常常要与铁路运输、汽车运输或水路运输配合才能完成全程运输。此外运输量明显不足时，运输成本会显著增大。

（2）管道起输量与最高运输量间的幅度小。因此，在油田开发初期，采用管道运输困难时，还要以公路、铁路、水路运输作为过渡。

（三）管道运输适用的主要作业

管道运输是随着石油的生产而产生和发展的。它是一种特殊的运输方式，与普通货物的运输形态完全不同。根据管道运输的特点，管道运输主要担负单向、定点、量大的流体状货物（如石油、油气、煤浆、某些化学制品原料等）的运输。为了增加运量，加速周转，现代管道管径和泵功率都有了很大的增加，管道里程越来越长，最长达数千公里。现代管道不仅可以输送原油、各种石油成品、化学品、天然气等液体和气体物品，而且可以输送矿砂、碎煤浆等。另外，在管道中利用容器包装运送固态货物（如粮食、砂石、邮件等），也具有良好的发展前景。

【课堂实训】

1．图2-1是四种运输方式运费与运距的曲线示意图，试回答问题：

（1）运距<80km时，最廉价的运输方式是什么？

（2）80km<运距<550km时，最廉价的运输方式是什么？

（3）运距>550km时，最廉价的运输方式是什么？

（4）最昂贵的运输方式是什么？它适合运送的货物特点是什么？

2．试根据表2-3中货物的流量、流向，对其选择适宜的运输方式（单一运输方式），并说明理由。

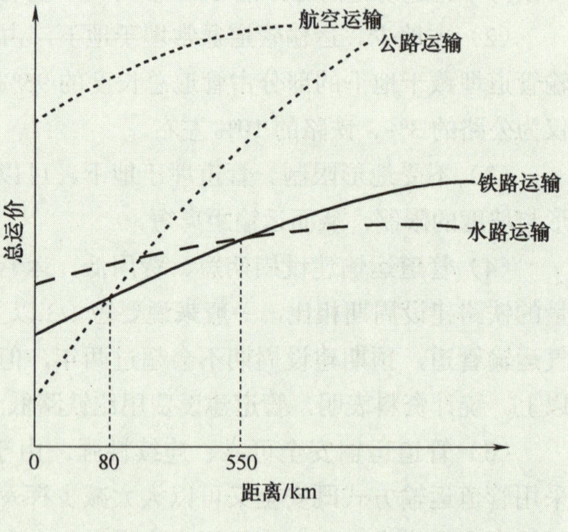

图2-1 货物四种运输方式运费与运距的曲线示意图

表2-3 运输方式的选择

货物的流量、流向	要求	公路	铁路	海运	河运	航空
200t煤炭（太原—武汉）	走近路，较低运费					
2t黄金（乌鲁木齐—上海）	无特别要求					
3t活蟹（郊区水库—市区）	保持成活					
10 000t海盐（天津—上海）	选择最经济的办法					
2500t煤炭（大同—南昌）	选择最经济的办法					
5000t小麦（重庆—上海）	选择最经济的办法					
100 000t原油（科威特—美国）	选择最经济的办法					

第三节 各种运输方式的运输业务

一、公路货物运输业务

（一）公路货运作业流程

公路货运作业基本流程为备货、托运、派车装货、运送与交货、运输、统计与结算等。

托运一般采用书面方式，先由货主填写托运单。托运单是货主（托运方）与运输单位（承运方）之间签订的货运合同。托运单由货主填写，经运输单位审核并由双方签章后，具有法律效力。托运单确定了承运方与托运方在货物运输过程中的权利、义务和责任，是货主托运货物的原始凭证，也是运输单位承运货物的原始依据。根据托运单，货主负责向运输单位按时提交准备好的货物，并按规定的方式支付运费；运输单位应负责及时派车将货物安全运送到托运方指定的卸货地点交给收货人；货物承运后应及时派车装运；货物运达收货地点，应正确办理交付手续和交付货物。

整车货物运达时，收货人应及时组织卸车，驾驶员应同时对所卸货物计点清楚；货物交接卸车完毕，收货人应在运输货票上签收，再由驾驶员带回交调度室或业务室。

在货物起运前后如遇特殊原因托运方或承运方需要变更运输时，应及时由承运方和托运方协商处理。

（二）普通货物公路运输

货物运输组织方法直接影响到货物运输速度与运输费用。在各种运输方式竞争激烈的条件下，做好货物运输组织工作显得尤为重要。货物运输组织方法应在掌握一定货源的基础上，根据货物结构的不同，合理调配和使用车辆，做到车种适合货种、标重配合货重。

> **小看板　公路货物运输中一个值得重视的问题**
>
> 开放公路运输市场以后，运输量的剧增致使公路货物运输超载超限现象有所增加，造成道路加速损坏、交通事故频发，影响了运输市场的发展，污染了环境，究其原因有：
>
> （1）公路运输业负担过重，运输成本过高。
>
> （2）运力失控，运价过低。
>
> （3）大吨位、小标志导致政策性超限等现象成为公路运输发展的一个痼疾，是公路货物运输中一个十分值得重视的问题。

1．行车组织方法

公路货物运输行车组织方法常采用直达行驶法和分段行驶法两种。

（1）直达行驶法。直达行驶法是指每辆汽车装运货物由起点经过全线直达终点，卸货后再装货或空车返回，即货物中间不换车。其特点是车辆在路线上运行时间较长。因此驾驶员的工作制度可根据具体情况采取单人驾驶制、双人驾驶制、换班驾驶制等方式。

（2）分段行驶法。分段行驶法是指将货物运输路线全线适当分成若干段（即区段），每一区段均有固定的车辆工作，在区段的衔接点，货物由前一个区段的车辆转交给下一个区段的车辆接运，每个区段的车辆不出本区段工作。为了缩短装卸货交接时间，在条件允许时，也可采取甩挂运输。

2．甩挂运输组织

甩挂运输也称为甩挂装卸，是指汽车列车（一辆牵引车与一辆或一辆以上挂车的组合）在运输过程中，根据不同的装卸和运行条件，由载货汽车或牵引车按照一定的计划，相应地更换拖带挂车继续行驶的一种运行方式。由于甩挂运输既保留了直达行驶法的优点，又克服了分段行驶法转运时装卸时间长的缺点，使得车辆载重量和时间利用均能得到充分的发挥，具有较好的经济效益。

在不同的运输条件下，可以有多种甩挂方式，其依据的基本原理和采用的基本方法是相同的。一辆货车配备三辆全挂车，当汽车列车在甲地装货（全挂车 A）行驶至乙地时，先摘下全挂车 A，卸车工人集中力量卸空主机，然后挂上业已装货的全挂车 B 返回甲地；与此同时，乙地卸车工人完成甩下挂车的卸车作业。汽车列车回到甲地时，先摘下挂车 B，装车工人集中力量装载主机，然后挂上业已装毕的全挂车 C 继续向乙地行驶；同时，甲地装车工人完成挂车 B 的装车作业，依此循环工作。

由此可见，甩挂运输实质上是使汽车列车运行作业与甩下挂车装卸作业平行进行的一种方法。它使得整个汽车的装卸停留时间减少。当挂车的装卸时间小于汽车列车的运行时间时，采用上述“一线两点”甩挂运输是合理的。

二、铁路货物运输业务

（一）货物的托运

1．运单组成

运单由两部分组成，即货物运单和领货凭证。

2．运单种类

（1）现付运单：黑色印刷。

（2）到付或后付运单：红色印刷。

（3）快运货物运单：黑色印刷，仅将票据名称的“货物运单”改印“快运货物运单”字样。

（4）剧毒品专用运单：样式与现付运单一样，只是用黄色印刷，所以又称为黄色运单，并有剧毒品的标志图形（骷髅图案）。

3．领货凭证传递过程

领货凭证传递过程可总结如下：

托运人→发站→托运人→收货人→到站

4．运单的填写

（1）运单填写的基本要求。运单的填写，分为托运人填写和承运人填写两部分。运单中“托运人填写”（粗线的左侧）和“领货凭证”的有关各栏由托运人填写，右侧各栏由承运人填写。承、托双方在填记时均应对运单所填记的内容负责，运单的填写要做到正确、完备、真实、详细、清楚、更改盖章。

1）正确。要求填记的内容和方法符合规定。

2）完备。要求填记的事项，必须填写齐全，不得遗漏。例如，运输危险货物不但要填写货物的名称，而且要填写其编号。

3）真实。要求实事求是地填写，内容不得虚假隐瞒。例如，不能错报、匿报货物品名。

4）详细。要求填写的品名应具体，有具体名称的不填种类名称。例如，双人床、沙发、立柜不能填写为家具。

5）清楚。填写字迹清晰，应使用钢笔、毛笔、圆珠笔或加盖戳记，还可用打字机打印或印刷等方法填写，不能用红色墨水填写，文字应规范，以免造成办理上的错误。

6）更改盖章。运单内填写各栏有更改时，在更改处：属于托运人填记事项，应由托运人盖章证明；属于承运人记载事项，应由车站加盖站名戳记。承运人对托运人填记事项一般不得更改。

铁路运输中严禁中介部门代理（代办）国内危险货物运输。因此，在办理国内危险货物运输时，托运人应直接向铁路经营单位办理托运手续。在办理托运手续时，须出具资质证书、经办人身份证和业务培训合格证书。

（2）运单填写的具体要求。

1）“发站”“到站（局）”和“到站所属省（市）自治区”各栏。发站和到站应按《铁路货物运价里程表》中所载的名称填写，不得省略，不得简称。例如“郑州东”，不得写成“郑东”。同时，还必须注意到站营业限制：剧毒品按《全路剧毒品办理站名表》确定；其他货物按《铁路货物运价里程表》上册“站名索引表”的第 9 栏“营业办理限制”确定。

到站所属局名，填写简称，见表 2-4；到站所属省（市、自治区），填写到站所在地的省（市、自治区）的名称。到站及到站所属铁路局、省（市、自治区），三者必须相符。例如，东海站在林密线上，属黑龙江省，而东海县在陇海线上，属江苏省，要注意区分。

表 2-4　中国铁路集团公司全称和简称

全　称	简　称	全　称	简　称
中国铁路哈尔滨局集团有限公司	哈	中国铁路南昌局集团有限公司	昌
中国铁路沈阳局集团有限公司	沈	中国铁路广州局集团有限公司	广
中国铁路北京局集团有限公司	京	中国铁路柳州局集团有限公司	柳
中国铁路呼和浩特局集团有限公司	呼	中国铁路成都局集团有限公司	成
中国铁路郑州局集团有限公司	郑	中国铁路兰州局集团有限公司	兰
中国铁路济南局集团有限公司	济	中国铁路乌鲁木齐局集团有限公司	乌
中国铁路上海局集团有限公司	上	中国铁路昆明局集团有限公司	昆

2）“托运人”“收货人名称”“地址”及“电话”各栏。托运人、收货人名称，应填写托运单位、收货单位的完整名称；当为自然人时，应填写其姓名。对于危险货物，应是资质认定了的企业法人。

托运人地址或收货人地址，应详细填写其所在省、市、自治区城镇街道、门牌号码或乡、镇、村名称。电话号码也应填写，以便到货通知或联系。

3）“货物名称”栏。“货物名称”栏应填写《铁路货物运价规则》附件三“铁路货物运输品名检查表”内所列载的品名；对于危险货物，应填写《铁路危险货物运输管理规则》附件一“铁路危险货物运输品名表”内所列载的品名，并在品名之后用括号注明危险货物的编号。对于“铁路货物运输品名检查表”或“铁路危险货物运输品名表”未列载品名的货物，应填写生产或贸易上使用的具体名称。

4）“包装”栏。本栏填写包装种类，如“木箱”“纸箱”“麻袋”“铁桶”等，按件承运的无包装的货物填写“无”字。使用集装箱运输的货物填写箱型。只按重量承运的货物，本栏可不填写。

5）“件数”栏。按货物名称与包装种类，分别填写件数。使用集装箱运输的货物填写箱数。只按重量承运的货物，本栏填写“散”“堆”“罐”字样。

6）“货物价格”栏。按保价运输和（或）货物保险运输时，必须填写此栏。一票多种货物时，按货物的名称分别填写，也可填写一个总数。

7）“托运人确定重量”栏。按货物名称与包装种类，以千克为单位，分别填写货物的重量，也可填写一个总数。

8）“合计”栏。“货物价格”“托运人确定重量”各栏填写其合计数。“件数”栏填写其合计数或“散”“堆”“罐”字样。

9）“托运人记载事项”栏。此栏填写需要由托运人记载的事项，如：①货物状态有缺陷，但不至于影响货物安全运输，应具体注明其缺陷。②需要证明文件运输的货物，应填写证明文件名称、号码及填发日期。③派有押运人的货物，应填写押运人姓名、证明文件名称及证明文件与业务培训合格证号码。④托运易腐货物或“短寿命”放射性物品时，应填写“容许运输期限 ×× 天”。⑤整车货物，应填写要求使用的车种、吨位、是否苫盖篷布；在专用线卸车时，还应填写“在 ×× 专用线卸车”。⑥委托承运人代封货车或集装箱时，应填写“委托承运人施封”。⑦使用自备货车或租用铁路货车在营业线上运输货物时，应填写“×× 单位自备车”或“×× 单位租用车”。⑧笨重货件或规格相同的零担货物，应注明货件的长、宽、高，规格不同的零担货物应注明全批货物的体积。⑨利用回空车辆装运货物时，接运单位应注明所装货物的合同号码。⑩委托铁路代递的有关文件或单据，应填写文件、单据的名称和页数。

【资料链接】有关危险货物应注明的事项

① 托运危险货物时，应填写托运人的资质证书号码及经办人的身份证、业务培训合格证号码。

② 国外进口危险货物按原包装运输时，应填写“进口原包装”字样。

③ 使用旧包装容器装危险货物（剧毒品除外），应填写“使用旧包装，符合安全要求”。

④ 托运的货物，在《海协危险货物运输规则》《货协危险货物运输规则》等有关国际运输组织规定中属危险货物，而我国铁路按非危险货物运输时，可继续按非危险货物运输，但应填写“转海运进（出）口”或“国际联运进（出）口”字样。

⑤ 经批准改变包装试运时，应填写“试运包装”。

⑥ 经批准进行危险货物新产品试运时，应填写“危险货物新产品试运”。

⑦ 自备罐车装运《危险货物运输规则》附件一未作规定的品名的货物，经铁道部批准后进行试运时，应填写“自备罐车试运”。

⑧ 经批准进行危险货物集装箱试运时，应填写“危险货物集装箱试运”。

⑨ 托运爆炸品保险箱时，应填写保险箱的统一编号。

（二）货物的准备

1. 货物托运要求

按一批托运的货物应符合要求，不得将不能按一批托运的货物作为一批托运。

2. 货物的件数与重量

在铁路运输过程中，保证货物的件数和重量的完整是承运人必须履行的义务。因此，铁路明确地规定了确定货物件数和重量的范围。

按整车运输的货物，原则上按件数和重量承运，但有些非成件货物或一批货物件数和规格过多，在承运、装卸、交接和交付时，点件费时费力，只能按重量承运，不再计算件数。只按重量承运、不计算件数的货物有散堆装货物以及以整车运输的规格相同（规格在三种以内视为规格相同）一批数量超过 2000 件、规格不同一批数量超过 1600 件的成件货物。

下列整车货物，无论规格是否相同，按一批托运时，每件平均重量在 10kg 以上，托运人能按件点交给车站的，承运人都应按重量和件数承运：

（1）针、纺织品，衣、袜、鞋、帽。

（2）钟表、中西成药、卷烟、文具、乐器、工艺美术品。

（3）面粉、肥皂、糖果、橡胶、油漆、染料、轮胎、罐头食品、瓶装酒类、医疗器械、洗衣粉、空钢瓶、化学试剂、玻璃仪器、空铁桶。

（4）电视机、电冰箱、洗衣机、电风扇、计算机、照相机。

整车货物和集装箱货物，由托运人确定重量；零担货物除标准重量、标记重量或有过秤清单以及一件重量超过车站衡器最大称量的货物外，由承运人确定重量，并核收过秤费。

货物的重量包括货物包装重量。对于托运人确定重量的整车货物、集装箱货物和零担货物，承运人应进行抽查，重量不符时应进行处理并向托运人或收货人核收过秤费。

3．货物运输条件

托运的一批货物应符合运输条件。

4．标志、标记

在运输过程中有特殊要求的货物，应在包装上标打包装储运图示标志。对于危险货物，还应在包装上按规定标打危险货物包装标志。对于零担货物，还应在包装上标打货物标记，货签上填写的内容必须与运单相应内容一致。

5．货物的押运

托运铁路运输需要押运的货物，需派押运人押运。

（三）货物的装车作业

1．承运人装卸的范围

货物装车或卸车的组织工作，在车站公共装卸场所内由承运人负责。有些货物虽在车站公共装卸场所内进行装卸作业，由于在装卸作业中需要特殊的技术或设备、工具，仍由托运人或收货人负责组织。

2．托运人、收货人装卸的范围

车站公共装卸场所以外进行的装卸作业，装车由托运人负责，卸车由收货人负责。此外，前述由于货物性质特殊，在车站公共场所装卸也由托运人、收货人负责。他们负责的情况有：

（1）罐车运输的货物。

（2）冻结的易腐货物。

（3）未装容器的活动物，如蜜蜂、鱼苗等。

（4）一件重量超过 1t 的放射性同位素。

（5）用人力装卸带有动力的机械和车辆。

其他性质特殊的货物，经托运人或收货人要求，并经承运人同意也可由托运人或收货人组织装车或卸车，如气体放射性物品，尖端保密物资，特别贵重的展览品、工艺品等。货物的装卸不论由谁负责，都应在保证安全的条件下，积极组织快装、快卸，昼夜不间断作业，以缩短货车停留时间，加速货物运输。

由托运人装车或收货人卸车的货车，车站应在货车调到前，将调到时间通知托运人或收货人。托运人或收货人应将装车完毕或卸车完毕的时间通知车站。

托运人、收货人负责组织装卸的货车，超过规定的装卸车时间标准或规定的停留时间标准，承运人向托运人或收货人核收规定的货车使用费。

3．装车的基本要求

（1）货物重量应均匀分布在车地板上，不得超重、偏重和集重。

（2）装载应认真做到轻拿轻放、大不压小、重不压轻、堆码稳妥紧密、捆绑牢固，在运输中不发生移动、滚动、倒塌或坠落等情况。

（3）使用敞车装载怕湿货物时，应堆码成屋脊形，苫盖好蓬布，并将绳索捆绑牢固。

（4）使用棚车装载货物时，装在车门口的货物，应与车门保持适当距离，以防挤住车门或湿损货物。

（5）使用罐车及敞车、平车装运货物时，应各按其规定办理。

（6）所装货物需进行加固时，按《铁路货物装载加固规则》的规定办理。

4．装车前的检查

为保证装车工作质量，使装车工作顺利进行，装车前应做好以下“三检”工作：

（1）检查运单，即检查运单的填记内容是否符合运输要求，有无漏填和错填。

（2）检查待装货物，即根据运单所填记的内容核对待装货物品名、件数、包装，检查标志、标签和货物状态是否符合要求。集装箱还需检查箱体、箱号和封印。

（3）检查货车，即检查货车的技术状态和卫生状态。其主要检查内容有：

1）是否符合使用条件。

2）货车状态是否良好。主要检查车体（包括透光检查）、车门、车窗、盖、阀是否完整良好，车内是否干净，是否被毒物污染。装载食品、药品、活动物和有押运人乘坐时，还应检查车内有无恶臭异味。

3）货车“定检”是否过期，有无扣修通知、色票、货车洗刷回送标签或通行限制。“定检”是定期检修的简称，分为厂修、段修、辅修和轴检。通过检查，若发现不符合使用的情况时，应采取适当措施，必要时予以更换。

5．监装工作

装车作业前货运员应向装卸工组详细说明货物的品名、性质，布置装卸作业安全注意事项和需要准备的消防器材及安全防护用品。装卸剧毒品应通知公安部门派人到场监护。装卸作业时要轻拿轻放，堆码整齐牢固，防止倒塌。要严格按规定的安全作业事项操作，严禁货物倒放、卧装（钢瓶及特殊容器除外）。包装破损的货物不准装车。装车后需要施封、苫盖篷布的货车由装车单位进行施封与苫盖篷布。卸完后应关闭好车门、车窗、盖、阀，整理好货车装备物品和加固材料。

6．装车后的检查

为保证正确运送货物和行车安全，装车后还需要检查下列内容：

（1）检查车辆装载。主要检查有无超重、偏重、超限现象，装载是否稳妥，捆绑是否牢固，施封是否符合要求，表示牌插挂是否正确。对装载货物的敞车，要检查车门插销、底开门搭扣和篷布苫盖、捆绑情况。

（2）检查运单。检查运单有无误填和漏填，车种、车号和运单记载是否相符。

（3）检查货位。检查货位有无误装或漏装的情况。

（四）货物的到达领取

1．自卸货车的交接

为了实现专用线、专用铁路管理的基本要求，根据厂矿要求应签订专用线、专用铁路运输协议。协议的内容包括专用线、专用铁路调车组织方法、装卸作业组织、日班计划的编制和执行、铁路货车在专用线或专用铁路内停留时间标准以及货车、货物和货运用具的交接地点、凭证与方法等。

交接凭证使用“货车调送单”。

（1）交接方法。施封的货车、集装箱，凭封印交接；不施封的货车、集装箱凭门窗关闭状态交接；敞车、砂石车等按货物装载状态和规定标记交接。

（2）交接地点。专用线在装卸地点交接，专用铁路在双方约定的车辆交接线交接。

2．卸车工作

（1）卸车前的检查。为使卸车作业顺利进行，防止误卸和确认货物在运输过程中的完整状态，便于划分责任，在卸车前要认真做好以下三个方面的检查工作：

1）检查货位。主要检查货位能否容纳下待卸的货物，货位的清洁状态如何，相邻货位上的货物与卸下货物性质有无抵触。

2）检查运输票据。主要检查运输票据记载的到站与货物实际到站是否相符，了解待卸货物的情况。

3）检查现车。主要检查车辆状态是否良好，货物装载状态有无异状，施封是否有效，车内货物与运输票据是否相符，有无可能影响货物安全和车辆异状的因素等。

（2）卸车后的检查。

1）检查运输票据。主要检查票据上记载的货位与实际堆放货位是否相符。

2）检查货物。主要检查货物件数与运单记载是否相符，堆码是否符合要求，卸后货物安全距离是否符合规定。

3）检查卸后空车。主要检查车内货物是否卸净和是否清扫干净，车门、窗、端侧板是否关闭严密，标示牌是否撤除。

（3）货物的领取。

1）货物的暂存。对到达的货物，收货人有义务及时将货物搬出，铁路也有义务提供一定的免费保管期，以便收货人安排搬运车辆，办理仓储手续。免费保管规定为：由承运人组织卸车的货物，收货人应于承运人发出催领通知的次日（不能实行催领通知或会同收货人卸车的货物为卸车的次日）起算，2 天（铁路局规定 1 天的为 1 天）内将货物搬出，不收取保管费；超过此期限未将货物搬出，对其超过的时间核收货物暂存费。

2）票据交付。收货人持领货凭证和规定的证件到货运室办理货物领取手续，在支付费用并在货票丁联盖章（或签字）后，留下领货凭证，货运室在运单和货票上加盖到站交付日期戳，然后将运单交给收货人，收货人凭此领取货物。如收货人在办理货物领取手续时领货凭证未到或丢失，则机关、企业、团体应提出本单位的证明文件；个人应提出本人居民身份证、工作证（或户口簿）或服务所在单位（或居住单位）出具的证明文件。

货物在运输途中发生的费用（如包装整修费、托运人责任的整理或换装费、货物变更手续等）和到站发生的杂费，在到站应由收货人支付。

3）现货交付。现货交付即承运人向收货人点交货物。收货人持货运室交回的运单到货物存放地点领取货物，货运员向收货人点交货物完毕后，在运单上加盖“货物交讫”戳记，并记明交付完毕的时间，然后将运单交还给收货人，收货人凭此将货物搬出货场。

在实行整车货物承运前保管的车站，货物交付完毕后，如收货人不能在当日将货物全批搬出车站时，对其剩余部分的处理方式为：按件数和重量承运的货物，可按件数点交车站负责保管；只按重量承运的货物，可向车站声明。

收货人持加盖“货物交讫”的运单将货物搬出货场，门卫对搬出的货物应认真检查品名、件数、交付日期与运单记载是否相符，经确认无误后放行。

三、水路货物运输业务

水运非常适合低成本的大宗货物运送，但水运也是最慢的一种运输方式，最大的延误都发生在港口码头，这使水运很难用于短途运输。在全球贸易中，水路运输是居于主导地位的运输方式。当然在国际海上运输中，到港延迟问题、海关入境及集装箱管理等都是人们较为关注的问题。

（一）远洋运输流程（包括通关流程）

远洋货物运输业务是根据外贸合同中的运输条款，将进出口货物通过海运运到国内外目的港的一种货运业务。当进出口货物数量较大，需要整船载运时要办理租船手续；若进出口货物不需要整船装运，则需要洽谈订班轮或租订部分舱位。由于进出口公司或企业没有国际海运资格和手段，一般均委托外运公司或具有国际货运代理资格的企业去办理货物海运业务。

1．班轮运输

班轮运输（Liner shipping）也称定期船运输，是班轮公司将船舶按事先制定的船期表，在特定航线的各挂靠港口之间，为非特定的众多货主提供规则的、反复的货物运输服务，并按运价本的规定计收运费的一种营运方式。其具体流程如下：

（1）订舱。货主或其代理人向船公司（也称货运代理）提出货物托运申请，填写托运单（也称订舱委托书）递送给船公司作为订舱依据。船公司收到托运单后，审核托运单，确定委托费用和运杂费，待订妥了装运船舶后，将全套装货单交给货主填写，将托运单的配舱回单（装货单）退回。然后由船公司代表货主作为托运人向外轮代理公司（也称船代）办理托运手续。

（2）备货交接。货主应在接到装货通知之前，办妥出口货物的包装、刷唛、报关、报验、投保、纳税等工作，并取得海关放行证，在规定的时间内将符合装船条件的货物运到承运人指定的港区仓库或货场。由承运人委托的港口理货和装卸代理，负责出口货物入库的验收、装卸搬运作业。仓库核对进场货物与装货单无误后，签发场站收据给托运人。

（3）装船换单。承运人在班轮进港之前编制完装船计划，待班轮进港后按照装船计划装船。托运人凭经签署的场站收据换取由船长或大副签收的收货单，也称大副收据，表明货物已装船。托运人凭收货单向外轮代理公司交付运费，并凭缴款单据换取正式提单。托运手续全部办理完毕后，速将有关货运提单和其他单证寄收货人备查提货。

（4）海上运输。海上运输中承运人对装在船内的货物负有保管、照料及安全抵达目的港的责任和义务。起航后电告到达港货运代理人，通报到达时间和货物装载信息。

（5）到港卸货交付。卸货港的货运代理人根据船舶发来的到港电报编制有关单证，约定泊位，约定装卸代理准备卸船，同时通知收货人作好接收货物的准备。船舶到港，货物一般集中卸在当地海关监管仓库或指定地点，等待海关和商检部门查验放行。对于鲜活货物也可在船边交货。收货人或其代理，根据货物到港通知立即到海关办妥货物的报关、报检手续，连同装船提单交给卸货港代理人。卸货港代理人审核无误，收货人付清应付的费用后，签发提货单给收货人。收货人凭提货单前往码头仓库提货，并与之办理交接手续。

2．租船运输业务

国际租船运输业务一般在航运交易市场或租船代理公司自愿平等进行。航运交易市场是船舶承租人和出租人进行船舶租赁活动的交易场所，通常设在世界上货主和船东汇集、外贸与运输繁荣发达的地方。当前国际上主要的航运交易市场有伦敦、纽约、东京、奥斯陆、汉堡、鹿特丹、香港、上海等。国际上的租船业务几乎都是通过租船经纪人来进行的。租船经纪人熟悉租船市场行情，精通租船实务，在整个租船过程中起桥梁或中间人的作用，对顺利开展租船业务至关重要。

（1）租船运输业务分类。

租船运输根据货物运输的需要主要分为航次租船、定期租船和光船租赁三种方式。

1）航次租船。航次租船是指出租人所供的船舶在特定的港口之间完成承租人一个或数个航次的货物运输。承租人除负担运费、滞期费等，其他一切营运费和管理费均由船东负责清缴。

2）定期租船。定期租船是指出租人提供船舶给承租人使用一个时期，由承租人支付租金，并负责安排船舶调度和经营管理。船东负责船员的工资、给养和船舶航行与维修费用。

3）光船租赁。光船租赁是指出租人只提供船舶，不提供船员，由承租人自己配备船员，负责经营管理，承担一切风险和营运费用。

（2）租船业务的环节。

租船业务流程主要包括询盘、报盘、还盘、接受和签订租船合同五个环节。

1）询盘。询盘通常由承租人以期望条件，通过租船经纪人寻求租用所需要的船舶，即为货求船。询盘一般采用电报或电传的形式，向船舶代理通告需要承租的船舶类型和装运货物种类、数量、装运港、装运期限、租船方式以及租船租金等事项。询盘也可由出租人通过船舶经纪人向航运交易市场发出求货载信息，即为船求货。

2）报盘。报盘也称报价或发盘，是出租人对承租人询价的回应。若是船舶所有人先提出的询盘，则报盘人是承租人。报盘又分实盘和虚盘。实盘为报盘条件不可改变，并附加时效的硬性报价；虚盘则是可磋商、修改的报价。报盘内容主要是关于租金的水平、选用的租船合同范本及范本条款的修改和补充等。

3）还盘。还盘是询价双方通过平等谈判，协商、讨价还价的过程。

4）接受。双方通过谈判，最后达成一致意见即可成交。成交后交易双方当事人应签署一份“订租确认书”，就商谈租船过程中双方承诺的主要条件予以确认，对于细节问题还可进一步商讨。

5）签订租船合同。签订确认书只是一种意向合同，正式租船合同要按租船合同范本予以规范，进行编制，明确租船双方的权利和义务，双方当事人签署后即可生效。之后，哪一方提出更改或撤销等异议，造成的损失由违约方承担责任。

租船运输合同正式签订以后，船舶所有人就可按照合同的要求安排船舶投入营运。

有时由于货主急于求船或船东急于求货，使租船流程变得简单、直接。承租人询盘过程省略，直接进入还盘，提出的承租条件需船东当场决定是否成交，经过紧急磋商达成共识。这种情况下的成交，可能造成某一方付出的代价较大。

租船业务中，租船经纪人代表各自委托人（或代表双方）洽谈租船业务，代为签约，可迅速有效地促成租船业务的成交，减少船东或租船人大量的事务性工作，减少了租约中的责任风险，协调了租船市场的正常运营。租船业务成交后，由船东付运费的 1.25% ～ 2.5% 给经纪人作为佣金。

3．通关手续

远洋运输中值得重视的一个环节就是通关手续。海关对进出口货物的通关手续包括接受申报、审核单证、查验货物、征税、结关放行。

（1）出口申报及审核单证。出口货物的发货人或其代理人应在装货的24小时之前向运输工具所在地或出境地海关申报。报关时应向海关提交出口货物报关单、出口许可证、装货单或运单、发票、装箱单、出口收汇核销单等单证。目前使用的出口报关单有四种：普通报关单为白色；“来料加工、补偿贸易专用”报关单为浅绿色；“进料加工专用”报关单为粉红色；“出口退税专用”报关单为黄色。

（2）查验货物、征税和结关放行。海关以出口报关单为依据，在海关监管区域内对出口货物进行查验，报关单位应派员在现场负责开箱、装箱，协助海关完成查验工作。经查验合格在报关单位照章办理纳税手续后，海关在装货单或运单上盖上关印即为结关放行。

（二）内河运输流程

内河运输业务一般办理整船、整舱的租船业务，以运输合同形式规范承租人与出租人的关系。内河运输的流程与远洋租船运输相似，所不同的是国内货物运输不需要报关等手续。国内内河货物运输的依据是《中华人民共和国合同法》《危险化学品安全管理条例》《国内水路运输管理规定》等法律、法规和规章。

1．水路货物运输合同

水路货物运输合同是指承运人收取运输费用，负责将托运人托运的货物经水路由一港（站、点）运至另一港（站、点）的书面合同。关于水路货物运输合同的具体内容会在第五章详细介绍。

2．货物的托运

托运货物时，托运人主要做的是：提出货物运单、提交货物、支付费用。

（1）提出货物运单。

（2）提交货物。

1）按双方约定的时间、地点将托运货物运抵指定港口暂存或直接装船。

2）须包装的货物应根据货物的性质、运输距离及中转等条件做好货物的包装。

3）在货物外包装上粘贴或拴挂货运标志、指示标志和危险货物标志。

4）散装货物按重量或船舶水尺计量数交接，其他货物按件数交接。

5）散装液体货物由托运人装船前验舱认可，装船完毕由托运人会同承运人对每处油舱和管道阀进行施封。

6）运输活动物，应将绳索拴好牲畜，备好途中饲料，派人随船押运照料。

7）使用冷藏船运输易腐、保鲜货物，应在运单内载明冷藏温度。

8）运输木（竹）排货物应按约定编排，将木（竹）排的实际规格、托运的船舶或者其他水上浮物的吨位、吃水及长、宽、高以及抗风能力等技术资料在运单内载明。

9）托运危险货物，托运人应当按照有关危险货物运输的规定办理，并将其正式名称和危险性质以及必要时应当采取的预防措施书面通知承运人。

（3）支付费用。托运人按照约定向承运人支付运费。如果约定装运港船上交货，运费由收货人支付，则应当在运输单证中载明，并在货物交付时向收货人收取。如果收货人约定指定目的地交货，托运人应缴纳货物运输保险费、装运港口作业费等项费用。

3．货物的领取

收货人接到到货通知办理提货手续，主要做提交取货单证、检查验收货物、支付费用三件事。

（1）提交取货单证。

1）收货人接到到货通知后，应当及时提货。接到到货通知后满60天，收货人不提取或托运人也未来人处理货物时，承运人可将该批货物作为无法交付货物处理。

2）收货人应向承运人提交证明收货人单位或者经办人身份的有关证件，以及由托运人转寄的运单提货联或有效提货凭证，供承运人审核。

3）如果货物先到，而提货单未到或单证丢失的，收货人还需提供银行的保函。

（2）检查验收货物。收货人提取货物时，应当按照运输单证核对货物是否相符，检查包装是否受损、货物有无灭失等情况。

1）发现货物损坏、灭失时，交接双方应当编制货运记录；确认不是承运人责任的，应编制普通记录。

2）收货人在提取货物时没有提出货物的数量和质量异议时，视为承运人已经按照运单的记载交付货物。

（3）支付费用。按照约定在提货时支付运费，并须付清滞期费、包装整修费、加固费用以及其他中途垫款等。

因货物损坏、灭失或者迟延交付所造成的损害，收货人有权向承运人索赔；承运人可依据有关法规、规定进行抗辩。托运人或者收货人不支付运费、保管费以及其他费用时，承运人对相应的运输货物享有留置权，但另有约定的除外。

查验货物无误并交清所有费用后，收货人在运单提货联上签收，取走货物。

四、航空货物运输业务

（一）航空发运流程

1．货物接收

（1）资格查验。营业员对托运人和货物进行审查：货主和货物是否符合国家和民航安全管理相关规定。

① 危险品的托运人，包括包装人员和托运人的代理人，应确保其人员按要求训练合格。

② 收运政府限制运输货物，以及需经公安、工商、动植物检疫等政府有关部门许可运输的货物，托运人应提供上述部门出具的有效证明文件。

③ 托运根据国家民用航空危险品运输管理规定可申报作为非限制货物运输的危险品，应当提供民航局认可的鉴定机构出具的航空运输条件鉴定文件。营业员对有效证明文件进行查验。

④ 对属于国家规定免于安全检查的货物，托运人或销售代理人应持有效证明文件向机场公安机关换发免检证明，在交运货物时出示。

（2）询问。对可能含有锂电池的货物进行询问，防止托运人隐报、瞒报锂电池。

（3）检查货物包装。货物包装应符合相关规定的要求，保证其在运输过程中不致破损、散失、渗漏，不致损坏和污染飞机、机上设备和其他物品。

（4）审查货物托运书。托运人要对托运书内容的真实性、准确性负责，并在托运书上签字或者盖章。收运人员应按照标准对托运书的填写进行检查。如货物品名无法在航空货物托运书品名栏内全部列明的，托运人应当提供航空货物品名清单附件，作为航空货物托运书、航空货运单的组成部分。

（5）过秤、计重。货物称重应有两人在场，一人负责称重，另一人负责复核，并做好称重和复核记录。

（6）填写航空货运单。收货员依据托运人填写的托运书填写货运单，国际货运单需全部用英文填写，并经托运人签字。托运人应当对货运单上所填关于货物说明的正确性负责。

（7）计算费用、收款。

（8）粘贴、检查货物标签。收运人员应按规定对托运人托运的每件货物粘贴或拴挂货物运输标签。

（9）货物的入库储存、搬运、防护。

2．货物配载

（1）准备工作。吨控员了解航班动态，及时向营业室业务员通报。营业室业务员将此信息及时通报给货主。吨控员查询航班动态和旅客、行李情况，掌握飞机可用舱位和可用吨位。

（2）区分货物优先级。根据货物性质，按照下列顺序发运：抢险、救灾、急救、外交信袋和政府指定急运的物品；指定日期、航班和按急件收运的货物；有时限、贵重和零星小件物品；中转联程货物；一般货物按照收运前约定的保障规则顺序发运，未提前约定的货物按照收运的先后顺序发运。

（3）货运配载人员制作货邮舱单。

（4）货运配载。按照货邮舱单和货物实际情况，对货物进行预配，并制作预装机单传递给地服配载平衡人员。地服配载平衡人员根据整个航班的旅客和货邮行情况，对预装机单进行审核，签字确认后将装机单传递给货运配载人员。

3．货物出库

国内货物由仓管员根据货邮舱单经核对后办理货物出库手续；国际货物要在海关监管仓库办理出库手续。

4．货物的安全检查

（1）品名、包装检查。货运仓管员在收运前对托运货物的品名和包装进行检查核对，拒绝承运包装不合格和民航运输规定禁运的货物；对限制运输物品核查国家主管部门证明文件，通知值班领导现场处理，符合规定者才能承运。将收运货物的有关情况录入货运管理系统和相关台账。

（2）件数核对。仓管员按货物托运书或货运单核对件数，核对品名是否与实物相符合，再进行安检。

（3）填写《安检申报清单》。由托运人或销售代理人填写“安检申报清单”，随同货物托运书与所需证明文件一同交机场安检部门；对属于国家规定免于安全检查的货物，托运人或销售代理人应持有效证明文件向机场公安机关换发免检证明，提供给机场安检部门。

（4）安检。收运的货物确保100%经过安全检查。当货物经过安检仪器，屏幕显示有可疑物品时，应进行开箱（包）检查。开箱时货主必须在场，检查后应尽量帮货主将货物原样封好。如发现货物中有违禁品，应严格按规定处理；如有危险品、爆炸物品等，应迅速控制该物品并及时报告值班领导处理。对安检无问题的货物，由机场安检部门出具货物安检证明，或加盖安检章。通过安检的货物实施封闭式管理直至装机；安检不合格的货物不予收运。

5．装机

应提前将预装机单发送给监装监卸员和装卸班长，确保装卸人员按照装卸机单的指示准确装卸。监装监卸员对货物的装、卸机全过程进行监督，并做好监督记录。国际货物装机还要在海关监督下操作，并在航班起飞后，向经停站和目的站拍发舱单报。

（二）航空接收货物流程

1．货物到达

飞机进港后，货运外场人员取回到达航班货邮舱单并监督卸机。国际货物须先由海关工作人员根据货邮舱单验货，经允许后卸机。

2．货物入库

卸机完成后，须给到达货挂好挂网，以防丢失，然后拉回到达库。货物入库后，仓管员按照货邮舱单、航空货运单清点到港的货物。如是中转货，则直接将其入出发库交接清点，由出发库管理员核对无误在中转货单上签字后将中转货进行电子称重，然后交给营业员，由营业员录入货单信息。

3．到货通知

到货通知可采用电话通知或信函通知等形式。急件货物的到货通知在货物到达后 2 小时内发出，并将有关情况说明记录于货运单正上方空白处。普通货物的到货通知在货物到达后 24 小时内发出，并将有关情况说明记录于货运单正上方空白处。

4．货物提取证明查验

办理提货手续时应要求收货人出示有效身份证明并检查；查验完毕后，到港营业员将由收货人签字并登记身份证件号码的“货单目的站联”进行留存，同时将实收提货费金额写在货单储运注意事项栏中，将盖有现金收讫章的货单交付联 / 货单收货人联及提货费发票交货主。

5．货物交付

到达库仓管员在接到收货人所持盖有现金收讫章的货单交付联、提货费发票，与货物核对无误后，将货物搬运出库，并当场交付给收货人。

6．货物查询

营业员按货主要求的查询内容向相关单位和工作人员核查，并将核查结果按货主要求的方式和时间及时通报货主，并做好对查询全过程的情况记录。查询员接到外站查询电报，应向仓管员查询，并按要求及时答复。

（三）进出境快件作业流程

1．快件分类

根据《中华人民共和国海关进出境快件监管办法》确定的分类标准，进出口快件分为以下三类：文件类、个人物品类和货物类。

文件类进出境快件是指法律、法规规定予以免税且无商业价值的文件、单证、票据及资料。

个人物品类进出境快件是指海关法规规定自用、合理数量范围内的进出境的旅客分离运输行李物品、亲友间相互馈赠物品和其他个人物品。

货物类进出境快件是指文件类、个人物品类规定以外的快件。

2．快件申报

（1）快件 EDI 用户接收境外公司以 EDI 方式传输的电子数据，经转换程序转换为海关计算机可以处理的数据后，传输至海关计算机系统，构成向海关申报的数据。

（2）快件非 EDI 用户由预录入公司以终端方式录入数据，传输至海关计算机系统，构成向海关申报的数据。

（3）每一份总运单项下的快件数据构成一份快件 EDI 报文，文件类快件与非文件类快件不得在同一个总运单项下申报。

（4）各快件公司以 EDI 方式、终端预录入方式向海关传输的报关电子数据具有法律效力。

3．快件审核

（1）在海关收到快件公司传输的电子数据后，系统会对快件报关数据自动进行审核，根据快件基本分类标准进行逻辑判断，确定每一票分运单放行或报关，写出验放代码。

（2）快件审单关员采用人工干预的方式对快件报关数据进行审核，根据快件监管办法规定的快件验放标准，通过审核快件品名、价值、收件人、重量确定审核结果，改写验放代码。

（3）快件审核结果及验放代码为：R——放行；C——查验；D——报关 。

（4）海关审核完快件报关数据后将审核结果存盘，反馈给各快件公司。快件 EDI 用户根据审核结果自行打印各种通知单（快件 EDI 放行通知单、快件 EDI 查验通知单、快件 EDI 报关通知单）；快件非 EDI 用户根据审核结果由预录入公司或海关打印各种通知单。各快件公司根据海关的审核结果，填制报关单，办理快件的查验、放行，以及快件的报关手续。

4．快件的报关单证

（1）文件类进出境快件报关时，运营人应当向海关提交《中华人民共和国海关进出境快件 KJ1 报关单》、总运单（副本）和海关需要的其他单证。

（2）个人物品类进出境快件报关时，运营人应当向海关提交《中华人民共和国海关进出境快件个人物品申报单》、每一进出境快件的分运单、进境快件收件人或出境快件发件人身份证件影印件和海关需要的其他单证。

（3）货物类进境快件报关时，运营人应当按下列情形分别向海关提交报关单证：①对关税税额在《中华人民共和国进出口关税条例》规定的关税起征数额以下的货物和海关规定准予免税的货样、广告品，应提交《中华人民共和国海关进出境快件 KJ2 报关单》、每一进境快件的分运单、发票和海关需要的其他单证。②对应予征税的货样、广告品（法律、法规规定实行许可证件管理的、需进口付汇的除外），应提交《中华人民共和国海关进出境快件 KJ3 报关单》、每一进境快件的分运单、发票和海关需要的其他单证。

（4）货物类出境快件报关时，运营人应按下列情形分别向海关提交报关单证：①对货样、广告品（法律、法规规定实行许可证件管理的、应征出口关税的、需出口收汇的、需出口退税的除外），应提交《中华人民共和国海关进出境快件 KJ2 报关单》、每一出境快件的分运单、发票和海关需要的其他单证。②其他货物，按照海关对进出口货物通关的规定办理。

【课堂讨论】

1．将 6000t 海盐从北海运往上海，目前能实现的可以有如下四个方案：①走铁路，里程是 2519km；②走公路，里程是 2424km；③走水路，1235n mile；④空运。你会选择哪个方案？

2．假如你是货主，你认为下列情况下选择哪种运输方式最合适？说出原因。

A．70t 的化肥从吉林市的化肥厂运到长春市。

B．2000t 的木材从大兴安岭运到北京。

C．17 万 t 的原油从我国的大连运到日本。

D．20t 鲜活的基围虾从海南运到吉林。

E．大庆油田的原油源源不断地运到吉化炼油厂。

本章小结

本章简要介绍了运输方式的不同类型划分，其中，使用较多的是按运输工具分类，分为铁路、公路、水路、航空、管道五种运输方式，同时还按协作程度划分为一般运输、联合运输、多式联运。本章较全面地比较分析了各种运输方式的优缺点，指出：铁路运输适合大宗货物的中、长距离运输，以及散装货物和罐装货物等的运输；公路运输适合近距离的独立运输、补充衔接运输；航空运输则适合高附加值、低重量、小体积货物或鲜活易腐等特殊货物的运输；水路运输适合大批量货物（集装箱货物）国际贸易运输等；管道运输则适合液体、气体等的运输。另外，本章还详细介绍了各种运输方式的主要运输业务。

案例分析

以往，我国运输缺乏面向综合效率和效益的协调管理，按照运输方式进行分部门管理：水运和公路运输由交通部管理，民航由民航总局管理，铁路由铁道部管理。这种管理模式有其优点，但却产生了多头管理和缺乏统一管理的局面，导致各个运输部门都有本系统详细的近期和长远发展战略，但各种运输方式之间的衔接和协调却较差。与此同时，运输需求的明显增长，用户多品种小批量、多频度的运输要求以及门到门的运输要求使得联合运输的需求大增。基于此，2008 年，交通运输部挂牌，在原交通部的基础上，将民用航空局划归交通运输部；2013 年，铁道部实行铁路政企分开，组建国家铁路局，由交通运输部管理。

案例思考：

1．各种运输方式之间缺乏协调会产生什么不利后果？

2．改革后，对运输方式的协调产生了什么作用？

基本训练

1．单项选择题

（1）铁路的送达速度一般高于公路运输，但在短途运输方面，其送达速度反而低于公路运输，其原因是（　　）。

A．短途运输时，铁路的技术速度低

B．铁路运输在途中停留时间和始发、终发两端的作业时间远远大于公路运输，在短途运输时不足以抵消铁路营运速度比公路运营速度快所带来的时间节省

C．为了安全，在短途时铁路要控制速度

D．公路的加速度快

（2）货物运输的“门到门”运输通常采用公路运输方式，是因为（　　）。

A．公路运输的灵活性大，适应性强

B．公路运输的速度快

C．公路运输的装卸速度快

D．公路运输的运货种类不受限制

（3）各种运输方式之所以均有生存和发展空间，是因为（　　）。

A．各种运输方式的市场对象完全不一样

B．各种运输方式的成本不一样

C．各种运输方式的速度不一样

D．各种运输方式均拥有自己固有的技术经济特征和优势，以及运输市场的多样性需求

（4）铁路运输的最大特点是（　　）。

A．适于长距离的大宗货物的集中运输

B．适于长距离的杂货小件运输

C．适于短途的大宗货物的集中运输

D．适于短途的杂货小件运输

2．判断题

（1）运输节点对整个运输网络的优化起着重要作用。（　　）

（2）将铁路运输改为航空运输，使运费增加，对物流只有不利影响。（　　）

（3）减少运输环节，对运输有利。尤其是减少同类运输工具的环节，对合理运输有相当大的促进作用。（　　）

3．多项选择题

（1）铁路运输的优点是（　　）。

A．运量大，速度快，可靠性高　　B．准确性和连续性强

C．远距离规模运输费用低　　D．一般不受气候因素的影响

E．灵活性好，能够实现“门到门”运输

（2）公路运输的不足之处在于（　　）。

A．运量较小，长途汽车运输成本较高，环境污染严重等

B．汽车载量较小，不适宜装载大件、重件的物品，也不适宜进行长途运输

C．单位运输成本费用比水运和铁路运输要高，超过一定的运输距离，运费会明显增加

D．在车辆运输的过程中货物震动较大，尤其是在路况较差的情况下，容易造成货损货差事故

E．运输连续性差，速度慢，时间长，装卸搬运费用较高

（3）以下对于航空运输方式的特点描述正确的是（　　）。

A．速度快　　B．运载量大

C．运输成本高　　D．不受地形限制

E．不受气候因素影响

4．问答题

（1）什么是班轮运输？

（2）什么是租船运输？

（3）写出公路运输作业流程。

（4）铁路运输有什么优点？

实践训练

1．试比较各种运输方式的优缺点，根据实际讨论各种运输方式的适用情况。

2．假设国内一家汽车制造商从美国进口一批汽车零配件，从上海港进入中国内陆武汉市，你将考虑怎样将货物运抵武汉市？

第三章　物流运输决策

学习目标

认识到物流运输决策是整个物流决策的核心之一；学习并掌握运输线路的规划等；了解运输优化的概念、内容、作用；掌握运输优化方法，特别是图上作业法、表上作业法，并运用这些方法解决实际问题。

【引导案例】

近年来，生鲜电商成为热门话题——将生鲜蔬果放进“购物车”，傍晚下班后，这些食品直接被快递送到家门口的运作模式，得到了广大白领的青睐。

顺丰集团旗下电商网站“顺丰优选”总裁助理杨军认为，顺丰优选的优势在于提供优质的产品，“海内外直采＋海陆空运输＝速度和稳定”，“我们能在 24 小时内让食物从‘枝头到舌头’，只要不遇到极恶劣的自然因素，就可以保证每天都速度一样且稳定。”

为了应对 5 月份生鲜荔枝“大战”，顺丰优选早在 1 月份就开始“蹲点”荔枝原产地，调查供应商情况、气候条件及周边环境。除了北京、深圳，顺丰优选在华东、华南同样预备着置办工作点，并且组织采购团队去全国各地进行原产地直采。在买手们亲自挑选完食品并封箱后，由“顺丰航空”空运至消费地，使跨地域物流的实效得到保证。顺丰现具备 140 多辆可控温度的运输车，并且一直严格按照冷链要求运营。供应链缩短之后，就能有价格优势，接着通过运营效率提升和创新的商业模式，把成本压下，最终让利给消费者。（资料来源：http://www.chinawuliu.com.cn/xsyj/201806/14/332083.shtml。）

第一节　物流运输路线的确定

【课堂讨论】

假设要从学校出发到达某地，讨论选择什么样的运输工具，走哪条路线。

行驶路线就是车辆在完成运输工作中的运行路线。由于在组织车辆完成货运任务时，通常存在多种可选行驶路线方案，而车辆按不同的运行路线完成同样的运输任务时，其利用效果是不一样的。因此，在满足货运任务要求的前提下，要选择一条最经济的运行路线。所谓最经济的运行路线，就是在保证运输安全、满足运输服务要求的前提下，运输时间和运输费用最省的路线。由于在一般情况下，车辆的运输时间和运输费用均和车辆行程成正比，因此，在忽略车辆行驶速度、不同道路条件、车辆运行费用差别的前提下，可以认为行程最短的路线是最经济的运行路线。

一、运输路线的确定原则

运输路线是指各送货车辆向各个用户送货时所要经过的路线。运输路线合理与否对运输速度、车辆的合理利用和运输费用都有直接影响，因此运输路线的优化问题是运输管理的主要问题之一。采用科学、合理的方法来确定运输路线，是运输管理中非常重要的一项工作。

（一）确定目标

目标的选择是根据物流运输的具体要求、承运人的实力及客观条件来确定的。运输路线规划的目标可以有多种选择：

（1）以效益最高为目标，即以利润最大化为目标。

（2）以成本最低为目标（实际上也是以效益为目标）。

（3）以路程最短为目标。如果成本与路程相关性较强，而和其他因素的相关性较小时，可以选它作为目标。

（4）以吨公里数最小为目标。“节约里程法”的计算采用这一目标。

（5）以准确性最高为目标。它是运输管理中重要的服务指标。

当然还可以选择运力利用最合理、劳动消耗最低作为目标。

（二）确定物流运输路线的约束条件

运输的约束条件一般有以下几项：

（1）满足所有收货人对货物品种、规格、数量的要求。

（2）满足收货人对货物送达时间范围的要求。

（3）只能在允许通行的时间段内进行运输。

（4）各运输路线的货物量不得超过车辆容积和载重量的限制。

（5）在承运单位现有运力允许的范围内。

二、制定车辆运输路线

运输路线的选择影响到运输设备和人员的利用。正确地确定合理的运输路线可以降低成本，因此运输路线的确定是运输决策的一个重要领域。尽管路线选择问题种类繁多，但可以将其归纳为几个基本类型。

1．起讫点不同的单一问题

对分离的、单个始发点和终点的网络运输路线选择问题，最简单和直观的方法是最短路线法。网络由节点和线组成，节点与节点之间由线连接，线代表节点与节点之间运行的成本（距离、时间或时间和距离加权的组合）。除始发点外，所有节点都被认为是未解的，即均未确定是否在选定的运输路线上。始发点作为已解的点，计算从原点开始。计算方法是：

（1）第 n 次迭代的目标。寻求第 n 次最近始发点的节点，重复 n=1，2，…，直到最近的节点是最终点为止。

（2）第 n 次迭代的输入值。（n-1）个最近始发点的节点是由以前的迭代根据离始发点最短路线和距离计算而得的。这些节点以及始发点称为已解的节点，其余节点是尚未解的点。

（3）第 n 次最近节点的候选点。每个已解的节点由线路分支通向一个或多个尚未解的节点，这些未解的节点中有一个以最短路线分支连接的是候选点。

（4）第 n 个最近的节点的计算。将每个已解的节点及其候选点之间的距离和从始发点到该已解节点之间的距离加起来，总距离最短的候选点即是第 n 个最近的节点，也就是始发点到达该点最短距离的路径。

尽管以上过程看起来有些复杂，但以下例子可以具体说明其计算过程。

［**例题 3-1**］图 3-1 所示的是一张公路网络示意图，其中 A 是始发点，J 是终点，其余点是网络中的节点，节点与节点之间以线路连接，线路上标明了两个节点之间的距离，以运行时间（单位：min）表示。要求确定一条从起点 A 到终点 J 的最短的运输路线。

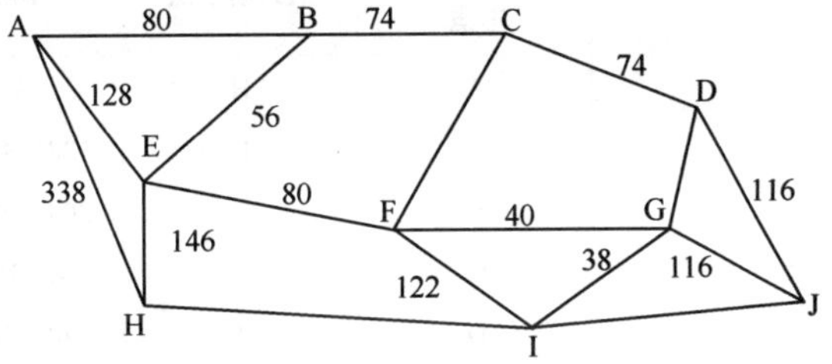

图 3-1　公路网络示意图

首先列出一张如表 3-1 所示的表格。第一个已解的节点就是起点 A。与 A 点直接连接的未解的节点有 B、E、H 点。第一步，我们可以看到 B 点是距 A 点最近的节点，记为 AB，由于 B 点是唯一选择，所以它成为已解的节点。

随后，找出距 A 点和 B 点最近的未解的节点，列出距各个已解的节点最近的连接点，有 A—E，B—E，记为第二步。注意从起点通过已解的节点到某一节点所需的时间应该等于到达这个已解节点的最短时间加上已解节点与未解节点之间的时间，也就是说，从 A 点经过 B 点到达 E 点的距离为 AB+BE=80+56=136，而从 A 点直达 E 点的时间为 128 分，现在 E 点也成了已解的节点。

第三次迭代要找到与各已解节点直接连接的最近的未解节点。如表 3-1 所示，有三个候选点，从起点 A 到这三个候选点 H、C、F 所需的时间，相应为 338min、154min、208min，其中连接到 C 点的时间最短，为 154min，因此 C 点就是第三次迭代的结果。

表 3-1　最短路线法计算表

步　骤	直接连接到未解节点的已解节点	与其直接连接的未解节点	相关总时间 /min	第 n 个最近节点	最短时间 /min	最新连接
1	A	B	80	B	80	AB*
2	A B	E E	128 80+56=136	E	128	AE
3	A B	H C	338 80+74=154	C	154	BC*
4	A E C	H F D	338 128+80=208 154+74=228	F	208	EF
5	A E C F	H H D G	338 128+146=274 154+74=228 208+40=248	D	228	CD*
6	A E F D	H H G J	338 128+146=274 208+40=248 228+116=344	G	248	FG

（续）

步　骤	直接连接到未解节点的已解节点	与其直接连接的未解节点	相关总时间 /min	第 n 个最近节点	最短时间 /min	最新连接
7	A	H	338	H	274	EH
	E	H	128+146=274			
	F	I	208+122=330			
	G	I	248+38=286			
	D	J	228+116=344			
8	G	J	248+116=364	J	344	DJ*
	D	J	228+116=344			

注：* 表示最短时间建线。

重复上述过程直到到达终点 J，即第八步。最小的路线时间是 344min，连线在表上以星符号标出者，即最优路线为 A—B—C—D—J。

在节点很多时用手工计算比较繁杂，如果把网络的节点和连线的有关数据存入数据库中，最短路线就可用计算机求解。绝对的最短距离路径并不说明穿越网络的最短时间，因为该方法没有考虑各条路线的运行质量。因此，对运行时间和距离都设定权数就可以得出比较具有实际意义的路线。

2．多起讫点问题

如果有多个货源地可以服务多个目的地，那么我们面临的问题是，要选择供货地，同时要找到供货地、目的地之间的最佳路径。该问题经常发生在多个供应商、工厂或仓库服务于多个客户的情况下。如果各供货地能够提供的货物有限，则问题会更复杂。解决这类问题常常可以运用一类特殊的线性规划算法。

3．起讫点重合的问题

物流管理人员经常遇到的一个路线选择问题是始发点就是终点的路线选择。这类问题通常在运输工具是私人所有的情况下发生。例如，配送车辆从仓库送货至零售点，然后返回仓库，再重新装货；当地的配送车辆从零售店送货至顾客，再返回；接着孩子上学的学校巴士的运行路线；送报车辆的运行路线；垃圾收集车辆的运行路线等。这类问题求解的目标是寻求访问各点的次序，以求运行时间或距离最小化。始点和终点相重合的路线选择问题通常被称为“旅行推销点”问题，对这类问题应用经验探试法比较有效。

三、安排车辆运输路线和时间

车辆运输路线和时间安排是车辆运输路线选择问题的延伸，车辆运输路线和时间安排受到的约束条件更多。

1．车辆运输路线和时间安排受到的约束

（1）每个停留点规定的提货数量和送货数量。

（2）使用的多种类型车辆的载重量和载货容积各不相同。

（3）车辆在路线上休息前允许的最大的行使时间。

（4）停留点规定的在一天内可以进行提货的时间。

（5）可能只允许送货后再提货的时间。

（6）驾驶员可能只能在一天的特定时间进行短时间的休息或进餐。这里的问题是车辆从一个仓库出发，向多处停留点送货，然后在同一天内返回该仓库，要安排一个满意的运输路线和时间。

2. 满意的运输路线和时间安排原则

运输路线和时间安排的决策者，如车辆调度员，在长期的实际工作经验中提炼出下列八条原则：

（1）将相互接近的停留点的货物装在一辆车上运送。车辆的运输路线应将相互接近的停留点串起来，以便停留点之间的运输距离最小化，这样也就使总的运输时间最小化。

（2）对于集聚在一起的停留点，安排同一天送货。当停留点的送货时间是定在一周的不同天进行时，应当对积聚在一起的停留点安排同一天送货。要避免不是同一天送货的停留点在运输路线上重叠，这样有助于使所需的服务车辆数目最小化以及一周中的车辆运输时间和距离最小化。

（3）运输路线从离仓库最远的停留点开始。合理的运输路线应从离仓库最远的停留点开始将该集聚区的停留点串起来，然后返回仓库。一旦确认了最远的停留点之后，送货车辆应一并载上与这个关键停留点相邻的其他停留点货物。这辆运货车满载后，再选择另一个最远的停留点，用另一辆运货车满载与第二个最远停留点相邻的一些停留点的货物，按此程序进行下去，直至所有停留点的货物都分配完。

（4）一辆运货车顺次途径各停留点的路线要成水滴状。运货车辆顺次途经各停留点的路线不应交叉，最好呈水滴状。不过，停留点工作时间的约束和在停留点送货后再提货的要求往往会导致路线交叉。

（5）最好是使用一辆载重量大到能将路线所有停留点上货物都装下的送货车，这样可将服务区停留点的运行距离或时间最小化。因此在多种规格车型的车队中，应优先使用载重量大的送货车。

（6）提货应混在送货过程中进行，而不要在运行路线结束后再进行。提货应尽可能在送货过程中进行，以减少线路交叉，而在送货结束后再进行提货经常会发生线路交叉。提货混在送货中进行，究竟能做到什么程度，则取决于送货车辆的形状、提货量以及所提的货物对车辆后续送货的影响程度。

（7）对偏离集聚停留点路线远的单独停留点可应用另一个送货方案。偏离停留点集聚区远的停留点，特别是那些送货量小的停留点，一般要花费大量的运输时间和费用，因此使用小载重量车辆专门为这些停留点送货是经济的，其经济效益取决于该停留点的偏离度和送货量。偏离度越大，送货量越小，使用小载重量的车辆专门为这些停留点送货越经济。另一个可供选择的方案是租用车辆为这些停留点送货。

（8）应当避免停留点的工作时间太短的约束。停留点的工作时间太短常会迫使运输线路偏离理想状态。由于停留点的工作时间约束一般不是绝对的，因此如果停留点的工作时间确实影响到合理的送货路线，则可以与停留点协商，调整其工作时间或放宽其工作时间约束。

上述原则很容易传授给工作人员，从而帮助他们制定出满意的(不一定是最优的)、现实可行的合理路线和时间安排。当然上述原则也仅是一种指引，具体运作人员面对的许多复杂情况并不是上述原则所能全部包容的。遇到特殊的约束条件，运作人员要根据自己的经验随机处理。

3．用扫描法制定车辆运输路线

当附加了许多约束条件之后，要解决车辆运输路线和时间安排问题就变得十分复杂，而这些约束条件在实际工作中常常会出现，如停留点的工作时间约束、不同载重量和容积的多种类型的车辆、一条路线上允许的最大的运行时间、不同区段的车速限制、运行途中的障碍物（湖泊、山脉等)、驾驶员的短时间休息等。这里介绍一种比较简单的方法，它可以面对这些复杂的问题求得一个满意的解（不一定是最优解)。这个方法称为扫描法。

用扫描法确定车辆运输路线的方法十分简单，甚至可手工计算。一般来说，它求解所得方案的误差率在 10% 左右，这样的水平误差率通常是可以接受的，因为调度员往往需要在有限时间内制定出车辆运输路线。

（1）扫描法的组成阶段。第一个阶段是将停留点的货运量分配给送货车。第二阶段是安排停留点在路线上的顺序。由于扫描法是分阶段操作的，因此有些时间上的问题，如路线上的总的时间和停留点工作时间的约束等，难以妥善处理。

（2）扫描法的进行步骤。①将仓库和所有的停留点位置画在地图上或坐标图上。②在地图上的仓库位置放置一直尺，直尺指向任何方向均可，然后顺时针或逆时针转动直尺，直到直尺交到一个停留点。询问：累积的装货量是否超过送货车的载重量或载货容积(首先要使用最大的送货车辆)？如是，将最后的停留点排除后将路线确定下来，再从这个被排除的停留点开始继续扫描，从而开始一条新的路线。这样扫描下去，直至全部的停留点都被分配到路线上。③对每条运输路线安排停留点顺序，以求距离最小化。

4．安排车辆运输时间

上述的车辆运输路线的设计是假定一辆送货车服务一条路线，如果路线短，就会发生送货车辆在剩余时间里得不到充分利用的问题。实际上如果第二条路线能在第一条路线任务完成后开始，则完成第一条路线的送货车辆可用于第二条路线的送货。因此送货车的需求量取决于路线之间的衔接，应使车辆的空闲时间最短。

四、运送路线的优化方法

（一）直送式配送运输路线优化

配送中心要服务多家连锁店，一般各门店每天或两天要货一次，每天要货的店有许多家，且分布在全市各个地方。由于车辆有限，配送中心供应品种又较多，如何合理地调度这些送货车辆，在保证各门店要货能及时得到满足的前提下，使送货车辆经过的路途最少，是一项十分有意义的工作。以下通过例题介绍路线规划。

［例题 3-2］一个配送中心用一辆车装货对 10 个连锁店进行配送，其前提是商品一车能装下。配送中心在 V0，10 个连锁店（节点）为 V1、V2、V3、V4、V5、V6、V7、V8、V9、V10，V11、V12、V13，如图 3-2 所示。图 3-2 中的数值为各节点之间的距离（数据实际单位为百米，为方便计算，后续计算数据均省略此单位）。

路线优化可分为五个步骤：

第一步：考虑到送货车辆从配送中心出发，必须要到达所有的门店，故可以采用最小树方法，生成最小树，将配送中心与各门店用最短里程连接起来，如图 3-3 所示。图 3-3 中的粗线部分即为最小树，它将配送中心与 10 家门店连接起来，同时可使总的路线长度最小。在最小树中包含了两个路口节点 V11 和 V12。单程路线的总长度为 130（单位为百米，后同）。

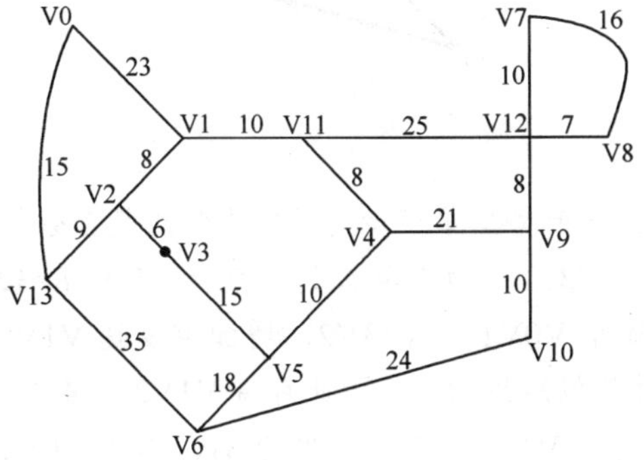

图 3-2　例题 3-2 示意图（一）

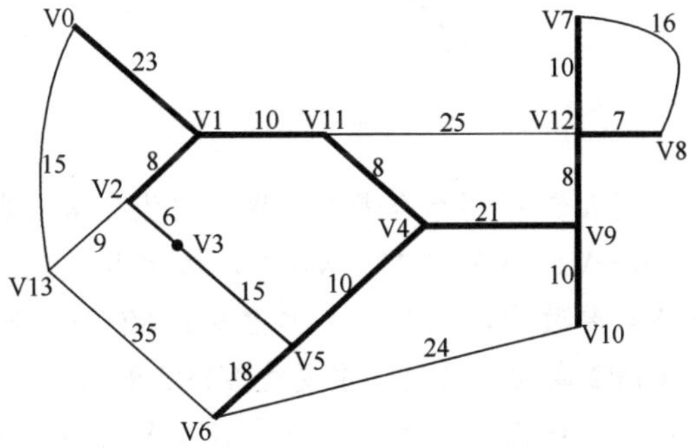

图 3-3　例题 3-2 示意图（二）

第二步：考虑到从配送中心出发的送货车辆在送完所有的门店货物后，仍需要返回配货中心，故需再对生成的最小树采用邮递员路线的算法进行扩充。

在图 3-3 中，奇点有：V0、V1、V3、V4、V6、V7、V8、V9、V10、V12。故需增加边 V3V5，重复边 V0V1、V5V6、V4V9、V9V10、V7V12、V8V12、V9V12 共 7 条，得图 3-4。

图 3-4 中的粗线部分已给出了送货车量从配送中心出发，送货到 10 家门店后返回配送中心的具体路线。即

V0—V1—V2—V3—V5—V6—V5—V4—V9—V10—V9—V12—V7—V12—V8—V12—V9—V4—V11—V1—V0。路线的总长度为 251。

第三步：进一步优化行车路线，使其加重复边的长度之和小于不加重复边长度之和。检查图中所有的圈，此时要使用图中所有的边，即包含尚不在行车路线的边。

检查发现：圈 V7—V8—V12—V7，加重复边的长度为 10+7=17，而不加重复边的长度为 16，故要改进，去掉重复边 V7V12、V8V12，而增加边 V7V8。圈 V6—V5—V4—V9—V10—V6 中，加重复边的长度为 18+21+10=49，不加重复边的长度为 10+24=34，故也要改进，去掉重复边 V5V6、V4V9、V9V10。增加重复边 V4V5，增加边 V6V10，即可得送货线路如下：V0—V1—V2—V3—V5—V6—V10—V9—V12—V7—V8—V12—V9—V4—V5—V4—V11—V1—V0。路线的总长度减少为 235，见图 3-5。总长度较前减少了 16。

第四步：检查有重复边的路线是否多余，即检查重复边的两端是否已有其他路线相连通，如有的话，可将重复边连同原边从路线图中删去。这里发现重复边 V4V5 的两端可通过其他路线相连，可将 V4V5 及重复边一起从路线图中删去，即可得送货路线如下：V0—V1—V2—V3—V5—V6—V10—V9—V12—V7—V8—V12—V9—V4—V11—V1—V0。路线的总长度减少为 215，较之前减少了 20，见图 3-6。

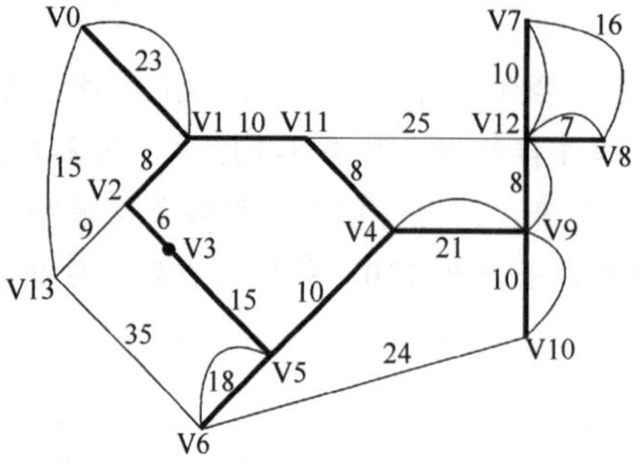

图 3-4 例题 3-2 示意图（三）

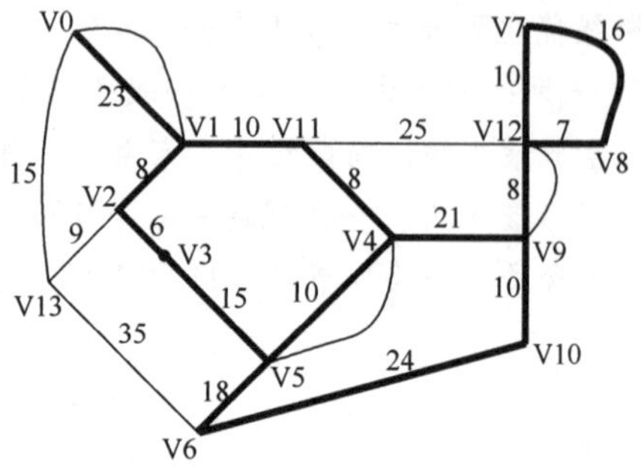

图 3-5 例题 3-2 示意图（四）

第五步：要综合考虑问题，在优化第三步时，同时考虑第四步有没有重复边是多余的。圈 V0—V1—V2—V13—V0 中，加重复边的长度为 23，不加重复边的长度为 15+9+8=32，故不需要改进，但是，去掉重复边 V0V1，增加线路 V0V13、V13V2，增加重复边 V1V2，则 V1V2 成为重复边。重复边 V1V2 的两端可通过其他路线相连，因此可将 V1V2 及重复边一起从路线图中删去。这样去掉重复边 V0V1 和线路 V1V2，总和长度为 31，增加 V0V13 和 V13V2，之和长度为 24。总长度较前减少了 7，即可得送货路线如下：V0—V1—V11—V4—V9—V12—V7—V8—V12—V9—V10—V6—V5—V3—V2—V13—V0。路线的总长度减少为 208，见图 3-7。

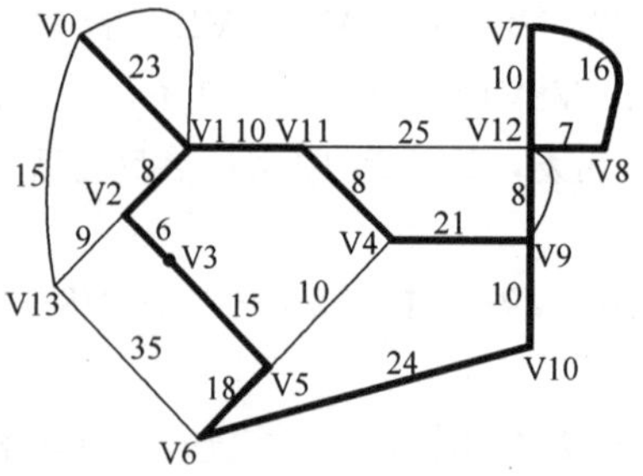

图 3-6 例题 3-2 示意图（五）

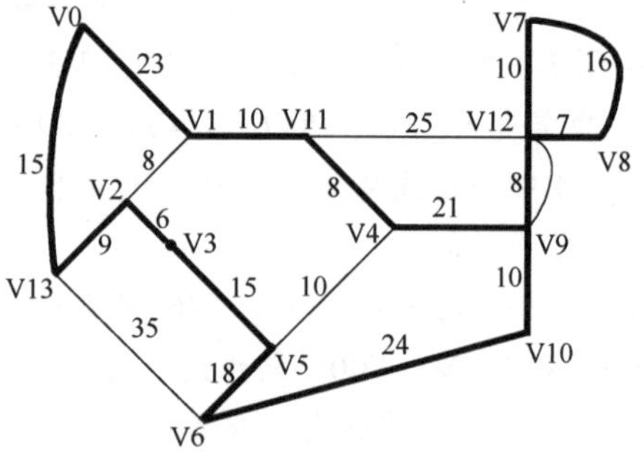

图 3-7 例题 3-2 示意图（六）

（二）分送式配送运输路线优化

配送运输过程中影响运输的因素很多，如车流量的变化、道路状况、客户的分布状况和配送中心的选址、道路交通网、车辆额定载重量以及车辆运行限制等。线路设计就是整合影响运输的各因素，适当地利用现有的运输工具和道路，及时、安全、方便、经济地将客户所需的物资准确送达客户手中。在运输路线设计中，需根据不同客户群的特点和要求，选择不同的路线设计方法，最终达到节省时间、运输距离和运输费用的目的。

分送式配送运输是指由一个供应点对多个客户的共同送货。其基本条件是所有客户的需求量总和不大于一辆车的额定载重量。送货时，由这一辆车装着所有客户的货物，沿着一条精心选择的最佳路线一次将货物送到各个客户手中。这样既保证按时按量将用户需要的货物及时送到，又节约了车辆、节省了费用、缓解了交通紧张的压力，并减少了运输对环境造成的污染。

［**例题 3-3**］图 3-8 所示为某配送中心的配送网络，图中 P0 点为配送中心，P1、P2、P3、P4、P5、P6、P7、P8、P9、P10 为配送客户，共 10 位客户，括号内为配送货物吨数，线路上的数值为道路距离，单位为 km。现配送中心有额定载重量分别为 2t 和 4t 两种厢式货车可供送货使用，试用节约法设计最佳送货路线。

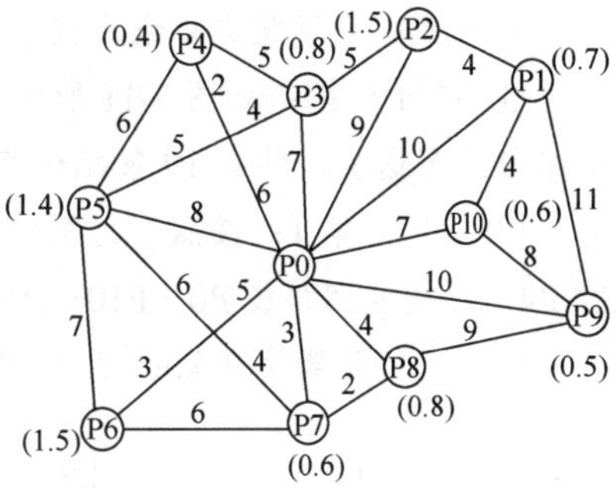

图 3-8　例题 3-3 示意图（一）

第一步：计算最短距离。

首先计算网络节点之间的最短距离（可采用最短路线法求解）。计算结果如图 3-9 所示。

第二步：计算节约里程。根据最短距离结果，计算出各客户之间的节约里程，结果见图 3-10。

P0										
10	P1									
9	4	P2								
7	9	5	P3							
8	14	10	5	P4						
8	18	14	9	6	P5					
8	18	17	15	13	7	P6				
3	13	12	10	11	10	6	P7			
4	14	13	11	12	12	8	2	P8		
10	11	15	17	18	18	17	11	9	P9	
7	4	8	13	15	15	15	10	11	8	P10

图 3-9　例题 3-3 示意图（二）

P1									
15	P2								
8	11	P3							
4	7	10	P4						
0	3	6	10	P5					
0	0	0	3	9	P6				
0	0	0	0	1	5	P7			
0	0	0	0	0	4	5	P8		
9	4	0	0	0	1	2	5	P9	
13	8	1	0	0	0	0	0	9	P10

图 3-10　例题 3-3 示意图（三）

第三步：将节约里程进行分类。对节约里程按从大到小的顺序排列，如表 3-2 所示。

表 3-2　节约里程排序

序　号	路　线	节约里程 /km	序　号	路　线	节约里程 /km
1	P1P2	15	13	P6P7	5
2	P1P10	13	13	P7P8	5
3	P2P3	11	13	P8P9	5
4	P3P4	10	16	P1P4	4
4	P4P5	10	16	P2P9	4
6	P1P9	9	16	P6P8	4
6	P5P6	9	19	P2P5	3
6	P9P10	9	19	P4P6	3
9	P1P3	8	21	P7P9	2
9	P2P10	8	22	P3P10	1
11	P2P4	7	22	P5P7	1
12	P3P5	6	22	P6P9	1

第四步：确定配送路线。按节约里程大小顺序，组成路线图。

① 初始方案：如图 3-11 所示，从配送中心 P0 分别向各个客户进行配送，对每一客户分别单独派车送货，共有 10 条配送路线，总行程为 148km，需 2t 货车 10 辆。

② 修正方案 1：按照节约里程由大到小的顺序，连接 P1 和 P2，P1 和 P10，P2 和 P3，P3 和 P4，形成巡回路线 P0—P10—P1—P2—P3—P4—P0，如图 3-12 所示，装载货物 4t，这时配送路线总运行距离为 99km，配送路线 6 条，需 4t 货车 1 辆，需 2t 货车 5 辆。

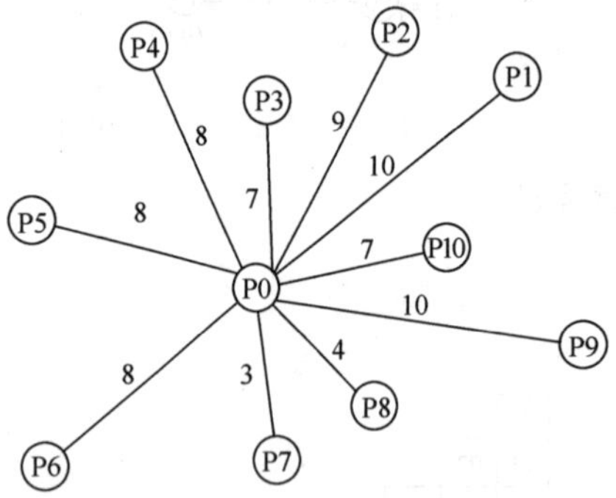

图 3-11　例题 3-3 示意图（四）

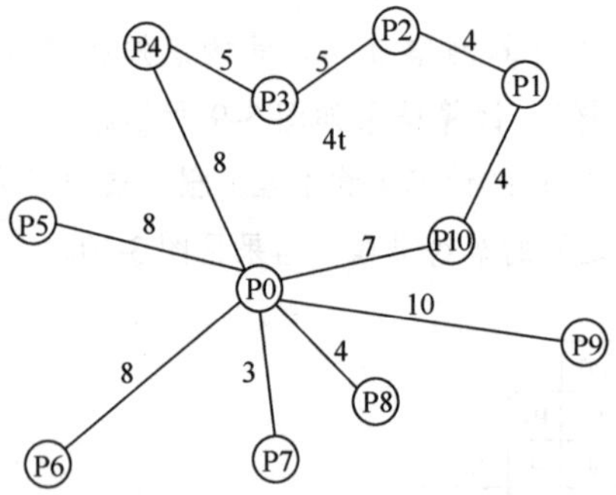

图 3-12　例题 3-3 示意图（五）

③ 修正方案 2：按节约里程由大到小的顺序，连接 P5 和 P6，P6 和 P7，形成巡回路线 P0—P5—P6—P7—P0，如图 3-13 所示，装载货物 3.5t，这时配送路线总运行距离为 85km，配送路线 4 条，需 4t 货车 2 辆，需 2t 货车 2 辆。

④ 修正方案 3：按节约里程由大到小的顺序，连接 P8 和 P9，形成巡回路线 P0—P8—P9—P0，如图 3-14 所示，装载货物 1.3t，这时配送路线总运行距离为 80km，配送路线 3 条，需 4t 货车 2 辆，需 2t 货车 1 辆。

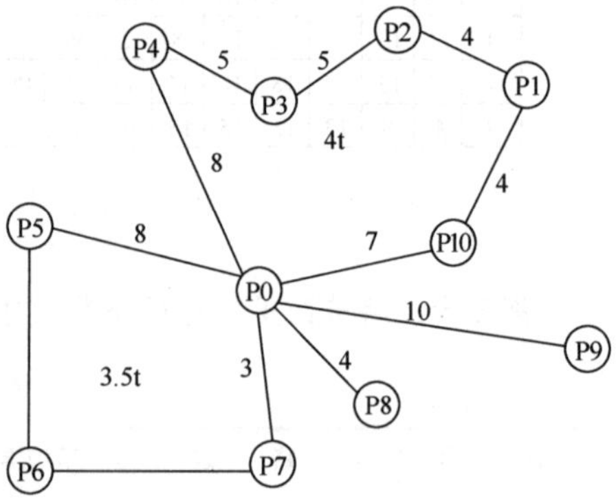

图 3-13　例题 3-3 示意图（六）

最终配送路线方案（见图 3-15）为：

A：P0—P4—P3—P2—P1—P10—P0

B：P0—P5—P6—P7—P0

C：P0—P8—P9—P0

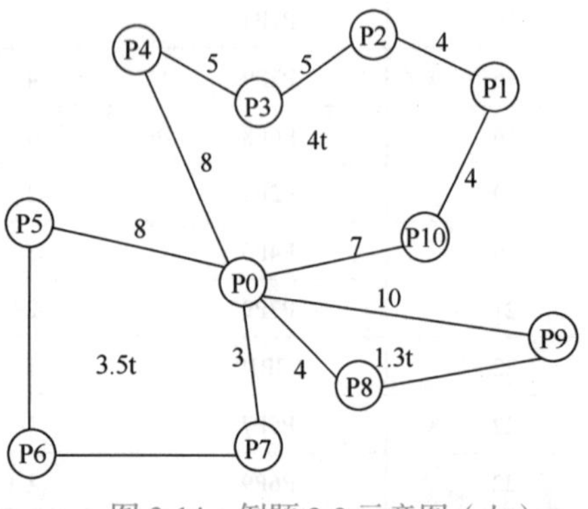

图 3-14　例题 3-3 示意图（七）

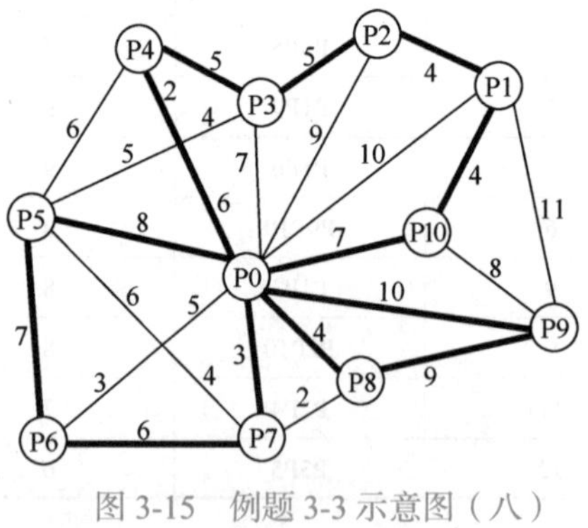

图 3-15　例题 3-3 示意图（八）

如果考虑单车载重量均衡，由于P3P4、P4P5节约的里程相同，可以把P4点放在B线路，其结果里程一样，都是80km，配送线路3条，需4t货车2辆，需2t货车1辆。装载量分别为：3.6t、3.9t和1.3t。

最终配送路线方案为：

A：P0—P3—P2—P1—P10—P0

B：P0—P4—P5—P6—P7—P0

C：P0—P8—P9—P0

第二节　物流运输优化

一、运输优化的含义

现代物流运输优化是第三利润源的一个重点。所谓物流运输优化，是从物流系统的总体目标出发，运用系统理论和系统工程原理和方法，充分利用各种运输方式的优点，以运筹学等数量方法建立模型与图表，选择和规划合理的运输路线和运输工具，以最短的路径、最少的环节、最快的速度和最少的费用组织好物质产品的运输活动，避免不合理运输的出现。

而所谓运输优化，是指按商品自然流向，组织商品合理运输的活动。它直接决定着商品物流的效率与结果，合理的、优化的商品运输不但能节约物流成本、提高商品运输的速度，而且还由于它能有效地连接生产和消费，从而既有利于物流服务和商品价值的实现，又能有效地促进生产商的按需生产，真正使供应链物流的管理建立在实际需要的经营基础上。要实现商品的运输优化并了解其内容和作用，必须在满足经济发展和顾客需求的前提下，保证生产和流通的社会劳动耗费最小。

二、运输优化的作用

物流运输优化，即合理化的作用主要体现在以下几点：

（1）合理组织物品的运输，有利于加速社会再生产的进程，促进国民经济持续、快速、稳定、协调地发展。

（2）合理运输能节约运输费用，降低物流成本。运输费用是构成物流费用的重要组成部分。在物流过程中，运输作业所消耗的活劳动和物化劳动占的比例最大。物流过程的合理运输，就是通过运输方式、运输工具和运输路线的选择，进行运输分类的优化，实现物品运输的合理化。物品运输的合理化必然会达到缩短运输里程、提高运输工具的运用效率，从而达到节约运输费用、降低物流成本的目的。

（3）合理的运输缩短了运输时间，加快了物流速度。运输时间的长短决定着物流速度的快慢。合理组织物品的运输，才能使被运输的物品在途中的时间尽可能缩短，能达到到货及时的目的，因而可以降低库存物品的数量，实现加快物流速度的目标。因此，从宏观的角度讲，物流速度的加快减少了物品的库存量、节约了资金的占用。

（4）运输合理化可以节约运力，缓解运力紧张的状况，还能节约能源。运输合理化可以改变许多不合理的运输现象，从而节约了动力，提高了货物的通过能力，起到合理利用运输能力的作用。同时，合理运输降低了运输部门的能源消耗，从而提高了能源利用率。

三、车辆运行组织的优化

提高车辆的时间利用率，属于组织技术性问题，包括采用先进的货运形式、选择行驶路线及合理组织装卸工作等。

（一）多班运输

1．含义

多班运输，是指在一昼夜内，车辆工作超过一个工作班以上的货运形式。

货运车辆总生产率的关系式表明，增加车辆在路线上的工作时间，能相应地提高车辆的总生产率。实行多班运输，可以停人不停车或少停车，增加了车辆工作时间，提高了车辆设备利用率和生产率。

组织多班运输的基本方法，即是每辆汽车（或汽车列车）配备两名以上的驾驶员，分日夜两班或三班轮流行驶。这种组织方法比较简单易行，在货源、驾驶员、维修、装卸等条件都具备的情况下，不需增添车辆设备就可开展，并能取得较好效果。

组织多班运输，主要应解决好劳动组织和车辆的行车调度。劳动组织的首要任务是：注意安排好驾驶员的劳动休息和学习时间，同时也应考虑到定车、定人和车辆保修的安排。

在组织多班运输时，由于夜班比日班条件差，不论道路照明、事故处理、工作联系等方面都不如日班方便。对大宗货运任务以及组成往复式的货运任务，由于其配载及装卸作业较单一，适合安排夜班运输。

为适应开展多班运输，应特别注意和收发货单位搞好协作关系，创造良好的装卸货现场条件，以保证顺利地开展多班运输。

2．组织多班运输必须具备的条件

（1）货源固定、大宗，有夜间作业条件。

（2）运输线路和现场条件也适合多班运输的开展。

（3）能按开展多班运输的要求安排好各环节的人员力量。

（4）保修技术力量能适应多班运输快速保修的需要。

（5）有能保证多班运输的装卸力量。

3．多班运输的组织形式

（1）一车两人，日夜双班。即每车配备驾驶员两人，分为日夜两班，每隔一定时间（月或旬），日夜班驾驶员相互调换一次，配备一名替班驾驶员，替班轮休。这种组织形式又可根据运距长短分为起点交接、中途交接和随车交接三种形式。

（2）一车三人，日夜双班、两工一休。即每车配备三个驾驶员，日夜双班，每个驾驶员工作两天，休息一天。这种组织形式适宜于一个车班，能完成一趟或多趟往返的运输任务。

（3）一车三人，日夜三班，分段交接。即每车配备驾驶员三人，日夜三班行驶。驾驶员在中途定站定时进行交接，途中交接站可设在离终点站较近（约为全程的1/3左右）的地方，并在一个车班时间内能往返一次，在起点站配备驾驶员两人，交接站配备驾驶员一人，每隔一定时间三名驾驶员轮流替换。

这种组织形式能充分利用车辆设备，运输效率高，但驾驶员的工作时间不均衡，需要驾驶员的人数也较多，并要做到车辆及时维修。

（4）两车三人，日夜双班、分段交接。即两辆车配备驾驶员三人、分段驾驶，交接站设置在离起点站或到达站较近、在一个车班时间内能完成一次往返的地方。这种组织形式适用于两天可以往返一次的运输任务。

这种组织形式，能做到定人定车运行，需配备驾驶员较少，但车辆利用时间仅较单班车提高50%，实际上是一班半的运行制度。

4．组织多班运输时的注意事项

（1）合理选定交接班的地点。

（2）配运时，要将难运的货物安排在日班，好运的安排在夜班。例如：零星的货运任务和循环运输等，由于装卸地点较多、情况比较复杂，所以应安排在日班运输；而大宗的货运任务，以及往复式运输，由于任务比较稳定、变动少，应安排给夜班完成。

（3）运行管理工作应适应多班运输的情况，协调好人员、货物发送、交付及装卸等环节。

虽然多班运输能使单车产量有所提高，但企业开支的费用与工作人员也随之相应增加，所以只有全员劳动生产率有了提高，单位成本同时有所下降，才是多班运输的现实效果和优化方案。

（二）四定运输

“四定运输”就是定车、定人、定任务、定时间进行运输生产，在送货量大且稳定的情况下，使用“四定运输”能取得较好的运输效果。

定车、定人能使驾驶员熟悉自己汽车的特性，更好地爱护车辆和使用车辆。

定任务能使驾驶员熟悉任务的性质、道路、装卸现场及收发货人的情况，先做好装卸货的准备工作；可简化收发货手续，提高车辆利用率和服务质量；可使装卸工人更熟练地掌握该种货物的装卸工作，有利于提高工作效率和促进装卸工作机械化。

定时间运输就是指以车辆运行图和行车时刻表为依据而组织的运输。定时间运输有利于搞好运输生产各环节之间、运输单位与货主之间的衔接工作，尤其是在拖挂运输、双班运输中采用定时运输，更能收到较好的经济效果。

要搞好定时间运输，必须做好运输生产过程中各项有关作业时间消耗的查定工作，其具体内容包括：

（1）查定车辆在不同线路上空驶或重驶的时间定额。

（2）查定车辆在装载不同种类货物时的装卸车作业时间定额。

（3）确定驾驶员解决生活问题和交接班等所需要的时间。

有了上述时间标准，就可据此制定车辆运行图和行车时刻表。

四、车辆调度

车辆是在点多、面广、纵横交错、干支相连的运输网络中分散流动的，涉及多个部门、多个环节，工作条件较为复杂。这就需要建立一个具有权威性的组织指挥系统——车辆调度部门，来进行统一领导、统一指挥，且能灵活地、及时地处理问题。

（一）车辆调度工作的作用

（1）保证运输任务按期完成。

（2）能及时了解运输任务的执行情况。

（3）促进运输及相关工作的有序进行。

（4）实现最小的运力投入。

（二）车辆调度工作的特点

（1）计划性。坚持合同运输与临时运输相结合，以完成运输任务为出发点，认真编制、执行及检查车辆运行作业计划。

（2）预防性。在车辆运行组织中，经常进行一系列预防性检查，发现薄弱环节时及时采取措施，避免运输中断。

（3）机动性。加强信息沟通，机动灵活地处理有关部门的问题，准确及时地发布调度命令，保证生产的连续性。

（三）车辆调度的基本原则

（1）坚持统一领导和指挥、分级管理、分工负责的原则。

（2）坚持从全局出发、局部服从全局的原则。

（3）坚持以均衡和超额完成生产计划任务为出发点的原则。

（4）坚持最低资源（运力）投入和获得最大效益的原则。

车辆运行计划在组织执行过程中常会遇到一些事前难以预料的问题，如：客户需求量变动、装卸机械发生故障、车辆运行途中发生技术障碍、临时性桥断路阻等，这就要有针对性地加以分析和解决。调度部门要随时掌握货源状况、车况、路况、气候变化、驾驶员思想状况、行车安全等，确保运行作业计划顺利进行。

【小思考】

车辆调拨具体原则是什么？

（四）车辆调度的方法

车辆调度的方法有多种，可根据客户所需货物、配送中心站点及交通路线的布局不同而选用不同的方法。简单的运输可采用定向专车运行调度法、循环调度法、交叉调度法等。如果运输任务较重，交通网络较复杂，为合理调度车辆的运行，可运用运筹学中线性规划的方法，如最短路径法、表上作业法、图上作业法等。这里只讲经验调度法和运输定额比法，表上作业法和图上作业法将在下文单独作为运输优化的方法来介绍。

1. 经验调度法

在有多种车辆时，车辆使用的经验原则为尽可能使用能满载运输的车辆进行运输。例如，运输5t的货物，就安排一辆5t载重量的车辆运输。在能够保证满载的情况下，优先使用大型车辆，且先载运大批量的货物。一般而言，大型车辆能够保证较高的运输效率和较低的运输成本。

［**例题 3-4**］某建材配送中心，每日需运输水泥580t、盘条400t和不定量的平板玻璃。该中心有大型车20辆、中型车20辆、小型车30辆。各种车每日只运输一次物资，运输定额如表3-3所示。

表3-3 车辆运输定额表 单位：t/(日·辆)

车辆种类	运水泥	运盘条	运玻璃
大型车	20	17	14
中型车	18	15	12
小型车	16	13	10

根据经验调度法确定，车辆安排的顺序为大型车、中型车、小型车。货载安排的顺序为：水泥、盘条、玻璃。得出派车方案如表 3-4 所示，共完成货运量 1 080t。

表 3-4 经验调度法

车辆种类	运 水 泥	运 盘 条	运 玻 璃	总 计
大型车	20 辆			20 辆
中型车	10 辆	10 辆		20 辆
小型车		20 辆	10 辆	30 辆
货运量 /t	580	400	100	1080

2. 运输定额比法

经验调度法方便快捷，但是运输的货运量不能确定是否最大化。可以用运输定额比方法进行派车。

对于例题 3-4 中车辆的运输能力，可以计算每种车运输不同货物的定额比，如表 3-5 所示。

表 3-5 车辆运输定额比

车辆种类	运水泥 / 运盘条	运盘条 / 运玻璃	运水泥 / 运玻璃
大型车	1.18	1.21	1.44
中型车	1.20	1.25	1.50
小型车	1.23	1.30	1.60

其他种类的定额比都小于 1，不予考虑。可以看出，小型车运水泥的定额比最高，因而要先安排小型车运输水泥；其次由中型车运输盘条；剩余的由大型车完成。派车方案如表 3-6 所示，共完成运量 1106t。

表 3-6 定额比优化派车法

车辆种类	运 水 泥	运 盘 条	运 玻 璃	总 计
大型车	5 辆	6 辆	9 辆	20 辆
中型车		20 辆		20 辆
小型车	30 辆			30 辆
货运量 /t	580	400	126	1 106

通过以上两种方法的比较，我们发现运输定额比法要比经验调度法多运输货物。

五、运输优化的方法

（一）图上作业法

图上作业是在交通示意图上，就产地产量与销地销量的平衡关系，运用运筹学原理，寻找能够满足需要的运费最省的方法。图上作业法的基本规则是：对于不成环状的交通路线图，从各端开始，按就近供应的原则和先支线后干线的基本要领，绘制出没有对流的调运方案图，就是所要规划的最优调运方案；对于形成环状的交通线路图，且发点与收点交错迂回的，就比较复杂，必须以“环内外流向总路程应分别小于或等于该环总路程的一半”定理为准则，设计所要控制的最优方案。

下面举例说明其设计的步骤。

1．调运线路成线状

[**例题 3-5**] 假设某种商品由三个发货点 A_1、A_2、A_3 调运到四个收货地 B_1、B_2、B_3、B_4。三个发货点的发运量为 4t、10t 和 8t，四个收货地点的收货量分别为 8t、5t、3t 和 6t。并已知各点的距离（单位：km）及交通图如图 3-16 所示，问如何调运使总的吨公里数最小。

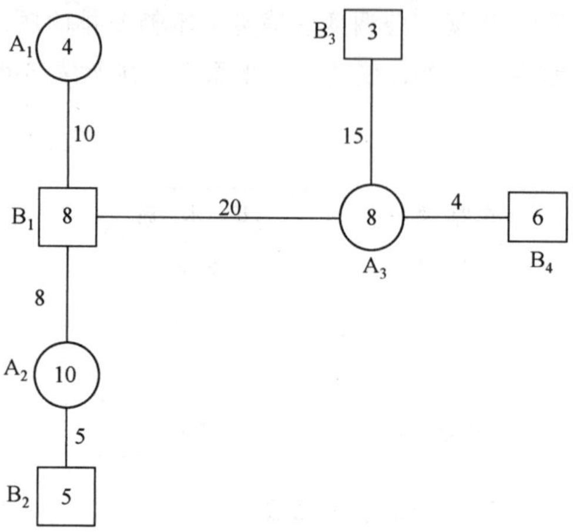

图 3-16 例题 3-5 示意图（一）

解：

（1）根据给出的收、发数量，列出产销平衡表（见表 3-7）。

表 3-7 产销平衡表（一）

单位：t

产地	销地				产量
	B_1	B_2	B_3	B_4	
A_1					4
A_2					10
A_3					8
销量	8	5	3	6	22 / 22

（2）规划调运方向时，要按照“先端点由外向里”的原则，逐步进行各发收点之间的产销平衡。

在本例的调运图中一共有四个端点，规划时先从这四个点开始，即把 A_1 的 4t 调运到 B_1，B_1 尚有 4t 需要量。发点 A_2 先调运给 B_2 5t 货物，其余 5t 调到 B_1，则 B_1 满足需要后还剩余 1t 运往 A_3。发点 A_3 分别调往 B_3 3t 及 B_4 6t，达到了收发平衡。以上线路如图 3-17 所示。

（3）对规划的产销平衡图，检查一下是否有对流现象，如果没有对流，就是一个最优的调运方案了。然后把收发数量填入平衡表中（见表 3-8）。

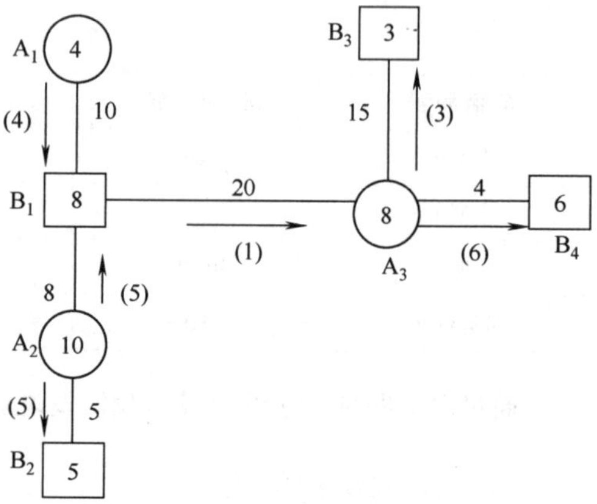

图 3-17 例题 3-5 示意图（二）

表 3-8　产销平衡表（二）　　单位：t

产　地	销　地				产　量
	B_1	B_2	B_3	B_4	
A_1	4				4
A_2	4	5		1	10
A_3			3	5	8
销量	8	5	3	6	22 / 22

依照调运方案，计算出商品调运的总吨公里数：

$$4t\times10km+5t\times8km+5t\times5km+1t\times20km+3t\times15km+6t\times4km=194t\cdot km$$

根据商品调运的流向，可以填出不同方案的平衡表。但这些方案的流向不变，所以总的运输量还是相同。此例题共有 4 种方案可供选择（略）。

2．调运路线成环状

［**例题 3-6**］设某种商品的发点和收点各四个，形成两个环状的线路图，各发、收点的供需量及它们之间的距离（单位：km）已给出，如图 3-18 所示。问如何规划调运方案才能使运输的吨公里数最小？

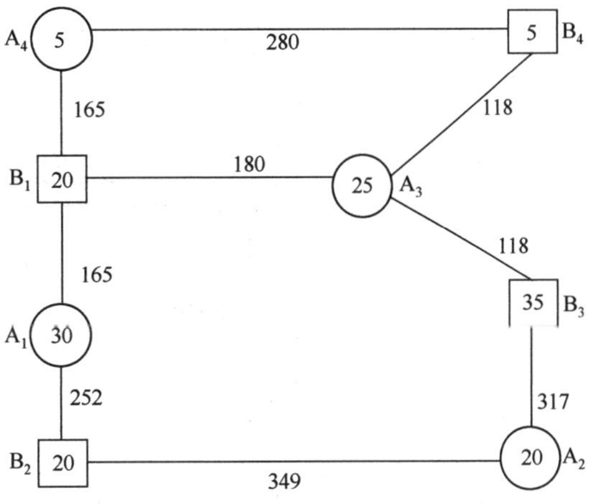

图 3-18　例题 3-6 示意图（一）

解：（1）列出产销平衡表，如表 3-9 所示。

（2）对规划环状的线路图，先采用“丢边破圆”的方法，变成一个不成环状的线路图，通常找出里程最长的丢掉，在本题中上环甩去最长的边 A_4B_4。下环 B_2A_2 边最长，也甩去，如图 3-19 所示。

表 3-9　例题 3-6 产销平衡表（一）　　单位：t

产　地	销　地				产　量
	B_1	B_2	B_3	B_4	
A_1					30
A_2					20
A_3					25
A_4					5
销量	20	20	35	5	80 / 80

（3）按“调运路线成线状”的图形进行规划，并作出一个没有对流的调运图，见图 3-20。

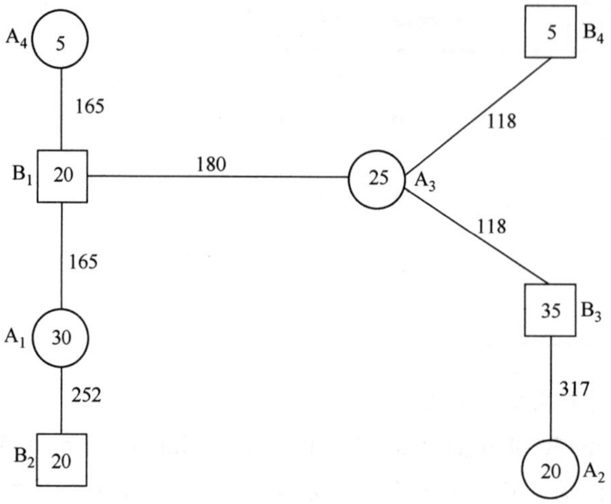

图 3-19　例题 3-6 示意图（二）

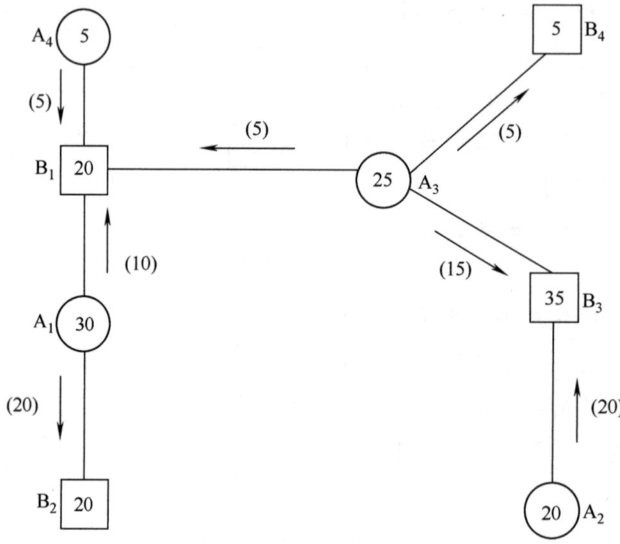

图 3-20　例题 3-6 示意图（三）

（4）补回原来丢去的边 A_4B_4 和 B_2A_2，得到一个初始方案，对初始方案进行检查，看是否有迂回，如果没有迂回，则就是一个最优调运方案，如发现有迂回，需要进一步调整，见图 3-21。

在初始调运方案中，上环周长的一半记作$\frac{L_{上}}{2}$，本例中$\frac{L_{上}}{2}$=371.5km，下环周长的一半记作$\frac{L_{下}}{2}$，本例中$\frac{L_{下}}{2}$=690.5km。

检查上环，内环流向的总长 $L_{上内}$=180km，外环流向总长 $L_{上外}$=283km，可知没有迂回。

因为：$L_{上内}$=180km<371.5km

$L_{上外}$=283km<371.5km

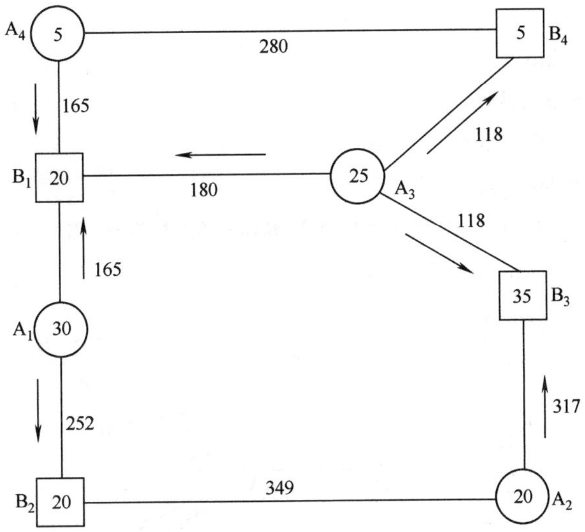

图 3-21　例题 3-6 示意图（四）

再检查下环，内环流向的总长 $L_{下内}$=283km，外环流向的总长 $L_{下外}$=749km，不是最优方案，需要调整。

因为：$L_{下内}$=283km<690.5km

$L_{下外}$=749km>690.5km

（5）由上面检查可以看出，下环的初始调运方案还不是最优方案，需要进行调整。调整的方法是，在有迂回的环上，超过全周一半长的流向中，找出运量最小的一边丢掉它，并补回原来甩去的边，便得到一个新的调运路线成线状的图形，重新规划，见图 3-22。

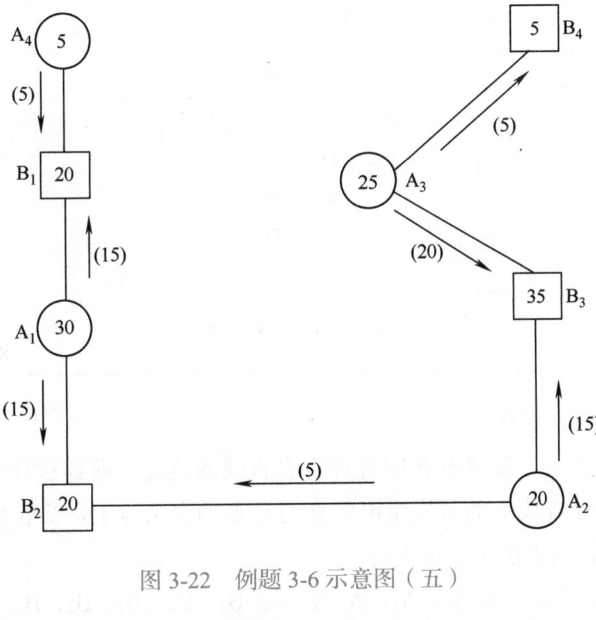

图 3-22　例题 3-6 示意图（五）

（6）补回丢掉的边 A_4B_4 及 B_1A_3，得出一个新的调运方案，见图 3-23，再进行检查。由于上、下环都没有迂回，所以就是一个最优调运方案。将调运量填入产销平衡表，见表 3-10。

检查：

$L_{上内}=0<371.5\text{km}$

$L_{上外}=283\text{km}<371.5\text{km}$

$L_{下内}=632\text{km}<690.5\text{km}$

$L_{下外}=569\text{km}<690.5\text{km}$

总吨公里数 =15t×165km+15t×252km+5t×349km+15t×317km+20t×118km+5t×118km +5t×165km=16 530t • km

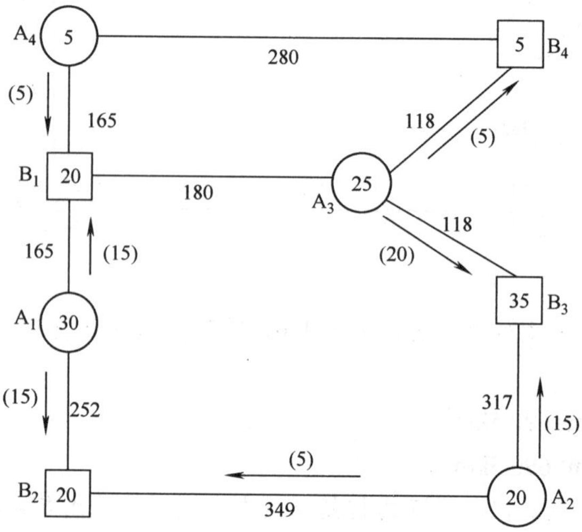

图 3-23　例题 3-6 示意图（六）

表 3-10　例题 3-6 产销平衡表（二）　单位：t

产地	销地				产量
	B_1	B_2	B_3	B_4	
A_1	15	15			30
A_2		5	15		20
A_3			20	5	25
A_4	5				5
销量	20	20	35	5	80 / 80

3．调运路线有环也有线

在商品调运的线路上，经常存在即有环也有直线的情况。遇到这种情况，规划它们的最优调运方案时，首先使直线上的收发量汇集在与环形的交叉点上，简化成一个只有环的线路图，然后再按前面讲过的方法求出最优解。

[例题 3-7] 设有商品产地 A_1、A_2、A_3 与销地 B_1、B_2、B_3、B_4、B_5，构成一个有环也有线的交通图，具体收发量（单位：t）及距离（单位：km）已给出。问如何规划商品流向，使调运的总吨公里数最小，见图 3-24。

解：按照线路图可以看出，销地 B_1 所需商品，必定由产地 A_1 或由其他产地经 A_1 供给，所以将 B_1 的销售量与 A_1 的生产量汇集在 A_1 处，使 A_1 变成一个生产量为 5t 的发点，记作 C_1。同样，B_5 与 A_3 的收发量，汇集在 B_4 处，B_4 变成一个有生产量 20t 的发点，记作 C_2。这样把原来的线路图简化成了一个只有环状的交通图，见图 3-25，可按前面讲过的方法求出最优。

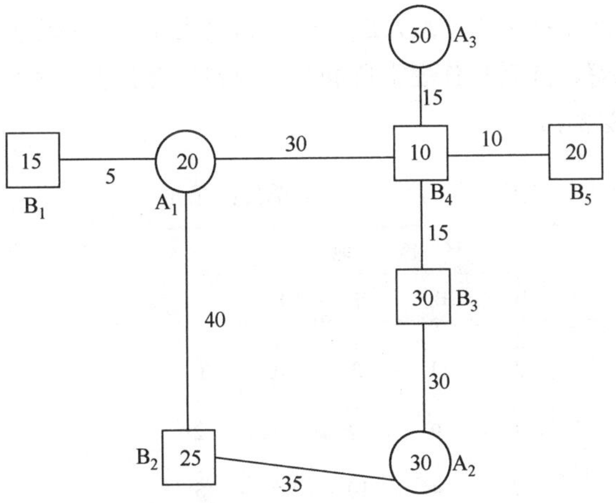

图 3-24　例题 3-7 示意图（一）

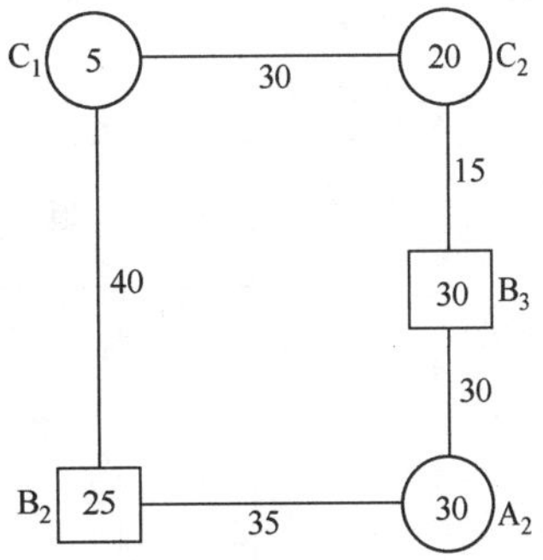

图 3-25　例题 3-7 示意图（二）

（二）表上作业法

表上作业法是利用商品调运平衡表和单位运价表的资料，通过位势表和检验表的运算作业，设计所要控制的最省费用的调运方案。

利用表上作业法求解运输的最优方案，一般要经过以下三个步骤：首先给出一个初始方案；然后依据一个判定准则，判别其是否最优；最后，对判定不是最优的已有方案进行调整。

［**例题 3-8**］某种商品有 3 个产地，每天的产量为 A_1——7t，A_2——4t，A_3——9t。要将这些产品分别运往四个销售部门，各地的销售量为 B_1——3t，B_2——6t，B_3——5t，B_4——6t，各产销地之间每吨商品的运价如表 3-11 所示。问：在满足销售部门的需要量的情况下，如何调运使总的运费支出最少。

表 3-11　运价表（一）　　运价单位：元 /t

产　地	销　地				产量 /t
	B_1	B_2	B_3	B_4	
A_1	3	11	3	10	7
A_2	1	9	2	8	4
A_3	7	4	10	5	9
销量 /t	3	6	5	6	20 / 20

解：1. 确定初始调运方案——最小元素法

最小元素法是按运价中最小运价依次确定产销关系，直到达到产销平衡。

从运价表（见表 3-12）找出最小运价为 1，表示先将 A_2 生产的产品调运给 B_1。A_2 每天生产的产品全部调运给 B_1 后，还余 1t，因此在平衡表中（A_2，B_1）方格上填上 3，表示 A_2 调运 3t 产品给 B_1，并将运价表中 B_1 这一列划去，表示销地 B_1 已得到全部需求量，不需要继续调运。然后在运价表未划去的各运价中，再找出一个最小的数值 2。即 A_2 每天余下产品，应尽量满足 B_3 的需要，A_2 只有 1t 了，所以在平衡表（A_2，B_3）的格内填上 1，划去运价表中 A_2 这一行。按最小元素法在表上继续求解，直到运价表上所有行、列都划去为止，这样，就在产销平衡表上得到一个初始方案，见表 3-13。

表 3-12 运价表（二） 单位：元/t

产 地	销 地				
	B_1	B_2	B_3	B_4	
A_1	3	11	3	10	⑥
A_2	1	9	2	8	②
A_3	7	4	10	5	⑤
	①	④	③		

表 3-13 产销平衡表初始方案 单位：t

产 地	销 地				产 量
	B_1	B_2	B_3	B_4	
A_1			4	3	7
A_2	3		1		4
A_3		6		3	9
销量	3	6	5	6	20 / 20

根据初始方案，可以计算出调运费用是：

$$S=3\text{t}\times1\text{ 元/t}+6\text{t}\times4\text{ 元/t}+4\text{t}\times3\text{ 元/t}+1\text{t}\times2\text{ 元/t}+3\text{t}\times10\text{ 元/t}+3\text{t}\times5\text{ 元/t}=86\text{ 元}$$

由上述方法得出的方案是否可作为表上作业法的初始方案呢？要看是否能满足以下两项要求：

（1）产销平衡表中所填数字的格应为（$m+n-1$）个。即平衡表填有数字的方格数，应是生产地个数加上销售地个数再减去 1。

这里需要说明，有可能出现以下情况：平衡表上产销各点供需量已全部达到平衡，平衡表上所有数字的方格小于（$m+n-1$），这时，我们必须在表内填上个“0”，以达到所规定的条件，这个“0”同其他有数字的一样看待，不能视作空格。

（2）找不到以有数字的格为顶点构成的闭回路。这是指在平衡表上某一有数字的格为起点，沿水平或垂直方向前进，遇到适当的数字的格（填零的格也作一个有数字的格），便转角 90° 继续前进，这样进行下去，最后回到原来的起始点，如果找不到这样的回路，便符合这一条件。

2. 对初始调运方案进行检验——对角线法

采用最小元素法得到的初始调运方案是否为运费最省的方案，还需要进行判别。判别的方法就是要求出各个空格对应的检验数。

用对角线法求检验数，先依照初始调运方案（表 3-13）作一个表，不过要将该表所填的调运量换成运价表中相应的运价，如表 3-14 所示。

表 3-14　运价表（三）　　单位：元/t

产　地	销　地			
	B_1	B_2	B_3	B_4
A_1			3	10
A_2	1		2	
A_3		4		5

然后根据对角线之和相等的原则，在该表中把剩余的数填上。如在 A_1B_3、A_1B_4、A_2B_3、A_2B_4 形成的矩形中，其四个顶点中有数字是 3、10、2，因此，一条对角线为 2+10=12，那么另一条也应为 12，所以 A_2B_4 空格即为 9（12−3）。以此类推，填完剩下的空格，得到对角线表，见表 3-15。为了和原有数值区别开来，可以把原有数值加上括号。

表 3-15　对角线表　　单位：元/t

产　地	销　地			
	B_1	B_2	B_3	B_4
A_1	2	9	(3)	(10)
A_2	(1)	8	(2)	9
A_3	−3	(4)	−2	(5)

然后用单位运价表上的运价减去表 3-15 上相对应的数字，便得到了各空格的检验数，见表 3-16。检验数如果都是大于或等于零，此方案为最优；如果有负数，则需对初始方案进行调整。

表 3-16　检验数表　　单位：t

产　地	销　地			
	B_1	B_2	B_3	B_4
A_1	1	2		
A_2		1		−1
A_3	10		12	

3. 对初始调运方案进行调整

对初始方案进行调整的方法是：以检验数为负值的空格为起点（如有两个以上负检验数时，选绝对值最大的空格为起点）作一条闭回路。如表 3-17 中，在这个闭回路中，除起点外，其余顶点均要求有调运数量的格所组成，然后对运量作最大可能的调整。

表 3-17　调整方案　　单位：t

产　地	销　地				产　量
	B_1	B_2	B_3	B_4	
A_1			4（+1）← ↓	3（−1） ↑	7
A_2	3		1（−1）→	（+1）	4
A_3		6		3	9
销量	3	6	5	6	

具体的做法是：将闭回路所经过的顶点，分成奇数与偶数两类（令起点为“0”，即偶次点），选奇次顶点最小的数字（本例是“1”）填入空格内，再做相应的改动以保持产销平衡，这样便得到一个新的调运方案，见表 3-18。调整后的方案运费为 85 元。

表 3-18　新的调运方案　　单位：元 /t

产　地	销　地				产　量
	B_1	B_2	B_3	B_4	
A_1			5	2	7
A_2	3			1	4
A_3		6		3	9
销量	3	6	5	6	

新得出的方案是否就是最优了呢？还需要再运用求检验数的方法进行检验。新方案的检验数没有负数（见表 3-19），说明表 3-18 已是最优方案了。

表 3-19　新方案的检验数

产　地	销　地			
	B_1	B_2	B_3	B_4
A_1	0	2		
A_2		2	1	
A_3	9		12	

这里需要说明的是，对初始方案用闭回路法调整过程中，遇到奇次顶点有两个以上的最小数时，除一个外，其余空格要补上“0”，以保持方案仍有（$m+n-1$）的调运数。最后得出的最优方案不一定只有一个，而可能求出多个运费相同的最优方案。全面考虑实际情况后，选择其中某一方案。

采用表上作业法求解运输问题的最优调运方案，其计算步骤用框图表示如图 3-26 所示。

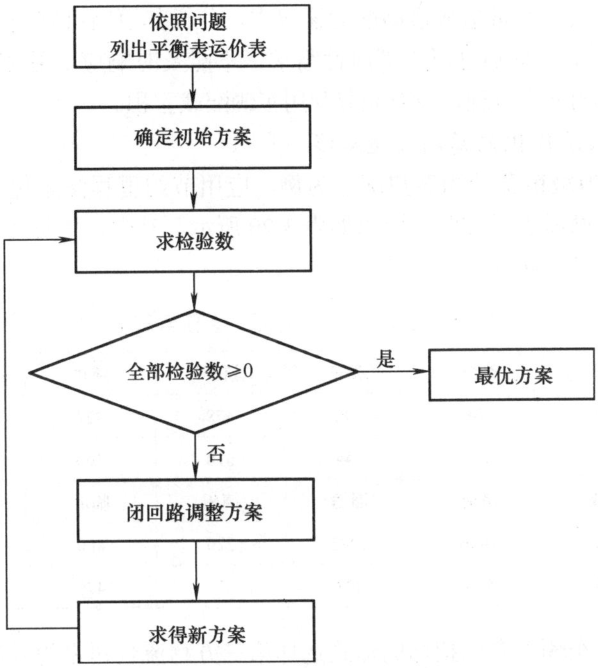

图 3-26　表上作业法的步骤

本章小结

货物的合理运输，除了选择合适的运输方式外，还需要确定合理的运输路线和货物的调运量。不同的运输条件、不同的组织方法，车辆可按不同的行驶路线完成既定的运输任务，对运输效率和运输成本也会有不同的影响。因此，在运输组织中，选择时间短、费用省、效益好的物资调运方式，是关系到降低物流费用的重要问题。它不仅对物质产品生产企业、供销企业以及运输业经济效益的提高有着重要意义，而且对于提高物流的社会效益有着更重要的意义。

在物流运输组织中，线性规划得到了广泛的应用，诸如资源的合理利用、合理下料、工作任务的分配，以及物流调运问题等。本章主要介绍了表上作业法和图上作业法在运输组织中的运用。

案例分析

张裕集团葡萄酒配送路线优化研究——以山东省 14 个地级市客户配送为例

（资料来源：《配送中心运营管理》，李玉民主编，电子工业出版社，2007）

1. 张裕集团配送模式分析

近年来张裕集团的葡萄酒市场需求量逐年上升。这一方面给张裕集团带来了良好的发展机遇，另一方面也使张裕集团的物流和销售部门面临严峻的挑战，如何改善集团的物流配送模式，及时将葡萄酒送达用户，成为集团亟待解决的问题。

张裕集团生产的葡萄酒采用的是定时定量配送模式，即按固定的时间和客户订单的数量进行送货，对于一些需求量较小的客户也要单独组织车辆进行送货。以山东省的客户需求为例，张裕集团仅在烟台市设有仓库，客户分散在全省的各个县、区、市，并且需求量大小差别很大，按此配送模式，经常造成过高的运输成本，分析其原因可归纳为几个方面：配送模式不适应集团发展要求，特别是对于即时性需求，不能及时响应；配送路线的选择不合理，没有得到优化；车辆调度不合理，没有充分利用车辆配载容积。

2. 利用节约里程法优化葡萄酒配送路线

以山东省14个地级市葡萄酒客户配送为例，应用节约里程法来优化配送路线，制订配送计划。各市的葡萄酒需求量和配送距离如表3-20所示。其中，年货运量最多的是淄博、青岛，距离最远的是济宁、聊城。

表3-20 各市葡萄酒配送任务表

客户	青岛	东营	泰安	济宁	潍坊	日照	枣庄
货运量/(t/年)	1146	388	396	478	924	294	390
配送距离/km	245	430	544	670	300	395	615
客户	聊城	济南	淄博	德州	临沂	滨州	菏泽
货运量/(t/年)	386	2436	1282	226	480	220	286
配送距离/km	640	513	398	621	475	431	753

张裕集团的配送车辆主要以招标的形式选择第三方物流公司来为其运送产品，这样一方面集团可以不设自己的运输车队，节约大量资金和人员，集中精力于核心业务，另一方面可充分发挥第三方物流公司运输规模优势，按时、按量送货，实现双赢。为了保证配送车辆的数量、装载量满足配送需求，集团在招标过程中，往往选择几家物流公司共同为其配送产品，并在配送车辆的选择上留有余地，为降低运输成本创造了条件。各物流公司的车型有10t、8t、6t、4t、2t、1t不等，数量足以满足配送要求。

车辆调度采用以下方案：根据各城市的不同年需求量，制订月度配送计划，按需求量的多少选配车辆。例如，青岛市年需求量为1146t，月平均95.5t，则先选用最大车型进行直送，即先利用9辆10t汽车运送90t货物，对于剩余货运量5.5t，采用节约里程法进行配送。其他城市的货运量均按此方式进行整理，则表3-20中的配送货运量变为表3-21所示的数据。

表3-21 各市葡萄酒配送的剩余任务表

客户	青岛	东营	泰安	济宁	潍坊	日照	枣庄
剩余货运量/t	5.5	2.3	3	0	7	4.5	2.5
客户	聊城	济南	淄博	德州	临沂	滨州	菏泽
剩余货运量/t	2.2	3	6.8	8.8	0	8.3	3.8

表3-21中，济宁、临沂的剩余货运量为零，因此仅对表中有剩余配送货运量的12个城市采用节约法进行配送线路的优化。已知各地市之间的相互距离，详见表3-22。

表3-22 各市之间的相互距离

单位：km

编号		P0	P1	P2	P3	P4	P5	P6	P7	P8	P9	P10	P11	P12
		烟台	青岛	东营	泰安	潍坊	日照	枣庄	聊城	济南	淄博	德州	滨州	菏泽
P0	烟台	0	245	430	544	300	395	615	640	513	398	621	431	753
P1	青岛		0	350	352	181	147	355	473	372	278	456	315	537

（续）

编号		P0	P1	P2	P3	P4	P5	P6	P7	P8	P9	P10	P11	P12
P2	东营			0	248	140	302	370	329	220	101	261	65	453
P3	泰安				0	240	295	204	157	62	154	211	218	243
P4	潍坊					0	201	312	349	243	70	325	168	446
P5	日照						0	245	419	335	265	446	325	456
P6	枣庄							0	298	265	278	382	349	262
P7	聊城								0	144	251	164	268	191
P8	济南									0	140	154	167	272
P9	淄博										0	228	104	359
P10	德州											0	218	322
P11	滨州												0	402
P12	菏泽													0

根据节约里程法，最终得到 12 个地市剩余配送货运量的配送路线：P0—P6—P7—P12—P0；P0—P3—P8—P0；P0—P1—P5—P0；P0—P4—P2—P0；P0—P9—P0；P0—P10—P0；P0—P11—P0。共 7 条配送路线，调用 5 辆 10t 车，1 辆 8t 车，1 辆 6t 车，总运输距离为 7533km。优化前共需 12 辆车，总运输距离为 11 770km。配送路线优化后，可减少 5 辆车，缩短运输距离 4237km，效果非常显著。

案例思考：

1．根据节约里程法原理，尝试自己给出本案例的详细计算过程。

2．一个生产企业利用多个第三方物流企业来完成其物流配送，试分析其优缺点。

实践训练

1．课堂讨论：在实际运输中，你认为应从哪些方面避免不合理运输的发生？

2．某公司首次承揽到三个集装箱运输业务，时间较紧，从上海到大连铁路 1200km，公路 1500km，水路 1000km。该公司自有 10 辆 10t 普通货车和一个自动化立体仓库，经联系附近一家联运公司虽无集装箱货车，但却有专业人才和货代经验。请问如果将此业务交与这个联运公司来做的话，需要做好哪些工作？

3．某种商品有三个产地，每天的产量分别为 30t、30t 和 35t，要将这些商品分别运往两个销售部门，各地销量分别为 70t 和 25t，各产销地之间的距离（单位：km）如图 3-27 所示，在满足销售部门的需要量的情况下，如何调运使总的运距最小？最小总吨公里数是多少？

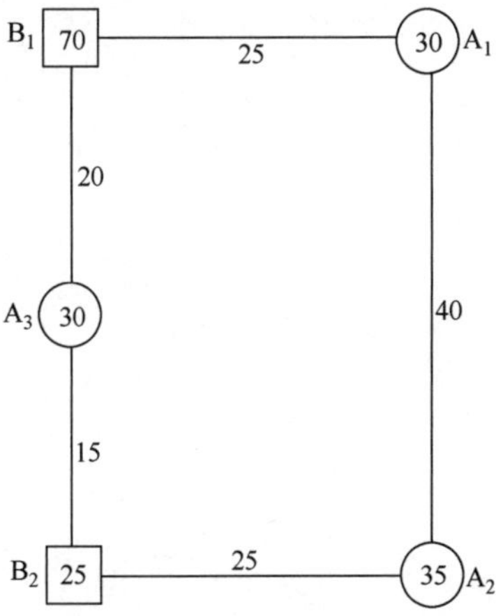

图 3-27　各产销地之间的距离

4．某种商品有两个产地，每天的产量分别为 2t 和 5t，要将这些商品分别运往三个销售部门，各地销量分别为 1t、3t、3t，各产销地之间每吨商品的运价如表 3-23 所示，在满足销售部门需要的情况下，如何调运才能使总的运费支出最少？

表 3-23　运价表

产　地	销　地			产量 /t
	B_1	B_2	B_3	
A_1	3	4	1	2
A_2	7	2	5	5
销量 /t	1	3	3	7 / 7

5．某种商品有三个产地，每天的产量分别为 20t、30t 和 40t，要将这些商品分别运往四个销售部门，各地销量分别为 10t、10t、20t、50t，各产销地之间每吨商品的运价如表 3-24 所示，在满足销售部门需要量的情况下，如何调运能使总运费支出最少？

表 3-24　运价表

产　地	销　地				产量 /t
	B_1	B_2	B_3	B_4	
A_1	2	3	4	9	20
A_2	14	12	5	1	30
A_3	12	15	9	3	40
销量 /t	10	10	20	50	90 / 90

第四章 物流运输成本

学习目标

了解运输成本与物流成本的关系；熟悉运输成本的分类；理解运输成本的主要影响因素，掌握不同运输方式的成本特征；掌握整车和零担货物运费计算方法；掌握合理化运输的主要形式。

【引导案例】

沃尔玛：降低运输成本的措施

（案例资料来源：www.china wuliu.com.cn/cflp/newss/content|/200907/769_30006.html）

沃尔玛在物流运营过程中，积极探索降低运输成本的各种方法。他们有时采用空运，有时采用船运，还有一些货物采用公路运输。在中国，沃尔玛全部采用公路运输，如何降低货车运输成本，是沃尔玛物流管理面临的一个重要问题。为此，他们主要采取了以下措施：

（1）沃尔玛使用一种大货车，有大约16m的加长货柜，比普通集装箱运输车更长、更高，产品从车厢的底部一直装到最高，这样非常有助于节约成本。

（2）沃尔玛的车辆都是自有的，驾驶员也是公司员工。沃尔玛的车队大约有5000名非驾驶员员工，还有3700多名驾驶员。在车辆运营过程中，沃尔玛严格管理运输货车。他们认为，货车不出事故就是节省公司的费用，就是最大限度地降低物流成本。

（3）沃尔玛采用全球定位系统对车辆进行定位。在任何时候，调度中心都可以知道这些车辆在什么地方、离商店有多远、还需要多长时间才能到达商店。时间估算可以精确到小时。这提高了整个物流系统的效率，有助于降低成本。

（4）沃尔玛连锁商场的物流部门24h不停运作，无论白天或晚上都能为货车及时卸货。另外，沃尔玛的运输车队利用夜间进行从出发地到目的地的运输，从而做到了当日下午进行集货、夜间进行异地运输、翌日上午即可送货上门，保证在15～18h内完成整个运输过程。这是沃尔玛在速度上取得优势的重要措施。

（5）沃尔玛的物流系统能够确保商场所得到的是与发货单完全一致的产品。当沃尔玛的货车把产品运到商场后，商场可以把它整个卸下来，而不用对每个产品逐个检查。这样就可以节省很多时间和精力，加快了沃尔玛物流的循环过程，从而降低了成本。

（6）沃尔玛的运输成本比供货厂商自己运输产品要低，所以厂商也使用沃尔玛的货车来运输货物，从而把产品从工厂直接运送到商场，大大节省了产品流通过程中的仓储成本和转运成本。

案例思考：合理化运输在沃尔玛的经营中发挥了什么作用？

【课堂讨论】

2019年3月3日，30个火龙果冷藏柜经越南胡志明港—广西防城港水果航线抵达防城港，在码头完成检疫消毒、货物查验等通关手续后，通过铁路运往重庆。该航线的运营，使得进口水果的运输成本降低了一半。

这批从越南进口的水果是由重庆一家从事水果贸易的企业进口的，经防城港口岸入境的首批货物。此次试水经防城港进口东南亚水果，使用海铁联运，相比其他通过汽车运输的线路节约了约一半的物流费用。货物在防城港港口码头可以直接从货轮到铁路班列"零距离"接驳，非常便捷省时。（资料来源：今日头条，https://www.toutiao.com/i6664717983186682372）

请结合以上案例思考蔬菜水果如何降低运输成本。

第一节 运输成本概述

一、运输成本控制是物流系统合理化的关键

据统计，2019年我国全国社会物流总费用为14.6万亿元。其中，运输费用7.7万亿元，同比增长7.2%，占52.74%；保管费用5.0万亿元，同比增长7.4%，占34.25%；管理费用1.9万亿元，同比增长7.0%，占13.01%，如图4-1所示。由此可以看出，有效的运输成本控制是物流系统合理化的关键。

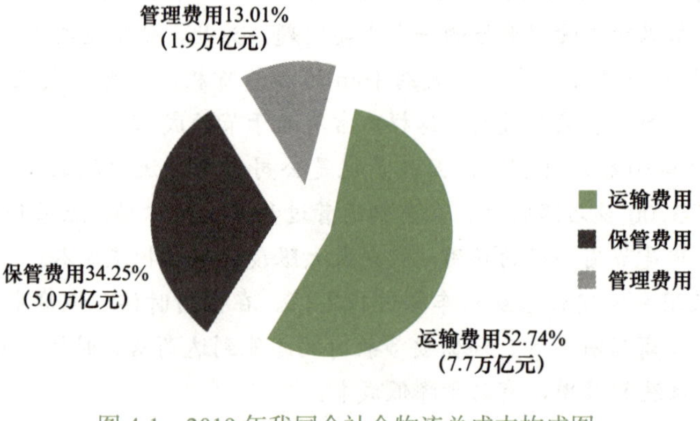

图4-1 2019年我国全社会物流总成本构成图

【资料链接】物流总成本的计算公式

国内一些学者在参考国外物流成本核算方法的基础上，根据我国现状提出的我国物流总成本的计算公式为：

物流成本＝运输成本＋库存成本＋管理成本

其中：运输成本＝∑货运量×运价

库存成本＝∑库存量×各项费率

管理成本＝（运输成本＋库存成本）×管理费率

由于运输是物流系统中最重要的功能要素之一，物流合理化很大程度上依赖于运输合理化。而运输合理与否直接影响着运输费用的高低，进而影响着物流成本的高低。

二、运输成本的构成

运输成本的名目繁多，且不同的运输方式所包含的运输成本有不同的构成类别和范围，如在汽车的运输成本项目中有轮胎费用，在船舶的成本运输项目中有港口费、淡水费、熏舱费等。这些成本中有些可以被单独地分离出来，有些会随着服务量或者运量的变化而变化。根据成本的特征，运输成本包含以下几类：

1．固定成本

固定成本是指在一定时期内和一定业务量的范围内，其成本总额不因业务量的增减而按比例地发生增减变化，但是单位成本则随业务量的变化成反比例变化的成本。具体而言，固定成本包括获取路权的成本和维护成本、端点设施成本、运输设备成本和承运人管理成本。例如，在汽车运输企业中，固定成本有职工的基本工资、机器及房屋、建筑物的折旧等，即使产量很少，这些费用也照常发生。

2．变动成本

变动成本是指成本总额随业务量成正比例增减变动的成本。例如，在船舶运输中，随着运输量的增加，其相应的燃料费和港口、运河通行费等也成比例增加；在汽车运输中，随着运输量的增加，其相应的燃料、轮胎、车辆维修费用等也成比例增加。

3．联合成本

联合成本是决定提供某种特定的运输服务而产生的不可避免的费用。通常，生产一种产品或提供一种服务就必须生产另外一种商品或提供另外一种服务。在运输业中，当两种或者更多的服务必须以固定比例一起提供时就发生了联合成本。联合成本最明显的例子就是回程的情况。也就是说，当承运人决定用汽车运输货物从 A 城市到 B 城市时，意味着这项决定中已产生了从 B 城市至 A 城市的回程运输的“联合”成本。这种联合成本的补偿方式有两种，一种是由最初的托运人对其回程费用直接补偿，另一种是找一位有回程货的托运人以得到间接补偿。联合成本对运输费用有很大的影响，因为承运人所要的运价中必须包括隐含的联合成本，它的确定要考虑托运人有无适当的回程货，或者这种回程运输由原先的托运人弥补。

4．公共成本

公共成本是承运人代表所有的托运人或某个分市场的托运人所支付的费用，如港站费、路桥费、管理部门收取的费用等，通常按照一定的标准分摊给托运人。

三、不同运输方式的成本构成及其特征

1．铁路运输的成本构成及其特征

（1）铁路运输成本构成。铁路运输成本是铁路运输企业为完成客、货物运输任务而消耗的以货币形式表现出来的一切费用，主要包括固定设施成本、移动载运工具成本、运营成本和管理费用等，如表 4-1 所示。

表 4-1　铁路运输成本的构成

成本项目	主要内容	
固定成本	固定设施成本	包括轨道、车站、编组场的成本等
	移动载运工具成本	包括机车设备的投入成本及其相关的部分折旧和维修费
运营成本	与运营生产直接有关的各项支出	包括运营人员的工资、维修配件、燃料动力、固定资产的折旧费等
管理费用	运输行政部门为管理和组织营运生产活动的各项费用	包括工会经费、劳动保险费、技术转让费等

（2）铁路运输成本的特征。铁路运输成本的特征是其固定成本的比重很大，变动成本相对较低。其原因主要包括三个方面：首先，铁路线路、轨道、桥梁建设、车站、机车车辆、通信等基础设施设备投资大；其次，铁路、车站等的维护、折旧及管理费等相对较高；最后，铁路运输发到作业费用，如装卸搬运、制单和收费、多类多批货物货车的调度换车费用等固定支出较多。铁路运输的高固定成本结构特征决定了它必须增加运输量，实现规模经济和有效运营。规模经济的特点是随着运量和运距的增加，每单位运量的运输成本呈下降趋势，从而使单位运输成本降低。

【小思考】

某铁路企业为了定价，某年对 A 和 B 两个城市之间的铁路运输进行了成本分析。经检验，该年共产生了 500 万元的固定成本，每车每趟所发生的变动成本为 250 元。如果以运送量分别为 10 车、1000 车、100 000 车测定，则其相应的每车平均总成本分别是多少（假定其总成本为固定成本与变动成本之和）？

【小案例】C.B.N. 铁路公司的固定成本和规模经济

假设 C.B.N. 铁路公司以 0.035 美元 /t 的价格运送 2 亿 t 货物，固定成本是 350 万美元，可变成本是 250 万美元，则：

固定成本	350 万美元
可变成本	+250 万美元
总成本	600 万美元
收入	700 万美元
利润	100 万美元
每吨成本	0.03 美元

现在假设每吨的运价还是 0.035 美元，运输量增加了 20%，其他条件不变，则：

固定成本	350 万美元
可变成本	+300 万美元
总成本	650 万美元
收入	840 万美元
利润	190 万美元
每吨成本	0.027 1 美元

从上面的例子，可以明显看出，单位价格不变，则规模经济不仅可以降低单位成本，还可以增加利润。（资料来源：《运输管理》，约翰 J. 科伊尔等，张剑飞等译，机械工业出版社，2004）

2．公路运输成本的构成及其特征

（1）公路运输成本的构成。公路运输成本是货物在公路运输生产过程中所产生的以货币反映的全部耗费，主要由直接运营成本和间接营运费用两个部分构成，如表 4-2 所示。

表 4-2　公路运输成本的构成

成本项目		主要内容
直接运营成本	直接人工	包括驾驶员和助手标准工资和津贴、奖金和职工福利费等
	直接材料	包括营运车辆运行过程所耗用的各种燃料和其所耗用的轮胎、垫带和零星修补费用等
	其他直接费用	车辆牌照和检验费、保险费、车船税、洗车费、过桥费、篷布绳索费等
间接营运费用	包括运输企业所属分公司、车队、车厂、车站等的管理费用	

（2）公路运输成本的特征。公路运输与铁路运输的成本形成鲜明对比，其变动成本的比重非常大，达到了总成本的 80% 以上。这主要是因为公路运输的道路是公共的，承运人一般不负担道路基础设施等固定投入的成本。

公路运输也存在着规模经济，即当运输批量较大时，固定成本分摊到每单位的成本会降低。在公路运输企业中，固定成本主要包括职工的基本工资、机器和建筑物的折旧等。公路运输的运输成本也会随运量和运距的增加而降低，但由于运量非常有限，其下降趋势不如铁路运输那么明显。

3．水路运输成本的构成及特征

（1）水路运输成本的构成。水路运输包括海洋运输和内河运输。海洋运输在水路运输中的比重较大，其业务量超过了水路运输业务量的 80%。因此，下面以海洋运输为例介绍水路运输成本的构成。

海洋运输的成本主要由直接运营成本和间接运营成本构成（见表 4-3）。其中，直接运营成本共包括四项：①航次运行费用，即船舶在运输生产过程中发生的直接费用；②船舶固定费用，即为保持船舶适航状态所发生的费用；③集装箱固定费用，即企业自有或租用的集装箱在营运过程中发生的固定费用；④船舶租费，即企业租用运输船舶参加营运，按规定应支付给出租人的租费。间接运营成本是指营运过程中所发生的、不能直接分摊到某个成本核算对象上的各种间接费用。

表 4-3　海洋运输成本的构成

成本项目		主要内容
直接运营成本	航次运行费用	包括：燃料费、港口费、货物费、集装箱货物费、中转费、垫隔材料费用、速遣费、客运费、事故费用等
	船舶固定费用	包括：船员的工资及职工福利费、润料及物料费、船舶折旧及修理费、船舶非营运费用、船舶共同运费等
	集装箱固定费用	包括集装箱的保管费、折旧费、租金、修理费、保险费、底盘车费用、清洁费、熏箱费等
	船舶租费	包括租船费等
间接运营成本		包括各个单位（分公司、船队）为组织和管理运输生产所发生的各种费用，如设计费、试验检查费等

（2）水路运输成本的特征。水路运输系统包括港口、航道和船舶，其中港口和航道由国家管理和运营，因此，水路运输中的固定成本主要包括运输设备和端点设备的投入和折旧等。与端点有关的支出包括船舶进入海港时的港口费和货物装卸费。在货物的装卸时，除散货和集装箱货可以有效使用机械化装卸搬运设备外，昂贵的搬运成本（人工作业）使得其端点费用较高。但是，在水路运输的实际运行过程中，由于它能以很小的牵引力、非常低的线路费用和营运成本（不包括人工成本）进行运输，使得平均成本随运距和运量的变化急速下降，使其成为最廉价的大宗货物运输方式之一，适合长距离、大批量运输。

水路运输的变动成本很低，主要包括燃料费和港口、运河通行费等两大项。

4．航空运输成本的构成及其特征

（1）航空运输成本的构成。航空运输主要是指民用航空运输，其成本项目分为飞行费用与飞机维修费用两大类。

飞行费用大部分直接计入费用，费用发生时，可以直接计入有关机型的成本。其主要内容有空勤人员工资及福利费，燃料费，飞机、发动机折旧费，飞机、发动机大修理费，飞机租赁费，飞机保险费，飞机起降服务费以及旅客供应服务费等。

飞机维修费用一般由材料费、人工费以及间接维修费三个项目组成，凡可以直接计入某一机型成本的，为直接计入费用，不能直接计入的费用则先要通过飞机维修费账户进行归集，然后按一定标准分配到各个机型的成本中去。

（2）航空运输成本的特征。航空运输系统包括飞机、机场及机场服务、空中交通管理系统和飞行航线。其中，机场和空中通道不属于航空公司所有。因此，航空公司的固定成本包括，其拥有（或租赁）的运输设备在经济寿命周期内的折旧费，以及使用机场需要支出的固定费用，如地面的搬运装卸、取货和送货等机场对航空货运服务收取的费用等。

航空公司的变动成本主要是燃料费用和原材料费用，受运距的影响较大。当使用大型飞机且实载率很高的情况下，按吨公里计算的营运成本较低。

较高的固定成本和变动成本合在一起通常使航空运输成为最贵的运输方式，短途运输尤其如此。但是，随着机场费用和其他固定费用支出分摊在更大的运量上，单位成本会有所降低。如果机型先进、载重量大、利用率高、长距离营运，还会使单位成本进一步下降。

5．管道运输成本的构成及其特征

管道运输系统的基本设施包括管道、储存库、泵站和管道运输控制中心。与铁路运输的情况一样，管道公司拥有这些基础设施或拥有它们的使用权。管道的投资和折旧及其他成本使管道运输的固定成本较高。为提高竞争力，管道运输的运量必须非常大，才能分摊这么高的固定成本。

管道运输变动成本主要包括动力成本和与泵站经营相关的成本。

由于管道运输中的管道既是运输的工具又是运输的载体，其动力需求取决于线路的运量和管道的直径。在运输中，大管道与小管道周长之比不像横截面面积之比那么大，摩擦损失和气泵动力随管道周长变大而增加，而运量则随截面积的增大而提高。其结果是，只要有足够大的运量，大管道的每吨公里成本会迅速下降。在一定的管道规格下，如果运送的产品过多，管道运输的规模收益会递减。

第二节　运输成本控制

一、影响运输成本的因素

影响运输成本的因素很多，主要涉及三个方面，即产品特征、运输特征和市场特征。尽管这些特征并不一定都是运费表上的组成项目，但是在承运人制定运输费率时，必须对其认真考虑。

1．产品特征

涉及产品特征的三个因素是：产品密度、产品的稳定性和产品的装载性。

（1）产品密度。产品密度是指产品的重量和体积之比，它把重量和空间方面的因素结合起来考虑。产品密度影响运输成本的原因是运输成本通常表示为每单位重量运费的金额，例如每吨成本等。然而，在重量和空间中，后者对运输工具来讲的限制要大。例如，单独的一辆运输车辆，一旦装满，就不可能再增加重量。因此，在计算运输成本时，必须考虑产品的密度。图 4-2 说明每单位重量的运输成本随货物密度的增加而下降的关系。

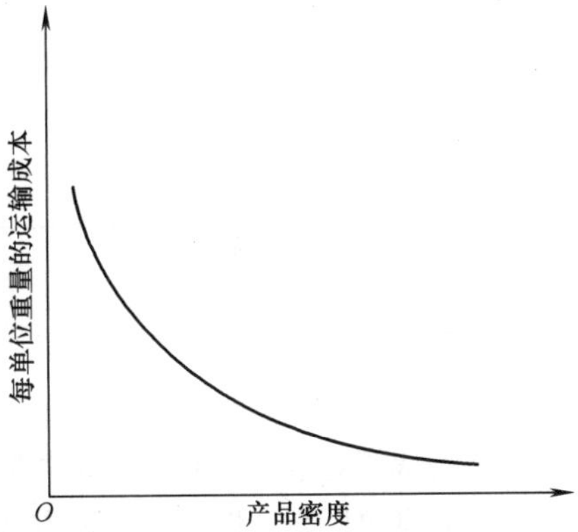

图 4-2　产品密度与运输成本之间的关系

（2）产品的稳定性。运输途中，有可能发生货物丢失、货物变质，甚至出现事故。承运人既要考虑产品自身的价值，还要考虑货物的稳定性，即货物的易损坏性、易腐性、易被盗性、易自燃性或自爆性等。通常，产品的稳定性越低，承运人承担的责任越大，需要收取的运输费用也就越高。

【小思考】

远洋运价表中以“W/M”字母表示按货物的毛重或体积计收运费，计收时取其数量较高者。请问这种计价标准的制定与产品的哪种特征相关？

（3）产品的装载性。产品的装载性是货物的具体尺寸及其对运输工具的空间利用程度的影响。某些货物具有不规则的尺寸和形状，以及超重或超长等特征，使其不能很好地被装载，其运费标准就较高。相反，如谷类、矿石及石油等可以完全地装满容器，能很好地利用空间，所以运费标准低。

2．运输特征

（1）运输距离。运输距离是影响运输成本的主要因素，它直接对劳动、燃料和维修保养等变动成本发生作用。图 4-3 显示了运输距离和运输成本之间的一般关系。当运距为零时，总成本为固定成本。随着运输距离的增加，总运输成本也增加，但单位总成本减少，主要原因是固定成本及搬运装卸等费用得到了分摊。这也称为运输成本的递远递减特性。

（2）运输量。大多数运输活动中存在着规模经济，运输量的大小也会影响运输成本。运输量与运输成本之间的关系如图 4-4 所示，它说明了每单位重量的运输成本会随运输量增加而减少。这是因为固定成本及搬运装卸等费用可以随运输量的增加而得到分摊。但是，这种关系受到运输工具（如货车）最大尺寸的限制，一旦该车满载，对下一辆车会重复这种关系。这种关系对管理部门的启示是，小批量的载货应整合成更大的载货量，以实现规模经济。

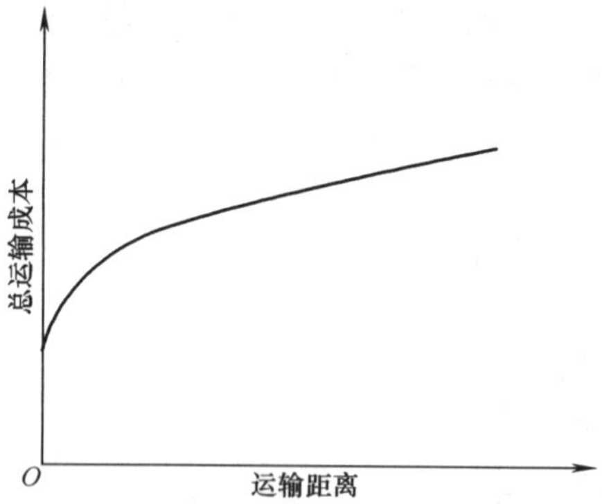

图 4-3　运输距离和总运输成本之间的一般关系

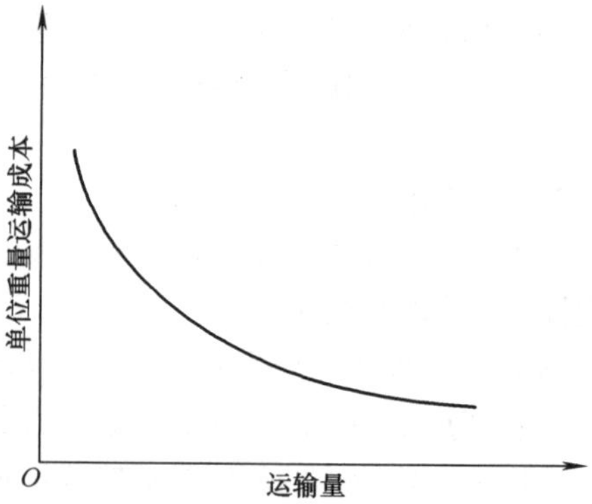

图 4-4　运输量和单位重量运输成本之间的关系

3．市场特征

市场特征对运输成本的影响主要反映在三个方面。

（1）竞争因素，即同种运输方式间的竞争、不同种运输方式间的竞争会对运输成本产生影响。例如，铁路、水路、航空及海运之间长期以来都存在着不同程度的竞争，有时为了赢得市场份额，会制定一些特殊的价格策略或优惠措施等。

（2）运输的季节性，即旺季和淡季会导致运输费率及运输成本的变化。例如，飞机票的平时价格和春运、黄金周期间的价格相差较大等。

（3）运输的方向性，即运输流量的不平衡会导致运输成本的变化。例如，据统计，随着青藏铁路的修建，进藏物资呈现不断增加的趋势，而出藏物资是有限的，这种不平衡性大幅度降低了进出藏物资和人员的运输价格。

【课堂讨论】

2019 年 1 月，由山西省柴油货车和散装物料运输车污染治理联合执法专项行动领导组办公室（以下简称省联合办）与高德公司合作研发的“柴油货车及散装物料运输车绿色通行智能导航系统”正式上线，使用该系统可以避开“大气污染防治绿色运输示范区”，选择最佳的通行路线，获取“实时最优”的交通出行服务，为广大货车司机提供广泛、及时、全面的引导服务，同时降低运输成本，减少污染影响。（来源：山西公安交警网，http://www.sxgajj.gov.cn/2019/snxw_01/88318.html）

目前，货运服务提供商 DHL 进一步拓展其凭借“一带一路”而构建的业务架构，宣布推出多项崭新服务，包括新增三条多式联运线路。其中一条是从中国成都到土耳其伊斯坦布尔的铁路、公路及海路联运线路，该线路横穿中亚三国——哈萨克斯坦、阿塞拜疆和格鲁吉亚，经两次海运中转，最终抵达伊斯坦布尔，全程运输时间为 14 天。据悉，多式联运解决方案可将运输成本最高降至空运的 1/6，同时将碳排放量减少 90%，因此，对中小企业和跨国公司颇具吸引力。（来源：上海金融报）

讨论：以上资料反映出影响运输成本优化的因素有哪些？

二、运输成本的控制

会计学上将运输成本分为显性成本和隐性成本。运输隐性成本会对于运输将造成一定的影响，甚至是危害。有效地控制运输隐性成本，是优化运输成本的关键。

【资料链接】企业经济成本中的显性成本和隐性成本

显性成本是指明明白白、清清楚楚地记录在会计账薄上的各种成本项目，如材料费、人工费、制造费等。

隐性成本是不能或没有办法反映在会计账簿上的成本。比如，一个企业片面地估计了市场形势，认定某种产品将成为市场的热点，进而开始大量生产，可是没过多久，市场饱和，导致该产品大量积压在库。这种由于产品积压而造成的损失，其实就是信息失真成本的转化形式。

1．运输隐性成本的特征和危害

（1）运输隐性成本的特征。运输隐性成本的特征主要表现在隐蔽性和爆发性两个方面。

> **小词典**
>
> 运输隐性成本是一种隐藏于物流运输总成本之中、游离于财务审计监督之外的成本。它是由运输主体的行为而有意或者无意造成的具有一定隐蔽性的将来成本和转移成本。

1）隐蔽性。以会计核算内容为主体的显性成本具有历史性，即历史上已经发生、当期必须支付的成本。而隐性成本中的一部分是潜在成本，要在以后才起作用，比如对运输工具造成的破坏作用以及所产生的机会成本。

2）爆发性。运输隐性成本具有爆发性。运输的隐性成本的积累量越大，其爆发性越强，危害也越大。如果总是在运输线路上决策失误，会使得运输的不合理性加大、运输成本偏高，物流公司就会丧失市场上的竞争优势，用不了多久就要出现破产的危机。

（2）运输隐性成本的危害。

1）掩盖了经济数据的真实性。运输隐性成本掩盖了运输活动参数的真实性，扭曲了一些经济参数，使人们对运输活动的观察有可能偏离事实，因此会带来一系列危害和不良后果。运输隐性成本的存在，使得人们在降低物流成本的时候不知道从哪些方面去做，对运输这个环节的经济统计和测算造成困难。

2）降低了人们对管理层的信任程度。对隐性成本所造成的成本管理的混乱和无序状态的治理，是管理当局不可推卸的责任。针对物流运输中许多不合理的运输方式，如果不能优化处理，降低不必要费用的发生，就会导致运输过程中决策的失误，进而造成人们对管理层的信任危机。

2．不合理运输的类型

运输隐性成本往往产生于不合理运输中。不合理运输主要有以下几种类型，如图 4-5 所示。

> **小词典**
>
> 物流中的运输不合理是指不注重经济效果，造成运力浪费、运费增加、货物流通速度降低、货物损耗增加等的运输现象。

（1）返程或起程空驶。空车无货载行驶，可以说是不合理运输的最严重形式。在实际运输组织中，有时候必须调运空车，从管理上不能将其看成不合理运输。但是，因调运不当、货源计划不周等原因形成的空驶，就是不合理运输的表现。造成空驶的原因有：第一，能利用社会化的运输体系而不利用，却依靠自备车送货提货，往往会造成单程空驶。第二，由于工作失误或计划不周，造成货源不实，车辆空去空回，形成双程空驶。第三，由于车辆过分专用，无法搭运回程货，只能单程实车、单程回空周转。

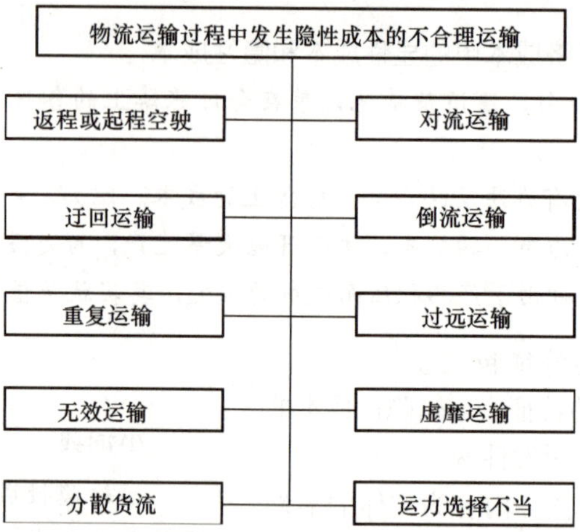

图 4-5 物流运输过程中发生隐性成本的不合理运输

【小案例】LOF 公司的"礼仪线路"

LOF 公司是一家建筑和汽车玻璃制造商，玻璃运输往往需要使用专用化设备，以使玻璃在运输过程中的损坏降到最低程度。但如果使用专用化设备，由于 LOF 公司无法提供回程运输的产品，因此，承运人要么以竞争性低价揽取回程运输产品，要么 LOF 公司支付空载回程费用。值得庆幸的是，LOF 公司通过与两位承运人的联盟，解决了这个问题。所有内向和外向的零担装运货物全部安排给罗德威物流服务公司承担。虽然罗德威负责与装运有关的所有日常事务、跟踪和支付，但它并不需要运输所有的货物。这种安排使 LOF 公司向其供应商提供免费电话号码，对所有内向的装运给予协作。这种"礼仪线路"（Rite Route）系统为内向和外向的装运都选择了最低成本的运输方式和承运人。该系统已在 300 万美元的运费预算中减少了 50 万美元，并排除了 7 万件书面工作。此外，凯斯物流公司提供了第三方的付款服务，负责用电子手段处理所有账单信息。

（2）对流运输。对流运输也称相向运输、交错运输，是指同一种货物或可以相互代替的货物在同一条运输路线或平行运输路线上做相对方向的不合理运输。它主要有两类表现形式：明显的对流运输和隐含的对流运输。

明显的对流运输是指在同一运输路线上的对流，如图 4-6 所示。

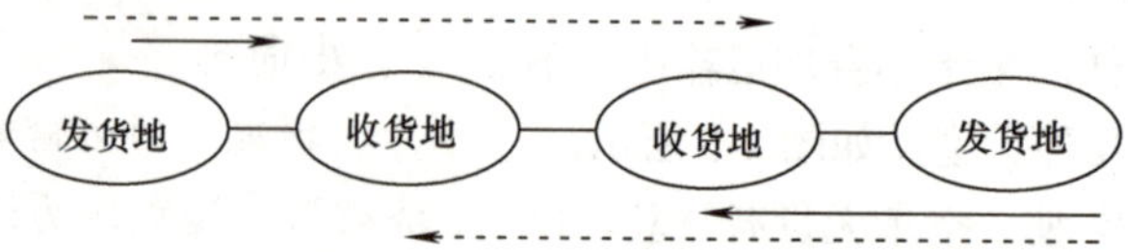

图 4-6 明显的对流运输

注：实线为正确运输线路，虚线为不合理运输线路

隐含的对流运输是指违反近产近销原则的一种运输。如图 4-7 中，如果有同样的货物要

自甲地和丙地各运 50t 至乙地和丁地，则合理的运输方式应该是由甲地发 50t 货物至丁地和自丙地发 50t 货物至乙地，而不是由甲地发 50t 货物至乙地和由丙地发 50t 货物至丁地，这是因为前一种运输方式的总运输量为 2000t・km，低于后一种运输方式 3000t・km。

（3）迂回运输。迂回运输是舍近求远的一种运输，即在可以选取短距离运输路线的情况下却选择了路程较长的路线。迂回运输有一定的复杂性，不能简单处置，只有因计划不周、地理不熟、组织不当而发生的迂回，才属于不合理运输。如果最短距离有交通阻塞、道路情况不好等情况，或有对噪声、排气等的特殊限制，从而不能使用时，发生的迂回不能称不合理运输。在图 4-8 中，如果没有交通堵塞、道路情况不好等因素，最合理的运输方式应该是由甲地向丙地直接运输，而不是经乙地运输至丙地。

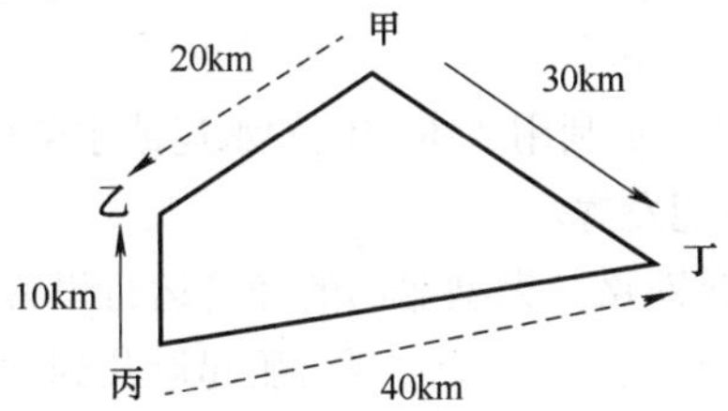

图 4-7　隐含的对流运输

注：实线为正确运输线路，虚线为不合理运输线路

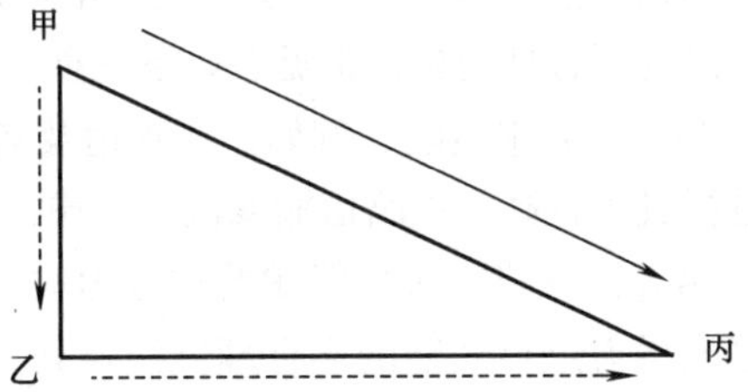

图 4-8　迂回运输

注：实线为正确运输线路，虚线为不合理运输线路

（4）倒流运输。倒流运输是指货物从销售地向产地或其他地点向产地倒流的不合理运输方式（见图 4-9）。倒流运输会导致运力浪费、运费开支增加等。

（5）重复运输。重复运输是指货物本可以直达目的地，但因物流仓库设置不当或计划不周使其在中途卸下，导致增加运输环节、浪费运输设备和装卸搬运能力、延长运输时间的情况（见图 4-10）。

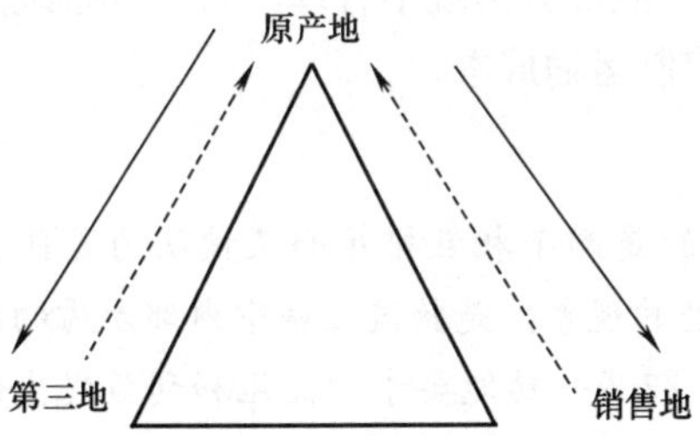

图 4-9　倒流运输

注：实线为正确运输线路，虚线为不合理运输线路

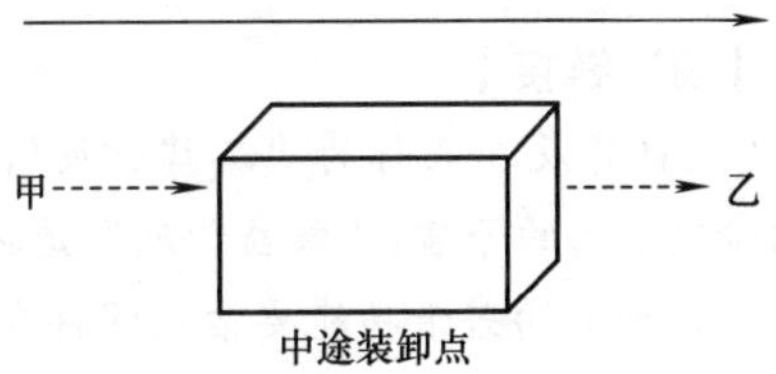

图 4-10　重复运输

注：实线为正确运输线路，虚线为不合理运输线路

（6）过远运输。过远运输是指相同质量、价格的货物舍近求远的不合理运输方式。即销售地本应由距离较近的产地购进所需相同质量和价格的货物，但却超出货物合理辐射的范围，从远距离的地区运来，或产地本应就近供应，却调到较远消费地的运输现象。过远运输延长了货物运程和在途时间，导致了运力的浪费和资金的积压，增加了运输费用。如在图 4-11 中，A 地和 B 地都是某种材料的生产地，C 地和 D 地是该原料的需求地，则合理的货物运输路线是由 A 地至 C 地和 B 地至 D 地。

（7）无效运输。无效运输是指被运输的货物含有较多无用的成分（如对煤中的矸石和灰分、原油中的水分、原木的树皮等的运输）的情况。原材料基地的加工能力不足，是产生无效运输的主要原因。

（8）虚靡运输。虚靡运输是指车（船）的几何容积和标记载量没有被充分利用，造成运力的空驶浪费。

（9）分散货流。分散货流是指把本来集中的货物加以分散，即可以按整车发运的却按零担发运、可以组织直达运输的却组织中转运输的情况。

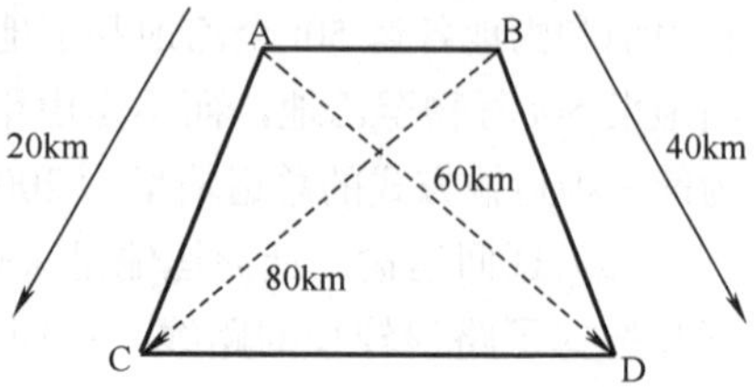

图 4-11　过远运输

注：实线为正确运输线路，虚线为不合理运输线路

（10）运力选择不当。运力选择不当是指未比较各种运输工具优势而不正确地利用运输工具造成的不合理现象，常见有以下三种形式：

第一，弃水走陆。例如，在水运及陆运均可利用时，不利用成本较低的水运或水陆联运，而选择成本较高的铁路运输或汽车运输，使水运优势不能发挥。

第二，铁路、大型船舶的过近运输。这是指不符合铁路及大型船舶的经济运行里程却利用这些运力进行运输的不合理做法。其主要不合理之处在于火车及大型船舶起运及到达目的地的准备、装卸时间长，且机动灵活性不足，在过近距离中利用发挥不了运速快的优势。相反，由于装卸时间长，反而会延长了运输时间。另外，和小型运输设备比较，火车及大型船舶装卸难度大，费用也较高。

第三，运输工具承载能力选择不当。不根据承运货物数量及重量而盲目选择运输工具，会造成过分超载、损坏车辆及货物不满载、浪费运力的现象，尤其是“大马拉小车”现象发生较多。由于装货量小，单位货物运输成本必然增加。

以上对不合理运输的描述，就形式本身而言，主要是从微观方面得出的结论。在实践中，必须将其放在物流系统中综合判断，否则很可能出现“效益背反”现象。即单从一种情况来看避免了不合理，做到了合理，但它的合理却可能使其他部分出现不合理。只有从系统角度综合进行判断才能有效避免“效益背反”现象，从而控制运输成本。

【资料链接】

“效益背反”又称为“二律背反”，这一术语描述的是两个相互排斥而又被认为是同样正确的命题之间的矛盾。“效益背反”是物流领域中很普遍的现象，是物流领域中内部矛盾的反映和表现。物流的若干功能要素之间存在着损益的矛盾，即某一功能要素的优化和利益发生的同时，必然会存在另一个或几个功能要素的利益损失，反之也如此。这是一种此涨彼消、此盈彼亏的现象，往往导致整个物流系统效率的低下，最终会损害物流系统的功能要素的利益。

第三节　运输费用计算

一、铁路货物运费计算

（一）运费计算程序

运费一般由货物运输组织形式、货物的种类、货物的计费重量及货物的运输距离等因素决定。铁路货物运费由发到基价和运行基价两部分组成，铁路货物运费计算程序如图 4-12 所示。

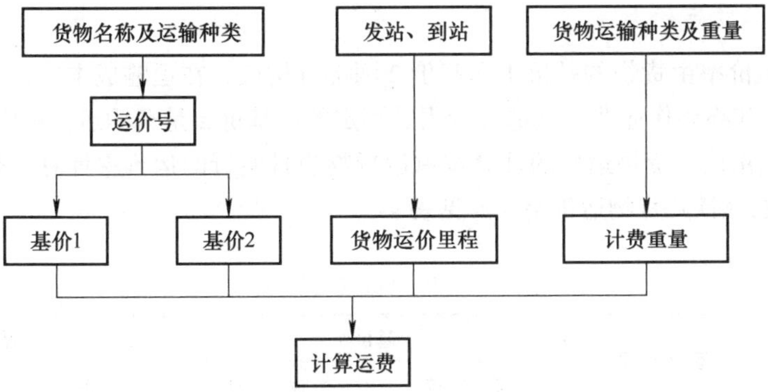

图 4-12　铁路货物运费计算程序

（1）根据货物运单上填写的货物名称查找《铁路货物运输品名分类与代码表》《铁路货物运输品名检查表》，确定适用的运价号。

（2）根据运价号在《铁路货物运价率表》中查出适用的运价率（即基价 1 和基价 2，以下同）。

（3）根据发站和到站，按《铁路货物运价里程表》计算出发站至到站的运价里程。

（4）根据货物的种类、重量，确定计费重量。

（5）货物适用的基价 1 加上基价 2 与货物的运价里程相乘后，再与计费重量 (集装箱为箱数) 相乘，即可计算出运费。

（二）确定货物运价号

能否正确判定货物的运价号，将会直接影响到运输费用的计算和运价制度的执行。在计算运费时，必须根据货物运单上填写的正确货物名称查找《铁路货物运输品名分类与代码表》（部分内容见表 4-4），确定正确的运价号。

表 4-4 《铁路货物运输品名分类与代码表》（部分）

代码			货物品类	运价号		代码			货物品类	运价号	
				整车	零担					整车	零担
01			煤			02	4	0	柴油	6	22
01	1	0	原煤	4	21	02	5	0	重油	6	22
01	2	0	洗精煤	5	21	02	6	0	润滑油 / 脂	6	22
01	3	0	块煤	4	21	02	9	0	其他成品油	6	22
01	4	0	洗、选煤	4	21	03			焦炭		
01	5	0	水煤浆	4	21	03	1	0	焦炭	5	21
01	9	0	其他煤	4	21	03	2	0	沥青焦、石油焦	5	22
02			石油			04			金属矿石		
02	1	0	原油	6	22	04	1	0	铁矿石	4	21
02	2	0	汽油	6	22	04	2	0	放射性矿石	4	22
02	3	0	煤油	6	22	04	9	0	其他金属矿石	4	21

（三）确定货物运价率

现行货物运价率由货物的基价1和基价2两部分构成。在运输成本中，基价1是与运输里程无关的始发和终到作业费，这部分费用是固定的。基价2是车辆运行途中的运行作业费，它与运输里程成正比。货物运费的计算按承运货物当日实行的运价率计算，杂费按发生当日实行的费率核收。《铁路货物运价率表》见表4-5。

表4-5 《铁路货物运价率表》

办理类别	运价号	基价1		基价2	
		单位	标准	单位	标准
整车	2	元/t	9.50	元/（t·km）	0.086
	3	元/t	12.80	元/（t·km）	0.091
	4	元/t	16.30	元/（t·km）	0.098
	5	元/t	18.60	元/（t·km）	0.103
	6	元/t	26.00	元/（t·km）	0.138
	7			元/（轴·km）	0.525
	机械冷藏车	元/t	20.00	元/（t·km）	0.140
零担	21	元/10kg	0.22	元/（10kg·km）	0.001 11
	22	元/10kg	0.28	元/（10kg·km）	0.001 55
集装箱	20英尺箱	元/箱	500.00	元/（箱·km）	2.025
	40英尺箱	元/箱	680.00	元/（箱·km）	2.754

1．集装箱运输的运价率

（1）企业自备集装箱的运价率，按其适用重箱运价率的40%计算。

（2）罐式集装箱、其他铁路专用集装箱按规定运价率分别加30%、20%计算；标记总重为30.48t的通用20英尺集装箱，总重在24t以上的按规定运价率加20%计算。

（3）装运一级毒害品（剧毒品）的集装箱按规定的运价率加100%计算。

（4）装运爆炸品、压缩气体和液化气体，以及一级易燃液体（代码表02石油类除外）、一级易燃固体、一级自燃物品、一级遇湿易燃物品、一级氧化剂和过氧化物、二级毒害品、感染性物品及放射性物品的集装箱，按规定的运价率加50%计算。

【资料链接】

集装箱运输一口价的做法

集装箱运输一口价是指集装箱自进发站货场至出到站货场铁路运输全过程各项费用的总和，包括门到门运输取空箱和还空箱的站内装卸作业、专用线取送车作业、港站作业的费用和经铁路局确认的集资货场费用、转场货场费用。

办理集装箱运输时，托运人在发站按公布的一口价一次付费；货票记事栏内注明“一口价”，对托运人和收货人来说，一口价内所有费用不再另开其他收费票证。除集装箱运输一口价中不包括的费用外，发、到站不得再收取任何费用（包括延伸服务费）。收货人在到站提箱和送回空箱时，只要不出现货主原因的延期取货等问题，就不再交纳任何费用。

集装箱运输一口价中不包括下列费用：

① 要求保价运输的保价费。

② 快运费。

③ 委托铁路装掏箱的装掏箱综合作业费。

④ 专用线装卸作业费用。

⑤ 集装箱在到站超过免费暂存期间产生的费用。

⑥ 因托运人或收货人的责任而发生的费用。

下列运输不适用集装箱运输一口价，仍按一般规定计费：

① 集装箱国际铁路联运。

② 集装箱危险品运输(可按普通货物条件运输的除外)。

③ 冷藏、罐式、板架等专用集装箱运输。

实行一口价的集装箱运输暂不办理在货物中途站或到站提出的运输变更请求。

2. 超限货物运输的运价率

运输超限货物时，发站应将超限货物的等级在运单货物名称栏内注明，并按下列规定计费：

① 一级超限货物按运价率加 50% 计费。

② 二级超限货物按运价率加 100% 计费。

③ 超级超限货物按运价率加 150% 计费。

④ 需要限速运行（不包括仅在通过桥梁、隧道、出入站时须限速运行）的货物，按运价率加 150% 计费。

3. 冷藏车运输的运价率

① 使用铁路冷板冷藏车运输的货物，按加冰冷藏车运价率加 20% 计费。

② 使用铁路机械冷藏车运输，要求途中保持温度在 -12℃以下的货物，按机械冷藏车运价率加 20% 计费。

③ 途中不需要加温（或托运人自行加温）或制冷的机械冷藏车，按机械冷藏车运价率减 20% 计费。

④ 经铁路局批准用铁路冷藏车、隔热车代替其他货车装运非易腐货物，按其所装货物适用的运价率计费。

⑤ 用自备冷藏车装运非易腐货物，按其所装货物适用的运价率计费。

⑥ 加冰冷藏车不加冰运输时，按冷藏车运价率计费。

4. 快运费

货物快运费按《铁路货物运价率表》（见表 4-4）规定的该批货物适用的运价率的 30% 计算核收。

（四）确定运价里程

运价里程根据《铁路货物运价里程表》，按照发站至到站间铁路正式营业线最短径路计算，但在《铁路货物运价里程表》内或铁路局规定有计费径路的，按规定的计费径路计算运价里程。运价里程不包括专用线、货物支线的里程。通过轮渡时，应将换装站至码头线的里程加入运价里程内计算。

在运单内注明货物性质要求（如鲜活货物、超限货物等）必须绕路运输时，以及自然灾害或其他非铁路责任，托运人要求绕路运输时，运价里程按实际路径计算。

（五）确定计费重量

整车货物以t为单位，1t以下四舍五入；零担货物以10kg为基本单位，不足10kg的以10kg计；集装箱货物以箱为单位。

1．整车货物计费重量

计费重量的确定方式分为：按货车标记载重量计费；货物实际重量超过标重时，按货物实际重量计费；按《铁路货物运价规则》中规定的计费重量计费。

2．零担货物计费重量

零担货物按货物重量或货物体积折合重量择大计费，即每立方米重量不足333kg的轻泡货物，按每立方米体积折合重量333kg计费；《铁路货物运价规则》中规定计费重量的货物，按规定的计费重量计费；在货物运单内分项填记重量的货物应分项计费，当运价率相同时，重量应合并计算；零担货物的起码运费为每批2元。

3．自备机械冷藏车计费重量

自备机械冷藏车装运货物时，按60t计费。

［**例题4-1**］某站发送一批零担货物，重225kg，体积为0.82m^3，计费重量应如何确定？

解：因为体积折合重量为273kg（0.82×333），大于实际重量225kg，按货物重量和折合重量择大计费，所以计费重量应为273kg。

（六）货物运费的计算

整车货物运费＝（基价1+基价2×运价里程）×计费重量

零担货物运费＝（基价1+基价2×运价里程）×计费重量÷10

集装箱货物运费＝（基价1+基价2×运价里程）×箱数

运杂费尾数按以下方法处理：当每项运费、杂费的尾数不足1角时，按四舍五入处理；各项杂费凡不满1个计算单位的，均按1个计算单位计算（另有规定者除外）。

［**例题4-2**］整车货物运费：兰州西站发西安站机器一台，重30t，用50t货车一辆装运，试计算其运费。

解：从兰州西站至西安站运价里程为676km。《铁路货物运输品名分类与代码表》中机器的运价号为6号，再查《铁路货物运价率表》，运价号为6号的基价1为26.00元/t，基价2为0.138元/（t·km）。计费重量为50t。

运费=(26+0.138×676)×50=119.288×50=5964.4（元）

［**例题4-3**］零担货物运费：广州发长沙车站灯管4件，重量46kg，货物每件长1m、宽0.35m、高0.16m。试计算其运费。

解：从广州至长沙的运价里程为706km。《铁路货物运输品名分类与代码表》中灯管的运价号为22号，再查《铁路货物运价率表》，运价号为22号的基价1为每10kg0.28元，基价2为0.001 55元。货物体积为0.224m^3（4×1×0.35×0.16），折合重量为74.592kg（333×0.224），大于实际重量46kg，按货物重量和折合重量择大计费，因此计费重量应为80kg。

运费＝（0.28+0.001 55×706）×80÷10=10.99（元）

【课堂实训】

从郑州北站发广州东站块煤一车，重 52.6t，用一辆 50t 的车装运。从郑州北站到广州东站的运费里程为 1638km，查货物检查表，块煤运价号为 4，再查运价率表，运价号为 4 号的发到基价为 9.3 元 /t，运行基价为 0.0434 元 /t。计算其运费。

（七）其他费用的核算

铁路运输中还根据具体情况有一些其他费用，如：整车分卸的货物，途中每分卸一次，另行核收分卸作业费；派有押运人押运的货物，核收押运人乘车费；集装箱使用费及延期使用费；由于使用冷藏车辆而产生的制冷费、冷却费等；托运人在托运货物时，根据自愿原则，可以要求办理保价运输，交纳规定的保价费；以每张货票计算，按运费的 0.5‰计收的印花税，等等。

【资料链接】

铁路货物的保价运输

（1）当托运人要求保价运输货物时，应在货物运单“托运人记载事项”栏内注明“保价运输”字样，并在“货物价格”栏内以元为单位填写货物的实际价格。全批货物的实际价格即为货物的保价金额。在交纳运输费用的同时，也要交纳货物保价费。

（2）必须全批保价，不能只保一批货物中的一部分。当保价费率不同的货物做一批托运时，必须在货物运单上分别填写货物品名和实际价格，保价费应分别计算。当保价费率不同的货物合并填写时，适用其中最高的保价费率。

（3）货物保价费用按保价金额乘以所适用的货物保价费率计算。保价费率分为五个基本级、两个特定级。一级至五级的保价费率分别为 1‰、2‰、3‰、4‰、6‰，特六级为 10‰，特七级为 15‰。

二、公路货物运费计算

（一）货物运输计价标准

1．计费重量

（1）计量单位。公路货物运输通常采用的计量方式有：①整批货物运输以 t 为单位；②零担货物运输以 kg 为单位；③集装箱运输以标准箱（TEU）为单位。

（2）重量确定。公路运输货物重量的确定一般应注意以下几种情况：

1）一般货物，无论是整批货物还是零担货物，其计费重量均按毛重计算。整批货物吨以下计至 100kg，尾数不足 100kg 的，四舍五入。零担货物起码计费重量为 1kg，重量在 1kg 以上、尾数不足 1kg 的，四舍五入。

2）轻泡货物，即每立方米重量不足 333kg 的货物，其重量按照体积计算。装运整批轻泡货物的高度、长度、宽度，以不超过有关道路交通安全规定为限度，按车辆核定载质量计算重量。零担运输轻泡货物以货物包装最长、最宽、最高部位的尺寸计算体积，按每立方米折合 333kg 计算重量。轻泡货物也可以 m^3 为计量单位收取运费。

3）包车运输按车辆的核定载质量或者车辆容积计算。

4）货物重量一般以起运地过磅为准。

5）散装货物，如砖、瓦、石、土、矿石、木材等，按重量计算或者按体积折算。

2．计费里程

（1）里程单位。货物运输计费里程以km为单位，尾数不足1km的，四舍五入。

（2）里程确定。货物运输计费里程的确定一般分为以下几种情况：

1）货物运输的公路里程按交通运输部核定颁发的《中国公路营运里程图集》确定。《中国公路营运里程图集》未核定的里程，由承、托运双方共同测定或者经协商按车辆实际运行里程计算。

2）货物运输的计费里程按装货地至卸货地的营运里程计算。

3）城市市区里程按照实际里程计算，或者按照当地人民政府交通运输主管部门确定的市区平均营运里程计算，具体由各省、自治区、直辖市人民政府交通运输主管部门确定。

4）国际道路货物运输属于境内的计费里程，以交通运输主管部门核定的里程为准，境外的计费里程按有关国家（地区）交通运输主管部门或者有权认定部门核定的里程确定。

3．计时包车货运计费时间

计时包车货运计费时间以h为单位。起码计费时间为2h，使用时间超过2h的，按实际包用时间计算，时间尾数不足半小时的舍去，达到半小时的进整为1h。整日包车，每日按8h计算；使用时间超过8h的，按实际使用时间计算。

4．运价单位

（1）整批运输以元/（t·km）为运价单位。

（2）零担运输以元/（kg·km）为运价单位。

（3）集装箱运输以元/（箱·km）为运价单位。

（4）包车运输以元/（吨位·h）为运价单位。

（5）当国际道路货物运输涉及其他货币时，在无法折算为人民币的情况下，可使用其他可自由兑换货币为运价单位。

（二）货物运输价格

（1）整批货物运输价格：整批普通货物在等级公路上运输时1t·km的运价。

（2）零担货物运输价格：零担普通货物在等级公路上运输时1kg·km的运价。

（3）集装箱运输价格：各类标准集装箱重箱在等级公路上运输时1箱·km的运价。

在计算货物运价时，应当考虑车辆类型、货物种类、集装箱箱型及营运形式等因素。

（三）货物运输的其他收费

（1）调车费：应托运人的要求，车辆因调出所在地而产生的往返空驶，计收调车费。

（2）延滞费：车辆按约定时间到达约定装货或卸货地点，因托运人或收货人的责任造成车辆和装卸延滞的，计收延滞费。

（3）装货落空损失费：应托运人的要求，车辆行至约定地点而装货落空造成车辆往返空驶的，计收装货落空损失费。

（4）排障费：当运输大型特型笨重物件时，需要对运输路线的桥涵道路及其他设施进行必要的加固或改造所发生的费用为排障费，由托运人负担。

（5）车辆处置费：应托运人的特殊要求，对车辆进行改装、拆卸、还原和清洗时，计收车辆处置费。

（6）检验费及停运损失。在运输过程中，国家有关检疫部门对车辆的检验费以及检验造成的车辆停运损失，由托运人负担。

（7）装卸费：装卸费由托运人负担。

（8）车辆通行费：在货物运输过程中需要支付的过路、过桥及过隧道等通行费，由托运人负担，承运人代收代付。

（9）保管费：货物运达后，明确由收货人自取的，从承运人向收货人发出提货通知书的次日（以邮戳或电话记录为准）起计，第四日开始核收货物保管费；应托运人的要求或由托运人的责任造成，需要保管的货物，计收货物保管费。货物保管费由托运人负担。

（四）公路货物运输运费计算

1．整批货物运费计算

整批货物运费 = 整批货物运价 × 计费重量 × 计费里程 + 车辆通行费 + 其他法定收费

［**例题 4-4**］有一批义乌发往杭州的铝合金门窗，总重 3.5t，由于门窗形状的原因，需要一辆 5t 的箱式货车运输。货物由物流公司承运，义乌至杭州专线运价为每吨 130 元，途中发生通行费 180 元。计算该批货物的运费。

解：该批货物计费重量为车辆的核定载质量 5t，则该批货物的运费为：

$$货物运费 =5\times130+180=830（元）$$

［**例题 4-5**］某货主托运一批瓷砖，重 4538kg，承运人公布的一级普货运价率为 1.2 元 /t • km，吨次费为 16 元 /t，该批货物运输距离为 36km，瓷砖为普货三级，计价加成 30%，途中通行收费 35 元，计算货主应支付的运费。

解：

瓷砖重 4538kg，超过 3t，按整车办理，计费重量为 4.5t；

瓷砖为三级普货，计价加成 30%。

$$运价率 =1.2\times(1+30\%) =1.56（元 /t \cdot km）$$

$$运费 =16\times4.5+1.56\times4.5\times36+35=359.72 \approx 360（元）$$

2．零担货物运费计算

零担货物运费 = 零担货物运价 × 计费重量 × 计费里程 + 车辆通行费 + 其他法定收费

［**例题 4-6**］永康市日新五金制造有限公司发往杭州五金大卖场某便利店箱包配件 2 箱，每箱毛重 25kg，规格为 60cm×40cm×30cm，每箱声明价值 600 元，保价运输。该批货物委托物流公司运输，该公司公布的永康至杭州专线零担运价为 3.5 元 /kg，保价费率为 0.7%。计算该批货物的运费。

解：

$$货物的体积 =0.6\times0.4\times0.3=0.072（m^3）$$

$$折合重量 =0.072\times333 \approx 24 < 25（kg）$$

故计费重量为 25kg。

$$货物运费 =3.5\times25\times2+600\times2\times0.7\%=183.4 \approx 183（元）$$

3．集装箱运费计算

重（空）集装箱运费 = 重（空）箱运价 × 计费箱数 × 计费里程 + 车辆通行费 + 其他法定收费

4．计时包车运费计算

计时包车运费 = 包车运价 × 包用车辆吨位 × 计费时间 + 车辆通行费 + 其他法定收费

5．运费单位

运费以元为单位，运费尾数不足 1 元的，四舍五入。

第四节　开展合理化运输，降低运输成本

【课堂讨论】

据《京华时报》报导，北京市场上买到的土豆，居然是先从内蒙古运到山东，然后再从山东发到北京的，绕道 800km。导致这样做的原因是：①我国现有蔬菜产地布局不合理，绕道山东返程时能配送其他高价菜再运到北京卖；②山东是大的蔬菜集散地，菜卖得比较快；③农产品运输过分依赖公路。你认为影响土豆绕道最主要的原因是什么？你认为该如何改善？（资料来源：刘乃康，谁来承担不合理的蔬菜运输成本，京华时报，2010-09-26）

一、决定物流运输合理化的主要因素

要实现物流工作中的运输合理化，起决定作用的主要有五大因素，如图 4-13 所示。

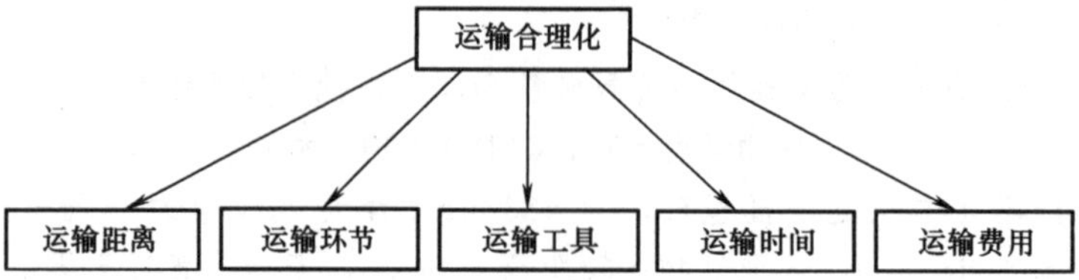

图 4-13　决定运输合理化的主要因素

1．运输距离

运输距离是决定运输合理与否的一个最基本因素。企业应尽可能就近运输，避免舍近求远。在运输时，运输时间、运输货损、运费、车辆或船舶周转等若干技术经济指标都与运距有一定的比例关系。

2．运输环节

每增加一次运输，不但会增加起运的运费和总费用，还会增加运输的附属活动，如装卸、搬运、转运等。在运输时，应尽量减少运输环节，尤其是同类运输工具的环节。

> **小词典**
>
> 在物流过程中，所谓合理运输，就是按照货物流通规律、交通运输条件、货物合理流向、市场供需情况，走最少的里程，经最少的环节，用最少的运力，花最少的费用，以最快的时间，把货物从生产地运到消费地。这也就是用最少的劳动消耗运输最多的货物，取得最佳的经济效益。

3．运输工具

要根据不同货物的特点，分别利用铁路、水运等运输方式，选择最佳的运输路线，并积极改进装载方法、提高技术装载量，使用最少的运力来运输更多的货物，提高运输生产效率。

4．运输时间

运输时间的缩短对缩短整个物流过程的时间有着决定性的作用。运输是物流过程中需要花费较多时间的环节，尤其是远程运输，其运输时间占物流全程的比重最大。运输时间的缩短，有利于运输工具的加速周转，可以充分发挥运力，对运输合理化有很大的贡献。

5. 运输费用

运输费用占物流成本的比重很大，是衡量运输经济效益的一项重要指标，也是组织合理运输的主要目的之一。运输费用的高低，不仅关系到物流部门的经济核算，还影响货物销售成本，为此要积极降低运输成本。

二、合理化运输的主要形式

1. 合理装载

合理装载就是通过改善装载方式，提高装载水平，一方面最大限度地利用车船载重吨位，另一方面充分利用车船装载容积，从而降低单位运输成本。合理装载的方式有：

（1）拼装整车运输。整车运输和零担运输的运价相差较大，拼装整车运输可以减少运输费用。拼装整车运输的做法有零担货物拼整车直达运输、零担货物拼整车接力直达或中转分运、整车分卸、整装零担；还可以轻重配装，即将重货和轻泡货（又称轻货、泡货）合理地配装在一起，既充分利用装载容积，又能充分利用载重能力，提高运输工具的使用效率。

（2）实行解体运输。实行解体运输是指将体大笨重、不易装卸又易致损的货物拆卸后分别包装，既缩小占据的空间，又便于装卸和搬运，提高运输装载效率。例如自行车之类的商品，可以以零件的形式进行运输，到了消费地再进行组装和销售。

（3）采用高效的堆码方法。在装卸过程中，根据车船的货位情况和不同货物的包装情况，采取有效的堆码方法，如多层装载、骑缝装载、紧密装载等，提高运输工具的装载量。

【小案例】上海通用的三维货车货物装载

为了提高货物的装载量，上海通用采用了三维货车货物装载系统。该系统能以图像方式模拟各种货物在货车中的装载方式，计算各种货物的最佳装载位置，计算整个车辆在多次装载前后的重量、重心位置等，并能通过系统优化获得非常高的装载量，达到增加单车运量、提高安全系数甚至节省燃油的目的。

（4）实施集装箱运输。安全、快捷、低价是集装箱运输区别于传统运输方式的主要特征。集装箱运输方式使每吨货物的装卸费用下降，这是生产力发展的必然趋势，也是集装箱运输市场能得以迅速扩展的根本性理由。

（5）实施托盘化运输。托盘化运输是指利用托盘作为单元货载运输的一种方法，其关键在于全程托盘化，即一贯托盘化运输。现代物流系统要求把各个物流功能（包括储存、运输、收发货等）以机械化方式连接起来。一贯托盘化的效果有：实现交易单位的标准化，输送用具能有效地返回，能减少装卸场地，降低劳动强度，减少装卸中的货物损伤，缩短运输及装卸时间等。

2. 优化运输方式

在运输活动中，优化运输方式、实现合理化运输的主要措施有：

（1）分区产销、平衡合理运输。分区产销、平衡合理运输是指在组织物流活动中，对某种货物，使其一定的生产区固定对应于一定的消费区，根据产销情况和交通运输条件，按近产近销

小词典

所谓一贯托盘化，就是把保管—发货—运输—进货—保管形成一条龙工序，以托盘为基本用具，不改变货物状态，始终一贯地进行机械化装卸搬运。

的原则组织货物运输，使货物运输距离最短。这种方法适合于品种单一、规格简单、生产集中而消费分散或生产分散而消费集中、调运量大的货物，可消除过远、迂回、对流等不合理运输现象，实现合理化运输。

（2）直达运输。直达运输是在组织货物运输时，越过批发商等中转环节，把货物从产地或起运地直接运到目的地，从而减少中间的作业环节，实现合理化运输。

（3）“四就”直拨运输。“四就”直拨是减少中转运输环节，力求以最少的中转次数完成运输的一种形式。“四就”直拨，包括就厂直拨、就车站直拨、就仓库直拨和就车船直拨，见表4-6。

表4-6 “四就”直拨

主要形式	含义	具体形式
就厂直拨	物流部门从工厂收购商品，经验收后，不经过中间仓库和不必要的转运环节，直接调拨给销售部门或直接送到车站码头运往目的地	厂际直拨 厂店直拨 厂批直拨 用工厂专用线、码头直接发运
就车站直拨	物流部门对外地到达车站的货物，在交通运输部门允许占用货物的时间内，经验收后，直接分拨或发送到各销售部门	直接运往市内各销售部门 直接运往外埠要货单位
就仓库直拨	在货物发货时越过逐级的层层调拨，省略不必要的中间环节，直接从仓库拨给销售部门	对需要储存保管的货物就仓库直拨 对需要更新仓库的货物就仓库直拨 对常年生产、常年销售的货物就仓库直拨 对季节性生产、常年销售的货物就仓库直拨
就车船直拨	对外地用车、船运来的货物，经交接验收后，不在车站或码头停放，不入库保管，随即通过其他运输工具换装，直接运至销售部门	就火车直装汽车 就船直装火车或汽车 就大船过驳小船

（4）先行流通加工。先行流通加工是指由于某些产品的形态和特性不同于一般产品，不适合直接运输，在对它们进行运输前，先进行适当加工，可以减少体积、重量，避免无效运输、虚靡运输等不合理运输现象，实现运输合理化。

（5）计划运输。计划运输是对运输时间和路线等事先做好安排，如选择最佳运输路线和最佳运输时间，避开交通高峰期及交通拥挤地段，避免重复运输、迂回运输等不合理运输现象，实现运输合理化。

3．开展综合运输

综合运输是把汽车机动灵活的优势，铁路、海运的成本低廉，以及飞机的快速等特点组合起来，完成门到门运输。通过综合运输，各种运输方式可以优势互补，实现运输的效率化、低廉化，缩短运输时间。

三、降低运输成本的方法和措施

1．选择合适的运输工具

在运输活动中，合理选择运输工具能有效控制运输成本，因为对于形状、价格、运输批量、交货日期、到达地点等货物特性，都有与之相对应的适当运输工具。选择运输工具时，应综合考虑运输的各种目标要求。运输的目标要求包括快速性、便利性、安全性和经济性。但是，运输的快速性、便利性、安全性和经济性之间是相互制约的。若重视运输速度、便利、安全，则运输成本会上升；反之，若运输成本降低，运输的其他目标就不可能全部实现。所以，在控制运输成本时，必须对运输工具所具有的特性进行综合评价，以便合理选择运输工具。评价运输工具的因素包括四个方面。

（1）经济性。运输方式的经济性是由运费、包装费、保险金及搬运装卸费用的合计数来表示的。费用越高，运输工具的经济性就越低。

（2）迅速性。运输工具的迅速性是用从发货地到收货地所需时间（天数）来表示的。所需时间越多，则迅速性越低。它与运输工具本身的技术速度和运输组织管理工作有关。

（3）安全性。物流运输工具的安全性可以通过历史上一段时间内货物的货损率、货差率等来表示。货损率越高、货差率越高，安全性越差，运输成本越高。

（4）便利性。便利性主要表现为运输的经常性（不受气象条件影响）、运输的灵活性（可按货主要求直接将货物送到目的地）、运输的方便性（运输服务质量高、方便货主）。

2．选择合理的运输方式

当前，社会化运输体系日益完善，在控制运输成本时，要充分利用联运这种社会化运输体系，创造“一条龙”式货运方式，降低运输成本。常用的两种联运方式为综合一贯制运输和国际多式联运。

3．减少不必要的运输环节

围绕运输业务活动，还有许多相关的物流活动，包括装卸、搬运、包装等，多一道环节，就需要多耗费很多劳动，产生很多费用。因此，在运输活动中，必须要减少一切不必要的环节，主要包括以下几个方面：

（1）缩短装卸搬运距离。缩短装卸搬运距离可以减少作业消耗，节省搬运时间。

（2）减少装卸搬运次数。减少装卸搬运次数可以降低装卸搬运成本、加快运输速度、减少场地的占用和装卸搬运事故的发生。

（3）选择恰当的作业机械和作业方式。根据物流速度、劳动强度、经济性来选择相应的装卸搬运机械；根据货物的种类、性质、形状等确定散件、成组或集装箱等作业方式。

（4）加强安全管理。加强装卸搬运作业的安全管理，防止和消除货物损坏及各种事故，可减少装卸搬运事故所带来的损失。

【课堂实训】

> 某电器公司要从位于S市的工厂直接装运500台电视机送往位于T市的一个批发中心。这批货物价值为150万元。T市的批发中心确定这批货物的标准运输时间为2.5天，如果超出标准时间，每台电视机的每天的机会成本是30元。有三种运输方案可以选择。
>
> （1）A公司是一家长途货物运输企业，可以按照优惠费率每公里0.05元/台来运送，装卸费为每台0.10元。已知S市到T市的公路运输里程为1100km，估计需要三天的时间才可运到（因为货物装卸也需要时间）。
>
> （2）B公司是一家水运企业，可提供水陆联运的服务，即先用汽车从甲公司的仓库将货

物运至S市的码头（20km），再用船运至T市的码头（1200km），然后再用汽车从码头运至批发中心（17km）。由于中转的过程中需要多次装卸，因此整个运输时间大约为5天。询价后得知，陆运运费每公里0.05元/台，装卸费为每台0.10元，水运运费为每公里每百台0.6元。

（3）C公司是一家物流企业，可以提供全方位的物流服务，报价为22 800元。它承诺在标准时间内运到，但是准点的百分率为80%。

该选择哪种运输方案呢？（资料来源：http://info.10000link.com/newsdetail.aspx?doc=2010053190068）

4．优化运输路线

由于不合理的运输如重复运输、迂回运输等现象的存在，造成了运力浪费，增加了不必要的运输成本，而优化运输路线可减少不合理运输。优化运输路线是一个运输决策问题，它通过找到运输工具在公路网、铁路线、水运航道和航空线运行的最佳路线，以尽可能地缩短运输时间或运输距离来降低运输成本。优化运输路线的方法有线性规划法、图上作业法、表上作业法、节约里程法等（详见本书第三章），运用这些数学方法进行量化分析，可以帮助选择最佳运输路线，达到降低运输成本的结果。

5．开展集运

集运是利用规模经济来降低运输成本的集中运输策略。承运人为了降低运输成本，将几个小订单运送的货物集中在一起，形成较大的运输量后再进行运输。根据运输规模经济原理，运输量越大，每单位重量货物分摊的成本越低，运输成本就会下降。通常，集运有三种运作方法。

（1）自发集运。自发集运的基本形式是将一个市场区域中到达不同客户的小批量货物集中起来运输。可以将集运的货物送到一个中间集散点进行，以使货物有足够的运送量；也可以在某几个特定的日期进行货物的集运；也可利用第三方物流公司进行集运。

（2）计划集运。计划集运就是将某一个时间段内的订单集中起来组织运输。计划集运虽然能有效地降低运输成本，但需要一段时间准备，会延误时间，降低服务水平。因此，计划集运需要与客户沟通，并对客户承诺，保证在预定之日完成送货任务。

（3）共同运送。共同运送就是将货物装在同一条路线运行的车上，用同一辆车为更多的客户服务。提供共同运送的运输企业通常与货主有大批量送货的长期合同，为满足客户的需要可提供增值服务，如分类、排序、进口货物单据处理等。

6．减少事故损失

在运输途中，有可能会出现货物丢失、货物变质，甚至出现事故，这些都造成了运输成本不必要的增加。通常，减少事故发生的做法有：①在日常运输管理中，做好事故防范工作，如使用合格的驾驶员，定期检查、修理运输工具等；②积极购买保险，转移风险，如购买第三责任险、车辆损失险等。

【小案例】上海通用的“循环取货”

上海通用汽车的零部件超过了5400多种，来自180家供应商，这相当于一个中型超市的单品数。供应商为了节省成本，经常是装满一车才送货，但往往不是每一批货都能装满一整车，这时就要等。这样不仅造成了待运时间长、库存高、占地面积大，也影响了对客户的服务速度。

针对这些用量很少的零部件，为了不浪费运输车辆的运能，充分节约运输成本，上海通用使用了“循环取货”的形式。每天早晨，上海通用的汽车从厂家出发，到第一个供应商那里装上准备好的原材料，然后到第二家、第三家，以此类推，直到装上所有的材料，然后再返回。这样做的好处是省去了所有供应商空车返回的浪费。（资料来源：中国企业培训网，http://www. chinacpx.com/zixun/list.asp?id=56780.html）

【小案例】沃尔玛的运输安全

沃尔玛知道，汽车运输是比较危险的，有可能会出交通事故，因此，对于运输车队来说，保证安全是节约成本最重要的环节。沃尔玛的口号是“安全第一，礼让第一”，而不是“速度第一”。在运输过程中，驾驶员们都非常遵守交通规则。沃尔玛定期在公路上对运输车队进行调查，车辆上面都带有公司的号码，如果看到驾驶员违章驾驶，调查人员就可以根据车上的号码报告，以便进行惩处。沃尔玛认为，不出事故就是节省公司的费用，就是最大限度地降低物流成本。由于狠抓了安全驾驶，运输车队已经创造了 300 万 km 无事故的纪录。

【课堂实训】

某电器公司有 A、B 两个配件供应商。开始每次电器公司同时向 A、B 下达各 1500 个配件的采购计划，每个零配件的单价 100 元。A、B 在接到采购单后，都采用铁路运输，平均到达时间也相同。后来，电器公司提出，如果某一个供应商能将平均到货时间缩短，每缩短一天，电器公司会将订单的 5%，即 150 个配件，转给这个供应商。如果不考虑物流运输成本，供应商每卖出一个配件应可获得 20% 的利润。铁路运输、汽车运输、航空运输三种运输方式的运输费率和运达时间见表 4-7。

（1）如果从运输成本和利润的角度考虑，A 该采用哪种运输方式？为什么？

（2）如果从竞争的角度来看，A 应该注意哪些因素？

表 4-7 不同运输方式的运输费率和运达时间

运输方式	运输率（元 / 件）	运输时间（天）
铁路运输	2.50	7
汽车运输	6.00	4
航空运输	10.35	2

本章小结

本章首先对运输成本的分类和五种基本运输方式的运输成本项目构成和特点进行了详细的介绍；其次阐述了运输成本控制中影响运输成本的主要因素和不合理运输的几种类型；再次以铁路运输和公路运输为例详细介绍了运费计算方式、方法；最后介绍了决定合理化运输的主要因素、运输合理化的主要形式和降低运输成本的方法和措施。

案例分析

着力提高综合交通运输网络效率 降低物流成本

交通运输部新闻发言人吴春耕表示，2019 年交通运输工作将着力提高综合交通运输网络效率，降低物流成本，加快推进现代化综合交通运输体系建设，推动交通强国建设谋好篇、布好局。

提高综合交通运输网络效率，降低物流成本的重点在于：①推进乡镇运输服务站建设，新增通客车建制村5000个，其中贫困地区不少于3000个；②加快推进运输结构调整，实施铁路运能提升、水运系统升级、公路货运治理、多式联运提速、城市绿色配送、信息资源整合等"六大行动"；③深化收费公路制度改革，继续落实降低过路过桥费用要求，全面推广高速公路差异化收费。

对于下一步改革的重点领域，吴春耕透露，将确保按期完成交通运输综合行政执法改革，加快制定相关配套标准和制度；继续深化出租汽车行业改革；推进出入境汽车运输管理改革；推进自由贸易试验区海运试点政策和海事监管制度创新向全国复制推广。

针对如何加快建立和完善交通运输现代市场体系，吴春耕说，要研究制定公路养护企业资质管理规定及资质标准，推进道路客运线路配置和价格机制改革，扩大企业经营自主权。加快网约车合规化进程。（资料来源：https://www.toutiao.com/i6648848022547464711/）

案例思考：

1．交通运输部的新举措对降低社会物流运输成本有何推动作用？

2．物流运输企业如何利用好新政策，以更好地实现运输合理化？

基本训练

1．单选

（1）（　　）是物流系统中最重要的功能要素。

A．配送　　B．装卸　　C．包装　　D．运输

（2）下列选项中，不属于公共成本的是（　　）。

A．港站费　　B．路桥费　　C．燃料费　　D．管理部门收取的费用

（3）下列不属于影响物流运输成本的主要因素的是（　　）。

A．产品特征　　B．运输特征　　C．装卸特征　　D．市场特征

（4）（　　）是指质量、价格相同的货物舍近求远的不合理运输方式。

A．过远运输　　B．无效运输　　C．重复运输　　D．对流运输

2．判断

（1）变动成本是指成本总额随业务量成反例增减变动的成本。（　　）

（2）联合成本是决定提供某种特定的运输服务而产生的不可避免的费用。（　　）

（3）铁路运输成本的特征是变动成本的比重很大，固定成本的比重相对较低。（　　）

（4）通常，运输隐性成本对于运输不会造成太大危害。（　　）

（5）迂回运输是舍近求远的一种运输。（　　）

3．多选

（1）通常，可将汽车运输成本项目的构成划分为（　　）。

A．直接运营成本　　B．间接运营费用

C．经营费用　　D．管理费用

（2）具体而言，固定成本包括（　　）。

A．获取路权的成本和维护成本　　B．端点设施成本
C．运输设备成本　　D．承运人管理成本
（3）不合理运输方式包括（　　）。
A．对流运输　　B．迂回运输　　C．虚靡运输　　D．倒流运输
（4）决定运输合理化的主要因素有（　　）。
A．运输距离　　B．运输环节　　C．运输费用　　D．运输时间
4．问答
（1）公路运输的成本特征是什么？
（2）为什么产品的装载性会影响物流运输成本？
（3）什么是托盘化运输？
（4）什么是综合运输？

实践训练

1．上海东站发衡阳站焦炭一车重 42t，用 50t 货车一辆装运。查《铁路货物运价里程表》，知上海东站—衡阳站运价里程为 1267km；查《铁路货物运输品名检查表》，知焦炭的运价号为 5 号，再查运价率表，知运价为 5 号，发到基价为 10.20 元 /t，运行基价为 0.0491 元 /t • km。计算其运费。

2．兰州西站发银川站铁矿石 24t，用 50t 货车一辆装运。查《铁路货物运价里程表》，知兰州西站—银川站运价里程为 479km；查《铁路货物运输品名检查表》，知铁矿石的运价号为 3 号，再查运价率表，知运价为 3 号，发到基价为 7.4 元 /t，运行基价为 0.0385 元 /t • km。计算其运费。

第五章　物流运输合同

学习目标

了解运输合同的内涵及特征；掌握运输合同的类型；掌握运输责任的划分；熟悉运输纠纷的类型；掌握解决运输纠纷的办法及过程。

【引导案例】

顺丰因运输合同纠纷起诉 ofo，要求其赔偿 1300 万元

2018 年 10 月，因运输合同纠纷，顺丰向广东省深圳市宝安区人民法院提出财产保全申请，请求冻结东峡大通（北京）管理咨询有限公司（ofo 运营主体）在招商银行天津分行鞍山西道支行所设账户存款 1300 万元人民币。

2019 年 1 月，法院判决如下：被告东峡大通（北京）管理咨询有限公司应于判决生效之日起十日内向原告深圳市顺丰综合物流服务有限公司支付运输费人民币 13 689 037.30 元及逾期付款违约金（以人民币 13 689 037.30 元为计算基数，按日万分之三的标准从 2018 年 9 月 1 日起计至款项付清之日止）。如未按本判决指定的期间给付，应当按照法律规定，加倍支付迟延履行期间的债务利息。

案例思考：你对运输合同的认识是什么？运输纠纷的解决方式有哪些？

【课堂讨论】

讨论物流运输合同与一般合同的异同。

第一节　运输合同概述

一、运输合同的内涵及特征

1．运输合同的内涵

根据《中华人民共和国合同法》中对运输合同的定义，运输合同的基本内涵是：

（1）运输合同的主体是承运人和旅客、托运人或者收货人。

（2）运输合同以运送旅客或者货物为直接目的。当事人订立合同的目的是直接将旅客或货物运送到约定的地点。

（3）运输合同是双务合同、有偿合同。运输合同的双方当事人互负对待给付义务。承运人的主要义务是实现人或物的空间位移，从起运地点运送到约定地点；旅客、托运人或者收货人的主要义务是支付票款或者运送费用。任何一方取得利益均须支付相应的对价。

2．运输合同的特征

运输合同不同于一般民事合同和其他经济合同的特征体现在以下几个方面：

> **小词典**
>
> 运输合同是指承运人将旅客或货物从起运地点运输到约定地点，旅客、托运人或者收货人支付票款或者运输费用的合同。
>
> ——《中华人民共和国合同法》

（1）当事人自由意志法律化。合同是两个及以上当事人意思表达的合意，本质上就是当事人通过自由协商，决定其相互间权利义务关系，并根据其意志调整他们相互间的关系。为使当事人的意思能产生法律上的拘束力，当事人应依法享有自由决定缔约、缔约伙伴和合同内容，自由决定合同的变更和解除等问题的权利。但在运输合同领域，由于运输业从开始形成就不是私人事务，所以当事人从一开始就不存在完全的合同自由。

运输合同双方当事人都受到了不同程度的限制。旅客和托运人一方的合同自由被限制或剥夺，有时他们只有签订或不签订合同的自由，而没有选择承运人、协商合同内容、选择合同形式的自由。承运人一方作为公共运输服务的提供者，则受到了国家法律法规的严格限制，主要表现在：第一，国家强制订立某些运输合同，限制或剥夺合同一方或双方的合同自由。这一表现在战时的军事运输中特别突出。第二，法律规定强制性合同条款，当事人不得排除其适用。第三，法律对承运人资格和运输营业进行严格规定和限制。第四，法律指定或设立专门机构对运输业务和运输合同进行严格监督、管理和控制。

【资料链接】承运人的概念及常见类型

承运人是以旅客或物品运输为业务，并以此而取得报酬或运费的人，包括运输企业与从事运输服务的个人。承运人一般为运输工具的所有人，但不以所有人为限，使用他人的运输工具而进行运输行为的人也可以作为承运人。通常，承运人须取得承运人资格与经营特许权。

承运人分缔约承运人和实际承运人。缔约承运人是指与托运人签订运输合同、但并不直接提供运输服务或仅提供部分区段或部分数量运输的承运人。实际承运人是指接受前者的委托或授权，履行全部运输或后续区段运输的承运人。

（2）承运人资格特定化。运输合同当事人，一方为旅客或托运人，另一方为承运人。旅客或托运人是不特定的社会公众，而承运人必须是具有特定资格的、拥有运输能力的个人、企业或经济组织。

【资料链接】

在我国，对运输企业主体资格方面的要求主要包括：运输企业首先应符合民事法律制度规定的法人条件，其次必须符合商事特别法，如《中华人民共和国公司法》的一般规定。而且由于运输企业的公用性和独占地位，运输企业还必须符合专门法的规定。例如，铁路运输企业必须符合《中华人民共和国铁路法》的专门规定，航空运输企业必须符合《中华人民共和国民用航空法》的专门规定，海运企业必须符合《中华人民共和国海商法》的规定等。即使是公路、内河等允许民营的领域，运输经济组织和自然人也必须取得相应的资格，在批准的范围内从事运输活动。

运输业的公用性和独占性决定了国家必须严格管理。在运输市场，国家往往直接投资经营，或对其他投资者进入该市场规定严格的行政许可程序，使其资格取得特定化。从西方发达国家对承运人资格管理的演变历史来看，其运输业历经从私营到国营，又从国营到私营的过程。西方国家20世纪70年代末至90年代初的运输业重返私营化和放松管理运动，仅仅是国家把经营权部分转交给私人组织，从对运输业的严格管理变为放松管理，从直接经营和直接行政干预变为以法律进行更全面、更高级的间接管理。

从我国目前运输立法状况看，铁路、民航、远洋运输也在经历与西方发达国家类似的管理制度变革。但这种变革决不是放弃对运输业的管理和中央集权，实行私有化，而是变国家经营为企业经营，变行政干预为法律调整，变直接管理为间接调控。

（3）运输合同的强制缔约性。运输合同的强制缔约性体现在公共运输中：承运人所从事的运输活动，面向的是社会公众；承运人的活动不是孤立的、单一的，而是具有普遍的社会意义，即具有社会公共事务的职能。运输的社会性职能决定国家必须扮演投资者、建设者、管理者的多重角色。而能够成为承运人的资格要求、承运人的运输活动范围、对运输活动结果所负有的责任，国家均以法律形式做了相应的详细规定。《中华人民共和国合同法》第289条规定："从事公共运输的承运人不得拒绝旅客、托运人通常、合理的运输要求。"在我国，从事公共运输的承运人主要包括面向社会公众的航空、铁路、公路、水路等运输企业。公共运输关系到社会生活的各个阶层和各个方面，关系到人们的日常生活和企业的正常生产经营，乃至国家的政治生活和社会稳定，因而有必要对其加以严格管制。

（4）合同内容格式化。运输合同广泛采用格式合同的形式，主要是由于运输业具有频繁、不断重复进行的特点。而且，国家对运输合同当事人自由意志加以限制，往往通过法律法规对运输合同当事人的权利义务内容加以确定化，也就是说，合同的基本内容不是由具体合同当事人双方协商确定，而是由相应的专门法律法规予以详细规定，只有法律法规未做规定或允许当事人协商的，当事人才能行使合同自由。当事人在签订合同时，首先要考虑国家相关法律所确定的强制性内容必须在合同中得以贯彻执行。格式合同可以节省运营者时间，降低运送成本；而旅客或托运人也可基于格式合同，避免讨价还价，减少缔约的烦琐。在国家直接经营的条件下，格式合同实质上成了法律法规的表现形式。

必须注意的是，大量使用的运输格式合同应该依法设立，否则由承运人制定格式合同不仅不能消灭当事人之间的不平等（合同一方是国家或国家的代理，另一方是公民或法人），更为严重的是完全取消了竞争，窒息了运输经济发展的活力。只有依法律具体规定产生的格式合同，即法律规定的格式合同，才更符合当事人的自由意志，并保护和促进运输经济的发展。

运输合同内容的确定化，在《中华人民共和国铁路法》《中华人民共和国海商法》《中华人民共和国民用航空法》中有充分的体现。尤其是《中华人民共和国海商法》和《中华人民共和国民用航空法》，合同内容规定得非常详细和完备。在具体的运输合同关系中，当事人不需要也不能就法律已有的强制性的权利义务规定进行磋商，法律已经充分体现了当事人的意愿，并且有效、平等地保护承运人和旅客及托运人的利益。运输合同格式化，要求运输合同形式如客票、货票等运输单据应根据有关运输法的规定制定，格式化合同应表明法律规定的合同双方的基本权利义务。在实践中，重要的运输合同格式往往都是经过了国家运输主管部门审查批准的。

【资料链接】各种货物运输合同法律依据

1．公路货物运输法律依据

我国针对公路货运的法规有：《中华人民共和国公路法》《收费公路管理条例》《中华人民共和国道路运输条例》《公路安全保护条例》《中华人民共和国道路交通安全法》《道路货物运输及站场管理规定》等。

国际公路货运方面有《国际道路运输管理规定》《国际集装箱多式联运管理规则》《国际道路交通公约（日内瓦）》《国际道路货物运输合同公约》等。

2．铁路货物运输法律依据

我国与铁路货运相关的法规有《中华人民共和国铁路法》《中华人民共和国合同法》《铁路货物运输合同实施细则》《铁路货物运输管理规则》等。

国际铁路货运公约有《国际铁路货物联合运输协定》（简称《国际货协》）、《国际铁路货物统一运价规程》和《国际铁路货物运输协定》等。

3．水运货物运输法律依据

我国与水路货运有关的法规有《中华人民共和国海商法》《中华人民共和国合同法》《国内水路运输管理规定》等。

国际水路货运公约有《海牙规则》《维斯比规则》《汉堡规则》等。

4．航空货物运输法律依据

我国与航空货运有关的法规有《中华人民共和国合同法》《中华人民共和国民用航空法》《中国民用航空货物国内运输规则》《中国民用航空货物国际运输规则》等。

国际航空货运公约有《华沙公约》《海牙议定书》《1999 年蒙特利尔公约》等。

二、运输合同的内容及主要条款

1．运输合同的内容

运输合同通常包含以下内容：

（1）货物的名称、性质、体积、数量及包装标准。

（2）货物起运和到达地点、运距、收发货人名称及详细地址。

（3）运输质量及安全要求。

（4）货物装卸的责任和方法。

（5）货物交接手续。

（6）批量货物运输的起止时间。

（7）年、季、月度合同的运输计划，提送期限和运输计划的最大限量。

（8）运杂费计算标准和结算方式。

（9）变更、解除合同的期限。

（10）违约责任。

（11）双方商定的其他条款。

2．运输合同条款

（1）法定条款和约定条款。法定条款是法律规定的运输合同中必须具备的条款，若缺乏这些条款，运输合同便不成立或不可能成文。例如，《中华人民共和国民用航空法》对航空货运单有明确规定，如出发地、目的地、经停地、货物重量、尺寸、包装、件数、适用国际公约的声明等。运输单证都是由承运人制作的，客票须经承运人出票，运单须由承运人提供、托运人填写并经承运人查验确认。因此，法定条款的欠缺责任应由承运人承担。

约定条款是法律允许合同双方可以协商、合意订立的条款。国内货运一般采用格式合同，运单上可以出现的约定并不多；国际货运则不同，由于涉及国际公约适用问题，约定条款的范围较宽。

（2）明示条款和默示条款。明示条款是运输合同单证中载明的条款。默示条款是运输单证中未予记载但又是运输合同组成部分的条款。法律规定是运输合同的默示条款，即不论一方或双方当事人是否对这种条款知悉和同意，默示条款均有效力；运输规章、规则的规定也是默示条款，并具有强制力；习惯和不言而喻的客观状况也应为默示条款。例如，托运人从北京火车站托运一批货物至哈尔滨，承运人应将该货从北京站装运，经京哈线运达哈尔滨，京哈线是习惯的、客观存在的路线，双方不必在运单中注明运输路线，法律上视为双方对此的默认，这一条件视为货运合同的默示条款。因此，运输合同中的明示条款是以客票和运单载明的对法律规定和其他运输条件的明示，而默示条款是对法律、习惯的默示。

总的来说，法定条款是运输合同形式中必须载明的条款；约定条款是当事人可以依法协商确定的条款，约定条款必须又是明示条款；默示条款是不必在合同中载明的条款，默示条款主要是法律规范，也可以是习惯。

三、运输合同分类

根据不同的标准，可以将运输合同进行不同的分类。同一种类的运输合同又可以依据其他分类标准进行二次分类或三次分类。因此，运输合同呈现出多层次、多分支、相互交叉的模式状态，各种运输合同共同组成一个完整的、独立的合同体系。

1. 根据运输对象划分的运输合同

运输对象是借助运输工具进行空间位移的人身和物品。以运输对象为标的，将运输合同划分为旅客运输合同和货物运输合同。物流管理中涉及的是货物运输合同。货物运输合同是指以货物为运输对象的合同，是承运人按照托运人的要求将货物从起运地运到目的地，托运人或者收货人支付运费的合同，当事人为托运人和承运人。根据不同的标准，货运合同又可进行细分。例如依据合同期限的长短，可分为长期合同和短期合同。长期合同是指合同期限在一年以上的合同；短期合同是指合同期限在一年以下的合同，如年度、季度、月度合同等。依据货物数量多少，可分为批量合同和运次合同。批量合同，一般是指一次托运数量较多的大宗货物运输合同；运次合同，一般是指托运货物较少、一个运次即可完成的运输合同。

2. 根据运输方式划分的运输合同

目前，运输方式主要是公路运输、铁路运输、内河运输、海上运输、航空运输和管道运输。与此相对应，运输合同划分为公路运输合同、铁路运输合同、水路运输合同、海上运输合同、航空运输合同和管道运输合同。这种划分的意义在于每种方式的运输合同都有相应的专门运输法予以调整，不同运输合同的区别在各专门运输法中得到了具体的表现。

小词典

运次是指完成包括准备、装载、运输、卸载四个主要工作环节的一次运输过程。

小看板

公路运输合同的特点：

- 承运人必须是经过国务院交通行政主管部门批准并持有运输经营许可证的单位和个人，国家交通行政主管部门必须对运输工具、驾驶员进行管理，明确职责，以确保货物运输的安全。但使用总质量4500kg及以下的普通货运车辆从事货运经营的，无须按规定申请取得道路运输经营许可证及车辆营运证。

- 公路运输合同可以是全程运输合同，即交由公路承运人通过不同的运输工具一次完成运输的全过程。
- 承运人的许多义务是强制性的，如定期检修车辆，确保车辆处于适运状态；运费的计算和收取必须按照有关部门的规定，不得乱收费。

3．根据运输是否跨越国界划分的运输合同

根据运输是否跨越国界，运输合同分为国内运输合同和国际运输合同。运输对象的起运点、所经线路和终点均在一国境内的，称为国内运输合同。运输对象跨越一国或者多国边界的，称为国际运输合同或涉外运输合同。这种划分的意义在于前者适用国内法，后者则适用有关国际公约和国际惯例。

4．根据采用运输方式的种类划分的运输合同

以采用运输方式的种类为标准，运输合同可分为单式运输合同和多式联合运输合同。所谓单式运输合同，就是用一种运输方式完成运输行为的合同。所谓多式联合运输合同（简称多式联运合同），是指托运人（或旅客）与多式联运经营人签订的，由多式联运经营人组织多个承运人通过衔接运输的方式将货物或者旅客运送至目的地，托运人或者旅客支付运费的运输合同。

5．根据是否需要支付客票或运费划分的运输合同

以旅客或托运人是否需要支付客票或运费为标准，运输合同可分为有偿运输合同和无偿运输合同。一般而言，在运输合同中，旅客或者托运人应当对承运人的运输行为支付报酬或运费，但实践中也存在无偿运输合同，如为熟人托运货物。无偿运输合同仍然应以运输合同性质确定当事人的权利义务。相比较而言，无偿运输合同中承运人的责任比有偿运输合同承运人的责任要轻。

【课堂实训】

郑州华明电器公司将一批电器（清单及要求如表5-1所示）委托郑州广运公司2021年4月15日之前经公路运送至北京，试为双方拟订物流运输合同。

下面是运输合同范本及填写指导意见，可参考。

合同编号：*（为了便于管理和查找合同）*

签订时间：*（与合同生效、履行都有关系）*

签订地点：*（合同签订关系到法院的管辖权，请至少填写详细至区县，如北京市朝阳区）*

表5-1　电器清单

序　列	名　称	型　号	单　位	数　量	金额（万元）	备　注
1	HM吸尘器	HM01001	箱	8	5	纸箱包装、防潮、朝上放置，小心轻放
2	HM电饭锅	HM02002	箱	8	3	
3	HM消毒柜	HM03001	箱	7	2	
4	HM微波炉	HM04001	箱	8	4	
5	HM洗碗机	HM05001	箱	6	6	

托运人（以下简称甲方）：（全称，要与营业执照上的名称一字不差）

法定代表人：（全称，要与营业执照上的名称一字不差）

联系地址：（请填写详细，方便合同履行过程中通信联系及法院送达文书）

联系电话：

联系人： 手机号码： 电子邮箱：

（一般写实际负责本合同履行的人员的名字。凡是在本合同履行过程中参与的、有权签署相关文件的人，最好都在本合同中写上，所以联系人可以写多个。并且最好把手机号码和电子邮箱都写上，因为手机短信和电子邮件都可以作为法庭上的证据。）

承运人（以下简称乙方）：

法定代表人：

联系地址：

联系电话：

联系人： 手机号码： 电子邮箱：

甲、乙双方根据《中华人民共和国合同法》等有关法律规定，在平等、自愿、诚实信用的基础上，经充分协商，就乙方承运甲方货物达成以下合同条款。

一、货物基本情况

货物名称：

规格：

数量：

重量：

性质：

（因托运人申报不实或者遗漏重要情况，造成承运人损失的，托运人应当承担损害赔偿责任。货物运输需要办理审批、检验等手续的，托运人应当将办理完有关手续的文件提交承运人。）

二、包装要求：甲方必须按照国家主管机关规定的标准包装；没有统一规定包装标准的，应根据保证货物运输安全的原则进行包装，否则乙方有权拒绝承运。（托运人托运易燃、易爆、有毒、有腐蚀性、有放射性等危险物品的，应当按照国家有关危险物品运输的规定对危险物品妥善包装，做出危险物标志和标签，并将有关危险物品的名称、性质和防范措施的书面材料提交承运人。否则，承运人可以拒绝运输，也可以采取相应措施以避免损失的发生，因此产生的费用由托运人承担。）

三、运输办法及运杂费负担：____________（两个以上承运人以同一运输方式联运的，与托运人订立合同的承运人应当对全程运输承担责任。损失发生在某一运输区段的，与托运人订立合同的承运人和该区段的承运人承担连带责任。）

四、托运时间及地点：____________

五、到货时间及地点：____________（在承运人将货物交付收货人之前，托运人可以要求承运人中止运输、返还货物、变更到达地或者将货物交给其他收货人，但应当赔偿承运人因此受到的损失。）

六、收货人领取货物及验收办法：____________（收货人逾期提货的，应当向承运人支付保管费等费用。）

七、付款办法：____________（托运人或者收货人不支付运费、保管费以及其他运输费用的，承运人对相应的运输货物享有留置权，但当事人另有约定的除外。）

八、违约责任：

托运人责任：

1. 未按合同规定的时间和要求提供托运的货物，托运人应按货物价值的____%偿付给承运人违约金。

2. 由于在普通货物中夹带、匿报危险货物，错报笨重货物重量等而招致吊具断裂，货物摔损，吊机倾翻、爆炸、腐蚀等事故，托运人应承担赔偿责任。

3. 由于货物包装缺陷产生破损，致使其他货物或运输工具、机械设备被污染腐蚀、损坏，造成人员伤亡的，托运人应承担赔偿责任。

4. 在托运人专用线或在港、站公用线、专用铁道自装的货物，在到站卸货时，发现货物损坏，缺少、在车辆施封完好或无异状的情况下，托运人应赔偿收货人的损失。

5. 罐车发运货物，因未随车附带规格质量证明或化验报告，造成收货人无法卸货时，托运人应偿付承运人卸车等费用及违约金。

承运人责任：

1. 不按合同规定的时间和要求配车（船）发运的，承运人应偿付托运人违约金_____元。

2. 承运人如将货物错运到货地点或接货人，应无偿运至合同规定的到货地点或接货人，如果货物逾期达到，承运人应偿付逾期交货的违约金。

3. 运输过程中货物灭失、短少、变质、污染、损坏，承运人应按货物的实际损失（*包括包装费、运杂费*）赔偿托运人。

4. 联运的货物发生灭失、短少、变质、污染、损坏应由承运人承担赔偿责任的，由终点阶段的承运人向负有责任的其他承运人追偿。

5. 在符合法律和合同规定条件下的运输，由于下列原因造成货物灭失、短少、变质、污染、损坏的，承运人不承担违约责任：

① 不可抗力。（*货物在运输过程中因不可抗力灭失，未收取运费的，承运人不得要求支付运费；已收取运费的，托运人可以要求返还。*）

② 货物本身的自然属性。

③ 货物的合理损耗。

④ 托运人或收货人本身的过错。

九、本合同正本一式二份，合同双方各执一份；合同副本一式______份。

甲　　方：____________	乙　　方：____________
代 理 人：____________	代 理 人：____________
开户银行：____________	开户银行：____________
账　　号：____________	账　　号：____________
____年____月____日	____年____月____日

（答案来源：http://baike.baidu.com/link?url=ZTLdf9-H2PbE1ncVNW83GTMLC1VvtxlLSdKDQcwKtG9e2aMNGsV7QtB_ccgZwzWy）

第二节　运输责任划分

【小案例】

某运输公司分别与某市化工厂及天柱公司签订了将一批工业酒精及一批水果从武汉运至

安庆的运输合同。合同签订以后，运输公司按照约定将水果装运上船，同时将水果与工业酒精进行了混装。船到安庆卸货时发现由于工业酒精的桶盖没有密封，船在航行中的颠簸使酒精流出污染了水果，后经过核算发现损失15万元。天柱公司向承运方提出赔偿要求，运输公司认为，水果的损失是由于化工厂对工业酒精的包装不善造成的，他们按照约定运输并没有违约行为，不应当承担赔偿责任。双方协商不下，天柱公司向法院起诉要求运输公司赔偿责任。

法院审理查明：第三人化工厂的工业酒精的包装存在严重问题，封口处有裂缝，工业酒精因此外溢，并造成原告水果的污染，如果包装完好，工业酒精不会外溢污染原告的水果。另外也查明，水运部门规定对鲜货禁止可能造成污染的混装。法院认为，原告的货物是在被告的运输过程中受到损害的，根据《中华人民共和国合同法》第311条，被告应当承担赔偿责任。第三人作为托运人没有对自己的工业酒精采取适当的包装，导致了他人货物的损害，根据《中华人民共和国合同法》第306条的规定，应当承担赔偿责任，因此被告对原告承担责任以后可以向第三人追偿。

要保证运输合同的正确履行，避免运输纠纷的出现，或合理解决运输纠纷，必须分清托运人、承运人以及收货人各自的权利、义务和责任。

一、托运人的权利、义务和责任

1. 托运人的权利

托运人的权利是要求承运人按照合同规定的时间把货物运送到目的地。货物托运后，托运人需要变更到货地点或收货人，或者取消托运时，有权向承运人提出变更合同的内容或解除合同的要求，但必须在货物未运到目的地之前通知承运人，并赔偿承运人因此受到的损失。

2. 托运人的义务

托运人应按约定向承运人交付运杂费，否则承运人有权停止运输，并要求支付违约金。托运人对托运的货物，应按照规定的标准进行包装，遵守有关危险品运输的规定，按照合同中规定的时间和数量交付托运货物。

3. 托运人的责任

托运人未按合同规定的时间和要求提供托运的货物或应由托运人负责装卸的货物，超过合同规定装卸时间所造成的损失，或货物运抵到达地无人收货或收货人拒绝收货，造成承运人车辆放空、延滞及其他损失，托运人应负赔偿的责任。

由于托运人发生下列过错造成事故，致使承运人的车（船）及装卸机具和设备损坏、腐蚀或人身伤亡，以及涉及第三者损失的，应由托运人负赔偿责任：

（1）在普通货物中夹带、匿报危险品或其他违反危险品运输规定的行为。

（2）错报笨重货物重量、规格、性质等导致吊具断裂，货物摔损，吊机倾翻、爆炸、腐蚀等事故。

（3）因货物包装缺陷产生破损，致使其他货物或运输工具、机械设备被污染腐蚀、损坏，造成人身伤亡，或货物包装不良，而从外部无法发现的货物损坏。

（4）未按规定制作图示、标志而造成货物或运输工具的损坏。

（5）在托运人专用线或在港、站公用线、专用线自装的货物，在到站卸货时，车辆铅封完好或无异状的情况下发现的货损、货差。

(6) 不如实填写运单，错报、误填货物名称或装卸地点，造成承运人错送、装货落空以及由此引起的损失；或因未随车附带规格质量证明或化验报告，造成收货人无法卸货引起的损失。

二、承运人的权利、义务和责任

1. 承运人的权利

承运人有权向托运人、收货人收取运杂费用。如果收货人不交或不按时交纳规定的各种运杂费用，承运人对其货物有扣押权；查不到收货人或收货人拒绝提取货物，承运人应及时与托运人联系，在规定期限内负责保管并有权收取保管费用；对于超过规定期限仍无法交付的货物，承运人有权按有关规定予以处理。

2. 承运人的义务

承运人应在合同规定的期限内，将货物运到指定地点，按时向收货人发出货物到达的通知；对托运货物的安全负责，保证货物无短缺、无损坏、无人为原因产生的变质，如有上述问题，应承担赔偿义务；在货物到达以后，在规定的期限内负责保管。

3. 承运人的责任

承运人未按合同规定的要求和运输期限将货物运送到目的地，应负违约责任。由于承运人发生下列过错，致使托运人或收货人的货物损失，应由承运人负赔偿责任：

(1) 逾期送达，即不符合同规定的时间和要求配车（船）、发运，造成货物逾期送达。

(2) 错运错交，即货物错运到货地点或接货人，造成货物延误送达。

(3) 货损货差，即运输过程中货物灭失、短少、变质、污染、损坏。

(4) 故意行为，即经核实确属故意行为造成的事故。

但是，在符合法律和合同规定条件下的运输，由于下列原因造成的货物灭失、短少、变质、污染、损坏的，承运人不承担违约责任：

(1) 不可抗力。

(2) 货物本身的自然属性，如货物本身的自然性质变化等。

(3) 货物的合理损耗。

(4) 托运人或收货人本身的过错，如托运人违反国家有关法令，致使货物被有关部门查扣、弃置或作其他处理；押运人员责任造成的货物毁损或灭失；托运人或收货人过错造成的货物毁损或灭失。

三、收货人的权利、义务和责任

1. 收货人的权利

在货物运到指定地点后，收货人有以凭证领取货物的权利。必要时，收货人有权向到站或中途货物所在站提出变更到站或变更收货人的要求，并签订变更协议。

2. 收货人的义务

在接到提货通知后，收货人要按时提取货物，交纳应付费用；超过规定提货时间则应向承运人交付保管费。

3. 收货人的责任

(1) 若合同中规定收货人组织卸车（船），由于收货人的责任卸车（船）延迟，线路被占用影响承运人送达计划，或承运前取消运输，或临时计划外运输致使承运人违约造成其他运输合同不能落实，收货人应承担赔偿责任。

（2）由于收货人原因导致运输工具、设备或第三者的货物损坏，收货人按实际损失赔偿。

铁路货运合同当事人义务总结见表 5-2。

表 5-2 铁路货运合同当事人义务

<table>
<tr><th>主　体</th><th>合同内容（基本义务）</th><th>注意事项</th></tr>
<tr><td>托运人</td><td>① 按约定时间和要求向铁路承运人提供运输的货物
② 对运输货物进行包装，以适应运输安全的需要
③ 如实申报货物的品名、重量和性质。危险品货物必须按照危险品的规定运输；鲜活货物要按照鲜活货物的规定运输，以免造成铁路运输事故
④ 按规定凭证运输的货物必须出示有关证件
⑤ 向承运人交付规定的运输费用。如果是保价运输，必须申报价格，并按保价运输支付保价费</td><td rowspan="3">① 铁路货运种类分为整车、零担和集装箱
② 托运人或收货人的代理人办理货物的托运、领取、变更或履行其他权利、义务时，应向车站提供委托书或证明委托的介绍信
③ 托运任意铁路运输货物应签订货运合同
④ 车站按批准的要车计划和进货计划受理货运业务
⑤ 托运人向承运人交运货物，应向车站按批提供货物运单一份
⑥ 托运易腐货物、“短寿命”放射性货物时，应记明货物的允许运输期限
⑦ 托运人托运货物，应根据货物的性质、重量、运输种类、运输距离、气候以及货车装载等条件，使用符合运输要求、便于装卸和保证货物安全的运输包装
⑧ 托运人托运零担货物，应在每件货物上标明清晰明显的标记（货签）
⑨ 铁路货运按件数和重量承运。铁路货运费用，按照《铁路货物运价规则》的规定计算。托运人应在发站承运货物当日支付费用</td></tr>
<tr><td>承运人</td><td>① 认真清点货物，在与货物运单核对无误后，即可签认
② 提供符合运输要求的车辆以保证即时运输
③ 由托运人装车的货物，要负责将车辆送到装车地点
④ 及时通知收货人到站领取货物，并将货物交付收货人
⑤ 发现多收的托运费要退还托运人或收货人</td></tr>
<tr><td>收货人</td><td>① 及时到车站领取货物，逾期领取要承担保管费
② 补交托运人未交的运费以及运输途中发生的垫付费用
③ 及时组织卸车。卸货完毕将货车清扫干净并关好门窗、端侧板（特种车为盖、阀），规定洗刷消毒的应洗刷消毒</td></tr>
</table>

四、如何保证物流运输合同各方的权益

签订货物运输合同时注意以下基本事项，方能有效保证物流运输合同当事人基本权益。

1．货物运输合同的形式

（1）货物运输合同的形式应当是书面的，但不同的运输方式对运输合同的形式有不同的规定。概括地说，托运单或者货物运单是合同的基本形式，其权利义务往往是依据法律、法规和规章来确认的。当事人也可以通过签订具体的书面合同明确各自的权利义务。

（2）货物运单、托运单都是由承运人制作的货物运输凭证。托运人在托运货物时，一般都要向承运人提交货物运单或者托运单。承运人根据托运人填写的内容与托运人提供的货物进行核对后，认为一致无误的即办理承运手续。在零担货物运输中，通常用货物运单代替合同。货物运单、托运单应载明下列内容：托运人、收货人、承运人名称及其详细地址；发站（港）、到站（港）；货物名称；货物包装、标志；件数和重量；承运日期；运到期限；运输费用；双方商定的其他事项。

（3）双方当事人可以根据法律法规的规定，商定合同的具体内容。货物运输合同一般应

当具备以下主要条款：合同主体条款，包括承运人、托运人、收货人名称等基本内容；运输条款，包括运输对象，货物运输要写明货物品名、种类、数量等；起运地、到达地名称；价格条款；免除责任条款；双方商定的其他条款。

2．托运与承运

托运是托运人将货物交付给承运人的行为，表明货物已经交付给了承运人。承运是承运人接受托运人的货物的行为，表明运输行为的开始。托运人按照托运单记载的数量交付运送的货物，是托运人履行货物运输合同义务的体现。因为托运人交付货物，承运人接受货物，货物运输合同才能继续进行下去，才会发生货物运输合同第二阶段的履行，因而，在托运与承运过程中，最重要的是双方要对货物进行交接、验收。在通常情况下，承运人是按照重量承运货物、按重量交付货物，因此交接和验收也是以重量为基础，在货物外观、包装完好，品名与实际情况相符的情况下，即可接受货物并承运。

3．当事人对运输中货物的权利

运输中的货物不发生所有权从托运人转移到承运人方面的问题，但会发生货物占有权的转移，即承运人接受了货物，等于占有了货物，对货物享有管理权，同时也对货物的安全、完整、完好负有义务。由于托运人对货物享有实际上的处分权，因此，承运人应当听从托运人的安排，即按照托运人的意思，将货物运到终点，交付给收货人。在货物没有交付收货人之前，托运人享有对货物的处置权，即托运人有中止运输、返还货物、变更到达地、变更收货人四项权利，这是《中华人民共和国合同法》第 308 条规定的内容。中止运输和返还货物属于解除合同，变更到达地和变更收货人属于合同的变更。托运人的此种权利，是货物运输合同的特点决定的。

4．收货人是货物运输合同的第三人

收货人是货物运输合同的第三人，承运人负有向收货人交付货物的义务，收货人有权主张领取货物。收货人的权利主要是两项：领取货物和索赔权。收货人领取货物是根据托运人的授权进行的。收货人领取货物后，运输合同的权利义务即告终止。收货人应当支付托运人未付的运输费用以及运输途中发生的其他费用。收货人根据自己的意愿，可以拒绝领取货物。收货人拒绝领取的方式有两种：一种是书面或者口头明示，告知承运人不领取货物；另一种是默示方式，即收货人在规定期限内不到车站领货，以自己的行为表明不取货。对此，承运人无权强迫收货人领货。

5．承运人不得拒绝托运人通常、合理的运输要求

从事公共运输的承运人不得拒绝托运人通常、合理的运输要求。公共运输是指向社会提供运输服务的运输企业，如面向社会公众的航空、铁路运输企业等。通常、合理的要求一般是指订立合同的要求和合理的有关运输服务的要求。公共运输的承运人向社会公众发出要约邀请，社会公众，无论何人，只要有希望与承运人订立运输合同的意思表示，即为要约，承运人就要与之订约而不得拒绝。公共运输必须满足公众运输安全必要的辅助性服务的要求，包括提供适运的运输工具、遵守公告的运输时间和运输路线、保证运输环境的卫生和舒适等。

6．按约定的路线、时间和地点运送货物

这也是承运人的基本义务。承运人要按照通常的或者约定的路线将货物运送至约定的地点。通常的运输路线一般是指班列或者班轮运输，有固定的航次、班次、时间，固定的到达地，托运人随时可以办理运输手续。承运人如果不按照通常的路线或者约定的路线运输货物，

托运人可以拒绝支付由此而多支出的运费。承运人应当在约定期间或者合理期间内将货物安全运到约定的地点。运到期限是运输中很重要的时间界限。逾期运到的，承运人要承担违约责任。运到期限一般有三种情况：一是约定期限，即双方当事人商定的将货物从甲地运到乙地的期间；二是法定期限，及有关运输法律、法规规定的运到期限；三是合理期限，一般是指有法律法规规定的，则法律法规规定的期限为合理期限，没有规定的，按运输行业的习惯确定期限，如果都没有规定，则双方都明确认可的期限也可以作为合理期限。合理期限是一个事实，应当根据具体情况确定。

7. 安全运输

安全运输既有对承运人的要求，也有对托运人的要求。对托运人来讲，要求其如实申报货物的真实和运输条件，要求包装符合运输安全的要求等。对于承运人来讲，则要求采取切实有效的措施，保证货物在运输中的安全，完整、完好地将货物交付给收货人。这也是负责任的运输合同的体现和要求，其目的就是要保证货物运输的安全，防止事故和损失的发生。

8. 运输的责任限制

（1）《中华人民共和国合同法》规定：货物的毁损、灭失的赔偿额，当事人有约定的，按照其约定；没有约定或者约定不明确，依照本法的规定仍不能确定的，按照交付或者应当交付时货物到达地的市场价格计算。法律、行政法规对赔偿额的计算方法和赔偿限额另有规定的，依照其规定。

（2）在民航、铁路、汽车、海上和水路五种运输方式中，公路和水路货物运输没有明确的限额赔偿规定。其他三种都是限额赔偿，即发生货物损失后，承运人按照实际损失赔偿，都最高不超过赔偿限额。根据《中华人民共和国合同法》规定的原则，水路货物运输合同当事人也可以就货物的损失赔偿事先进行约定，以便于及时处理损害赔偿。限额赔偿的目的是为了保护承运人的利益，也是公平、合理的民法原则的具体体现。

9. 保价运输

所有的运输方式中都有保价运输。保价运输又称为按声明价值运输，是指托运人在托运货物时向承运人声明货物的实际价值并支付保价费，承运人按照声明的价值承运，一旦发生货损，承运人按照声明价值赔偿。保价运输是承运人运输责任的一种方式，承运人按重量承运，就应按重量赔偿，按价值承运，就应当按价值赔偿。重量赔偿的原则是按重量乘以每单位重量赔偿额计算出赔偿总额，价值赔偿是以托运人声明价值为赔偿基础。保价运输有利于保护托运人的合法权益。

10. 归责原则

货物运输合同归责原则基本上都采取严格责任原则。严格责任是指当一方给另一方造成了某种明显的损害，即应对此损害负责。与严格责任相对应的是过失责任，过失责任要求侵害人对损害须有故意或者过失，即过错，才负责任。严格责任主要考虑的是被告的行为与损害结果之间的因果关系，主观状态不是构成此种责任的要素。严格责任表面上看不考虑侵害人造成损害是出于何种心理状态，但实际上是采取过错推定的办法，即从损害事实中推定侵害人有过错。侵害人可以通过证明损害是由于受害人的过失、第三人的过失、自然因素等原因造成的，来减轻或者免除侵害人的责任。

11. 承运人的免责条件

货物运输合同中，承运人的免责条件通常是由法律直接规定的。《中华人民共和国合同法》规定，承运人对于运输过程中货物的毁损、灭失承担损害赔偿责任，但承运人证明货物的毁损、灭失是因为不可抗力、货物本身的自然性质或者合理损耗以及托运人、收货人的过错造成的，不承担损害赔偿责任。有些运输部门对货物本身的原因和托运人、收货人的过错又做了细分，便于托运人和承运人确定责任范围。

【课堂讨论】

11月21日凌晨2：00，贵阳东站卸C4931538集装箱一车，卸车时发现箱号为“6077319”的集装箱顶部变形，顶部有3m×1.5m×0.3m的凹损，卸后货运员将箱子破损拍照后通知安全员编制箱破记录。该箱发站为张家口南，品名为石材，收货单位为贵阳东站汽车队，当日上午通知收货人前来查看货物是否损坏，后经收货人确认货物无损，不需要编制货运事故记录，并于当天在场内将货物掏出。该箱于11月24日装车回送双流站修理。

讨论：①该箱修理费由谁承担？②案例中的错误做法是什么？

第三节 运输合同纠纷解决

【小案例】5万kg红富士苹果货损赔偿

2013年9月12日，北京市某水果批发公司收到北京某火车站发出的到货通知（通知接收其运送的2 000箱5万kg红富士苹果），但9月13日、16日北京市该水果批发公司先后两次到北京某火车站提货不着。9月19日该水果批发公司再次收到北京某火车站发出的提货通知（原因是货物被他人错提，现已被退回北京某火车站），但水果批发公司称公司的货车正在拉长途，所以要过1天才能取货。9月21日，水果批发公司前来提货，发现苹果大部分已烂掉。此时，北京市苹果价格每千克已涨到6元。于是水果批发公司要求火车站赔偿货物损失，火车站以第二次通知对方提货而对方没有按时提货致使货物遭雨淋烂掉为由，拒绝赔偿。

思考：水果批发公司应当怎么做？该批货物运输风险应由谁承担？如何赔偿？

托运人把货物交给承运人后，承运人会根据双方订立的合同和行业的惯例履行运输的义务，把货物安全、及时地送交收货人。无论是海运、公路运输、铁路运输还是航空运输，承运人都应认识到货运质量对企业发展的重要性。虽然加强货运质量管理在某种程度上可以防止运输纠纷的发生，但由于运输途中存在的各种情况千变万化，货运事故、运输纠纷的发生难以完全避免。

一、运输纠纷的类型

运输纠纷既可能由承运人因货损等各种原因造成货方的损失所引起，也可能由货方的原因造成对承运人的损害所引起，可归纳为以下几种情况：

1．货物灭失纠纷

造成货物灭失的原因很多，例如：承运人的运输工具遇到事故，如船舶沉没、触礁，飞机失事，车辆发生交通事故或火灾；政府法令禁运和没收、战争行为、盗窃；因承运人的过失，如绑扎不牢导致货物落海；当然也不排除承运人的故意，如恶意毁坏运输工具以骗取保险，或明知运输工具的安全性能不符合要求仍继续行驶而导致货物灭失等。

2. 货损、货差纠纷

货损包括货物破损、水湿、汗湿、污染、锈蚀、腐烂变质、混票和虫蛀鼠咬等；货差即货物数量的短缺。货损、货差可能是由托运人自身的过失造成，如货物本身标志不清、包装不良，货物在交付承运人之前的质量、数量与运输凭证不符等；也可能是由承运人的过失造成，如装载不当，装卸操作不当，未按要求控制货物运输过程中的温度，载货舱室不符合载货要求，混票等。

3. 货物延迟交付纠纷

这类纠纷包括：因承运货物的交通工具发生事故，或因承运人在接受托运时未考虑到本班次的载货能力而必须延误到下一班期才能发运，或在货物中转时因承运人的过失使货物在中转地滞留，或因承运人为自身利益绕航而导致货物晚到卸货地。

4. 单证纠纷

这类纠纷包括：承运人应托运人的要求倒签、预借提单，从而影响到收货人的利益，收货人在得知后向承运人提出索赔，继而承运人又与托运人之间发生纠纷；或因承运人（或其代理人）在单证签发时的失误引起承托双方的纠纷；此外，也有货物托运过程中的某一方伪造单证引起的单证纠纷。

5. 运费、租金等纠纷

这类纠纷包括：因承租人或货方的过失或故意，未能及时或全额交付运费或租金；因双方在履行合同过程中对其他费用如滞期费、装卸费等发生纠纷。

6. 船舶、集装箱、汽车、火车及航空器等损害纠纷

这类纠纷主要是因托运人的过失，造成对承运人的运输工具损害而产生的纠纷。

二、货运事故和违约处理

货运事故是指货物运输过程中发生的货物毁损或灭失。货运事故和违约行为发生后，承托双方及有关方应编制货运事故记录。货物运输途中，发生交通肇事造成货物损坏或灭失，承运人应先行向托运人赔偿，再向肇事的责任方追偿。

1. 货运事故处理具体规定

货运事故处理过程中，收货人不得扣留车辆，承运人不得扣留货物。由于扣留车、货而造成的损失，由扣留方负责赔偿。货运事故赔偿数额按以下规定办理：

（1）货运事故赔偿分限额赔偿和实际损失赔偿两种。法律、行政法规对赔偿责任限额有规定的，依照其规定执行；尚未规定赔偿责任限额的，按货物的实际损失赔偿。

（2）在保价运输中，货物全部灭失，按货物保价声明价格赔偿；货物部分毁损或灭失，按实际损失赔偿；货物实际损失高于声明价格的，按声明价格赔偿；货物能修复的，按修理费加维修取送费赔偿。保险运输按投保人与保险公司商定的协议办理。

（3）未办理保价或保险运输的，且在货物运

【小思考】

在实践中，有的托运人为了少交部分保价费，不如实申报货物的实际价值。这样做的后果是什么？

输合同中未约定赔偿责任的，按货物的实际损失赔偿。货物损失赔偿费包括货物价格、运费和其他杂费。货物价格中未包括运杂费、安装费以及已付的税费时，应按承运货物的全部或短少部分的比例加算各项费用。

（4）货物毁损或灭失的赔偿额，当事人有约定的，按照其约定；没有约定或约定不明确的，可以补充协议；不能达成补充协议的，按照交付或应当交付时货物到达地的市场价格计算。

（5）由于承运人责任造成货物灭失或损失，以实物赔偿的，运费和杂费照收；按价赔偿的，退还已收的运费和杂费；被损货物尚能使用的，运费照收。

（6）丢失货物赔偿后又被找回的，应送还原主，收回赔偿金或实物；原主不愿接受失物或无法找到原主的，由承运人自行处理。

（7）承托双方对货物逾期到达、车辆延滞、装货落空都负有责任时，按各自责任所造成的损失相互赔偿。

2. 货运事故处理程序

（1）货运事故发生后，承运人应及时通知收货人或托运人。收货人、托运人知道发生货运事故后，应在约定的时间内，与承运人签注货运事故记录。收货人、托运人在约定的时间内不与承运人签注货运事故记录的，或者无法找到收货人、托运人的，承运人可邀请两名以上无利害关系的人签注货运事故记录。货物赔偿时效从收货人、托运人得知货运事故信息或签注货运事故记录的次日起计算。

在约定运达时间的30日后未收到货物时，视为灭失，自31日起计算货物赔偿时效。未在约定的或规定的运输期限内送达交付货物的，视为迟延交付。

（2）当事人要求另一方当事人赔偿时，须提出赔偿要求书，并附运单、货运事故记录和货物价格证明等文件。要求退还运费的，还应附运杂费收据。另一方当事人应在收到赔偿要求书的次日起，60日内答复。

（3）承运人或托运人发生违约行为，应向对方支付违约金，违约金的数额由承托双方约定。

（4）承运人非故意行为造成货物迟延交付的赔偿金额，不得超过所迟延交付的货物的全程运费。

【小案例】橘子托运货损赔偿案例

"阿登内斯"轮代理人对一票橘子的托运人口头保证：该轮在西班牙港口装上该批橘子后，将直接驶往伦敦并卸货。但是该船并没有直接驶往伦敦，而是驶向了比利时的安特卫普。结果当托运人的橘子到达伦敦时，橘子的进口关税提高了，且由于其他橘子的大量到货，使橘子的价格下降。托运人认为，如果货轮依口头的约定直驶伦敦，则关税的提高和价格的下降都应该在该船到达之后发生。

于是托运人向法院起诉，要求承运人承担损失。但是承运人辩称：提单中载明规定承运人可以任意经由任何航线直接或间接到达伦敦，因此不负责任。（资料来源：https://wenku.baidu.com/view/d314ede9fd0 a79563d1e722c.html）

思考：此案将如何判定？

三、纠纷与索赔的解决

承运人和托运人或收货人三方在履行货物运输合同中发生纠纷时，应及时协商解决。协商不一致时，任何一方均可向合同管理机关申请调解或仲裁，也可以直接向人民法院起诉。

1．纠纷解决的方法

货物运输中产生纠纷以致引起诉讼的事常有发生。目前，解决运输纠纷一般有四种途径：当事人自行协商解决、调解、仲裁和诉讼。其中诉讼和仲裁是司法和准司法解决。运输纠纷出现后，多数情况下，纠纷双方会考虑到多年或良好的合作关系和商业因素，互相退让，争取友好协商解决，同时为以后的合作打下基础。但也有的纠纷双方之间产生的分歧较大，无法友好协商解决，双方可以寻求信赖的行业协会或组织进行调解，在此基础上达成和解协议，解决纠纷。但还会有一部分纠纷经过双方较长时间的协商，甚至在行业协会或其他组织介入调解后，仍然无法解决的，双方只能寻求司法或准司法途径解决。

（1）仲裁。仲裁是指纠纷双方在纠纷发生前或纠纷发生后达成协议提交第三者做出裁决的一种解决纠纷的方法。仲裁是解决纠纷的一种重要方式，具有当事人自愿、程序简便、迅速等特点。仲裁主要分为两种：机构仲裁和临时仲裁。如果纠纷双方在纠纷发生后一致同意就该纠纷寻求仲裁，或在双方订立运输合同时把仲裁作为纠纷解决的方式时，可以就该纠纷申请仲裁。仲裁申请人向约定的仲裁机构提出仲裁申请，并按仲裁规则指定 1 名或多名仲裁员，仲裁员通常是与该行业有关的商业人士或专业人士。

仲裁员根据仲裁规则对该纠纷做出的裁决对双方都具有约束力，而且只要是仲裁过程符合仲裁规则，则该裁决是终局的。由于仲裁员具有该行业的专业知识、经验和相应的法律知识，因此所做出的裁决通常符合商业精神，而且仲裁速度较快，费用也较法院诉讼少。

仲裁的主要问题包括仲裁协议的时效性、仲裁程序的合法性、仲裁的司法监督等。

由于仲裁的裁决是终局的，因此根据仲裁裁决执行是解决纠纷的最后一步。在我国，仲裁裁决相对容易得到执行，而我国仲裁裁决在国外执行和外国仲裁裁决在我国执行则相对复杂。目前关于仲裁裁决在国外执行的公约是《承认及执行外国仲裁裁决的公约》（《纽约公约》）。我国与加入该公约的其他国家之间仲裁裁决的执行，应依据公约的规定进行；我国与未加入该公约国家之间的仲裁裁决的执行，则按对等原则进行。

（2）诉讼。诉讼是指法院在双方当事人和其他诉讼参与人参加下，审理和解决纠纷（案件）的活动，以及由这些活动所产生的诉讼法律关系。如果承、托双方未对纠纷的解决方法进行约定，或事后无法达成一致的解决方法，则通过法院进行诉讼是解决纠纷最终的途径。各种运输纠纷可以按照我国的诉讼程序，由一方或双方向有管辖权的法院起诉，然后由法院根据适用法律和事实进行审理，最后做出判决。如果某一方乃至双方对一审判决不服，可以根据相关的诉讼法进行上诉、申诉。诉讼通常既耗时又费钱。

【小案例】运输纠纷诉讼处理案例

案情介绍：

原告与被告均系从事货运运输的企业。原告于 7 月 8 日将一批机油委托被告运送，该批货物由被告派出车辆提走。后来该货物在未到目的地时发生事故，大部分受损，接收方拒绝接受该货物。原告依据自己与托运人之间的合同赔偿了货物损失计 88 128 元。赔偿托运人后，原告认为被告违反了双方运输协议，要求被告承担该笔损失费用，被告推诿拒绝，原告遂诉至法院。

争议焦点：

① 被告公司并未在运输协议上盖章，而是由司机个人签字，公司是否应承担责任？

②机油是不是危险商品，是否应进行特殊包装运输？

法院经审理认定：

原、被告签订的运输协议合法有效，双方应按约定履行义务，认定司机签字系职务行为，应由公司承担责任。被告未能将货物安全运输到目的地，导致收货方拒绝接收货物，给原告造成经济损失 88 128 元，被告应当承担违约责任。被告对原告请求赔偿数额有异议，但未向法庭提供有效证据，故对原告要求被告赔偿 88 128 元的诉讼请求予以支持。而被告辩称货物没有保价、货物系危险品等理由均不予支持。

（资料来源：https://wenku.baidu.com/view/527331b93069a45177232f60ddccda38376be1ef.html）

2．索赔时效和诉讼时效

如果各种纠纷必须诉之于司法或准司法机构，则涉及索赔时效和诉讼时效这两个重要概念。

索赔时效是指合同双方彼此之间依据法律规定要求赔偿损失的时间范围，而诉讼时效是指合同双方权利人行使权利、维护自身被损害利益的法定提起诉讼时间范围。在此期限内，权利人如不行使其权利，就会丧失请求法院依诉讼程序强制义务人履行义务的权利。

规定时效是为了促进当事人及时行使自己的权利，早日消除不确定的法律关系。

（1）公路运输的索赔时效。公路运输纠纷中，承、托双方彼此之间要求赔偿的时效，从货物运抵到达地点的次日起算，不超过 180 日。赔偿要求应以书面形式提出，对方应在收到书面赔偿要求的次日起 180 日内处理。

违约金、赔偿金应在明确责任后 10 日内偿付，否则按逾期付款处理；任何一方不得用扣发货物或扣付运费来充抵。

（2）铁路运输的索赔时效。铁路运输纠纷中，承运人同托运人或收货人相互间要求赔偿或退补费用的时效期限为 180 日（要求铁路支付运到期限违约金为 60 日）。托运人或收货人向承运人要求赔偿或退还运输费用的时效期限，由下列日期起算：

1）货物灭失、短少、变质、污染、损坏，为车站交给货运记录的次日。

2）货物全部灭失、未编有货运记录的，为运到期限满期的第 16 日，但鲜活货物为运到期限满期的次日。

3）要求支付货物运到期限违约金，为交付货物的次日。

4）多收运输费用，为核收该项费用的次日。

5）承运人向托运人或收货人要求赔偿或补收运输费用的时效期限，由发生该项损失或少收运输费用的次日起算。

6）承运人与托运人或收货人相互提出的赔偿要求，应自收到书面赔偿要求的次日起 30 日内（跨及两个铁路局以上运输的货物为 60 日内）进行处理，答复赔偿要求人。索赔的一方收到对方的答复后，如有不同意见，应在接到答复的次日起 60 日内提出。

（3）水路运输的索赔时效。水路运输纠纷中，承运人与托运人或收货人彼此之间要求赔偿的时效，从货运记录交给托运人或收货人的次日起算不超过 180 日。赔偿要求应以书面形式提出，对方应在收到书面赔偿要求的次日起 60 日内处理。但在海上运输纠纷中，《中华人民共和国海商法》规定，就海上货物运输向承运人要求赔偿的请求权，时效期间为 1 年，自承运人交付或者应当交付货物之日起计算；在时效期间内或者时效期间届满后，被认为负有责任的人向第三人提起追偿请求的，时效期间为 90 日，自追偿请求人解决原赔偿请求之日起计算；有关航次租船合同的请求权，时效期间为2年，自知道或者应当知道权利被侵害之日起计算。承、托运双方相互索取各项违约金、滞纳金或滞期费的索赔时效，按有关具体规定办理。

（4）航空运输的索赔时效。航空运输纠纷中，托运人或收货人要求赔偿时，应在填写货运事故记录的次日起180日内，以书面形式向承运人提出，并随附有关证明文件。承运人对托运人或收货人提出的赔偿要求，应在收到书面赔偿要求的次日起60日内处理。

对于航空运输的索赔时效，《华沙公约》分成货物损害和货物延迟的情况区别对待。前者索赔时效是7天，后者的索赔时效是14天。但《海牙议定书》对此做了全面的修改，将货物损害索赔时效延长至14天，将货物延迟的索赔时效延长至21天。

【课堂实训】

请说明以下货运合同纠纷的类型，并简单说明处理办法。

1. A物流公司为小李运输价值10万元的货物，保价10万元，运输途中因车辆制动器失灵发生重大交通事故导致货物全部灭失。

2. B物流公司为C自中国上海托运一批货物至叙利亚，受叙利亚战争影响，导致货物延迟送达。

3. D物流公司为E公司运输小型设备5箱，E公司自行进行纸箱包装，箱上未贴包装储运指示标志。E公司提货时发现货物包装严重破损，产品部分外露且受损，影响销售。

4. F船运公司为G公司运送一批设备，卸货时发现部分严重残损，经鉴定货损原因是货舱没有分层隔板，货箱不适当地装载于货垛中层，货箱遭受上层货物的重压。

5. H物流公司为I公司运输一批货物，但因I公司所填收货人电话与地址有误，导致货物被退回。

第四节 运输保险

【小案例】

2003年1月2日，中兴通讯股份有限公司（下称托运人或被保险人）通过北京康捷空货运代理有限公司（下称康捷空）深圳分公司和美国华盛顿国际速递公司（Expeditors International of Washington，Inc.，下称华盛顿速递）运输一批通信设备，自深圳经香港运抵澳门，然后由华盛顿速递代表托运人租赁一架IL-763414型飞机，将货物从澳门空运至东帝汶（East Timor）的包考（Baucau）。康捷空深圳分公司签发了航空运单，运单抬头为欧亚航空货物运输公司（Euro-Asia Aviation Air Cargo Transportation，下称欧亚航空），另外托运人与美国华盛顿速递签订了一份货物运输租赁协议，同时该批货物在中国人民财产保险股份有限公司深圳市分公司（下称保险公司）处投保了货物运输保险。

2003年1月31日，东帝汶当地时间16时，承运飞机在包考市附近撞山坠毁，机上六名人员全部遇难，上述承运的货物全部毁损。保险公司聘请香港一家公估公司对货物损失进行了公估，并于2003年12月16日向被保险人支付了保险赔款135.3万美元，被保险人向保险公司出具了权益转让书。保险公司向康捷空及其深圳分公司和华盛顿速递要求赔偿货物损失，均遭到拒绝。2004年10月20日，保险公司在广东省深圳市罗湖区人民法院对康捷空及其深圳分公司提起代位求偿权诉讼，要求二被告赔偿原告货运损失 612 140 美元。2005 年 1 月 28 日，保险公司委托美国律师在美国纽约南部地区联邦法院，以被保险人及本公司名义对华盛顿速递提起诉讼，要求被告赔偿货物损失 135.3 万美元及利息。2005 年 8 月初最终达成和解协议：由美国被告赔偿保险公司 43 万美元，保险公司撤销美国和国内的两个诉讼。

一、运输保险的作用

在货物运输的过程中因自然灾害、人为因素、战争等种种原因，发生货损货差在所难免。货物运输保险可以帮助当事人将损失降到最小，所以，作为物流中的重要环节，货物运输更是离不开保险。

企业可以把保险费支出列入成本，如果货物在运输途中遭受损失，企业可以获得保险公司的经济补偿，减少灾害的损失，有利于企业经营活动正常进行。

小看板

运输保险是指在运输生产过程中，由于意外事故、自然灾害而给承运的货物、旅客、运输工具、驾驶员、第三人造成的损失所给予补偿的各种保险的总称，如运输货物保险、车辆保险、第三者责任险、旅客人身意外伤害险等。

二、与运输相关的保险

1．海上保险

海上保险是以海上财产，如船舶、货物，以及与之有关的利益（如租金、运费）和与之有关的责任（如保赔责任等）作为保险标的的保险，具体有海洋船舶保险、海洋货物运输保险、海上石油开发保险、保障和赔偿保险等。

2．货物运输保险

货物运输保险是以运输途中的货物作为保险标的的保险，保险人对运输途中的各种保险货物因保单承保风险造成的损失负赔偿责任。

货物运输保险分为海洋货物运输保险、陆上货物运输保险、航空货物运输保险、邮包运输保险等。

3．火灾保险

火灾保险是以各种处于固定地点，或存放于固定地点处于静止状态的物质财产以及有关的利益作为保险标的，以保险标的发生火灾损失作为保险事故的保险。

4．运输工具保险

运输工具保险是以各类运输工具作为保险标的的保险。保险人对各种运输工具因保单中规定的承保风险造成的损失负赔偿责任。该类保险险种繁多，如汽车保险是以汽车、驾驶员和乘客及第三者责任为保险对象的保险，具体可分为：车辆损失险、第三者责任险、盗抢险、车上责任险、玻璃破碎险、自然损失险等。飞机保险是以飞机、机上乘客及第三者责任为保险对象的保险，通常分为机身险、乘客意外伤害险、第三者责任险等。船舶保险可分为国内船舶保险和海上船舶保险等。国内船舶保险是以各种非远洋航行的船舶，即内河、湖泊及近海的各种船舶为保险对象的保险。船舶保险分为船舶损失险、乘客意外伤害险等。铁路车辆保险是以在铁路上运行的机车及车辆作为保险标的的保险。

【资料链接】办理货物运输险的投保手续应注意的事项

（1）选对合适的货运保险种类。

（2）正确填写投保单。

（3）被保险人栏目要按保险利益的实际有关人称谓的全称填写。

（4）货物名称应填写具体名称，不要笼统填写。

（5）保险金额，一般按照发票金额10%加成计算，加成比例不得超过30%。

（6）运输工具，如是轮船运输，应写明船名，需转运的也要写明确；如是火车、汽车或航空运输的，仅写明火车、汽车牌号或空运（或航班号）即可。联运的最好写明联运方式。

（7）开航日期，有确切日期的，要填写具体日期；无确切日期则填上约于×月×日。

（8）提单或运单号码、航程或路程应按实际填写。

（9）承保险别，要将需要投保的险别明确填写清楚，如有附加险别或与保险人有其他特别约定的也要在此栏注明。

（10）货运险投保日期，应在船舶开航或运输工具开行之前。

（资料来源：http://zhidao.baidu.com/link?url=XZh2tCi5lopKuKBgwEhtidQBYNK6yW0rKcQR_alQ2L2YLR3gPZq_oq2J9cIgvK0X8NJ_NHO0vtQtD8bRW4m0K）

三、海上货物风险

海运货物保险保障的范围包括海上风险、海上损失与费用以及外来原因所引起的风险损失。国际保险市场对上述各种风险与损失都有特定的解释。

1．风险

海运保险是各类保险中发展最早的一种，这是由于商船在海洋航行中风险大，海运事故频繁所致。海上运输货物的风险主要分为海上风险和外来风险。

（1）海上风险。海上风险一般是指船舶或货物在海上运输过程中发生的或随附海上运输所发生的风险，包括自然灾害和意外事故两种。

在保险业务中，海上风险有特定内容。

1）自然灾害是指不以人的意志为转移的自然界力量所引起的灾害，如雷电、洪水、流冰、地震、火山爆发、海啸、浪击落海以及其他人力不可抗拒的自然灾害。这些灾害在保险业务中都有特定的含义，如在我国现行的《海洋运输货物保险条款》的基本险条款中，不包含浪击落海这项风险。

2）意外事故是指由于偶然的、难以预料的原因造成的事故，如船舶搁浅、触礁、碰撞、爆炸、火灾、沉没、失踪或其他类似事故。

需要指出的是，按照国际保险市场的一般解释，海上风险并非局限于海上发生的灾害和事故，那些与海上航行有关的发生在陆上或海陆、海河或与驳船相连接之处的灾害和事故，例如地震、洪水、水灾、爆炸，以及与驳船或码头碰撞，也属于海上风险。

（2）外来风险。外来风险是指除海上风险以外的由于其他外来原因引起的风险。外来风险又可分为一般外来风险和特殊外来风险两种。例如，淡水雨淋、短量、偷窃、污损、渗漏、破碎、受潮、受热、串味、锈损和钩损等为一般外来风险；战争、罢工和交货不到、拒收等则为特殊外来风险。

2. 损失和费用

海上损失简称海损，是指被保险货物在海运过程中，由于海上风险所造成的损坏或灭失。通常表现为两种形式：一种是货物本身遭到损失或灭失；另一种是为营救货物而支出的费用。按各国保险业的习惯，海上损失和费用也包括与海运相连接的陆上或内河运输中所发生的损失和费用。一般按其损失的程度可分为全部损失和部分损失。

（1）全部损失。全部损失简称全损，是指整批或不可分割的一批被保险货物在运输途中全部遭受损失。全部损失又分为实际全损和推定全损。

实际全损是指货物全部灭失，或完全变质，或不可能归还给被保险人。例如，载货船舶失踪，经过一定时间（如两个月）后仍没有消息，视为实际全损。被保险货物在遭受到实际全损时，被保险人可按其投保金额获得保险公司的全部损失赔偿。

推定全损是指被保险货物在运输途中受损后，实际全损已经不可避免，或者为避免发生实际全损所需支付的费用与继续将货物运抵目的地的费用之和超过保险价值，也就是恢复、修复受损货物，并将其运送到原定目的地的费用，将超过在该目的地的货物价值。

（2）部分损失。部分损失是指不属于实际全损和推定全损的损失。

3. 外来风险的损失

外来风险的损失是指除海上风险以外由于其他各种外来风险所造成的损失。外来风险的损失包括下列两种类型：

（1）一般外来风险所造成的损失。这类风险损失通常是指偷窃、短量、破碎、雨淋、受潮、受热、发霉、串味、污损、渗漏、钩损和锈损。

（2）特殊外来风险所造成的损失。这类风险损失主要是指由于军事、政治、国家政策法令和行政措施等原因所致的风险损失，如战争、罢工、交货不到等特殊的外来风险造成的损失。

四、我国海洋货物运输保险的险别及保险类型

保险险别是指保险人对风险和损失的承保责任范围。我国货物运输保险险别，按照能否单独投保，可分为基本险和附加险两类。基本险可以单独投保，而附加险不能单独投保，只有在投保基本险的基础上才能加保附加险。

（一）基本险

我国的保险公司所规定的基本险别包括平安险、水渍险和一切险。

1. 责任范围

（1）平安险（Free from Particular Average，FPA）。该保险负责赔偿以下情形的损失。

1）货物在运输途中由于恶劣气候、雷电、海啸、地震、洪水自然灾害造成整批货物的实际全损或推定全损。当被保险人要求赔付推定全损时，须将受损货物及其权利委付给保险公司。被保险货物用驳船运往或运离海轮的，每一驳船所装的货物可视作一个整批。

2）由于运输工具遭受搁浅、触礁、沉没、互撞、与流冰或其他物体碰撞以及失火、爆炸意外事故造成货物的全部或部分损失。

3）在运输工具已经发生搁浅、触礁、沉没、焚毁意外事故的情况下，货物在此前后又在海上遭受恶劣气候、雷电、海啸等自然灾害所造成的部分损失。

4）在装卸或转运时由于一件或数件整件货物落海造成的全部或部分损失。

5）被保险人对遭受承保责任内危险的货物采取抢救、防止或减少货损的措施而支付的合理费用，但以不超过该批被救货物的保险金额为限。

6）运输工具遭遇海难后，在避难港由于卸货所引起的损失，以及在中途港、避难港由于卸货、存仓及运送货物所产生的特别费用。

7）共同海损的牺牲、分摊和救助费用。

8）运输契约订有"船舶互撞责任"条款，根据该条款规定应由货方偿还船方的损失。

（2）水渍险（With Average/With Particular Average，WA/WPA）。水渍险又称"单独海损险"，除包括上列平安险的各项责任外，该保险还负责被保险货物由于恶劣气候、雷电、海啸、地震、洪水等自然灾害所造成的部分损失。

（3）一切险（All Risks）。一切险所负责的险别包括平安险、水渍险和一般附加险。货物因战争、罢工、进口关税、交货不到等原因所致的损失，不在一切险的责任范围以内。投保一切险是投保人因附加险的种类繁多，为避免遗漏，保障货物安全而投保的一种安全性较大的险别。通常在所发运货物容易发生碰损破碎、受潮受热、雨淋发霉、渗漏短少、串味、玷污以及混杂污染等情况下投保一切险。

【资料链接】一切险的索赔对象

1．向保险公司索赔

向保险公司索赔要满足四个条件：①被保险人在保险事故发生时必须具有保险利益；②被保险人必须投保了相关险别；③损失不属于除外责任；④在保险的责任期限内。

2．买方向卖方索赔

买方向卖方索赔通常是卖方违反贸易合同中的条款。

3．向承运人索赔

在这种情况下，通常应满足下列条件：①未按提单记载内容交货或货物发生损坏；②损坏发生在承运人的责任期限；③不属于承运人的免责范围。（资料来源：http://baike.baidu.com/view/64228.htm?fr=aladdin）

2．除外责任

该保险对下列损失不负赔偿责任：

（1）被保险人的故意行为或过失所造成的损失。

（2）属于发货人责任所引起的损失。

（3）在保险责任开始前，被保险货物已存在的品质不合格或数量短差所造成的损失。

（4）被保险货物的自然损耗、本质缺陷、特性以及市价跌落、运输延迟所引起的损失或费用。

（5）海洋运输货物战争险条款和货物运输罢工险条款规定的责任范围和除外责任。

3．责任起讫

（1）该保险负"仓至仓"责任。自被保险货物运离保险单所载明的起运地仓库或储存处所开始运输时生效，直至该项货物到达保险单所载明目的地收货人的最后仓库或储存处所或被保险人用作分配、分派或非正常运输的其他储存处所为止。如未抵达上述仓库或储存处所，则到被保险货物在最后卸载港全部卸离海轮后满60天为止。如在上述60天内被保险货物需转运到非保险单所载明的目的地时，则从该项货物开始转运时终止。

（2）由于被保险人无法控制的运输延迟、绕道、被迫卸货、重行装载、转载或承运人运用运输契约赋予的权限所做的任何航海上的变更或终止运输契约，致使被保险货物运到非保险单所载明目的地时，在被保险人及时将获知的情况通知保险人，并在必要时加交保险费的情况下，该保险仍继续有效，保险责任按下列规定终止：

1）被保险货物如在非保险单所载明的目的地出售，保险责任至交货时为止，但不论任何情况，均以被保险货物在卸载港全部卸离海轮后满 60 天为止。

2）被保险货物如在上述 60 天期限内继续运往保险单所载原目的地或其他目的地时，保险责任仍按上款的规定终止。

4．被保险人的义务

被保险人应按照以下规定的应尽义务办理有关事项，如因未履行规定的义务而影响保险人利益时，保险人对有关损失有权拒绝赔偿。

（1）当被保险货物运抵保险单所载明的目的港（地）以后，被保险人应及时提货，当发现被保险货物遭受任何损失时，应立即向保险单上所载明的检验、理赔代理人申请检验，如发现被保险货物整件短少或有明显残损痕迹应立即向承运人、受托人或有关当局（海关、港务当局等）索取货损货差证明。如果货损货差是由于承运人、受托人或其他有关方面的责任所造成，应以书面方式向他们提出索赔，必要时还须取得延长时效的认证。

（2）对遭受承保责任内危险的货物，被保险人和保险人都可迅速采取合理的抢救措施，防止或减少货物的损失。被保险人采取此项措施，不应视为放弃委付的表示，保险人采取此项措施，也不得视为接受委付的表示。

（3）如遇航程变更或发现保险单所载明的货物、船名或航程有遗漏或错误时，被保险人应在获悉后立即通知保险人并在必要时加交保险费，该保险才继续有效。

（4）在向保险人索赔时，必须提供下列单证：保险单正本、提单、发票、装箱单、磅码单、货损货差证明、检验报告及索赔清单，如涉及第三者责任，还须提供向责任方追偿的有关函电及其他必要单证或文件。

（5）在获悉有关运输契约中“船舶互撞责任”条款的实际责任后，应及时通知保险人。

5．索赔期限

保险索赔时效，从被保险货物在最后卸载港全部卸离海轮后起算保险索赔时效最多不超过两年。

（二）附加险

附加险是对基本险的补充和扩大。在海运保险业中，投保人除了投保货物的上述基本险别外，还可根据货物的特点和实际需要，酌情再选择若干附加险别。目前，我国各商业保险公司《海洋运输货物保险条款》中的附加险有一般附加险和特殊附加险。

1．一般附加险

一般附加险所承保的是由于一般外来风险所造成的全部或部分损失。一般附加险不能作为一个单独的项目投保，而只能在投保平安险或水渍险的基础上，根据货物的特性和需要加保一种或若干种一般附加险。

一般附加险的种类主要包括：

（1）偷窃提货不着险。在保险有效期内，保险货物被偷走或窃走，以及货物运抵目的地以后，整体未交的损失，由保险公司负责赔偿。

（2）淡水雨淋险。货物在运输中，由于淡水（包括船上淡水舱和水管里的水以及汗水等）、雨水、雪融所造成的损失，保险公司都应负责赔偿。

（3）短量险。短量险负责保险货物数量短少和重量损失。保险公司必须要检查外包装是否有异常现象，如破口、破袋、开缝等。对散装货物，往往将装船和卸船重量之间的差额作为计算短量的依据。

小看板 水渍险与淡水雨淋险的区别

（1）水渍险是海运货物的基本险之一，而淡水雨淋险是一般附加险之一，不能单独投保，必须附属于基本险项下。

（2）与平安险一样，水渍险只负责咸水所造成的损失，不负责淡水所造成的损失的赔偿，而淡水雨淋险负责由于淡水（包括船上饮用水、水管漏水、船杆滴水等）、雨水以及雪融水所造成的损失的赔偿。

（4）混杂、玷污险。该险负责保险货物在运输过程中混进了杂质所造成的损失以及保险货物因为和其他物质接触而被玷污所造成的损失。

（5）渗漏险。该险负责流质、半流质的液体物质和油类物质，在运输过程中因为容器损坏而引起的渗漏损失。

（6）碰损、破碎险。碰损主要是对金属、木质等货物而言，破碎则主要是对易碎性物质而言。

（7）串味险。该险负责易感染异味的货物与散发气味的货物堆放在一起而造成的损失。

（8）受热、受潮险。该险负责受热易变质的货物堆放在热源附近或受潮易变质的货物堆放在甲板等易受潮的舱位而造成的损失。

（9）钩损险。该险负责保险货物装卸过程中手钩、吊钩等工具所造成的损失。

（10）包装破裂险。该险负责在装卸搬运或运输过程中，货物包装破损造成的损失。

（11）锈损险。该险负责保险货物在运输过程中因为生锈而造成的损失。

2．特殊附加险

特殊附加险属于附加险类，但在一切险的范围之内。

（1）战争险。战争险负责赔偿那些直接由于战争、类似战争行为和敌对行为、武装行为或海盗行为所致的损失，以及由此所引起的捕获拘留、扣留、禁止、扣押所造成的损失，各种常规武器（包括水雷、鱼雷、炸弹）所致的损失，以及由上述责任范围而引起的共同海损的牺牲、分摊和救助费用，但不负责赔偿使用原子或热核武器造成的损失。

战争险的保险责任起讫是以水上危险为限，即自货物在起运港装上海轮或驳船时开始，直到目的港卸离海轮或驳船为止。如果不卸离海轮或驳船，则从海轮到达目的港的当日午夜起算满15天后，保险责任自行终止。如在中途港转船，不论货物是否在当地卸货，保险责任以海轮到达该港或卸货地点的当日午夜起算满15天为止，再装上续运海轮时恢复有效。

（2）罢工险。罢工险赔偿的范围通常是被保险货物由于罢工、工人被迫停工或工潮暴动等，因人员的行动或任何人的恶意行为所造成的直接损失和上述行动或行为所引起的共同海损的牺牲、分摊和救助费用。不赔偿的范围包括：罢工期间由于劳动力短缺或不能使用劳动力所造成的被保险货物的损失；因罢工引起的动力或燃料缺乏使冷藏机停止工作所致的冷藏货物的损失；无劳动力搬运货物，使货物堆积在码头淋湿受损。

罢工险对保险责任起讫的规定与其他海运货物保险险别一样采取“仓至仓”条款。按国际保险业惯例，已投保战争险后另加保罢工险，不另增收保险费，如仅要求加保罢工险，则按战争险费率收费。

（3）黄曲霉素险。该险对被保险货物因运输过程和保管不当致使标的物所含黄曲霉素超过进口国的限制标准被拒绝进口，导致被没收或强制改变用途而遭受的损失负责赔偿。

（4）货物不到险。该险对不论由于何种原因，从被保险货物装上船舷时开始，不能在预定时间抵达目的地的日期起 6 个月内交货的，负责按全损赔偿。

（5）舱面险。该险表示被保险货物存放于舱面时，除按保险单所载条款负责外，还负责风浪冲击落水在内的损失。

（6）进口关税险。当被保险货物遭受保险责任范围以内的损失，而被保险人仍须按完好货物的价值运完全程时，保险公司对损失部分货物的进口关税负责赔偿。

（7）拒收险。当被保险货物在进口港被进口国的政府或有关当局拒绝进口或没收时，该险按货物的保险价值负责赔偿。

（8）货物到香港或澳门存仓火险责任扩展条款。被保险货物运抵目的地香港或澳门卸离运输工具后，如直接存放于保单载明的过户银行所指定的仓库，本保险对存仓火险的责任至银行收回押款解除货物的权益为止，或运输险责任终止时起满 30 天为止。

五、陆上运输货物保险

1. 两个基本险别

（1）陆运险。该险对被保险货物在运输途中遭受暴风、雷电、地震、洪水等自然灾害，或由于陆上运输工具遭受碰撞倾覆或出轨，如有驳运过程则包括驳运工具搁浅、触礁、沉没，或由于遭受隧道坍塌、崖崩或火灾、爆炸等意外事故所造成的全部或部分损失，负责赔偿。

（2）陆运一切险。除包括上述陆运险的责任外，陆运一切险对在运输中由于外来原因造成的短少、短量、偷窃、渗漏、碰损、破碎、钩损、生锈、受潮、受热、发霉、串味、污损等全部或部分损失负赔偿责任。

在投保上述任何一种基本险别时，经过协商还可加保附加险。

2. 除外责任

陆上运输货物保险的除外责任与《海洋运输货物保险条款》中的规定相同。

3. 保险责任的起讫

保险责任的起讫也是“仓至仓”。如未进仓，则以被保险货物到达最后卸载车站满 60 天为止。如加保了战争险，其责任起讫自货物装上火车时开始，至目的地货物卸离火车时为止；如货物不卸离火车，以火车到达目的地的当日午夜起满 48 小时为止；如在中途转车，不论货物在当地卸载与否，以火车到达中途站的当日午夜起满 10 天为止；如货物在 10 天内重新装车续运，保险责任继续有效。

六、航空运输货物保险

1. 两个基本险别

（1）航空运输险。该险对被保险货物在运输途中遭受雷击、火灾、爆炸，或由于飞机遭受恶劣气候或其他危难事故而被抛弃，或由于飞机遭受碰撞、倾覆、坠落或失踪等意外事故所造成的全部或部分损失，负责赔偿。

（2）航空运输一切险。该险除包括上述航空运输险的责任外，还对由于外来原因所造成的全部或部分损失负责赔偿。

在投保上述任何一种基本险别时，经过协商还可以加保附加险。

2．除外责任

航空运输货物保险的除外责任与《海洋运输货物保险条款》中的规定相同。

3．保险责任的起讫

保险责任的起讫也是“仓至仓”。如未进仓，则以被保险货物在最后卸载地卸离飞机后满30天为止。如加保了战争险，其责任起讫自货物装上飞机时开始，到目的地卸离飞机为止；如不卸离飞机，则以飞机到达目的地的当日午夜起满15天为止；如在中途港转运，则以飞机到达转运地的当日午夜起满15天为止；装上续运的飞机时保险责任继续有效。

【课堂实训】

对下面事件进行判断，并说明原因。

1．某外贸公司按CIF术语出口一批货物，装运前已向保险公司按发票总值110%投保平安险；6月初货物装妥顺利开航。载货船舶于6月13日在海上遇到暴风雨，致使一部分货物受到水渍，损失价值为2100美元。数日后，该轮又突然触礁，致使该批货物又遭到部分损失，价值为8000美元。保险公司对该批货物的损失应予以赔偿。

2．某外贸公司按CIF术语出口一批货物，装运前已向保险公司按发票总值110%投保平安险；6月初货物装妥顺利开航。载货船舶于6月13日在海上遇到暴风雨，致使一部分货物受到水渍，损失价值为2 100美元。保险公司对该批货物的损失负赔偿责任。

3．某公司按CIF贸易术语出口100箱货物，投保了平安险，货物在装运港卸货时，有2箱落入海中，因该损失属于保险公司的责任范围，保险公司应予赔偿。（资料来源：http://china.findlaw.cn/hetongfa/hetongdongtai/hetongzhishi/baoxianhetongzhishi/20110621/97697.html）

本章附录　货运合同（样本）

货运合同

托运人：　　　　　　　　　　承运人：

地址：　　　　　　　　　　　地址：

邮编：　　　　　　　　　　　邮编：

法定代表人：　　　　　　　　电话：

根据国家有关运输规定，经过双方充分协商，特订立本合同，以便双方共同遵守。

第一条　领货凭证

领货时凭托运人提货单（或提货单复印件）与指定提货人身份证并签字。如收货人是企业，还应出示单位提货证明，提货时须当面验收货物，事后货物出现短损，承运人概不负责。

第二条　包装要求

托运人必须按照国家机关规定的标准进行包装；没有统一规定包装标准的，应根据保证货物运输安全的原则进行包装，否则承运人有权拒绝承运。

第三条　提货期限

货物到达目的地后，承运人电话告知收货人提货。收货人必须在3日内提取，如货物存放超过七日未提，每超过一日将收取货物运费的5%作为仓储费；超过30日无人认领按无主处理，对此承运人有权将货物拍卖折抵仓储费。

第四条 保价运输

保价运输费：按保价额的______%向托运人收取。托运人可自愿向承运人进行保价运输，如同一批托运的货物价值不同，托运人应对此批货物进行分别保价（运单上另行注明），否则视为平均保价。保价货物遭受损失时，承运人按照托运人的保价额折合实际造成的损失向托运人赔偿。如低于货物实际价值保价或高于货物实际价值保价，出现意外时承运人不予承担这部分经济损失；如不保价遇有丢失、货物受损、被盗、被抢、雨淋、火灾，交通肇事损坏货物和承运人被诈骗造成收货整件提货不着，承运人最多赔偿托运人该批货物实际短缺部分运费的2倍。

第五条 保价期限

自托运人将货物交给承运人之日起至提货期限内有效。托运人应在货物起运之前支付保价费，如只在运单上注明保价金额或声明价值，视同未保价。

第六条 责任划分

货单上所记载的货物名称、数量和价值是托运人提供的，托运人应对其真实性负责。承运人在接收货物时只按件数接收，并未检查和清点每件货物内装数量是否有短损，所以承运人不承担内装货物数量和货物是否完好的经济责任。如需确认请在发货时双方当面开箱验收，并在运单上注明。

第七条 查禁或扣留

运输途中如遇检查部门（公安、工商、税务、海关）对货物有异议被扣留或罚款，均由托运人负责处理，并提供有关的有效证件，并承担由此给承运人带来的一切经济损失。

第八条 违法责任

托运人不准假报货名，不准托运国家禁运物品，不准夹带危险品，否则后果自负。

第九条 各方的权利、义务和责任

一、托运人的权利义务

（1）托运人的权利：要求承运人按照合同规定的时间、地点，把货物运送到目的地。货物托运后，托运人需要变更到货地点或收货人，或者取消托运时，有权向承运人提出变更合同的内容或解除合同的要求，但必须在货物未运到目的地之前通知承运人，并按有关规定付给承运人所需费用。

（2）托运人的义务：按约定向承运人交付运杂费，否则，承运人有权停止运输，并要求支付违约金；托运人对托运的货物，应按照规定的标准进行包装，遵守有关危险品运输的规定，按照合同中规定的时间和数量交付托运货物。

二、承运人责任

（1）承运人如将货物错运到货地点或接货人，则应无偿运至合同规定的到货地点或接货人。如果货物逾期交货，要付违约金。

（2）运输过程中货物灭失、短少、变质、污染、损坏，应由承运人按货物的实际损失（包括包装费、运杂费）赔偿托运人。

（3）联运的货物发生灭失、短少、变质、污染、损坏，应由承运人承担赔偿责任的，由终点阶段的承运人向负有责任的其他承运人追偿。

（4）在符合法律和合同规定下的运输，由于下列原因造成货物灭失、短少、变质、污染、损坏的，承运人不承担违约责任：

①不可抗力。

②货物本身的自然属性。

③货物的合理损耗。

④托运人或收货人本身的过错。

第十条　争议解决

因本合同引起的或与本合同有关的任何争议，双方可友好协商解决；协商不成，双方同意将争议提至当地仲裁委员会进行仲裁。

第十一条　生效

本合同经双方授权代表签字并加盖公章或合同专用章程后生效，有效期至______年______月______日。

货物经收货人签收后则表明此合同已完结，承运人不承担签收后货物短损等问题。

附件：货运运输单为本合同不可分割的一部分，与本合同具有同等法律效应。

本合同正本一式两份，合同双方各执一份；合同副本一式______份，送______等单位各留一份。

托运人：	承运人：
授权代表：	授权代表：
职位：	职位：
签字/盖章	签字/盖章
签约时间：　年　月　日	签约时间：　年　月　日

本章小结

本章包括运输合同概述、运输责任划分、运输合同纠纷解决及运输保险几个部分，其中重点部分是运输合同纠纷解决及运输保险。学习本章应掌握运输合同条款及分类、运输责任的划分、运输纠纷的形式、货运事故纠纷与索赔解决、货物运输保险险别及保险类型，以及运输合同中相关货物保险条款。

案例分析

合同纠纷谁之错

某飞机制造厂通过某进出口公司在A国发动机制造厂购买50台WLC/1/5型发动机，分装成10箱，由A国发动机制造厂在8月21日以国际联运方式在B站办理了到站为中国某地、收货人为某飞机制造厂的托运手续，并按合同约定付清了发动机的运送及换装费用。货物于当日发出，C、D、E等站各方在换装交接时都没有异议。同年9月29日货物到达我国二连浩特口岸站，中蒙铁路工作人员办理交接时发现1880号运单项下10箱货物短少1箱，箱号21，系WLC/1/5型发动机，证实短少责任在蒙古铁路方面。二连浩特口岸站当即做成商务记录，随后将其余9箱货物继续运输。同年10月10日到达某地站后，某地站经核对，货物状态与二连浩特口岸站商务记录一致。进出口公司向飞机制造厂支付了补偿费用之后，持运单及商务记录向蒙方铁路部门提出赔偿请求。被告铁路局根据《国际货协办事细则》的规定将全部索赔资料寄至乌兰巴托铁路局，乌兰巴托铁路局未明确答复。时过6个月，进出口公司在未得到处理结果的情况下，向铁路运输中院提起诉讼，要求赔偿损失100万元。

案例思考：

该合同纠纷解决过程正确吗？赔偿责任如何界定？

基本训练

1. 单项选择题

（1）货运事故赔偿分为限额赔偿和（　　）。

A. 实际损失赔偿　　B. 不限额赔偿

C. 实际损坏赔偿　　D. 有限责任赔偿

（2）货运责任起讫为（　　）。

A. 门到门　　B. 门到仓

C. 仓至仓　　D. 仓到门

（3）在约定运达时间的（　　）日后未收到货物，视为灭失。

A. 29　　B. 28

C. 30　　D. 31

（4）航空货运单须包含如出发地、目的地、经停地、货物重量、尺寸、包装、件数、适用国际公约的声明等条款，这属于运输合同中的（　　）。

A. 约定条款　　B. 法定条款

C. 规定条款　　D. 习惯条款

（5）用一种运输方式完成运输行为的合同，称为（　　）。

A. 简单运输合同　　B. 单式运输合同

C. 多式联运合同　　D. 单一运输合同

2. 判断题

（1）货物运输保险是以运输途中的货物及运输工具作为保险标的的保险。（　　）

（2）货物保险分为基本险和附加险，二者均可以单独投保。（　　）

（3）全部损失简称全损，又可分为实际全损和推定全损。（　　）

（4）载货船舶失踪，经过一定时间（如 60 天）后仍没有获知其消息，视为推定全损。（　　）

（5）航空运输过程中，承运人对托运人或收货人提出的赔偿要求，应在收到书面赔偿要求的次日起 60 日内处理。（　　）

3. 多项选择题

（1）我国的保险公司所规定的基本险别包括（　　）。

A. 平安险　　B. 水渍险

C. 拒收险　　D. 一切险

（2）运输纠纷的类型有（　　）。

A. 货物灭失纠纷　　B. 货损、货差纠纷

C. 货物延迟交付纠纷　　D. 单证纠纷

E. 运费、租金等纠纷

4. 问答题

（1）我国运输纠纷解决的方法有哪些？

（2）我国货物运输保险的险别及保险类型有哪些？

（3）请说明运输合同纠纷胜诉的必备资料应包括什么？

实践训练

进一步理解托运人、承运人、收货人的权利和责任。

第六章　整车运输管理

学习目标

了解整车运输的含义、生产过程及组织的原则；了解货物装卸搬运作业的含义、方法；掌握整车货物运输的基本业务；熟悉整车运输的结算方法。

【引导案例】

成本低廉的沃尔玛运输系统

沃尔玛在经营上，一贯采取“以最佳的服务、最低的成本、提供最高质量的服务”的经营思想。

沃尔玛十分注重运输成本问题，采取各种措施来降低运输成本，他们把每一辆货车装得满满的，所有的产品从车的底部一直堆到最高处。他们的物流部门全天24小时不间断地工作。这样，就可以在晚上将货物送到商店，不至于打扰他们白天的运营。沃尔玛不仅和供货商商定好时间，还和商店定好时间，各种活动都按照运行的时间表来进行。由于沃尔玛对时间进行了很好的管理，从而节约了时间，提高了效率。由于沃尔玛的运输成本低，所以很多供货商也采用沃尔玛的运输系统来完成运输，这样，他们就帮助沃尔玛分担了整个过程中的费用，同时这些供货商自身也节省了费用，可谓“一举两得”。

【课堂讨论】

某公司首次承揽到三个集装箱运输业务，时间较紧，从上海到大连铁路为1200km，公路为1500km，水路为1000km。该公司自有10辆10t普通货车和一个自动化立体仓库，经联系附近一家联运公司虽无集装箱货车，但却有专业人才和货代经验。请问如果将此业务交与这个联运公司来做的话，需要做好哪些工作？

第一节　整车运输概述

一、整车货物运输的含义

为了明确运输责任，整车货物运输通常是一车一张货票、一个发货人。为此，公路货物运输企业应选派额定载重量（以车辆管理机关核发的行车执照上标记的载重量为准）与托运量相适应的车辆装运整车货物。一个托运人托运整车货物的重量（毛重）如果低于车辆额定载重量时，为合理使用车辆的载重能力，可以拼装另一托运人托运的货物，即一车两票或一车多票，但货物总重量不得超过车辆额定载重量。

整车货物多点装卸，按全程合计最大载重量计重，最大载重量不足车辆额定载重量时，按车辆额定载重量计算。

> **小词典**
>
> 在公路运输中，整车货物运输是指一次托运的货物在3t（含3t）以上，或虽不足3t，但其性质、体积、形状需要一辆3t以上货车运输的。

托运整车货物的办理由托运人自理装车，不足车辆标记载重量时，按车辆标记载重量核收运费。

整车货物一般不需中间环节或中间环节很少，送达时间短，相应的货运集散成本较低。涉及城市间或过境贸易的长途运输与集散，如国际贸易中的进出口商通常乐意采用以整车为基本单位签订贸易合同，以便充分实现整车货物运输的快速、方便、经济、可靠等优点。

二、整车货物运输的生产过程及组织的原则

（一）整车货物运输生产过程的构成

整车货物运输的生产过程由四部分组成：运输准备过程、基本运输过程、辅助运输过程和运输服务过程。这是一个多环节、多工种的联合作业系统，是社会物流必不可少的、重要的服务过程。这四部分相互联系，相互作用。

1. 运输准备过程

运输准备过程又称运输生产技术准备过程，包括车型选择、线路选择、装卸设备配置、装卸工艺设计等内容，是货物进行运输前所做的各项技术性准备工作。

2. 基本运输过程

这个过程包括起始站装货、车辆运行、终点站卸货等作业过程。它是运输生产过程的主体，主要完成货物由起运地到目的地的空间位移。

3. 辅助运输过程

这个过程主要包括车辆、装卸设备、承载器具、专用设施的维护、保护与修理作业，以及各种商务事故、行车事故的预防与处理工作，以及营业收入结算工作等，是为保证基本运输过程的正常进行所开展的各种辅助性生产活动的总称。辅助运输过程本身不直接构成货物位移的运输活动。

4. 运输服务过程

这个过程是为了基本运输过程和辅助运输过程顺利开展而进行的各种服务工作和活动的总称，例如各种行车材料、配件的供应，代办货物储存、包装、保险业务。

以上四个过程的划分是相对的，它们之间既相对独立，又相互关联。以上四个过程的衔接，把基本运输过程与物流过程的各个功能环节有机地协调、统一起来，使整个运输过程的质量得以提高。

（二）组织运输生产过程的原则

整车货物运输的生产过程只是提供空间位移的效用，它不像工业企业的生产过程一样，可以提供新的有形的物资产品。这一点是运输生产过程和工业企业的生产过程的不同之处。运输生产与运输消费同时发生、同时结束，因而不能储存，但能调拨，所以，应尽可能地压缩货物的承运、运行、交付的时间，这样不仅加速了运输生产过程，加快了车辆周转，给运输企业带来经济效益，而且节约了货物在途时间，减少了途中货物数量与质量方面的损失，

使商品能够提前供应生产和消费，减少国民经济的建设资金在流通领域内的积压，给全社会带来良好的效益。

整车货物运输生产过程的组织与企业的服务项目、经营规模、车型结构、营运范围、经营组织、经营方式，以及市场货源充沛程度、货流在时间上和空间上的分布、服务要求等有密切关系。尽管企业有各自的特点，但就运输生产过程组织而言，最基本的原则有以下几点：

1．连续性

连续性是指运输过程的各个生产环节、各项作业之间不能中断，在时间上要紧密衔接和连续进行，不以各种不合理的事项而出现中断现象。只有保持连续性，才能使货物在接受运输服务过程中的各项作业能够很好地衔接起来，不发生或少发生不必要的停留和等待现象。连续性可以缩短货物的在途时间，提高运送速度；可以有效地利用车辆、站场和仓库，提高设备利用率；可以改善运输服务质量、节约运输时间与费用。它是提供较高的运输服务水平、获得较高劳动生产率的重要因素。

为了提高运输过程的连续性，可以从以下几方面的工作入手：

（1）加强运输车辆、运输设备、装卸设备、承载器具的标准化、系列化和通用化。这样做不仅可以提高整车货物运输过程的连续性，还能提高汽车与其他运输方式的衔接性，避免由于功能上的不完善而引起的换装等作业所造成的停滞。

（2）按照物流系统化的思路尽可能采用先进的工艺方案，加强运输过程组织与控制的手段，将优越的技术条件与先进的经营管理方法相结合，提高整车货物运输过程的连续性。

（3）提高运行安排的合理性。所谓运行安排的合理性，是指在组织营运车辆参加运输生产时，在企业内部应做到尽可能地减少车辆的空驶，提高车辆的行程利用率。在货物运输中，由于货物的流向、货物的特性等要求不同，往往不能充分利用车辆的回空行程，这就要求调度机构在安排车辆运行作业计划时要周密细致，在较大的空间范围内组织循环运输。可以依据车队驻地就近安排承运，这样尽可能减少车辆的回空行程和出入车场的空驶行程。物资单位则应协助其合理安排货物运输，减少迂回、对流、折返等不合理运输现象发生，为社会节约运输费用。

（4）提高辅助过程的紧凑性。辅助过程包括准备过程和结束过程，是保证基本运输过程的必备条件。在一定的时间长度内，压缩辅助过程的时间，必然可以增加基本运输过程的时间。所以，在组织运输的过程中，应提高商务承运部门的工作效率（货运手续的办理与交付、货物装卸等），实现车辆清洗和保修的机械化，力求在最短的时间内使营运车辆迅速转入下一运次。为了减少营运车辆在上下运次之间的间断时间，除大力组织货源以减少车辆停驶的间断时间之外，组织多班制，即人停车不停的方法进行运输，也是延长出车时间、减少车辆停驶时间的一项有效措施。

2．协调性

协调性是指运输过程中的各个环节、各项作业之间，在时间上尽可能保持平行关系，在生产能力上保持比例关系。这两方面关系的实现就可以在确保运输服务质量的前提下，使所配备的生产人员、车辆、运输设施在数量上协调配合，不致发生失调、脱节等现象。

运输过程的协调性是现代大生产的客观要求，是劳动分工与协作的必然结果。将运输过程的各个环节、各项作业，在安排生产能力上保持协调性，既可以提高货物的运送速度，又可以提高车辆、设备、站场等设施设备、工具的利用率和劳动生产率，进一步提高运输过程的连续性。

在整车货物运输中，由于货流的变化、技术组织条件的改变、经营机制的不断完善等原因，都会使各个生产环节、各个作业生产能力和作业安排发生较大改变。因此，为了适应协调性作业的要求，必须时刻注意，发现薄弱环节时，及时采取有效的措施加以改善。

运输生产本身是一个综合性的生产过程，虽然车辆的运行组织主要是由业务、调度、车队、车站负责，但是运行物资供应、人力调配、资金供应、生活管理、站务工作等直接或间接地与这些部门有关，只有各职能部门通力合作，密切协调，提高本身的工作效率，为下一环节创造有利的工作条件，才能保证运输生产过程有最优的利用效果。因此，在强调运输生产过程的协调性时，要特别强调企业各职能部门的协调配合。

3. 均衡性

均衡性是指企业内部各个生产环节在同一时期内工作量上要保持均衡，即同一时期内，完成大致相等的工作量或稳步递增的工作量，避免出现时松时紧、前松后紧等情况。均衡性是保障运行安全、可靠的重要基础。保持运输过程的均衡性有利于企业保持正常的生产秩序，提高车辆、站场、设备、仓库的利用率，有利于提高行车安全和运输服务质量。这里需要指出的是，运输过程要充分体现其服务性，其均衡性要求只能是相对的，是以满足货主的要求为前提的，但是，作为运输过程的组织者应当尽量做到车辆、人员负荷的相对均衡。

为了做到运输过程的均衡性，物流运输企业应当运用现代市场营销观念，采用合同运输等方式，与货主建立长期、稳定的运输服务合作关系。

综上所述，组织运输生产过程的连续性、协调性、均衡性要求，是以整车货物运输企业服务于社会、货主的现代市场营销思想为指导的。因此，必须以系统观念看待运输生产过程的各项基本要求，不能片面地强调某一项要求，而放弃其他要求。物流运输企业应按照组织运输生产过程的基本要求，以所承担的运输业务量和拥有的运输能力相适应为基础，即以企业配备的车辆、装卸机具、维修设备、站场设施、职工数量及构成情况要与企业承担的运输业务量相适应为前提条件，否则，片面追求某一个原则，往往适得其反。

【课堂实训】

参观某物流企业的物流运输部门或汽车货运站，了解整车运输生产过程的具体内容；进一步熟悉组织整车运输过程中站务管理的工作内容。

第二节　整车货物运输业务

【小案例】汽车滚装船——汽车出口的市场主流

汽车出口必须依靠海运来实现。目前，经海运进出口的整车运输方式主要有两种：一是通过集装箱运输，二是汽车滚装船运输。集装箱运输成本比滚装船高20%～30%，而且容易损伤车辆。汽车滚装船运输是市场主流。（资料来源：http://blog.sina_com.cn/s/blog_4af608fd0107alg.html）

整车货物运输过程是指托运货物从受理开始，到交付收货人为止的运输生产过程，一般包括货物装运前的准备工作、装车、运送、卸车、保管和交付等几个环节。只有在完成了上述各项环节的作业后，才能实现货物空间位置的转移。车站是开始货物运输和结束货物运输的营业场所。

整车货物运输站务工作有发送、途中和到达三个阶段。其内容包括货物的托运与承运，货物装卸、起票、发车、货物运送与到达交付、运杂费结算、商务事故处理等。

一、整车货物运输的发送站务工作

货物在始发站的各项货运作业称为发送站务工作。发送站务工作主要由受理托运、组织装车和核算制票三部分组成。

1. 受理托运

受理托运必须做好货物包装、确定重量和办理单据等。

【课堂讨论】

运输包装与销售包装的区别是什么？

（1）包装货物。货物的包装属于物资部门的职责范围。为了保证货物在运输过程中的完好和便于装载，发货人在托运货物之前，应按国家标准以及有关规定进行包装，凡是没有被列入“标准”要求的货物，发货人应根据托运货物的质量、性质、运距、道路、气候等条件，按照运输工作的需要做好包装工作。车站对发货人托运的货物，应认真检查其包装质量，发现货物包装不合要求时，应建议并督促发货人将其货物按有关规定包装，然后再行承运。

凡在搬运、装卸、运送或保管过程中，需要加以特别注意的货物，托运方除必须改善包装外，还应在每件货物外包装物明显处，贴上货物运输指示标志。

（2）确定重量。货物的重量不仅是企业统计运输工作量和核算货物运费的依据，而且与车辆载重量的充分利用、保证行车安全和货物完好有很大关系。

货物重量分为实际重量和计费重量，货物重量的确定必须做到无误。

公路货物运输经营者承运有标准重量的整车实重货物，一般由发货人提出重量或件数，经车站认可后承运。

货物重量应包括其包装重量（即货物毛重）。

（3）填写单据。发货人托运货物时，应向货物起运地车站办理托运手续，并填写货物托运单（或称运单），作为书面申请。

2. 组织装车

货物装车前必须对车辆进行技术检查和货运检查，以确保其运输安全和货物完好。装车时要努力改进装载技术，在严格执行货物装载规定的前提下，充分利用车辆的载重量和容积。货物装车后，应严格检查货物的装载情况是否符合规定的技术条件。

3. 核算制票

发货人办理货物运输时，应按规定向车站交纳运杂费，并领取承运凭证即货票，它标志着企业对发货人托运的货物开始承担运送义务和责任。

二、整车货物运输的途中站务工作

途中站务工作是货物在运送途中发生的各项货运作业的统称，主要包括途中货物交接、货物整理或换装等内容。

1. 途中货物交接

货物在运输途中如发生装卸、换装、保管等作业，驾驶员之间、驾驶员与站务员之间，应认真办理交接手续。这样做的目的，一是保证货物运输的安全与完好，二是便于划清企业内部的运输责任。一般情况下，交接双方可按货车现状及货物装载状态来进行，必要时，可按货物件数和质量交接。如接收方发现有异常情况，应由交出方编制记录备案。

小看板

整车货物运输托运受理方法：①登门受理；②下产地受理；③现场受理；④驻点受理；⑤异地受理；⑥电话、传真、信函、网上托运；⑦签订运输合同；⑧站台受理。

2. 途中货物整理或换装

货物在运输途中如发现有异常情况出现（如装载偏重、超重、货物洒漏、车辆技术状况不良、货物装载状态有异状、加固材料折断或损坏、货车篷布遮盖不严或捆绑不牢等），有可能危及行车安全和货物完好时，应采取及时措施，对货物加以及时整理或换装，必要时调换车辆，同时登记备案。

为方便货主，整车货物还允许中途拼装或分卸。考虑到车辆周转的及时性，对整车拼装或分卸应加以严密组织。

三、整车货物运输的到达站务工作

货物在到达站发生的各项货运作业统称为到达站务工作，主要包括货运票据的交接、货物卸车、保管和交付等内容。

车辆装运货物抵达卸车地点后，收货人或车站货运员应组织卸车。卸车时，对卸下货物的品名、件数、包装和货物状态等应做必要的核查。

整车货物一般直接卸在收货人仓库或货场内，由收货人自理。收货人确认卸下货物无误并在货票上签收后，货物交付即完毕。货物在到达地向收货人办完交付手续后，全部运输过程才结束。

第三节　货物装卸搬运

一、装卸搬运作业的含义

在同一地域范围内改变“物”的存放、支承状态的活动称为装卸，改变“物”的空间位置的活动称为搬运，两者合称为装卸搬运。在实际操作中，装卸与搬运密不可分，两者是伴随发生的，因此又通常简称为装卸。

二、装卸搬运的地位

装卸搬运活动的基本动作包括装车（船）、卸车（船）、堆垛、入库、出库以及连接上述各项动作的短程输送，是随运输和保管等活动而产生的必要活动。

在物流过程中，装卸搬运活动是物流过程中的重要环节，是不断出现和反复进行的活动，出现频率高于其他各项物流活动，又因为装卸搬运活动是项费时的活动，所以它往往成为决定物流速度的关键；同时装卸搬运活动消耗的人力也很多，故装卸搬运费用在物流成本中所占的比例也较高。例如，铁路运输始发和到达的装卸作业费大致占运费的20%左右。因此，为了降低物流费用，装卸搬运是个需要研究的重要环节。

> **小词典**
>
> 装卸（Loading and Unloading）表示对物品在指定地点以人力或机械实施垂直位移的作业。
>
> 搬运（Handling Carrying）表示在同一场所内，对物品水平移动为主的作业。

此外，进行装卸搬运操作时往往需要接触货物，因此，这是在物流过程中造成货物破损、散失、损耗、混合等损失的主要环节。例如，袋装水泥纸袋破损和水泥散失主要发生在装卸搬运过程中，玻璃、机械、器皿等产品在装卸搬运时最容易损坏。因此，装卸搬运活动是影响物流效率、决定物流技术经济效果的重要环节。

【资料链接】

据我国统计，火车货运以500km为分界点，运距超过500km，运输在途时间多于起止的装卸时间；运距低于500km，装卸搬运时间则超过实际运输时间。美国与日本之间的远洋船运，一个往返需25天，其中运输时间13天，装卸时间12天。再据我国对生产物流的统计，机械工厂每生产1t成品，需进行252t的装卸搬运，其成本为加工成本的15.5%。

三、装卸搬运的特点

1．装卸搬运是附属性、伴生性的活动

装卸搬运是物流每一项活动开始及结束时必然发生的活动，因而常被人忽视，但实际上它是其他操作不可缺少的组成部分。例如，一般而言的“汽车运输”，就实际包含了相伴而生的装卸搬运；仓库中泛指的保管活动，也含有装卸搬运活动。

2．装卸搬运是支持、保障性活动

装卸搬运的附属性不能理解成被动的，实际上，装卸搬运对其他物流活动有一定的决定性。装卸搬运会影响其他物流活动的质量和速度。例如，装车不当，会引起运输过程中的损失；卸放不当，会引起货物转换到下一步的困难。许多物流活动在有效的装卸搬运支持下，才能实现高水平。

3．装卸搬运是衔接性的活动

任何其他物流活动互相过渡时，都要以装卸搬运来衔接，因而装卸搬运往往成为整个物流的“瓶颈”，是物流各功能之间能否紧密衔接的关键，而这又是一个系统的关键。建立一个有效的物流系统，关键看这一衔接是否有效。比较先进的系统物流方式——联合运输方式就是为实现这种紧密衔接而出现的。

四、装卸搬运的分类

1．按施行装卸搬运的物流设施、设备对象分类

按施行装卸搬运的物流设施、设备对象分类，可将装卸搬运分为仓库装卸搬运、铁路装卸搬运、港口装卸搬运、汽车装卸搬运、飞机装卸搬运等。

仓库装卸搬运配合出库、入库、维护保养等活动进行，并且以堆垛、上架、取货等操作为主。

铁路装卸搬运是对火车车皮的装进及卸出，特点是一次作业就实现一车皮的装进或卸出，很少有像仓库装卸时出现的整装零卸或零装整卸的情况。

港口装卸搬运包括码头前沿的装船，也包括后方的支持性装卸，有的港口装卸搬运还采用小船在码头与大船之间“过驳”的办法，因而其流程较为复杂，往往经过几次的装卸及搬运作业才能最后实现船与陆地之间货物过渡的目的。

汽车装卸搬运一般一次批量不大。由于汽车的灵活性，可以很少或根本不用搬运活动，而直接、单纯利用装卸作业达到车与物流设施之间货物移动的目的。

2．按装卸搬运的机械及机械作业方式分类

按装卸搬运的机械及机械作业方式，可将装卸搬运分为“吊上吊下”方式、“叉上叉下”方式、“滚上滚下”方式、“移上移下”方式及“散装散卸”方式等。

“吊上吊下”方式采用各种起重机械从货物上部起吊，依靠起吊装置的垂直移动实现装卸，并在吊车运行的范围内或回转的范围内实现搬运或依靠搬运车辆实现搬运。由于吊起及放下属于垂直运动，这种装卸方式属垂直装卸搬运。

“叉上叉下”方式采用叉车从货物底部托起货物，并依靠叉车的运动进行货物位移，搬运完全靠叉车本身，货物可不经中途落地直接放置到目的处。这种方式的垂直运动幅度不大，主要是水平运动，属水平装卸搬运方式。

“滚上滚下”方式是港口装卸搬运的一种方式，主要是水平移动。利用牵引车或半挂车、汽车承载货物，连同车辆一起开上船，到达目的地后再从船上开下，称“滚上滚下”方式。采用牵引车的滚上滚下方式，在船上卸货后，牵引车必须离船；采用半挂车、平车或汽车，则拖车将半挂车、平车拖拉至船上后，拖车开下离船而载货车辆连同货物一起运到目的地，再原车开下或拖车上船拖拉半挂车、平车开下。“滚上滚下”方式需要有专门的船舶（滚装船），对码头也有特殊要求。

“移上移下”方式是指两车（如火车及汽车）进行靠接，然后利用各种方式，不使货物垂直运动，而靠水平移动从一个车辆推移到另一车辆上。“移上移下”方式需要使两种车辆水平靠接，因此，对站台或车辆货台需进行改造，并配合移动工具实现这种装卸。

“散装散卸”是对散装物进行装卸搬运，从装点直到卸点，货物在中间不再落地。这是集装卸与搬运于一体的装卸方式。

3．按被装物的主要运动形式分类

按此方法，可将装卸搬运分为垂直装卸搬运和水平装卸搬运两种形式。

4．按装卸搬运对象分类

按对象特点，可将装卸搬运分成散装货物装卸搬运、单件货物装卸搬运、集装货物装卸搬运等。

5．按装卸搬运的作业特点分类

这样可将装卸搬运分成连续装卸搬运与间歇装卸搬运两类。

连续装卸搬运主要是同种大批量散装或小件杂货通过连续输送机械，连续不断地进行作业，中间无停顿，货间无间隔。在装卸量较大、装卸对象固定、货物对象不易形成大包装的情况下适用采取这一方式。

间歇装卸搬运有较强的机动性，装卸地点可在较大范围内变动，主要适用于货流不固定的各种货物，尤其适于包装货物、大件货物。

【资料链接】我国对危险品的分类

依我国《危险货物品名表》（GB 12268—2012），危险物品可分为九个大类，并规定了危险货物的品名和编号。第1类：爆炸品；第2类：气体；第3类：易燃液体；第4类：易燃固体、易于自燃的物质、遇水放出易燃气体的物质；第5类：氧化性物质和有机过氧化物；第6类：毒性物质和感染性物质；第7类：放射性物质；第8类：腐蚀性物质；第9类：杂项危险物质和物品，包括危害环境物质。

五、装卸搬运作业的条件和基本方法

1．装卸搬运条件

条件决定装卸搬运的方法。装卸搬运条件主要有以下三方面：

（1）外部条件。

1）货物特征。货物经由包装、集装等形成的形态、质量、尺寸（如件装、集装、散装货物）等，对装卸搬运作业方法的选择有至关重要的影响。例如，托盘系列集装货物，就宜选择叉车进行装卸搬运的有关作业。

2）作业内容。装卸搬运作业中的重点是堆码、装车、拆垛、分拣、配载、搬运等作业，其中以何种作业为主或哪几种作业组合，也影响到装卸搬运作业方法的选择。

3）运输设备。不同的运输设备，如汽车、轮船、火车、飞机等的装载与运输能力、装运设备尺寸都影响到装卸搬运作业方法的选择。

4）运输、仓储设施。运输、仓储设施的配置情况、规模、尺寸大小影响到作业场地、作业设备及作业方法的选择。

（2）内部条件。

1）货物状态。这主要是指货物在装卸搬运前后的状态。

2）装卸搬运动作。这是指在货物装卸搬运各项具体作业中的单个动作及组合动作。

3）装卸搬运机械。装卸搬运机械所能实现的动作方式、能力大小、状态尺寸、使用条件、配套工具，以及与其他机械的组合也成为影响装卸搬运方法选择的因素。

4）作业组织。例如，参加装卸搬运作业的人员素质、工作负荷、时间要求、技能要求等。

（3）一般条件。一般情况下，就公路货物运输车辆的货物装卸搬运而言，其固定设施主要有货物卸场、货物仓库、货物通道、货物装卸搬运线等。这些设施的选择取决于装卸搬运的对象是零担货物、整车货物还是集装箱货物。而且货物因其存放的货棚、站台（货台）高低不同，使用的装卸搬运设备和装卸搬运方法也有很大差异。

零担货物装卸搬运多使用人力和手推车、台车和输送机等作业工具，可使用笼式托盘、箱式托盘，以提高货车装卸搬运、分拣及配货等作业的效率。

整车货物装卸搬运多采用托盘系列及叉车。

专用货车装卸搬运中，为了满足特殊技术要求，往往需用适合不同货物的固定设施和装卸搬运设备。

2．装卸搬运作业方法

装卸搬运作业方法划分为单件作业法、集装作业法和散装作业法三种。

（1）单件作业法。单件作业依作业环境和工作条件可以采用人工作业法、机械化或半机械化作业法。在特定场所，标准化包装货物也可采用半自动化和自动化作业法，如采用自动或半自动控制的分拣传输设备进行有关作业。

对于一般单件货物、零散货物、长大笨重货物、不宜集装的危险货物以及行包等，常采用单件作业法。

（2）集装作业法。集装作业法是将货物集装化后再进行装卸作业的方法，包括托盘作业法、集装箱作业法、货捆作业法、网袋作业法、滑板作业法及挂车作业法等。

1）托盘作业法。托盘作业法是用托盘系列集装工具将货物形成成组货物单元，以便于采用叉车等设备实现装卸搬运作业机械化的作业方法。对一些不宜采用平托盘的散件货物，可采用笼式托盘形成成组货物单元；对一些批量很大的散装货物，如粮食、食糖等可采用专用箱式托盘形成成组货物单元，再辅以相应的装载机械、泵压设备等配套，实现托盘作业法。

2）集装箱作业法。集装箱作业法通常采用垂直装卸搬运法和水平装卸搬运法进行，有的集装箱在货物堆场也可采用能力很大的集装箱叉车装卸。

垂直装卸搬运法以轨行式龙门起重机方式为主，配以叉车较为经济合理，轮胎式集装箱、龙门起重机、跨运车、动臂起重机、侧面装卸机也采用较多。

水平装卸搬运法在港口是以挂车和叉车为主要装卸设备；在车站主要采用叉车或平移装卸机的方式，在车辆与挂车间或车辆与平移装卸机间进行换装。

集装箱装卸搬运作业的配套设施有维修、清洗、动力、照明、监控、计量、信息和管理设施等。在工业发达国家，集装箱堆场作业全自动化已付诸实施。

3）框架作业法。管件及各种易碎建材，如玻璃产品等，一般用集装框架实现装卸搬运机械化，以确保装卸搬运质量、降低装卸搬运过程中的损耗，提高装卸搬运效率。框架通常采用木制或金属材料制作，要求有一定的刚度、韧性，重量较轻，以保护商品、方便作业。

4）货捆作业法。货捆作业法是用捆装工具将散件货物组成一个货物单元，使其在物流过程中保持不变，从而能与其他机械设备配合，实现装卸作业机械化。木材、建材、金属之类的货物最适用于货捆作业法。带有与各种货捆配套的专用吊具的门式起重机和悬臂式起重机是货捆作业法的主要装卸机械，叉车、侧叉车、跨运车等是配套的搬运机械。

5）滑板作业法。滑板是用纸板、纤维板、塑料板或者金属板制成，与托盘尺寸一致的、带有翼板的平板，用以承放货物组成的搬运单元。与其匹配的装卸搬运作业机械是带推拉器的叉车。叉货时，推拉器的钳口夹住滑板的翼板，将货物支上货叉；卸货时，先对好位，然后叉车后退，推拉器前推，货物放置就位。滑板作业法虽具有托盘作业法的优点且占用作业场地少，但带推拉器的叉车较重、机动性较差，对货物包装与规格化的要求很高，不易顺利作业。

6）网袋作业法。将粉粒状货物装入多种合成纤维和人造纤维纺织的集装袋，将各种袋装货物装入多种合成纤维或人造纤维纺织成的网，将各种块状货物装入用钢丝绳编成的网，这种先集装再进行装卸搬运作业的方法称为网袋作业法。它适宜于粉粒状货物、袋装货物、块状货物、粗杂物品的装卸作业。网袋集装工具体积小、自重轻、回送方便，可一次或多次使用。

7）挂车作业法。挂车作业法是先将货物装到挂车里，然后将空车拖上或吊到铁路平板车上的作业方法。通常将此作业完成后形成的运输组织方式称为背负式运输，是公铁联运的常用组织方式。

（3）散装作业法。散装作业法通常可分为重力法、倾翻法、机械法等。

1）重力法。重力法是利用货物的势能来完成装卸搬运作业的方法。它主要适用于铁路运输，汽车也可利用这种装卸搬运作业法。重力法装车设备有筒仓、溜槽、隧洞等几类。重力法卸车主要是指底开门车或漏斗车在高架线或卸车坑道上自动开启车门，煤和矿石依重力自行流出的卸车方法。

2）倾翻法。倾翻法是将运载工具的载货部分倾翻，从而将货物卸出的方法。该法主要用于铁路敞车和自卸车的卸货，汽车一般是依靠液压机械装置顶起货厢实现卸载的。

3）机械法。机械法是采用各种机械，如舀、铲等使其工作机构直接作用于货物，达到装卸目的的方法。常用的机械有带式输送机、堆取料机、装船机、链斗装车机、单斗和多斗装载机、挖掘机等。

在以上三种装卸搬运作业法中，集装作业法和散装作业法都是随物流量的增大而发展起来的，并与现代运输组织方式（如集装箱运输）、储存方式（如高层货架仓库）等相互联系、互为条件、互相促进、相互配合，加速了物流现代化进程。

六、装卸搬运合理化的措施

1．防止和消除无效作业

所谓无效作业，是指在装卸搬运作业活动中不必要的装卸搬运作业。显然，防止和消除无效作业对提高作业的经济效益有重要作用。为了有效地防止和消除无效作业，可从以下几个方面入手：

（1）尽量减少装卸搬运次数。要使装卸搬运次数降低到最小，避免没有物流效果的装卸搬运作业。

（2）提高被装卸搬运物料的纯度。物料的纯度是指物料中含有除水分、杂质，与物料本身使用无关的物质之外的纯物料的比例。物料的纯度越高，则装卸搬运作业的有效程度越高；反之，则无效作业就会增多。

（3）包装要适宜。包装是物流中不可缺少的辅助作业手段。包装的轻型化、简单化、实用化会不同程度地减少作用于包装上的无效劳动。

（4）缩短搬运作业的距离。物料在装卸、搬运当中，要实现水平和垂直两个方向的位移，选择最短的路线完成这一活动，避免无效劳动。

2．提高装卸搬运的灵活性

所谓装卸、搬运的灵活性，是指在装卸搬运作业中的物料进行装卸搬运作业的容易程度。在堆放货物时，事先要考虑到物料装卸搬运作业的方便。

装卸、搬运的灵活性，根据物料所处的状态，即物料装卸搬运的容易程度，可分为不同的级别，对应不同的活性指数。

1级——物料杂乱地堆在地面上的状态，活性指数为0。

2级——物料装箱或经捆扎后的状态，活性指数为1。

3级——箱子或被捆扎后的物料，码放在托盘上，便于叉车或其他机械作业的状态，活性指数为2。

4级——物料被放于台车上或用起重机吊钩钩住，可以即刻移动的状态，活性指数为3。

5级——被装卸、搬运的物料，码放在传送带上，可直接作业的状态，活性指数为4。

从理论上讲，活性指数越高越好，但也必须考虑到实施的可能性。例如，物料在储存阶段中，活性指数为4的输送带和活性指数为3的车辆，在一般的仓库中很少被采用，这是因为大批量的物料不可能存放在输送带和车辆上。

装卸搬运的活性分析，除了上述指数分析法外，还可采用活性分析图法。分析图法是将某一物流过程通过图示来表示出装卸、搬运活性程度，明确直观，薄弱环节容易被发现和改进。活性分析图法通常分三步进行：第一步，绘制装卸搬运图；第二步，按装卸搬运作业顺序作出物资活性指数变化图，并计算活性指数；第三步，对装卸搬运作业的缺点进行分析改进，作出改进设计图，计算改进后的活性指数。

3．实现装卸搬运作业的省力化

装卸搬运使物料发生垂直和水平位移，必须通过做功才能实现，要尽力实现装卸搬运作业的省力化。

在装卸搬运作业中应尽可能地消除重力的不利影响。相反，在有条件的情况下利用重力进行装卸，可减轻劳动强度和能量的消耗。在装卸时考虑重力因素，可以利用货物本身的重量，进行有一定落差的装卸，以减少或根本不消耗装卸的动力，这是合理化装卸的重要方式。例如，从卡车、铁路货车上卸物时，利用卡车与地面或小搬运车之间的高度差，使用溜槽、溜板之类的简单工具，可以依靠货物本身重量，让货物从高处自动滑到低处。

在装卸时尽量消除或减弱重力的影响，也会减轻体力劳动及其他劳动消耗。使货物平移，能有效消除重力影响，实现合理化。

在人力装卸时，工人负重行走，体力消耗很大，容易疲劳。所以，人力装卸如果能配合简单机具，做到“持物步行”，则可以大大减轻劳动量，做到合理化。

4．合理组织装卸搬运设备，提高装卸搬运作业的机械化水平

物资装卸搬运设备的组织是指以完成装卸搬运任务为目的，并以提高设备生产率、装卸搬运质量和降低装卸搬运作业成本为中心的技术组织活动。它包括下列内容：

（1）确定装卸搬运任务量。根据物流计划、经济合同、装卸搬运作业不均衡程度、装卸搬运次数、装卸搬运时限等，来确定作业现场年度、季度、月、旬、日平均装卸搬运任务量。装卸搬运任务量有事先确定的因素，也有临时变动的可能。因此，要合理地运用装卸搬运设备，就必须把计划任务量与实际装卸搬运作业量两者之间的差距缩小到最低水平。同时，装卸搬运作业组织工作还要对装卸搬运作业的物资对象的品种、数量、规格、质量指标及搬运距离尽可能地做出详细的规划。

（2）根据装卸搬运任务和装卸搬运设备的生产率，确定装卸搬运设备需用的台数和技术特征。

（3）根据装卸搬运任务、装卸搬运设备生产率和需用台数，编制装卸搬运作业进度计划。它通常包括装卸搬运设备的作业时间表、作业顺序、负荷情况等详细内容。

（4）下达装卸搬运进度计划，安排劳动力和作业班次。

（5）统计和分析装卸搬运作业成果，评价装卸搬运作业的经济效益。

随着生产力的发展，装卸搬运的机械化程度定将不断提高。此外，由于装卸搬运的机械化能把工人从繁重的体力劳动中解放出来，尤其对于危险品的装卸搬运作业，机械化能保证人和货物的安全，也是装卸搬运机械化程度不断提高的动力。

5．推广组合化装卸搬运

组合化装卸搬运具有以下优点：

（1）装卸单位大、作业效率高，可大量节约装卸搬运作业时间。

（2）能提高物料装卸搬运的灵活性。

（3）操作单元大小一致，易于实现标准化。

（4）不用手去触及各种物料，可收到保护物料的效果。

6．合理地规划装卸搬运方式和装卸搬运作业过程

装卸搬运作业过程是指针对整个装卸搬运作业的连续性进行合理的安排，以减少运距和装卸次数。

装卸搬运作业现场的平面布置是直接关系到装卸、搬运距离的关键因素，装卸搬运机械要与货场长度、货位面积等互相协调。要有足够的场地集结货场，并满足装卸搬运机械工作面的要求，场内的道路布置要为装卸搬运创造良好的条件，有利于加速货位的周转。平面布置是减少装卸搬运距离的最理想的方法。

提高装卸搬运作业的连续性应做到：作业现场装卸搬运机械合理衔接；不同的装卸搬运作业在相互联结使用时，力求使它们的装卸搬运速率相等或接近；充分发挥装卸搬运调度人员的作用，一旦发生装卸搬运作业障碍或停滞状态，立即采取有力的措施进行补救。

【课堂讨论】

S企业是一个以市场为核心、现代医药科技为先导、金融支持为框架的新型公司，是西南地区经营药品品种较多、较全的医药专业公司。

虽然S企业已形成规模化的产品生产和网络化的市场销售，但其流通过程中物流管理严重滞后，造成物流成本居高不下，不能形成价格优势。这严重阻碍了物流服务的开拓与发展，成为公司业务发展的瓶颈。

装卸搬运活动是衔接物流各环节活动正常进行的关键，而S企业恰好忽视了这一点。由于搬运设备的现代化程度低，只有几个小型货架和手推车，大多数作业仍处于以人工作业为主的原始状态，工作效率低，且易损坏物品。另外，仓库设计得不合理，造成长距离的搬运。并且库内作业流程混乱，形成重复搬运，大约有70%的无效搬运。这种过多的搬运，损坏了商品，也浪费了时间。针对以上情况，S企业决定进行整改。

讨论：①分析装卸搬运环节对企业发展的作用。②针对医药企业的特点，请对S企业装卸搬运系统的改造提出建议和方法。

第四节　整车货物运输结算

一、货物托运单

货物托运单是货物托运的单据，载明了托运货物的名称、规格、件数、包装、重量、体积，货物保险价和保价，发收货人姓名和地址，货物装卸地点，以及与承托双方有关的货运事项。它是发货人托运货物的原始依据，也是车站承运货物的原始凭证，上面明确规定了承托双方在货物运输过程中的权利、义务和责任等事项。车站在接到发货人提出的货物托运单后，应进行认真审查，确认无误后办理登记手续。

二、货票与运杂费核算

货票是一种财务性质的票据，它是根据货物托运单据填制的。公路货物运输货票内载明了货物装卸地点、发收货人姓名和地址、货物名称、包装、件数和重量、计费里程和计费重量、运费与杂费等事项。在发站，它是向发货人核收运费的收费依据；在到站，它是与收货人办理货物交付的凭证之一。此外，货票也是企业统计完成货运量、核算营运收入及计算有关货运工作指标的原始凭证。

【小思考】货物运费是何时清算的?

答：货物运费应在货物托运或起（包）运时一次结算付清。大批货物运输订有运输合同者，从其协议。承、托运双方发现的错收、漏收运费，应认真清查，多退少补。

发货人办理货物托运时，应按规定向车站交纳运杂费，并领取相应的货票。

始发站在货物托运单和货票上加盖承运日期之时即算承运，承运标志着企业对发货人托运的货物开始承担运送义务和相应的责任。

整车货物一般直接卸在收货人仓库或货场内，并由收货人自理。收货人确认所卸货物与货票上无误后，在货票上签收，货物交付即算完毕。

货主向运输部门支付托运货物的基本费用为运费，公路货物运输部门向货主收取除运费以外的其他费用称为杂费，运费和杂费总称为运杂费。

在一般情况下，运杂费的核算可按图 6-1 所示的作业程序进行。

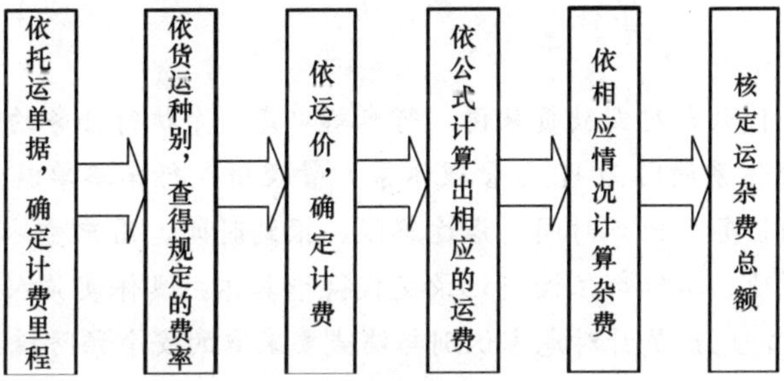

图 6-1　运杂费的核算

图中第四步的公式是：

$$F=WLP$$

式中　F——运费（元）；

W——计费重量（t）；

L——计费里程（km）；

P——运价［元 /（t • km）］。

【课堂实训】

北京某物流公司要从公司装运 5000 台洗衣机送往 A 市一个批发中心。A 市的批发中心确定这批货物的标准运输时间为 3 天，如果超出标准时间，每台洗衣机每天的机会成本是 5 元。该物流公司的物流经理设计了两种物流方案。

方案 A：选择汽车运输企业，可以按照优惠费率每千米 0.15 元 / 台来运送这批洗衣机，装卸费为每台0.10元。已知北京到A市的公路运输里程为700km，估计需要2天的时间可以运到（因为货物装卸也需要时间）。

方案B：选择铁路运输企业，北京到A市的铁路运输里程为900km，然后再用汽车从火车站运至A市批发中心（20km）。由于中转的过程中需要装卸，因此整个运输时间大约为5天。询价后得知，铁路运输运费为每千米0.06元/台，装卸费为每台0.10元。汽车运费率同方案A。（资料来源：《物流管理实务》，杨文忠主编，科学出版社，2010）

实训问题：

1. 从运输方式优缺点的角度帮助该物流公司选择运输方式。

2. 从运输费用角度选择运输方案。

三、行车路单的管理

行车路单是整车货物运输营运车辆据以从事运输生产的凭证，是整车货物运输生产中一项最重要的原始记录，它是企业调度机构代表企业签发给汽车驾驶员进行生产的指令。当前，不少省、区所使用的行车路单还是省（区）各专业公路货物运输企业加注燃料、进行修理或紧急救援、供应住宿的依据。因此，行车路单除具有原始记录、工作指令的作用之外，还在各专业公路货物运输企业之间结算有关费用、免费服务等方面起着“有价证券”的作用。所以，对行车路单的管理，是整车货物运输企业生产管理和经济管理中一项非常重要的工作。

【小看板】

行车路单到底是什么？对驾驶员来讲，行车路单是一个执行任务的通知书。从HSE（健康、安全与环境管理体系简称为HSE管理体系）管理讲，行车路单就是一个很好的任务计划书，路单对执行的任务、出车时间、沿途路线、报到时间、用户意见说得很详细，对执行作业的任务、注意事项、车辆部位检查记录交代得很具体，具体实施人职责都很明确。其背面的安全提示卡栏目，也就是针对危害识别与消减要采取的安全预防措施。

行车路单的使用程序为：首先由计划统计部门负责行车路单的印制、发放，对路单所包含的内容进行设计和规定填写要求；其次，将印制好的行车路单（分固定车号使用的和不固定车号使用的）发给各车队统计人员，按车号定量分发给同号单车；再次，行车路单由车队调度员签发给执行运输业务的车辆；最后，等车辆完成任务归队后，由车队调度员将审核无误的行程路单交车队统计员进行复核、统计，计算运输工作量及运行消耗和各项经济技术指标。

由此可知，行车路单管理的重点在车队，即车队调度员、统计员必须严格按照要求，切实做好行车路单的管理工作。

行车路单的管理必须坚持做到以下几个方面：

（1）行车路单必须严格按顺序号使用，要采取有效措施防止空白路单的丢失。

（2）每一运次（或每一工作日）归队后必须将完成运输任务的路单交回，不允许积压、拒交。

（3）行车路单内各项记录必须按要求填准、填全，车队调度员对交回的路单各项记录负初审责任。

（4）企业规定的路单使用程序、管理方法必须严格执行。

对路单的管理工作是整车货物运输企业一项重要的日常工作，企业各级负责人都应严格执行企业公布的路单管理制度，改革管理工作中的薄弱环节，切实做好路单管理工作。

第五节　鲜活易腐货物运输

一、鲜活易腐货物概述

1. 分类

鲜活易腐货物分为易腐货物和活动物两大类，其中占比例最大的是易腐货物。

> **小词典**
>
> 鲜活易腐货物是指凡在运输中需要采取特殊措施（冷藏、保温、加温等）以防止腐烂变质或病残死亡的货物。

（1）易腐货物。易腐货物是指在一般条件下保管和运输时，极易受到外界气温及湿度的影响而腐坏变质的货物。易腐货物主要包括肉、鱼、蛋、水果、蔬菜、冰、鲜活植物等。如果按热状态可分为三种形式：

1）冻结货物。冻结货物是指食品内所含水大部分冻结成冰的货物，其温度范围为 -18 ～ -8℃。

2）冷却货物。冷却货物是指用人工或天然降温的方法将食品的温度降低到某一指定的较低度数，但不低于食品液汁的冰点的货物。对大多数易腐食品来说，冷却的温度范围为 0 ～ 4℃。

3）未冷却货物。未冷却货物是指未经过冷冻加工处理的生鲜食品，如采收后即提交运输的鲜水果、蔬菜等。

（2）活动物。活动物包括禽、畜、兽、蜜蜂、活鱼、鱼苗等。

2. 运输特点

（1）季节性强、货源波动性大。例如，水果、蔬菜大量上市的季节、沿海渔场的渔汛期等，货源、运量会大幅增长。

（2）时效性强。大部分鲜活易腐货物，极易变质，要求以最短的时间、最快的速度及时运到。

（3）运输过程需要特殊照顾。例如，牲畜、家禽、蜜蜂、花木秧苗等的运输，需配备专用车辆和设备，并有专人沿途进行饲养、浇水、降温、通风等。

二、鲜活易腐货物的保藏

鲜活易腐货物在运输中的损失，除了少数部分确因途中照料或车辆不适造成死亡外，其中大多数都是因为发生腐烂所致。发生腐烂的原因，对于动物性食品来说，主要是微生物的作用；对于植物性食物来说，主要是呼吸作用所致。凡是能用以抑制微生物的滋长、减缓呼吸作用的方法，均可达到延长鲜活易腐货物保藏时间的目的。

冷藏方法比较有效并常被采用，它的优点是能很好地保持货物原有的品质，保藏的时间长，能进行大量的保藏及运输。

冷藏货物在运输过程中，为了防止货物变质要求保持一定的温度。该温度称为运输温度。温度的大小应根据具体的货种而定，即使是同一货物，由于运输时间、冻结状态和货物成熟度的不同，对运输温度的要求也不一样。

用冷藏方法来保藏和运输鲜活易腐货物时，温度固然是主要条件，但湿度的高低、通风的强弱和卫生条件的好坏对货物的质量也会产生直接的影响。而且温度、湿度、通风、卫生四个条件之间又有互相矛盾的关系，只有充分了解其内部规律，妥善处理好它们之间的相互关系，才能保证鲜活易腐货物的运输质量。

用冷藏方法来保藏和运输鲜活易腐货物，一个突出的特点就是必须连续冷藏，因为微生物活动和呼吸作用都随着温度的升高而加强。若储运中某个环节不能保证连续冷藏的条件，那么货物就可能在这个环节中开始腐烂变质，这就要求协调组织好物流的各个环节，为冷藏运输提供必要的物质条件。就运输环节来讲，应尽可能配备一定数量的冷藏车或保温车，尽量组织“门到门”的直达运输，提高运输速度。

【资料链接】

冷冻货物的运输温度（表6-1）

表6-1　冷冻货物的运输温度

货　名	运输温度/℃	货　名	运输温度/℃
鱼	−17.8 ~ −15.0	虾	−17.8 ~ −15.0
肉	−15.0 ~ −13.3	黄油	−12.2 ~ −11.1
蛋	−15.0 ~ −13.3	浓缩果汁	−20

三、鲜活易腐货物运输组织

（一）鲜活易腐货物的承运条件

1．货物运单的填写

除按普通货物要求填写外，应注意以下几点：

（1）托运人托运易腐货物，应在货物运单“货物名称”栏内填记货物的名称，并注明品类顺序号及热状态。

（2）托运人应在“托运人记载事项”栏注明要求使用的车种，加冰、制冷、加温的具体要求，以及易腐货物容许运送期限。易腐货物容许运送期限是根据货物的品种、成熟程度、热状态，在规定的运送条件下能保持货物质量的最长运输时间。易腐货物容许运送期限，要大于规定运到期限3天。否则，承运人不能承运。

（3）途中需要加冰的冷藏车，承运人应在货物运单“经由”栏内依次填记应加冰的各加冰所站名；绕路运输时，同样依次填记绕路运输经由的各加冰所站名。

（4）发站应在货物运单、货票、票据封套和列车编组顺序表内分别填记。

2．按一批托运的规定

不同热状态的易腐货物，不得按一批托运。按一批托运的整车易腐货物，一般限运同一品名。不同品名的易腐货物，如在冷藏车内保持或要求的温度的上限（或下限）差别不超过3℃时，允许拼装在同一冷藏车内按一批托运。此时，托运人应在货物运单“托运人记载事项”栏内记明车内保持温度（或途中加冰掺盐）按品名××的规定办理。

（二）鲜活易腐货物的运输组织要求

良好的运输组织工作，对保证鲜活易腐货物的质量十分重要。鲜活易腐货物的运输有其独特性，这就要求承运人掌握这些特点，根据其运输规律，适当安排运力，保证及时运输。

发货人托运鲜活易腐货物前，应根据货物不同特性，做好相应的包装。托运时须向承运方提出货物最长的运到期限，以及某一种货物运输的具体温度及特殊要求，提交卫生检疫等有关证明，并在托运单上注明。

承运鲜活易腐货物时，应由货运员对托运货物的质量、包装和温度进行认真的检查。要求质量新鲜、包装达到要求、温度符合规定。对已有腐烂变质象征的货物，应加以适当处理，对不符合规定质量的货物不予承运。

运输部门在接受承运的同时，应根据货物的种类、运送季节、运送距离和运送地方确定相应的运输服务方法，及时地安排适宜车辆予以装运。

鲜活易腐货物装车前，必须认真检查车辆及设备的完好状态，应注意清洗和消毒，适当风干后，才能装车。装车时，应根据不同货物的特点，确定其装载方法。例如，冷冻货物需保持货物内部蓄积的冷量，可紧密堆码；水果、蔬菜等需要通风散热的货物，必须在货件之间保留一定的空隙；怕压的货物必须在车内加搁板，分层装载。

鲜活易腐货物的运送途中，应由托运方指派押运人员沿途照料，承运方对押送人员应交代安全注意事项，并提供工作和生活上的便利条件。炎热天气运送时，应尽量利用早晚行驶。运送牲畜、蜜蜂等货物时，应注意通风、散热，尽力避免在运送中的掉膘与死亡。

鲜活易腐货物的运量在汽车运输中，所占的比例虽然不大，但它对于人们生活的需要及农业、食品工业和对外贸易发展关系很大。所以，加强鲜活易腐货物的运输组织工作，提高它们的运输质量是承运方的一项重要任务。

【资料链接】

《超限运输车辆行驶公路管理规定》是为加强超限运输车辆行驶管理，保障公路设施和人民生命财产安全，根据《中华人民共和国公路法》《公路安全保护条例》等法律、行政法规制定的，自2016年9月21日起施行。

《超限运输车辆行驶公路管理规定》第十五条规定：公路管理机构应当在下列期限内作出行政许可决定：

（一）车货总高度从地面算起未超过4.2米、总宽度未超过3米、总长度未超过20米且车货总质量、轴荷未超过本规定第三条、第十七条规定标准的，自受理申请之日起2个工作日内作出，属于统一受理、集中办理跨省、自治区、直辖市大件运输的，办理的时间最长不得超过5个工作日；

（二）车货总高度从地面算起未超过4.5米、总宽度未超过3.75米、总长度未超过28米且总质量未超过100 000千克的，属于本辖区内大件运输的，自受理申请之日起5个工作日内作出，属于统一受理、集中办理跨省、自治区、直辖市大件运输的，办理的时间最长不得超过10个工作日；

（三）车货总高度从地面算起超过4.5米，或者总宽度超过3.75米，或者总长度超过28米，或者总质量超过100 000千克的，属于本辖区内大件运输的，自受理申请之日起15个工作日内作出，属于统一受理、集中办理跨省、自治区、直辖市大件运输的，办理的时间最长不得超过20个工作日。

采取加固、改造措施所需时间不计算在前款规定的期限内。（资料来源：https://baike.so.com/doc/6813007-7029969.html）

【课堂实训】

张某在经营打火机用品实体店的同时也是淘宝的一个卖家。某天一个客户从网上订购了一批货，里面有打火机用的气体。张某就将该批货物拿到经常合作的快递公司托运，因为和快递员关系熟，快递员没有拆开看货，但店主在快递单上写明了烟具。因为张某和这家快递已经合作了很久，快递公司的人员都知道张某所发的都是打火机及附属类，所以一般发货都是用汽运，但是这次发了空运。事后机场查出有违禁品，罚款3000元。

假如你是张某，应该怎么做？

本章小结

本章介绍了整车货物运输的概念、生产过程的构成，以及运输生产组织原则；说明了整车货物运输的业务，如发送站务工作、途中站务工作、到达站务工作；详细讲解了装卸作业的方法，如单件作业法、散装作业法、集装作业法等。

案例分析

托运方式不当，海豚表演受阻

某年4月20日，某海洋馆与某物流公司签订“门到门”运输服务合同，约定在4月28日前将海洋馆租借的两只海豚从A地运至B地，运输方式为航空运输。海洋馆负责海豚的包装并预付全部运费。之后，物流公司向某航空公司预订了4月25日的航班，海洋馆依约支付了全部费用，但在货物装机前，机长认为海豚的包装方式可能影响飞行安全，故而拒绝配载。

货物被拒后，物流公司建议预订下一航班，海洋馆考虑到这样会耽误“五一”黄金周期间的海豚表演，没有同意。最后海洋馆提出采用汽车陆运方式，在4月28日前到达B地。物流公司遂同意了该方案，委托当地一家运输公司将两只海豚用汽车运往B地，物流公司与海洋馆各有一名业务人员随同押车，物流公司支付了本次陆运费用。

4月27日到达B地后，两只海豚因路途颠簸并且长期脱水而严重受伤，海洋馆不得不取消了“五一”期间的演出，并花了近两个月的时间救治受伤的海豚。

年底，海洋馆（原告）向法院起诉物流公司（被告）违反合同约定，将航空运输方式改变为陆路运输方式，致使海豚长期脱水而受伤，要求物流公司承担损害赔偿责任共计人民币90余万元。

物流公司辩称，空运改陆运系原告要求，与被告无关，海豚受伤是原告未尽到看护职责所致。

法院经审理认为，原、被告双方签订的“门到门”运输服务合同合法、有效，双方应当按照合同约定全面履行各自义务。被告作为运输服务提供方，有义务按照约定时间和方式将原告委托的货物安全、完好地运抵目的地。同时，作为专业的物流公司，被告应当比原告更具备谨慎判断和合理安排运输方式的能力。由于被告不能提供原告要求变更运输方式以及原告承诺承担因此引起的损害赔偿责任的证据，所以法院最终判决由被告承担海豚的损害赔偿责任，包括海豚治疗费用、原告门票损失费用等共计人民币 20 万元。（资料来源：http://www.56885. net/news/2007724/28311.html)

案例思考：

在此事件中物流企业应该吸取哪些教训？

基本训练

1．单项选择题

（1）按规定向车站交纳运杂费，并领取相应的货票的时间是（　　）。

A．发货人办理货物托运时　　B．发货人收取货物时

C．发货途中　　D．没有时间限制

（2）承运的时间是（　　）。

A．始发站在填写货物托运单和货票时

B．收货人签收货物之时

C．货物运输出现异常之时

D．始发站在货物托运单和货票上加盖承运日期之时

（3）对大多数易腐食品来说，冷却的温度范围为（　　）。

A．-8 ～ 0℃　　B．-18 ～ -8℃

C．0 ～ 4℃　　D．4 ～ 8℃

2．判断题

（1）整车货物的办理不足车辆标记载重量时按车辆标记载重量核收运费。（　　）

（2）运输指示标志可以贴在货物的任何部位。（　　）

（3）运输途中发现货物异常，向交接方说明即可。（　　）

（4）被装卸物料的纯度不影响装卸的效率。（　　）

（5）冻结货物是指冷藏食品时，将食品内所含水大部分冻结成冰，其温度范围为 -8 ～ 0℃的货物。（　　）

3．多项选择题

（1）整车运输的四个部分是（　　）。

A．运输准备过程　　B．基本运输过程

C．辅助运输过程　　D．运输服务过程

（2）运输生产过程的组织原则是（　　）。

A．连续性　　B．一直性

C．协调性　　D．均衡性

（3）按装卸搬运对象分，有（　　）三种装卸搬运类型。

A. 散装货物装卸搬运　　B. 单件货物装卸搬运
C. 连续装卸搬运　　D. 集装货物装卸搬运

（4）运费的大小由（　　）构成。
A. 计费重量　　B. 计费里程
C. 货物类别　　D. 运价

（5）按状态可将易腐货物分为（　　）。
A. 冻结货物　　B. 低温货物
C. 未冷却货物　　D. 冷却货物

4. 问答题
（1）整车货物运输的生产过程是什么？
（2）整车货物运输的主要业务有哪些？
（3）集装作业法包括哪些具体的方法？
（4）鲜活易腐货物的运输有哪些特点？

实践训练

汽车整车运输方案设计

阅读资料

一、基本情况

（1）国内某汽车制造企业（为方便计算，生产和发运地假设为哈尔滨）的销售物流业务，2018年总生产汽车为24万辆，出口2万辆，其他主要销售在东北和华北。

（2）淡旺季情况：每年11月至次年2月为运输旺季，是正常运输运力需求的200%；每年5—7月为运输淡季，是正常运输运力需求的50%；其他为正常运输。

（3）2018年以前基本全部为公路汽车运输方式，点对点运输到二级以上城市（包括省会城市），为简化起见，可在每个省份内挑选重要的二级城市5个左右。

（4）运费标准：每辆商品车的运费为1200元，即1200元/辆。

（5）订单周期：假设为2周一次。

二、存在的问题

（1）运输方式单一，主要是点对点运输模式，运输成本高。

（2）旺季商品车严重积压、运力资源不足，甚至会造成停产。

（3）淡季运力资源过剩，运输司机业务不饱和，经济利益受损，司机抱怨。

（4）运输提前期难以控制，不能均衡生产和运输。

三、客户要求

（1）商品车要求“零”公里交货（即交车时车辆行驶里程不高于50km）。

（2）运输时间：从装车到交到客户4S店或指定地点的时间为一周内。

（3）商品车交车时无破损，否则按照厂家规定赔偿。

（4）相关保险费用包含在运输价格内，并由物流企业负责。

相关信息和数据见表6-2～表6-5。

表 6-2 各车型数据

车型分类	车型外形尺寸（长 × 宽 × 高，mm）	可选择运输方式
A	3745 × 1505 × 1925	公路、船舶
B	3588 × 1563 × 1574	公路、铁路、船舶
C	3885 × 1695 × 1635	公路、铁路、船舶
D	4434 × 1708 × 1471	公路、铁路、船舶

表 6-3 运输设备数据

运输设备	载运内尺寸（长 × 宽 × 高，m）	备注
专用汽车	19.6 × 2.40 × 无（敞蓬）	双层，A、B、C 可装 10 辆，D 可装 8 辆
专用火车厢	17.0 × 2.69 ×（1.60 上层，1.65 下层）	双层，一列 43 节车皮。 每车皮 B 可装 8 辆；C 可装 4 辆（上层留空）；D 可装 6 辆；A 不可装。
RO-RO 船	300、600、800 个车位（A/B/C/D 一样）	高度满足车辆外尺寸

表 6-4 2018 年国内销售信息

区域	省份	各车型年销售量（台）				各车型年运输总量	
		A	B	C	D	汽车运次	总运量（台）
东北	黑龙江	13 910	3576	1987	396	207	19 872
	吉林	23 922	6151	3416	682	356	34 176
	辽宁	16 867	4335	2409	480	251	24 096
	内蒙古	11 825	3038	1688	336	176	16 896
华北	北京	19 488	5010	2784	556	290	27 840
	天津	11 558	2972	1651	330	172	16 512
	河北	16 464	4233	2352	469	245	23 520
	河南	21 504	5528	3072	614	320	30 720
	山东	12 096	3110	1728	345	180	17 280
	山西	6384	1641	912	181	95	9120
合计		154 018	39 594	21 999	4389	2292	220 032

表 6-5 成本费用 单位：元 / 辆 · km

运输方式	车型			
	A 型车	B 型车	C 型车	D 型车
公路	0.65	0.70	0.70	0.75
铁路	（A 不可装）	0.65	0.65	0.70
水路	0.60	0.60	0.60	0.60

注：铁路、水路运输成本中不含卸车、卸船前后的短途公路运费。

实训步骤：

1．仔细阅读参考资料。

2．确定哈尔滨到东北、华北各个省省会及二级城市（每个省份内挑选重要的二级城市5个左右）的运输距离。（如果由省会进行转运，可计算哈尔滨到省会距离＋省会到各个二级城市的距离。）

3．计算哈尔滨到东北、华北各个省的二级城市的单程运输时间（分别计算各种可能运输方式组合所需时间，如到达沿海城市的运输时间为公路或铁路运输＋水路运输时间）。

4．计算2018年各省各种车型每天平均需求量（一年按365天计算）。

5．请根据上述相关信息，分析此汽车制造企业的商品车销售物流，设计优化方案，相关信息可以根据情况适当合理假设。方案至少应包括以下内容：

第一部分：分析原物流操作模式存在的问题及其原因（见阅读资料内容）。

第二部分：提出新的运输设计方案。方案设计遵循满足服务要求前提下的成本最低原则。新的设计方案主要包含以下内容：

（1）确定使用的运输方式（公路、水运、铁路）组合。例如，省内可以用公路直运，沿海可组合公路/铁路/水路运输，省外内陆地区可组合铁路＋公路运输等。

（2）根据你所设计的系统，描述需要哪些运输方式（公路、水运、铁路）、不同运输方式的运力资源应如何配备（需要多少汽车、船舶和专用火车车厢）。

（3）绘制该项目运输网络节点布局图（可在地图上标出）。

（4）计算各省每次运输量（每天平均需求量×订单周期）。

（5）计算各省每年运输次数。

（6）计算合计运输批量与运输次数。

（7）计算该汽车制造企业总运输成本（总运输成本＝单位运输成本×运输里程×运输量）。

第三部分：从以下方面对原运输模式和新方案进行比较分析，得出结论：运输方式比较；运力资源需求量分析；运营成本对比，等等。

实训要求：每人提交实训报告一份（优化方案），并就自己所给出的方案做口头陈述。

第七章　集装箱运输管理

学习目标

通过本章的学习，认识集装箱运输行业；了解集装箱运输的概念、特点，以及集装箱运输系统的组成；熟悉集装箱的定义、种类、规格，以及集装箱货物的种类和拼装；掌握集装箱运输方式。

【引导案例】

全球集装箱运输业发展趋势

瑞典班轮运输代理公司 Green Carrier Liner Agency 总经理 Fredrik Hermansson 先生指出，贸易集装箱化将成为趋势。各行各业正在通过调整其贸易货物的规格等形式，使其适应集装箱运输方法，即贸易集装箱化。例如，造纸行业通过调整纸卷的大小以适应集装箱装箱，以此来融入贸易集装箱化。目前，全球最大集装箱船已超 2 万标箱，瑞典集装箱吞吐量为 150 万 TEU，包括各类进出口商品，未来将会有更多的商品例如纸张、木材等通过集装箱来运输，通过集装箱运输的商品将增加 100 万 TEU 左右。采用集装箱运输既可以起到很好的保护物品和保护环境的作用，也可以便于运输、装卸、储存等物流环节及其之间的作业，大大提高作业效率，充分利用运输工具的装载空间。有人预测，在未来十年，全球 90% 的普通货物都将使用集装箱运输。一些商品如麦芽、化肥、木材及废旧产品等的集装箱化已经发展到一定程度。

Fredrik Hermansson 同时指出：集装箱运输业供需关系趋于平衡，港口利用遭遇挑战，新兴市场或将释放增长潜力，中国仍将是全球集装箱运输的重要市场，航运业可持续发展和环境问题受到关注，客户争夺战在于新技术开发。（资料来源：据 http://news.csi.com.cn/2df835b5-bf2d-4cbf-9e37-833c86c6a0ed.html 改编）

案例思考：集装箱运输为什么是国际运输的主要形式和发展方向？

第一节　集装箱运输概述

一、集装箱运输的定义及特点

1．集装箱运输的定义

集装箱运输是以集装箱作为运输单位进行货物运输的一种先进运输方式。集装箱运输属于成组运输的主要形式，目前已成为国际货物运输中一种重要的运输方式。伴随着现代社会物流业的迅猛发展，集装箱运输在现代物流组织中发挥的作用越来越重要。

【资料链接】成组运输

所谓成组运输，是指借助一定的成组工具或设备，将两个以上重量轻、体积小的单件杂货组合成同一尺寸的、规范化的、标准化的大货物单元再进行运输。成组运输的主要形式有托盘运输和集装箱运输。

成组运输便于实现机械化、自动化操作，提高运输、装卸效率，减少货损货差，大幅度提高运输速度，从而最终降低运输和搬运成本。

2．集装箱运输的特点

集装箱运输与传统的货物运输相比，具有以下特点：

（1）运输效益好。①提高装卸效率，加速车船周转，降低货运成本。②便利货物运输，简化货运手续，加快货运速度，缩短货运时间。③提高货运质量，减少货损货差。④节约货物包装用料，减少运杂费。⑤减少营运费用，降低运输成本。

（2）运输效率高。集装箱运输是实现全部机械化作业的高效率运输方式。将不同形状、尺寸的件杂货装入具有标准规格的集装箱内进行运输，从根本上解决了现代化生产的标准化前提，为实现高效的机械化作业创造了最为重要的条件。集装箱运输各环节所采用的硬件设备大多是效率很高的专用设施和设备，具有装卸速度高、运输工具周转快的优点，常规的件杂货运输无法比拟。

【资料链接】亚洲首个全自动化集装箱新码头

2017年5月11日，一座全球领先、亚洲首个真正意义上的全自动化集装箱新码头在青岛港正式启用。这不是一座传统意义上的码头，它颠覆了延续几十年的集装码头作业和管理模式，整个码头作业现场“空无一人”，机器人来回穿梭，集装箱全自动装卸等一系列“黑科技”在此展现。

船舶还没靠泊，全自动码头就根据船舶信息，自动生成作业计划，并下达指令。先是船吊把集装箱吊到转运平台上，接着机器人自动拆锁垫。然后，门架小车会把集装箱吊运到自动导引车（AGV）上，自动导引车再把集装箱运送到指定位置。最后，轨道吊把集装箱精准地吊送到堆场。整个过程不需要人工操控，一群机器人就可以行云流水般完成装卸。

整个码头有30多辆AGV来回不停地穿梭，却不会发生碰撞或摩擦。这种车自重20～30t，加上集装箱的重量，全车可达70t，但停启位置十分精确，停车误差不会超过2cm。

（3）运输质量好。集装箱运输是保证货运质量、简化货物包装的安全节省的运输方式。集装箱具有坚固密封的箱体，一般来说，不易发生盗窃事故，且能防止恶劣天气对箱内货物的侵袭。在运输和装卸的过程中，与外界接触的是箱体而非货物，因而货物破损事故大为减少，对货物的包装要求也不像传统散运那样严格。

（4）便于多式联运。集装箱运输是最适于组织多式联运的运输方式。集装箱作为运输单元，当由一种运输方式转换到另一种运输方式进行联合运输时，需要换装的是集装箱，大大简化和加快了换装作业。另外，由于集装箱具有坚固、密封的特点，口岸监管单位可以加封和验封转关放行。因此，集装箱能把海运和内陆的铁路、公路及水路等多种运输方式以及与进出口业务有关的口岸监管工作联合起来，进行一体化的多式联运，从而大大提高运输服务质量。为了方便货主及保证货物运输安全，集装箱运输经营者强调一体化的运输服务，托运人只需一次托运、一次交费，即可获得全程负责的“门到门”运输服务。

（5）对协作的要求高。集装箱运输涉及面广、环节多、影响大，是一个复杂的运输系统工程。集装箱运输系统包括海运、陆运、空运、港口、货运站，以及与集装箱运输有关的海关、商检、船舶代理公司、货运代理公司等单位和部门。如果互相配合不当，就会影响整个运输系统功能的发挥；如果某一环节失误，必将影响全局，甚至会导致运输生产的停顿和中断。因此，要搞好整个运输系统各环节、各部门之间的协作，只有这样，才能保证集装箱运输系统高效率地运转。

【资料链接】

采用集装箱运输，需要具备一定的条件：

（1）集装箱运输要求货物流量大且比较稳定集中，尤其要求航线两端货运基本平衡，否则就会造成大量空箱积压和空箱运输。

（2）在整个运输过程中，各个环节必须更新有关设备，以适合集装箱运输的要求。除了需要集装箱船舶、集装箱专用码头和堆场外，还必须有装卸搬运集装箱的重型机械设备，如岸壁集装箱装卸桥、跨式龙门重吊和跨式集装箱搬运车等。

（3）要有与集装箱运输相适应的内陆运输条件，公路和铁路运输应有接受大型集装箱的能力，以便进行海陆联运，使集装箱能在各种运输方式之间迅速、顺利地换装。

（4）因为集装箱随着货物的流动而分散到各地，所以还必须对集装箱进行专门的掌握、调度、回收、修理等一系列复杂的管理工作。国外一些较大的集装箱运输公司大都采用计算机对集装箱进行编目控制，即把集装箱的每一动态信息详细储存在计算机内，随时掌握集装箱的行踪，并根据需要进行合理调度，以充分利用集装箱并尽量减少空箱的回运。

二、集装箱运输类型

集装箱运输可分为海上集装箱运输、公路集装箱运输、铁路集装箱运输和航空集装箱运输。

1．海上集装箱运输

海上集装箱运输一般为班轮运输，集装箱航线一般为班轮航线。集装箱班轮运输是集装箱运输船按照预先公布的船期表，在固定的航线上以规定的挂靠中途港的顺序，往返航行于航线各港间的一种营运组织方式。其特点是对一定的集装箱船舶来讲，开航日期固定、开航时刻固定、挂靠港口固定且运价相对固定。

开展海上集装箱班轮运输必须进行科学的营运组织。为了提高我国集装箱运输船舶在国际航运市场上的竞争能力，我国交通运输部对国际班轮的班期和班次做出了明确的规定。

2．公路集装箱运输

集装箱对公路的要求如下：车道宽度 3m；路面最小宽度 30m；最大坡度 10%；停车视线最短距离 25m；最低通行高度 4m。

公路集装箱运输在多式联运中的业务范围主要包括进口货运业务和出口集装箱业务。

3．铁路集装箱运输

（1）办理种类。

1）小吨位集装箱。这是指容积为 1 ～ 3m^3，最大容许重量小于 2.5t 的集装箱。

2）中吨位集装箱。这是指容积为 3 ～ 15m^3，最大容许重量为 2.5 ～ 5t 的集装箱。

中、小吨位集装箱货物可办理零担或整车货物运送。

3）大吨位集装箱。这是指符合ISO系列标准的6.1m（20ft）、9.1m（30ft）、12.2m（40ft）的国际标准集装箱，可办理大吨位集装箱货物和大吨位空集装箱的运送。

（2）运输条件。

1）原则。集装箱由发送方的集装箱办理站承运，到站和换装站必须符合《国际货协》附件《集装箱运送规则》的有关规定；集装箱的装运要按发送方的国家规章办理；必须是符合办理要求的集装箱才能办理。

2）特别要求和限制条件。铁路集装箱不得装运能损坏和玷污集装箱、用箱后不能进行清洗和消毒的货物，以及能引起污染的有臭味的食品和物品。

3）发货人应确认集装箱是否适于装运该种货物，若将货物装入不良的集装箱或不适合运送该种货物的集装箱，铁路对由此发生的货物灭失、损毁或质量的降低不负任何责任。

4）在换装运送中不能将中吨位集装箱与其他零担货物同车运送。

5）大吨位集装箱应使用敞车、专用平车或有端侧板的平车装运。当装载两个箱子时，箱门应相对且间距不得超过200mm。

6）除装运家庭用品的集装箱可由发站在发货人在场的情况下施封外，重集装箱应由发货人施封，有发货人的施封才能承运，大吨位集装箱的箱门也应完好并施封。

7）铁路在向收货人交付货物时，如集装箱及封印完整，则对集装箱内因货物容器和包装不适当或无容器和包装以及放置方法不正确而发生的货物灭失、重量不足、毁损及腐坏等问题不负任何责任。

8）收货人返还属于铁路的集装箱时必须清洁，并经过消毒处理；不属于铁路的集装箱，在货物交付收货人后，可以返还该集装箱或继续使用。

9）使用中、小吨位集装箱向阿塞拜疆铁路、白铁、格铁、哈铁、拉铁、立铁、摩铁、俄铁、塔铁、土铁、乌（兹）铁、乌铁和爱铁运送货物时，一件货物的重量不得超过120kg；当使用大吨位集装箱运送时，一件货物的重量不得超过1500kg。

4．航空集装箱运输

国际航空运输协会将航空运输的集装箱称为“成组器”，分为航空用成组器和非航空用成组器两种。航空用成组器是指装载在飞机内与固定装置直接接触，不用辅助器就能固定的装置，从结构上又可分为部件组合式和完全整体结构式两种。非航空用成组器是指未满足上述航空用成组器条件的成组器。这种成组器可用叉式装卸车进行装卸。它是按照航空用成组器或飞机货舱的形状来实现标准化的，而且它必须根据国际航空运输协会规定的标准规格制造。

航空集装箱运输的组织方式与一般意义的航空运输方式相同。

【课堂实训】集装箱运输视频介绍

1．实训目的

了解集装箱运输作业的基本情况以及集装箱运输的组织形式。

2．实训设备或软件准备

多媒体播放设备、集装箱运输视频1部。

3．实训步骤

（1）播放集装箱运输视频。

（2）记录集装箱运输的组织形式。

（3）讨论集装箱运输的优势。

4．实训成果

把握集装箱运输的组织形式。

三、集装箱运输系统的组成

1．适箱货物

适箱货物是指本身具有较高价值，其外包装形态、尺度及重量等属性使之可以装载于集装箱内进行运输的货物。

2．集装箱

集装箱是货物标准化的装运工具和外包装。它既是货物的一部分，又是运输工具的组成部分，是运输的基本单元。

3．集装箱海上运输干线

集装箱海上运输干线的设置，各干线上挂港及船型和班期的确定，一般由各航运公司根据货物的流向和流量、港口的地理位置和泊位条件及周边地区集疏运条件等因素，并考虑本公司运输组织的合理性、经济性及市场占有份额等因素来综合确定。

4．集装箱运输港口与码头子系统

这主要是指世界各地的干线（枢纽）港，这类港口均有集装箱专用码头，均配备现代化的装卸机械和管理信息系统，其吞吐量中中转箱应占有较大比重，应当具有较完善的集疏运系统。

【资料链接】2018 年全球前三集装箱港口运行情况

1．上海港连续九年稳居全球第一

2018 年上海港完成集装箱吞吐量 4201 万 TEU，增速为 4.4%，集装箱吞吐量再创新高，但增速与 2017 年 8.4% 的强劲增速相比有所放缓，主要原因是内贸箱增速下跌明显。2017 年 1—11 月上海港内贸箱增速 16.7%，而 2018 年仅有 3.4%，外贸箱增速则保持稳定。由于上海港集装箱吞吐量基数大，加之集装箱码头岸线资源有限，港口基本处于高负荷运转状态，未来上海港集装箱吞吐量总体增速将有所放缓，但将进一步提高国际中转箱量。

2．新加坡港表现强劲

2018 年新加坡港完成集装箱吞吐量 3660 万 TEU，2017—2018 年新加坡港集装箱吞吐量增速瞩目，分别为 9.0% 和 8.7%。

3．宁波舟山港闯进全球前三

2018 年宁波舟山港集装箱吞吐量首超 2635 万箱，增速为 7%，以微弱优势赶超了深圳港。这主要得益于宁波舟山港外贸业务的快速增长，2018 年 1—11 月宁波舟山港完成外贸箱量 2163.6 万 TEU，同比增长 8.2%，表现强劲。此外，得益于与 2M、OCEAN 及 THE 等航运联盟的合作，宁波舟山港与各大航运联盟在航线布局、腹地拓展等方面加强业务合作，截至 2018 年年底，宁波舟山港已拥有各类航线共 246 条。（资料来源：据 http://sh.qihoo.com/pc/92f6cbe7dab1e91c6?cota=4&refer_scene=so_1&sign=360_e39369d1 改编）

5．内陆（包括沿海）集疏运子系统

集装箱运输系统的集疏运子系统是围绕各干线（枢纽港）展开的，是由各种方式的运输线路（包括铁路、公路、内河航线、海上支线、远洋运输等）和各类集装箱货物集散点（包括码头堆场、集装箱货运站、内陆（港）货运站、铁路办理站、公路中转站、内河码头、货主工厂和仓库等）组成的覆盖枢纽港及周边广大地区的网络系统，一般具有多级结构。

6．集装箱运输管理子系统

与上述要素相比，集装箱运输管理子系统是相对较“软”的组成部分，主要包括管理机构、经营机构、集装箱运输的法规及标准体系、集装箱运输技术和工艺体系、集装箱运输管理信息系统及与集装箱运输相关的子系统。

四、集装箱运输的发展趋势

随着集装箱运输走向成熟以及经营管理的现代化，集装箱运输将朝着物流中心化、管理智能化、港口高效化、船舶大型化及多式联运等方向发展，以降低运输成本、缩短运输周期，真正为客户提供优质、快速、准时、便捷且廉价的服务。

1．干线船向大型化、高速化方向发展

随着国内经济的发展以及集装箱物流的推广和发展，内贸集装箱吞吐量占国内主要港口的比例越来越大。“扩大内需”是我国经济转型的主要方向，内贸集装箱运输将迎来更大的发展。2017年，全国主要港口集装箱码头内贸集装箱吞吐量合计达到6058万TEU，同比增长8.04%。出于高效率、规模化、低成本的考虑，船舶大型化在内贸集装箱的发展过程的趋势愈加明显，而同时与之配套的港口等也在不断升级。目前南北航线出现了6000～8000TEU大型船舶，2500TEU是最低配置，而支线船舶也以500～800TEU为主。

2．集装箱运输占比越来越高

发达国家集装箱化率已达70%～80%，而发展中国家集装箱化率基本在30%以下，目前，我国内贸货物集装箱化率才刚突破30%。散货运输主要有以下几个问题：在装卸和运输途中易损耗，对空气、水域、作业区和公路等产生污染；在不同运输方式衔接过程中，因工艺问题，装卸和储运成本较高；因船舶运载特性，需批量发货，贸易周转效率低，占用资金多而久。标准化集装箱运输的高效性、安全性、环保性等特点，可以自然解决上述问题。集装箱线路稳定、快速的班轮化运输，使客户可以小批量多批次（最少可以1个集装箱为采购单位，不超过28t）采购，有效改变了购销模式，无论客户大小都可以自由掌控运输，及时性大幅提升、仓储压力大幅降低、资金占用减少、周转快，因此获得了很大程度的认可。当前，煤炭、粮食、沙及卷钢等传统大宗散货正快速向集装箱运输转变，已成为众多港口的主力货源，更是集装箱发展的强动力。要说明的是，此类货物本身并非真正意义的适箱货，对集装箱箱体本身有相当程度的伤害。

【资料链接】全球五大集装箱货轮排名

目前全球五大集装箱货轮排名如下：①地中海航运奥斯卡号（长395m，装载量19700TEU）；②中海环球号（长400m，装载量19 100TEU）；③Barzan（UASC）（长396m，装载量18 800TEU）；④Magleby马士基（长400m，装载量18 400TEU）；⑤地中海航运纽约号（长399m，装载量18 300TEU）。（资料来源：https://www.maigoo.com/top/402854.html）

【资料链接】2018 年吞吐量前 20 大集装箱港口

全球前大集装箱港口吞吐量增速普遍放缓，2018 年全球前 20 大集装箱港口完成集装箱吞吐量 3.4 亿 TEU，同比增长 3.8%，低于上年的 5.6%。

在 2018 年全球港口排名中，前五名的集装箱港口分别是上海港（集装箱吞吐量 4201 万 TEU）、新加坡港（集装箱吞吐量 3660 万 TEU）、宁波舟山港（集装箱吞吐量 2635 万 TEU）、深圳港（集装箱吞吐量 2574 万 TEU）、广州港（集装箱吞吐量 2192 万 TEU）。中国十大港口入围全球排名 Top20。（资料来源：据 http://sh.qihoo.com/pc/92f6cbe7dab1e91c6?cota=4&refer_scene=so_1&sign=360_e39369d1）

3．特种箱逐渐增多

除了传统意义上的危险品箱、冷藏箱、框架箱和油罐箱外，特种箱具有能满足个性化需求、能装载更多货物的特性，数量也将随着市场需求的增多而增多。比如，集装箱内置液袋装载如食用油等液体货，利用车架等运输汽车，专用的粮食箱、卷钢箱（更适用于大卷）、双侧开门箱等，此类形式的出现大大增加了集装箱适箱货。此类特种箱基本拥有与普箱一致的外部尺寸，因此运输过程等同普箱。

4．集装箱的信息化和智能化不断发展

集装箱交接以箱体和铅封作为认定标准，在全程运输过程中具有封闭性和唯一性。因此信息技术在提升集装箱运输优化、集装箱跟踪、安全防盗及货物可视化等方面，可以有很大空间。例如：使用数据模型优化运输路径，使时效和成本达到最佳状态；可实现全程跟踪的可视化，信息传达的及时化；对 GPS、北斗等系统的应用，可实现运输节点的实时信息汇集、集装箱全程信息以及防盗跟踪等；利用带有探测和记录功能的移动设备，可以及时记录位置、温度、碰撞和平衡等多方位数据，可极大提升全程的安全性和可靠性。

集装箱本身就是一个天然的优质仓库。部分货物可以生产即装箱，有效减少仓库使用和成本。在未有具体物流指令时，货物会一定程度囤积在始发港、中转港或者目的港港口（或堆场），在得到具体指令后继续发运，从而大大提高交货效率。

5．多式联运比例持续增加

随着集装箱化率的提升，多式联运的发展将持续增长。国家物流发展规划、铁路多式联运发展规划、实体产业的内陆迁移、成本和环保要求等，都将促使多式联运的比例持续增加。多式联运的发展带来的效率和服务提升，又将大力推动集装箱运输的发展和集装箱化率的提升。

第二节　集装箱

一、集装箱的定义

集装箱是从英语“Container”一词翻译过来的一个专用术语，也称为“货箱”或“货柜”。国际标准化组织（ISO）1970 年对集装箱下的定义为，集装箱是一种运输设备，应满足以下要求：

（1）具有耐久性，其坚固强度足以反复使用。

（2）是为便于商品运送而专门设计的，在一种或多种运输方式中运输时无需中途换装。

（3）设有便于装卸和搬运的装置，特别是便于从一种运输方式转移到另一种运输方式。

（4）设计时应注意便于货物装满或卸空。

（5）内容积为 $1m^3$ 或 $1m^3$ 以上。

集装箱一词的含义不包括车辆或传统包装。

目前，中国、日本、美国及法国等国家都全面地引进了 ISO 的定义。

除了 ISO 的定义外，还有《集装箱海关公约》、《国际集装箱安全公约》、英国国家标准和北美太平洋班轮公会等对集装箱下的定义，内容基本上大同小异。

二、集装箱结构

集装箱是用钢、铝、玻璃钢等材料制成的，具有坚固、密封和可以反复使用等特点，其结构形式如图 7-1 所示。

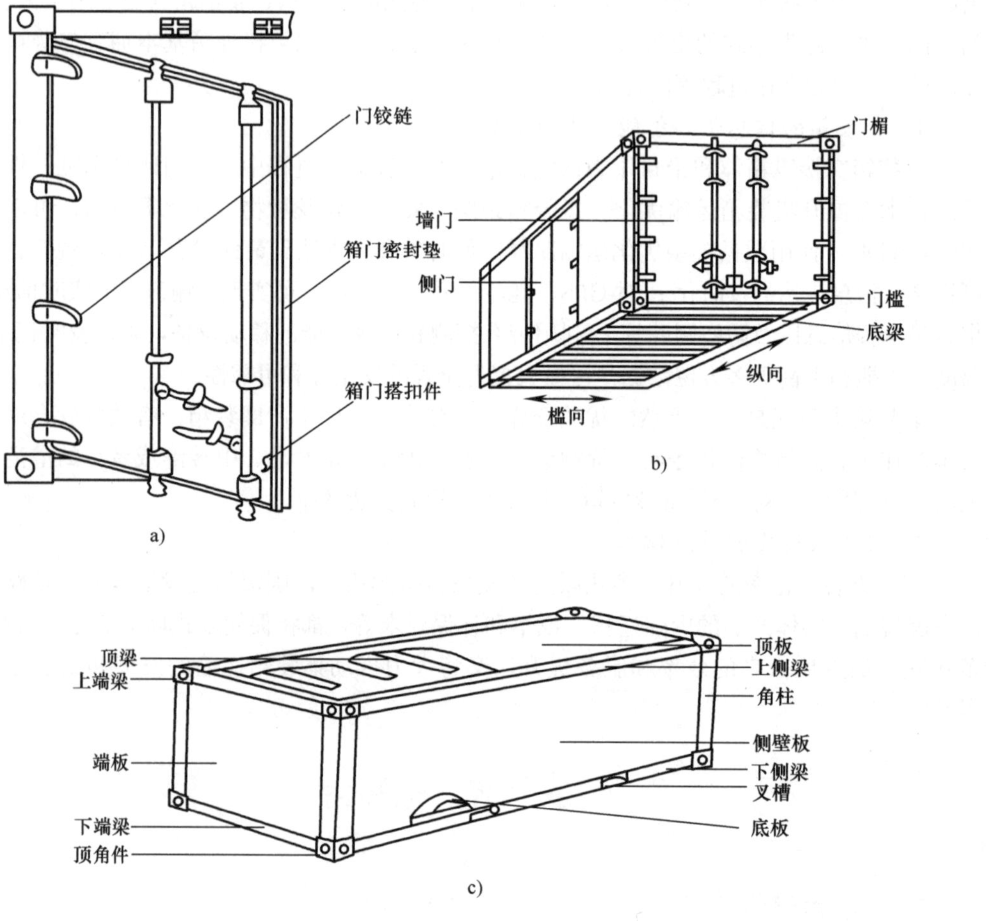

图 7-1　集装箱示意图

1．角件

角件即连接箱体主要承力杆件的重要构件。它位于集装箱的八个角端部，用于支承、堆码、装卸和拴固集装箱。角件在三个面上各有一个长孔，孔的尺寸与集装箱装卸设备上的旋锁相匹配。

2. 底部结构

底部结构是承受箱内货载的主要部分。它由底角件、下侧梁、底端梁、门槛、底横梁及箱底板构成。

3. 前端框架

与载箱车辆行驶方向相一致的端部构件，称为前端框架，由顶角件、底角件、角柱、上端梁、下端梁和端板组成。

4. 后端框架

后端即带有箱门的一端。后端框架由顶角件、底角件、角柱、门楣、门槛和箱门（门铰链、门把手、门锁装置及门板结构）组成。

5. 侧壁结构

侧壁在箱体的两侧，由上侧梁、下侧梁和侧壁板组成。

6. 箱顶结构

箱顶结构由上侧梁、上端梁、门楣和顶板组成。

三、集装箱的分类

集装箱可以分别按用途、结构、使用材料和总重等进行分类。

1. 按用途分类

根据设计中所考虑的装运货物品类的不同，集装箱可分为普通货物集装箱、特种货物集装箱和航空集装箱。

（1）普通货物集装箱。普通货物集装箱是指除装运需控温货物、液体和气体货物、散货、汽车和活动物等的特种货物集装箱及航空集装箱以外的各类集装箱的总称，又可分为通用集装箱和专用集装箱。

1）通用集装箱又称干货集装箱或杂货集装箱，是指全封闭式，具有刚性的箱顶、侧壁、端壁和箱底，至少在一面端壁上有箱门的集装箱。例如，装运日用百货、食品、机械、仪器和家用电器等的集装箱。

2）专用集装箱是指为便于不通过端门装卸货物，或为通风等特殊用途而设有独特结构的普通货物集装箱，包括通风集装箱、敞顶集装箱、台架式集装箱和平台集装箱。

（2）特种货物集装箱。特种货物集装箱是指用于装运需控温货物、液体和气体货物、散货、汽车和活动物等特种货物的集装箱，包括保温集装箱、罐式集装箱、干散货集装箱和按货物命名的集装箱。

（3）航空集装箱。航空集装箱是指与空运有关的集装箱，包括空运集装箱和水陆空联运集装箱。

2. 按结构分类

集装箱按结构可分为整体式集装箱、框架式集装箱、罐体式集装箱、折叠式集装箱和软式集装箱。

（1）整体式集装箱。整体式集装箱为整体的刚性结构，一般具有完整的箱壁、箱顶和箱底，如通用集装箱等。

（2）框架式集装箱。框架式集装箱一般呈框架结构，没有壁板和顶板，甚至没有底板，如汽车集装箱。

（3）罐体式集装箱。例如某些台架式集装箱，有时罐体式集装箱外部为刚性框架，内有罐体，适于装运液体、气体和粉状固体货物等。

（4）折叠式集装箱。折叠式集装箱的主要部件（指侧壁、端壁和箱顶）能够折叠或分解，再次使用时，可以方便地组合起来。这种集装箱的优点是在回空和保管时能缩小集装箱的体积，但由于其主要部件是铰接的，故其强度会受到一定的影响。

（5）软式集装箱。软式集装箱是指用橡胶或其他复合材料制成的有弹性的集装箱。其结构简单，空状态时体积不大，自重系数小。

3．按使用材料分类

现代的大型集装箱大都不是用一种材料制成的，而是用钢（包括不锈钢）、木材（包括胶合板）、铝合金和玻璃钢这四种基本材料中的两种以上组合而成的。箱体的主要部件（指侧壁、端壁、箱底和箱顶等）采用什么材料，就称其是什么材料制成的集装箱，包括：

（1）钢质集装箱。

（2）铝质集装箱。

（3）玻璃钢集装箱。

（4）其他材料制成的集装箱。

4．按总重分类

集装箱按总重可分为大型集装箱、中型集装箱和小型集装箱。大型集装箱是指总重在20t及以上的集装箱；中型集装箱是指总重在5t及以上，但小于20t的集装箱；小型集装箱是指总重小于5t的集装箱。有时也可直接根据集装箱的总重来称呼集装箱，如1t箱、5t箱和10t箱等。

5．集装箱的其他分类方法

（1）集装箱按装卸方式可分为垂直装卸的集装箱、水平装卸的集装箱和可卸箱体。

（2）按箱主分类，在海运上分为船公司的集装箱、租箱公司的集装箱和企业自备的集装箱；铁路运输中分为铁路集装箱和企业自备集装箱。

【小思考】
你了解最常见的集装箱吗？

（3）集装箱按尺寸规格可分为40尺集装箱、30尺集装箱及20尺集装箱等。

（4）集装箱按箱型可分为1AAA、1BB、1C及1DX等集装箱。

四、集装箱的参数

1．重量和尺寸的定义

（1）自重、载重和额定重量。

1）集装箱的自重又称空箱重量。它是包括各种集装箱在正常工作状态下应备有的附件和各种设备（如机械式冷藏集装箱的机械制冷装置及其所需的燃油等）的自身的重量。

2）集装箱的载重又称载货重量。它是集装箱最大容许承载的货物重量（货物质量），包括集装箱在正常工作状态下所需的货物紧固设备及垫货材料等在内的重量（质量）。

3）集装箱的额定重量（额定质量）。它是指集装箱的空箱重量（空箱质量）和箱内装载货物的最大允许重量（最大允许质量）之和，即最大工作总重量（最大工作总质量），简称最大总重。集装箱的额定重量减去自重等于载重。

（2）主要尺寸。

1）外部尺寸。包括永久附件在内的集装箱外部的最大长、宽、高尺寸。

2）内部尺寸。按最大内接长方体确定的长、宽、高尺寸，不考虑顶角件突出在箱内的部分。

3）门框尺寸。指箱门开口的高度和宽度。

4）容积。指内部尺寸长、宽、高的乘积。

集装箱在装货前，为了使集装箱的容积和重量能充分利用，必须仔细参阅集装箱的上述参数。

2．集装箱性能参数

（1）刚性。刚性是指集装箱在运输中（特别是在船舶摇摆时）抵抗横向或纵向挤拉载荷的能力。

（2）风雨密性。风雨密性是指具有规定喷水试验所要求的严密性。

（3）堆码能力。堆码能力是指相同尺寸的集装箱在偏码的条件下，承受动、静载荷的能力。集装箱在舱内或场地上堆码时，都可能产生不整齐堆码。按国际标准的规定，其允许偏离值纵向为38mm，横向为25.4mm。

（4）拴固能力。拴固能力是指当集装箱用底角件拴固时，在运输中由于加速度的作用，而要求集装箱的底角件能承受纵向加速度力的能力。

（5）箱底承载能力。箱底承载能力是指箱底承受载重或装箱用机具的轮压所产生的动、静荷载的能力。

3．技术参数

（1）自重系数。自重系数是指集装箱的自重与载重量之比。集装箱自重系数越小越好。自重系数越小，表明在集装箱自重既定的情况下，能够装载的货物越多。铝合金材质的集装箱的优点就在于它的自重系数较小。

（2）比体积。比体积是指集装箱内部的几何容积与载重量之比。集装箱的比体积越大，表明在同样载重量的情况下，它可以装载的货物体积越大，具有较大的使用范围。

（3）比面。比面是指集装箱底的全部面积与其载重量之比。集装箱比体积是反映封闭式集装箱装载能力的技术参数，集装箱比面则是反映敞开式集装箱装载能力的技术参数。比面大，表明在同样重量的情况下，可以装载较多占用放置面积较大的货物。

【课堂实训】

观看图 7-2，说出各种集装箱名称及其所属的类型。

a)　　b)

图 7-2　多种类型的集装箱

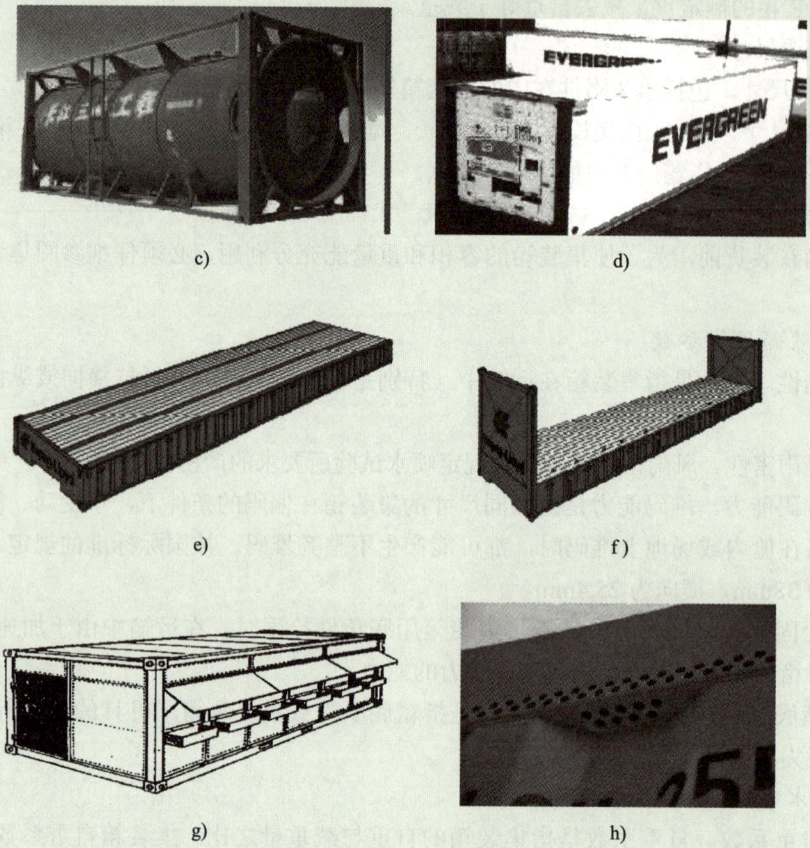

图 7-2　多种类型的集装箱（续）

第三节　集装箱货物种类及拼装

【小案例】特种集装箱货物运输组织

特种货物的运输组织有特殊的要求，尤其要注意安全。以德国为例，运输危险货物和超大货物的集装箱，根据货物的不同，选用的重载汽车也不同。运输普通危险货物的驾驶员必须每 5 年进行一次 30 小时的培训。驾驶员在运输危险货物时，必须配备安全帽、防护镜、铁锹及灭火器等，在集装箱四周必须张贴危险识别标识和国际通用的危险货物代码。对于放射性物品或炸药等危险货物，将由经过更严格培训的驾驶员运输，集装箱换装站也是指定的。如果运输超重的集装箱，就需要选派装载超重集装箱的拖车运输。相应地，特种集装箱的运输费用也不同于普通集装箱。

一、集装箱货物种类

适合集装箱运输的货物，是既便于装箱，又能够经济运输的货物。这些货物的分类情况如下：

1．按货物性质分

（1）普通货物。普通货物一般统称为日杂货，是指按货物性质不需要特殊方法进行装卸和保管，可以按件计数的货物。日杂货根据包装形式和货物的性质又可分为细货和粗货两类。

细货是指清洁而干燥，在积载和保管时，货物本身无特殊要求，与其他货物混载不会损坏或污染其他货物的货物。如罐头食品、纺织品、棉纱、布匹、橡胶制品、陶瓷品、漆器、电气制品及玩具等。

粗货是指按货物本身的性质和状态，容易发潮、发热、风化、溶解、发臭，或者可能渗出液汁、飞扬货粉、产生害虫而使其他商品遭受严重损失的货物。属于这一类货物的有：渗出液汁的兽皮；飞扬粉末的水泥、石墨；污损其他货物的油脂、沥青；易生虫的椰子核、牛骨；会发生强烈气味或臭气的胡椒、樟脑和牛皮等。

（2）特殊货物。特殊货物一般是指货物在性质上、质量上、价值上或货物形态上具有特殊性，运输时需要用特殊集装箱装载的货物。它包括冷藏货、活动植物、重货、高价货、危险货、液体货、易腐货和散货等许多种。

冷藏货是指需要用冷藏集装箱或保温箱运输的货物，如水果、蔬菜、鱼类、肉类、鸡蛋、奶油及奶酪等。

活动植物是指活的家禽、家畜、其他动物以及树苗和其他苗木等植物。

重货是指单件重量特别大的货物，如重型机械等货物。

高价货是指价格比较昂贵的货物，如生丝绸缎、丝织品、照相机、电视机以及其他家用电器等。

危险货是指货物本身具有易燃、易爆、腐蚀性、放射性等危险性的货物。危险货物装箱时必须有特别的安全措施，以保证运输设备及人身的安全。

液体货是指需要装在罐、桶、瓶、箱等容器内进行运输的液体或半液体货。液体货易泄漏和散发，经常会出现漏损或污染其他货物的情况，还具有一定程度的危险性。

易腐货是指在运输途中因通风不良，或遇高温、高湿等原因容易腐败变质的货物。

散货是指食物、盐、煤、矿石等无特殊包装的散装运输的货物。随着集装箱运输的发展，水泥、糖等也可用集装箱散装运输。

2．按适箱程度分

（1）最佳装箱货。这是指价值大、运价高、易损坏、易被盗窃的商品。这些商品按其属性（指商品的大小、体积和重量）可有效地进行集装箱运输，如针织品、酒、医药品、打字机、各种小型电器、光学仪器、电视机、收音机及小五金之类等。

（2）适合装箱货。这是指价值较大、运价较高、较易损坏和较易被盗窃的商品，如纸浆、天花板、电线、电缆、面粉、生皮、碳精、皮革及金属制品等。

（3）边际装箱货。这又被称为临界装箱货或边缘装箱货，这种货物可用集装箱来装载，但其货价和运价都很低，用集装箱来运输，在经济上不合算。而且该类货物的大小、重量和包装也难于集装箱化，如钢锭、生铁、原木及砖瓦等。

（4）不适合装箱货。这是指那些从技术上看装箱有困难的货物。例如，原油和矿砂等不宜装箱运输；又如，桥梁、铁路、大型发电机等设备，由于尺寸大大超过国际标准集装箱中最大尺寸的集装箱，故装箱有困难，但可以装在组合式的平台箱上运载。

【课堂讨论】下列货物分别属于哪种集装箱货物?

1. 罐头 2. 陶瓷 3. 玩具 4. 矿石 5. 胡椒 6. 活鸡 7. 水泥 8. 果蔬 9. 小家电 10. 药品 11. 大型道路施工设备

3. 按托运货物的批量分

(1) 整箱货(FCL)。整箱货是指货主托运的批量较大,足以装满一个集装箱的货物。整箱货通常只有一个发货人和收货人,货物由发货人自行装箱,向海关办理货物出口报关手续,经海关检验后,由海关对集装箱施加铅封。

(2) 拼箱货(LCL)。拼箱货是指货主托运的批量较小,不足以装满一个集装箱,须由集装箱货运站将分属于不同货主的同一目的地货物合并装箱的情况。

在集装箱货物运输中,为了车、船、货、箱的安全,必须根据货物的件质、种类、容积、重量和形状来选择适当的集装箱。

4. 按包装方式分

集装箱货物按包装方式可分为以下几种:

(1) 纸箱货。该种包装最为常见,一般用于包装比较精细的和轻的货物,如医药、鞋子等。

(2) 木箱货。该种包装主要用来装载较重的货物,如精密仪器、大型设备等。

(3) 货板货。货板上通常装载纸箱货和袋装货。

(4) 捆包货。捆包货包括纸浆、板纸、羊毛、棉花、面布、其他棉织品、纺织品、纤维制品以及废旧物料等。

(5) 袋装货。袋包装的种类有麻袋、布袋及塑料袋等,主要装载的货物有粮食、咖啡、可可、废料、水泥和粉状化学品等。

(6) 滚筒货。卷纸、卷钢、钢丝绳、电缆、盘元等卷盘货,塑料薄膜,柏油纸,钢瓶,以及轮胎、瓦管等均属于滚筒货。

(7) 桶装货。桶装货一般包括各种油类、液体和粉末类的化学制品、酒精、糖浆等,其包装容器有铁桶、木桶、塑料桶、胶合板桶和纸板桶等。

二、集装箱货物拼装

1. 集装箱装载

搞好集装箱货物的积极配载工作十分重要。为了确保集装箱货运质量,必须注意集装箱货物的合理装载和固定,集装箱货物的装载应做到以下几个方面:

(1) 认真检查。装拆箱作业人在装箱前,应按规定认真检查箱体,检查集装箱外表有无损伤、变形、破口等异样;检查集装箱内侧六面是否有漏水、漏光、水迹、油迹、残留物、锈蚀情况,箱门、搭扣件、密封条有无变形、缺损,箱门能否开启180°。当发现集装箱不适合装运货物时,应拒绝装箱。

(2) 重量分配。货物装箱时,应使货物重量平均分布于集装箱底平面,使箱底承受均匀载荷作用。否则,货物重量集中作用于箱底某一点,易导致箱底脱落或底梁弯曲。又如货物重心偏移时,易导致吊运倾翻或运载工具因前后、左右车轮受力不均,影响安全行车。货物装箱还应保证将外包装坚固和较重的货物置于下面,将外包装脆弱和较轻的货物置于上面。

货物装载重量应以不超过所使用集装箱规定的最大允许载重为限。

（3）衬垫设置。当货物及其外包装有可能被压坏或挤破时，必须在货物之间设置衬垫、夹衬或缓冲材料、货物支架等。

（4）货物固定。集装箱内的货物之间、货物与箱壁之间如有间隙，则货物在运输过程中极易窜动、挪动、倾斜，从而造成货物被挤损、倒塌甚至人身伤害。因此，箱内货物必须被固定在各自的位置上。货物固定就是使运输货物在集装箱内不产生位置移动的作业。货物固定的方法通常有支撑、塞紧、系紧及缓冲等。

（5）货物混载。把许多种货物装在同一集装箱内时，要注意货物的性质和包装，如有可能会引起事故，就要避免混载。例如，有水分的货物和干燥货物、一般货物与强臭货物及粉末货物、危险货物之间不得混载。

（6）货物装箱程序。①选定货物在集装箱内部宽度和高度方面的装载方案，并尽可能使其接近集装箱内部的宽度和高度。②为了使剩余容积最小，应首先装满集装箱内的宽度和高度，然后确定箱子长度方面的应装件数。③装箱方案确定后，从里面开始装，直到箱门处。④在箱门处，可根据剩余容积，适当改变货件的配置方法。但应防止开关箱门时发生货物倒塌事故。装卸集装箱内货物，应尽量创造条件用机械操作。其装卸作业方式随箱型和货物品种而异。例如，散装货箱可用抓斗或带式输送机装箱，用倾斜方式卸箱；顶开门式可用吊车装箱、卸箱；侧开门式可用叉车装箱、卸箱；端开门式大型通用集装箱，可用小型机械出入箱内装箱、卸箱等。集装箱货物装箱后，装拆箱作业人应缮制货物装箱单，按有关规定施加封志，并按要求在箱体外贴上运输及有关标志。

【资料链接】集装箱装载注意事项

包装不同的货物应分别装载；有夹角或突出部分的货物与其他货物之间，应用木板等材料分隔，以免损伤其他货物；严格遵守货物包装上的规定，如严禁倒置的货物必须正置；包装不整、不牢固、破损的货物不装；防止因运输时间长、外界条件差而损害货物的措施必须得力；装箱时应考虑到卸箱作业，为货物卸货创造方便。

2. 集装箱换装作业

将集装箱从一种运输工具上卸下，转装到另一种运输工具上，称为集装箱换装。在同类运输工具之间，如汽车与汽车、轮船与轮船之间，也会发生换装作业。换装作业有直接换装与间接换装两种方式。

（1）直接换装。直接换装是指将一种运输工具上装运的集装箱，利用装卸机械吊装到另一种运输工具上。例如，将轮船上的集装箱吊运到汽车或火车上；或将汽车或火车上的集装箱吊装到轮船上，或在汽车与火车之间直接吊装。

（2）间接换装。间接换装是指将集装箱自某种运输工具上卸下后，放置在堆场上，然后再装到另一种运输工具上。

集装箱换装作业有垂直式换装与水平式换装两种组织方式。垂直式换装也称吊上吊下式换装。它是利用集装箱跨运车或跨运吊车、叉车以及码头上的集装箱桥等，将集装箱从轮船上吊下转装在汽车或火车上（或者相反）。水平式换装也称开上开下式换装。它是利用牵引车在水平方向上移动置于底盘车上的集装箱来进行换装作业的。

三、各种装箱货的装箱操作

1．纸箱货的装箱操作

（1）注意事项。①如集装箱内装的是统一尺寸的大型纸箱，就会产生空隙。当空隙为10cm左右时，一般不需要对货物进行固定，但当空隙很大时，就需要按货物的具体情况加以固定。②如果不同尺寸的纸箱混装，那么应就纸箱大小合理搭配，做到紧密堆装。③拼箱的纸箱货应进行隔票。隔票时可使用纸、网、胶合板及垫货板等材料，也可以用粉笔、带子等做记号。④当纸箱货不足以装满一个集装箱时，应注意纸箱的堆垛高度，以满足使集装箱底面占满的要求。

（2）纸箱的装载和固定操作。①装箱时要从箱里往外装，或从两侧往中间装。②在横向产生25～30cm的空隙时，可以利用上层货物的重量把下层货物压住，最上层货物一定要塞满或加以固定。③如所装的纸箱很重，那么在集装箱的中间层就需要适当地加以衬垫，纸箱垛四角要用强度较好的立柱加固，防止纸箱垮塌。④当箱门端留有较大空隙时，需要用方形木条来固定货物。⑤当装载小型纸箱货时，为了防止塌货，可采用纵横交叉的堆装法。

2．木箱货的装箱操作

（1）当装载比较重的小型木箱时，可采用骑缝装载法，使上层的木箱压在下层两个木箱的接缝上，最上一层必须加以固定或塞紧。

（2）当装载小型木箱时，如箱门端留有较大的空隙，则必须利用木板和木条加以固定或撑紧。

（3）当重心较低的重、大木箱只能装一层且不能充分利用箱底面积时，应装在集装箱的中央，底部横向必须用方形木条加以固定。

（4）对于重心高的木箱，仅靠底部固定是不够的，还必须在上面用木条撑紧。

（5）当装载特别重的大型木箱时，经常会形成集中负荷或偏心负荷，故必须有专用的固定设施，不让货物与集装箱前后端壁接触。

（6）当装载框架箱时，通常是使用钢带拉紧，或用具有弹性的尼龙带或布带来代替钢带。

3．货板货的装箱操作

货板上通常装载纸箱货和袋装货。纸箱货在上下层之间可用粘贴法固定。袋装货装板后要求袋子的尺寸与货板的尺寸一致，对于比较滑的袋装货也要用粘贴法固定。其装箱注意事项有：

（1）当货板的尺寸如在集装箱内横向只能装一块时，则货物必须放在集装箱的中央，并用纵向垫木等加以固定。

（2）当装载两层以上的货物时，无论空隙在横向或纵向，底部都应用档木固定，而上层货板货还需要用跨档木条塞紧。

（3）如货板数为奇数时，则应把最后一块货板放在中央，并用绳索通过系环拉紧。

（4）当货板货装载框架集装箱时，必须使集装箱前后、左右的重量平衡。装货后应用带子把货物拉紧，货物装完后应根据需要在集装箱上加罩帆布或塑料薄膜防水。

（5）袋装的货板货应根据袋包的尺寸搭配起来，以充分利用集装箱的容积。

4．捆包货的装箱操作

（1）捆包货一般可横向装载或竖向装载，此时可充分利用集装箱箱容。

（2）捆包货装载时一般都要用厚木板等进行衬垫。

（3）用粗布包装的捆包货，一般比较稳定而不需要加以固定。

5．袋装货的装箱操作

袋包装材料的抗潮、抗水湿能力通常较弱，故装箱完毕后，最好在货物顶部铺设塑料布等防水遮盖物。

袋装货在装载和固定时应注意的问题有：①袋装货一般容易倒塌和滑动，可用粘贴剂粘固，或在袋装货中间插入衬垫板和防滑粗纸；②袋包一般在中间呈鼓凸形，常用堆装方法有砌墙法和交叉法；③为防止袋装货堆装过高而有塌货的危险，需要用系绑用具加以固定。

6．滚筒货的装箱操作

滚动货装箱时一定要注意消除其滚动的特性，做到有效、合理地装载。

（1）装载卷纸类货物。卷纸类货物原则上应竖装，并应保证卷纸两端的截面不受污损。只要把靠近箱门口的几个卷纸与内侧的几个卷纸用钢带捆在一起，并用填充物将箱门口处的空隙填满，即可将货物固定。

（2）盘元的装载和固定操作。盘元是一种只能用机械装载的重货，一般在箱底只能装一层。最好使用井字形的盘元架。大型盘元还可以用直板系板、钢缆夹件等在集装箱箱底进行固定。

（3）电缆的装载和固定操作。电缆是绕在电缆盘上进行运输的，装载电缆盘时也应注意箱底的局部强度问题。大型电缆盘在集装箱内只能装一层，一般使用支架以防止其滚动。

（4）卷钢的装载和固定操作。装载卷钢时，一定要使货物之间互相贴紧，并装在集装箱的中央。对于重3t左右的卷钢，除用钢丝绳或钢带通过箱内系环将卷钢系紧外，还应在卷钢之间用钢丝绳或钢带连接起来；对于单重较重的卷钢，底部应至少用三根长度1m以上、15cm见方的方形木条（即木支架衬垫方式）或者有缓冲作用的草支垫、橡胶支垫等加以衬垫，侧面再用方形木条加以固定。拴固时通常使用能承受1.5t左右拉力的钢丝绳或者编织带，而不使用钢带，因为钢带容易断裂。

（5）轮胎的装载和固定操作。普通货车用的小型轮胎竖装横装都可以。横装时比较稳定，不需要特别加以固定。大型轮胎一般以竖装为主。应根据轮胎的直径、厚度来研究其装载方法，并加以固定。

7．桶装货的装箱操作

除桶口在腰部的传统鼓形木桶外，桶装货在集装箱内均以桶口向上的竖立方式堆装。由于桶体呈圆柱形，在箱内堆装和加固的方法均依据具体尺寸决定，使其与箱形尺寸相协调。

（1）铁质桶的装载和固定操作。集装箱运输中以0.25m^3（55gal）的铁质桶最为常见。这种铁质桶在集装箱内可堆装两层，每个20ft型集装箱内一般可装80桶。装载时要求桶与桶之间要靠近，对于桶上有凸缘的铁桶，为了使桶与桶之间的凸缘错开，每隔一行要垫一块垫高板，装载第二层时同样要垫上垫高板，而不垫垫高板的这一行也要垫上胶合板，以使上层的桶装载稳定。

（2）木质桶的装载和固定操作。木质桶一般呈鼓形，两端有铁箍，由于竖装时容易脱盖，原则上要求横向装载。横装时在木桶的两端垫上木楔，木楔的高度要使桶中央能离开箱底，不让桶的腰部受力。

（3）纸板桶的装载和固定操作。纸板桶的装载方法与铁质桶相似，但其强度较弱，故在装箱时应注意不能使其翻倒而产生破损。装载时必须竖装，装载层数要根据桶的强度而定。如果单桶重量较大，则上下层之间一定要插入胶合板做衬垫，以便使负荷分散。

第四节　集装箱运输方式

【小案例】加拿大的集装箱货场

加拿大铁路集装箱货场位置一般远离城市范围，距离城市约 10 ～ 40km，大部分预留远期发展的条件。货场均位于铁路干线上，与枢纽编组站间有便捷的通路，有发达的公路运输网络并与国道及高速公路相连。现有距离城市较近的货场，受城市建设的限制，正在逐步外迁。加拿大的城市一般有 2 ～ 3 个铁路集装箱货场。

港口集装箱铁路货场一般是铁路货场与港口相邻布置，便于集装箱的装卸作业。铁路货场的到发线与货物装卸线一般呈横列式布置，长度在 1000m 以上，基本上为贯通式布置；为方便到达集装箱专列的到发作业，个别车站设有 2 ～ 3 列长度的组合列车到发线。例如，温哥华港三角洲地区的集装箱货场位于温哥华西南部，距温哥华市区 30km，是由多家铁路公司联合经营的铁路集装箱货场。货场与港口之间设有专门的汽车通道，装车均为整箱集装箱，到达港口的集装箱拼装箱作业均由分布在城市周围的物流企业承担。货场车站每天开行集装箱专列 4 ～ 5 列，设有接发大列集装箱专列的条件，集装箱专列均由集装箱货场到发，没有混编列车进入港口。各集装箱货场与各用户之间的运输由汽车承担，汽车运输的吸引范围为 200km。集装箱专列一般不进入编组站，到达的集装箱班列直接接入贯通式装卸线，出发列车由贯通式装卸线直接发车。（资料来源：http://www.chinatat.com/new/201009/zh35251736321029010217612.shtml）

思考：根据上述案例讨论集装箱货场及集装箱运输的情况。

集装箱运输的方式有多种，正确选择集装箱的运输方式、充分利用集装箱的优势且避免在选择上出现错误，是综合一贯制运输的重要特点。

一、集装箱集疏运输

集装箱集疏运输是干线运输的首尾衔接性支线运输，是集装箱运输的基本组成部分，这种集疏运输在内陆进行，所以又称为内陆集运。内陆集运有内陆公路集疏运、铁路集疏运及内河集疏运三种形式。

1．内陆公路集疏运

内陆公路集疏运是集装箱运输的重要运输形式，尤其是集装箱门到门汽车直接运输和联运系统。内陆公路集疏运是不可缺少的首尾运输的重要环节。对于大型集装箱而言，内陆公路集疏运也进行长距离的干线运输。

（1）内陆公路集疏运可选择的车辆种类。

1）集装箱半挂车。集装箱半挂车又分为平板式、梁架式、浮动轮式及伸缩梁架式等若干种。其基本结构是：半挂车前部有支脚或浮动轮，后部为承重轮，在运输时，前部搭放于拖车之上，和拖车一起形成一个整体，集装箱自重及挂车自重由拖车和挂车共同承重。在几种半挂车中，梁架式有较强的专用性，挂车车体较轻，因而运输耗能少；平板式属于多用型，除用于运装集装箱外，还可装运其他多种大重量、长尺寸货物，车身重量较大，因而运输集装箱的技术经济效果不如梁架式。

2）集装箱全挂车。全挂车是无动力车体，挂车完全承载集装箱。当短距离移动时，可用各种小型车辆拉动，甚至人力推动；当长距离运输时，则接上拖车形成集装箱全挂列车。这种车型如用于大箱运输，则列车总长度太长，运行不便，所以一般用于小型集装箱，采用较短的全挂车。

3）集装箱自装自卸车。这是车上带有集装箱装卸设施的特殊车辆。在集装箱门到门运输中，当一端或两端缺乏装卸工具时，采用这种车型十分有利。

（2）内陆公路集疏运经营范围。

1）海上国际集装箱由港口到内陆腹地的延伸运输、中转运输以及在内陆中转站进行的集装箱交接、堆存、拆装、清洗、维修和集装箱货物的仓储、分发等作业。

2）由国内铁路集装箱中转站至收、发货人仓库、车间、堆场间的门到门运输及代理货物的拆装箱作业。

3）由沿海、内河国内水运集装箱出港口向腹地的延伸运输、中转运输或货主间的短途门到门运输。

4）各城市之间干线公路直达的集装箱运输。

5）内陆与边境口岸出入境的集装箱运输、接驳运输及大陆桥运输。

（3）内陆公路集疏运形式。在集装箱运输过程中，根据货物发、收批量的不同，集装箱货物可分为整箱货货流和拼箱货货流两种形态，从而有以下四种流转方式：

1）发量大收量也大的货物：整箱货装箱——集装箱运输——整箱货拆箱。

2）发量大收量小的货物：整箱货装箱——集装箱运输——拼箱货在货运站拆箱。

3）发量小收量大的货物：拼箱货在货运站装箱——集装箱运输——整箱货拆箱。

4）发量小收量也小的货物：拼箱货在货运站装箱——集装箱运输——拼箱货在货运站拆箱。

可以看出，采用整箱货还是拼箱货来完成集装箱货物运输，主要取决于集装箱的货流，一般按这四种方式进行集装箱货运组织。

2．铁路集疏运

铁路集疏运在多式联运中，主要承担陆地干线运输的责任。铁路的集装箱运输是有限制的，主要受车辆、路线和接发集装箱车站的限制。

（1）铁路集疏运车辆的选择。一般铁路货车皆可装运集装箱，但集装箱大小及长度受铁路货车尺寸的制约，且普通铁路平板货车虽可装运集装箱，但自重较大，无效运输较严重，车辆构造也不适合快速装卸及大量运输。所以，除了一般混装线以外，专门进行集装箱运输的线路及定期集装直达列车一船都采用集装箱专用车。专用车主要类型有梁架式集装箱专用车、车载式滚装集装箱货车及双层集装箱货车等。

（2）铁路集疏运方式选择。铁路运输方式，受集装箱办理车站和路线的限制，需要做出不同的选择。

1）选择一般集装箱办理站的集装箱铁路运输。由于受到铁路货站装卸设备和装卸能力的限制，同时还受到发、到货量的限制，不可能所有的铁路货站都能够承运集装箱。选择铁路集装箱运输必须首先选择集装箱办理站。

2）铁路集装箱直达列车。铁路集装箱直达列车和路线班车，是发达国家普遍采用的一种高效、快速的集装箱铁路运输方式，采用这种方式可以实现铁路干线运输准时、快速的目标。

3. 内河集疏运

在集装箱运输中，尤其是国际集装箱运输，船舶是主要的运输工具。国际通用20ft及40ft两种大型集装箱，用普通船运输装运量有限，且装运困难，所以近几十年发展出了若干形式的专用集装箱船。

能载运集装箱的船舶种类很多，但载运能力、载运方式相距甚远。现在主要采用的有以下几种：

（1）吊装式集装箱船。集装箱出入船作业采用吊装方式，利用岸上或船上起重设备进行吊装吊卸。主要有三种类型：第一种是全集装箱船，第二种是半集装箱船，第三种是集装箱—杂货两用船。这三种船的装卸作业都采取吊上、吊下方式，其中最典型的是全集装箱船。

全集装箱船是集装箱专用船，其特点是载运集装箱数量大，一般为大开口单甲板，舱内有稳固集装箱的箱格结构，每一箱格可堆放集装箱4～9层，甲板上可堆放集装箱2～3层，并有系紧装置稳固集装箱。全集装箱船载重量一般在万吨以上，第四代全集装箱船已达5万吨级以上，载箱量最大已达4000～5000 TEU，运输效率很高。

（2）滚装式集装箱船。滚装式集装箱船是将集装箱货载连同牵引车一起驶入船上，车及集装箱一同完成水运或上船后只卸下集装箱而将牵引车辆从船上驶下。由于是连同车辆一起运输，所运的集装箱不能叠放堆码，船型必是多层甲板。这种船与码头之间的装卸是通过船首、船尾与船侧的开口处，利用跳板将车载集装箱驶上驶下。各层仓的沟通主要靠斜坡道和升降机。

> **小看板**
>
> 滚装式集装箱船的优点是对码头要求较低，装卸速度快，装卸效率高，适应货种多。其缺点是舱容利用率低、造价高，在集装箱运输中是一种辅助船型。

（3）载驳集装箱船。载驳集装箱船又称子母集装箱船。载有集装箱的驳船，浮进载驳船或整体吊入载驳船之后，进行船载船的载驳运输，到达后再将载有集装箱的子驳船放入水中，这种方式又称为浮装式集装箱船。

载驳集装箱船的主要特点是利用小驳船的机动性及通达性，可将海上干线运输、内航干线运输与小河道、小水域的配送、集货运输有效地连接起来，有利于实现门到门运输，尤其是大小船之间的转运，利用载驳集装箱船可节省转运时间和转运时的装卸费用。

（4）内河集装箱船。内河集装箱船是用于内河航运的专用集装箱船，主要是有自航能力的自航驳船，也采用驳船组队的形式。

内河集装箱船的主要特点是上部建筑简单，有大开口或大甲板便于装卸集装箱。内河集装箱船受内河船运限制，船体较小；内河水深变动较大，因而主要采用吊上吊下方式进行集装装卸。

（5）江海联运型集装箱船。这是能在海上和江上运输而不需换运的集装箱船。这种船有利于江海直达联运，是一种新的船型。

【资料链接】2014年集装箱船是我国船舶出口产品主体

据国家海关统计，2014年1～2月，散货船、集装箱船和油船是我国船舶出口产品的主体，其出口额合计为28.7亿美元，占比为64.9%。随着行业的发展，国际市场对大吨位船舶的需求比较旺盛，导致15万载重吨以上的大吨位散货船出口额占比和增幅都较大。2014年前2个月，15万～30万载重吨散货船出口额为5亿美元，占比为11.3%，金额同比增长131%。由于国际货物运输船舶大型化和集装箱化的趋势日益明显，我国集装箱船出口额增幅较大。其中，6000 TEU及以下集装箱船出口额为4.5亿美元，同比增长270.1%；6000 TEU以上集装箱船出口额为2.6亿美元，同比增长113.4%。（资料来源：http://www.chinairn.com/news/20140403/144545508.shtml）

二、集装箱多式联运

1．概念与特点

多式联运是以集装箱为运输单元，将不同的运输方式有机地组合在一起，构成连续的、综合性的一体化货物运输。国际集装箱多式联运是指按照国际集装箱多式联运合同，以至少两种不同的运输方式，由多式联运经营人将货物从一国境内接管货物的地点运至另一国指定交付地点的运输。国际多式联运有以下要点：必须具有一份合同；必须使用一份全程多式联运单证；采用两种及以上的运输方式；多式联运的经营人是全程运输负责人，由他对托运人签订一个运输合同，统一组织全距运输，实行运输全程一次托运、一单到底、一次收费、统一理赔和全程负责。

2．运输组织形式

（1）海陆联运。海陆联运是国际多式联运的主要组织形式。这种组织形式以航运公司为主体，签发联运提单，与航线两端的内陆运输部门开展联运业务。当前世界上规模最大的海上三条集装箱航线是：远东—北美航线；远东—欧洲、地中海航线；北美—欧洲、地中海航线。

（2）陆桥运输。在国际多式联运中，陆桥运输起着非常重要的作用。它也是国际多式联运的主要形式。所谓陆桥运输，是指采用集装箱专用列车或汽车，把横贯大陆的铁路或公路作为中间“桥梁”，使大陆两端的集装箱海运航线与专用列车或汽车连接起来的一种连贯运输方式。目前，陆桥运输线路有西伯利亚大陆桥、北美大陆桥和新亚欧大陆桥等。

（3）海空联运。20世纪60年代，将货物由远东用船舶运至美国西海岸，再通过航空运至美国内陆地区或美国东海岸，从而出现了海空联运。海空联运又被称为空桥运输。目前，国际海空联运线主要有远东—欧洲、远东—中南美等线路。采用这种运输方式，运输时间比全程海运少，运输费用比全程空运便宜，所以运输距离越远，采用海空联运的优越性就越大。

【资料链接】国际主要海空联运线

（1）远东—欧洲。远东与欧洲间的航线有以温哥华、西雅图、洛杉矶为中转地的，也有以香港、仁川、曼谷、符拉迪沃斯托克市（海参崴）为中转地的，还有以旧金山、新加坡为中转地的。

（2）远东—中南美。近年来，远东至中南美的海空联运发展较快，因为此处港口和内陆运输不稳定，所以对海空运输的需求很大。该联运线以迈阿密、洛杉矶、温哥华为中转地。

（3）远东—中近东、非洲、澳大利亚。这是以香港、曼谷、仁川为中转地至中近东、非洲的运输航线。在特殊情况下，还有经马赛至非洲、经曼谷至印度、经香港至澳大利亚等联运线，但这些线路货运量较小。（资料来源：http://china.findlaw.cn/hetongfa/hetongdongtai/

hetongzhishi/huoyunhetongzhishi/175356.html）

三、其他运输方式

1．集装箱班轮运输

集装箱班轮运输是利用集装箱船在固定港口之间进行定期、定航线的集装箱运输。这种运输形式在各国普遍采用，运输量巨大。我国也开辟有到美洲、欧洲、日本、地中海及东南亚等地的定期班轮航线。

2．集装箱定期直达列车

集装箱定期直达列车是采用固定车底的专用集装箱车皮组成的专列，定点、定线、定期运行。

3．集装箱专运列车、快运列车

集装箱专运列车、快运列车也采用专用集装箱货车，但是在运输上有其特点：专运列车在专门线及站之间运行，但不确定时间表；快运列车是专门对小批量集装箱进行没有固定时间表的快运。

【资料链接】德国集装箱公铁联运

德国运输集装箱的重载汽车由德国、瑞典、意大利、荷兰、法国等不同国家生产，但装载集装箱的拖车标准是一样的，即集装箱拖车可以互换，从而促进了公路集装箱运输在欧洲的发展。

在德国铁路改革之初，已经把全德所有铁路货场出售给比利时的ABX公司，ABX公司对市场效益进行分析和重新商业运作，只有极少数货场仍然从事铁路业务。德国铁路集装箱实现专用线或货运点到顾客之间的运输，多数靠专用线或货运点自有汽车运输，而且专用线或货运点和汽车运输公司签订了公铁联运运输合同。运输合同的签订使专用线或货运点拥有重载汽车使用的优先权。

办理集装箱运输的专用线或货运点一般设有重载汽车编排部（负责重载汽车的任务分配和费用清算等），重载汽车的运输半径一般为150km以内，也有运输半径超过200km的。德国铁路“门到门”运输的线路由不同的运输公司组织安排。

德国集装箱公铁联运的特点如下：

（1）广阔的地域覆盖，包括城市和农村。

（2）降低物流成本以支持本来已经很薄的利润率。

（3）快速的物流运作能力（包括拣配和运送）。

（4）灵活的物流能力以适应其需求的季节性。

（5）支持小批量、多品种、高频度的运送。

【课堂实训】

请为以下货物选择集装箱运输的方式。

1．加急快运0.5t价值2 000 000美元的精密仪器，从中国上海到美国华盛顿。

2．2 TEU普通货物从成都运往温哥华。

3．10 TEU普通货物从天津港运往加拿大。

第五节 集装箱运输作业程序

【小案例】上海某货运公司拼箱订舱作业规定

上海某货运公司对拼箱业务订舱操作流程规定如下：

（1）托运人传真托运单给承运人，内容上必须注明：发货人、收货人、通知人、具体目的港、件数、毛重、尺码、运费条款（预付、到付、第三地付款）、货物品名、出货日期及其他要求（如熏蒸、报关、报验）等。

（2）承运人按照托运人托运单上的要求配船，并发送配船通知给托运人。配船通知上会注明船名、提单号、送货地址、联系电话、联系人、最迟送货时间和入港时间。要求托运人务必按所提供信息送货，在最迟送货时间以前入货。

（3）托运人办理货物通关事宜，确保货物能够顺利出运。

（4）在装船前一天，承运人传真提单确认件给托运人，请托运人尽量在装船以前确认回传，否则可能会影响正常签发提单。开船以后，承运人在收到托运人提单确认件一个工作日内签发提单，并结清相关费用。

（5）货物出运后，承运人应提供目的港代理资料、二程预配信息给托运人，托运人可根据相关资料联系目的港清关提货事宜。（资料来源：http://info.10000link.com/newsdetail.aspx?doc=2011010790056）

【课堂讨论】

上海某公司将 1 TEU 电子产品货物从上海发给洛杉矶某客户，其集装箱运输作业的基本内容应有哪些？

一、集装箱运输业务的基本作业

集装箱运输业务的基本作业，实际上是指在集装箱运输流程中对货物或货物的载体（集装箱）所进行的一系列操作，包括货物的移动和货物与集装箱的连接与分离。这些基本活动可构成一个完整的集装箱运输流程。这些基本活动主要有：

（1）与货物、集装箱连接和分离有关的装箱、拆箱及拼箱操作。这些活动可以发生在收（发）货人所在地，也可以发生在整个运输路径的某个节点的货运站上。

（2）与货物（集装箱）发生位移有关的活动。这主要包括：将货物（集装箱）从始发地运往内陆某集散地；由集散地将集装箱经内陆集疏运系统运往港口；集装箱海上运输；将集装箱从目的港运往另一内陆集散地；从内陆集散地将集装箱（货物）运至收货人手中。上述各种运输活动还可进一步分解为更小的运输活动。如海上运输，除了直达运输外，还可由若干中转的几段海上运输活动组成；内陆运输也可分解为几段由不同运输工具承担的运输活动。不过究竟如何细分，则视具体情况而定。

（3）与对集装箱体进行操作有关的活动。这包括空箱的领取与归还，集装箱堆存和对集装箱进行维修、加拆签封等。

（4）集装箱交接活动。由于集装箱运输过程是由多个不同环节构成的，并由不同的关系人完成，集装箱交接在整个集装箱运输流程中相当重要。

二、集装箱货物的运输组织

1．集装箱货物的集中

货物从各货主的工厂和仓库至干线枢纽港投入干线运输的集运（反向则是疏运）可以采取下面一些方式：

（1）一些大型铁路办理站集中多个托运人的小批量货物，通过定期与不定期直达专列运往枢纽港。

（2）在由内陆通往枢纽港的铁路线上有若干个集装箱办理站，可使用一般快运列车或普通货运列车采用沿线逐站集中的方式运往枢纽港堆场。

（3）各支线港分别集中货物后，通过支线以较大批量运往枢纽港堆场。

（4）枢纽港附近的货主分别直接用汽车将集装箱运往枢纽港堆场。

货物由以上各种方式集中运到枢纽港堆场后，以更大的批量投入干线运输。从以上过程可以看出，集装箱货物的集疏运过程是把过去由货主独立组织的小批量货物运输，变成了通过集散点集中后由一个运输企业统一组织的大批量运输。这种大批量货物由于可以采用大型运输方式（运量大、成本低）组织运输，可以取得规模效益。

2．集装箱货物的运输

一个完整的集装箱运输流程是在发货人所在地或货运站装箱或拼箱后，从始发地运往某集散地，由集散地将集装箱经集疏运系统运往枢纽港，经过干线运输运到目的枢纽港后，再运往另一集散地，从集散地将集装箱（货物）运至收货人。集装箱整箱货运过程和拼箱货运过程可用图7-3表示。

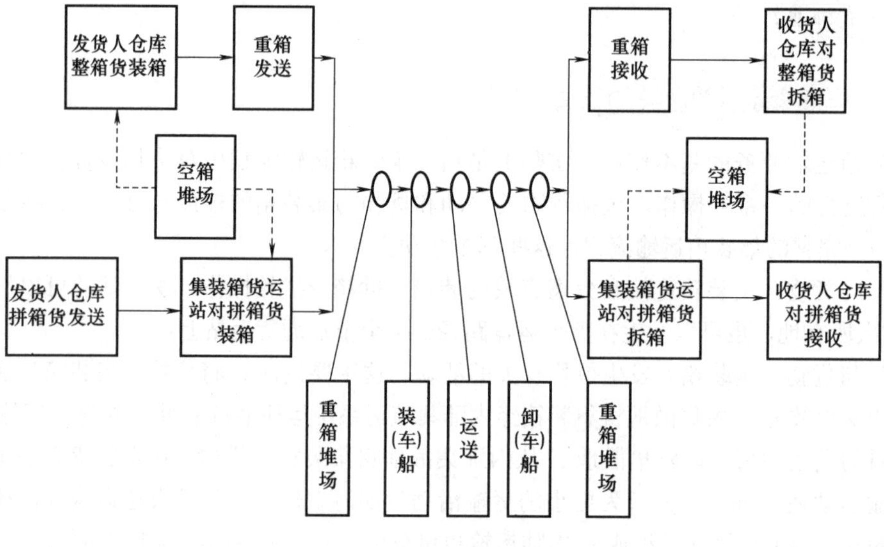

图7-3 集装箱货运过程

整箱货（Full Container Load，FCL）是指货主托运的批量较大，足以由发货人负责装箱、计数、积裁并加铅封的货运。承运人对整箱货以箱为交接单位，只要集装箱外表与收箱时相似和铅封完好，承运人就完成了承运任务。

拼箱货（Less than Container Load，LCL）是指装不满一整箱的小票货物，这种货物，通常由承运人分别揽货并在集装箱货运站或内陆站集中，然后将两票或两票以上的货物混装在一个集装箱内，并在目的地的集装箱货运站或内陆站拆箱，分别交货。对于这种货物，承运人要负担装箱与拆箱作业，装拆箱费用仍向货主收取，承运人对拼箱货的责任基本上与传统的件杂货运输相同。

3．集装箱的交接方式和交接地点

（1）整箱交接。

1）门到门交接。此种交接形式习惯上只有一个发货人、一个收货人，门到门交接的货物系整箱货。

2）场到场交接。这是一种在装船港堆场接收货物，并将其运至卸船港码头堆场交货的交接方式。

3）门到场。在发货人的工厂或仓库接收货箱后，由承运人负责运至卸船港集装箱码头堆场交货，目的地的内陆运输则由收货人自己安排。

4）场到门交接。这是指在装船港集装箱码头堆场接收货箱，由承运人负责运至收货人工厂或仓库交货的交接方式。

（2）拼箱交接。在这种交接方式下，集装箱的具体交接地点只有一种情况，即站到站。这是指发货人将货物送往起运地或集装箱货运站，货运站将货物拼装后交承运人，承运人负责运至目的地或卸箱港的集装箱货运站进行拆箱，当地的货运站按件交给各个有关收货人。

（3）整箱交货、拆箱收货。这种方式下，集装箱具体的交接地点有以下两种情况：

1）门到站交接。在发货人的工厂或仓库接收货箱后，由承运人负责运至目的地集装箱货运站交货，即整箱货接收、拼箱货交付。

2）场到站。在装船港集装箱码头堆场接收货箱，并将其运至目的地集装箱货运站。

（4）拼箱交货、整箱收货。

1）站到门。这是一种承运人在起运地集装箱货运站接收货箱，并将其运至收货工厂或仓库的交接方式。

2）站到场。这是一种承运人在起运地集装箱货运站接收货箱后，负责运至卸船港集装箱码头堆场，整箱交给收货人的交接方式。

三、集装箱货运业务流程

1．内贸集装箱货运业务程序

内贸集装箱货运业务程序如图 7-4 所示。

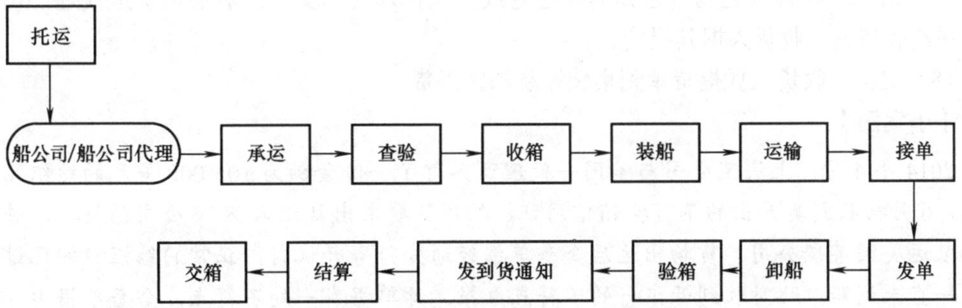

图 7-4　内贸集装箱货运业务程序

（1）托运。国内水路集装箱货物运输的托运，除按一般货物运输的有关托运规定和要求外，还有以下特殊规定：

1）关于装箱货物的规定。集装箱以装贵重品、易碎、怕湿等货物为主；易于污染、损坏箱体的货物不得使用通用集装箱装运，鲜活、危险的货物要用专用集装箱装运。

2）关于货物批量的规定。水路使用集装箱运输的货物，每批必须是同一吨位的集装箱，至少一箱。但实行水陆联运的集装箱要求不超过铁路一辆货车所能装运的箱数。

3）运单的填写。托运人托运集装箱，必须先签订集装箱运输合同，在托运时再填写集装箱运输货物运单。如果是水路直达运输的，那么运给同一到达港、同一收货人的，填制一张运单。但按“港到港”方式办理的，也可以一箱装几张运单的货物。

4）集装箱的装货和卸货。整箱货的装卸由托运人和收货人自理；拼箱货则由承运人负责。

5）集装箱货物重量的确定。集装箱货物重量由托运人负责确定。如重量超过集装箱的标记载重量，由港口对超装的货物重量向托运人或收货人核收罚款，并补收装载逾重的货物运费。

（2）承运。国内水路集装箱货物运输的承运是按水运法规规定的办法，承运人接受托运人的委托，承担为其运送集装箱货物。因此，承运人要按水运法规规定来办理。

1）审核单证。承运人要核对原来签订的运输合同号码，审核运单的填写是否符合规定要求，如果不符合规定要求，那么会要求托运人重填一份。

2）箱子交接。集装箱货物运输的交接手续，凭集装箱交接清单及货物装箱单办理，均按集装箱铅封和箱体状况交接。托运人装箱完毕，凭起运港已批准进场的货物运单，连同集装箱交给起运港。

3）查验、收箱。在起运港，托运人对集装箱施封后交起运港发运，经认可后，即可承运，并确定承运船舶的船名、航次及承运日期。

（3）装船、运输。集装箱装卸区根据船舶的性能和资料，依据场地积载计划等编制船舶配积载图，待船到港后，经船方确认，即行装船。

（4）接单、发单。到达港接到起运港寄来集装箱货物运输的全套单证后，分别发送给货运代理公司和集装箱装卸区。

（5）卸船、验箱。集装箱装卸区依据集装箱货物运输单证进行卸船，卸船后验箱，如发现有货单不符，那么到达港要做货运记录，作为划分责任的依据。

（6）发到货通知。到达港或货运代理公司在接到船舶到港时间及有关箱运资料后，即向收货人发到货通知。

（7）结算。收货人凭到货通知向到达港或货运代理公司交费结算后，货运代理公司签发提货单给收货人，收货人据其提货。

（8）交箱。收货人凭提货单到集装箱装卸区提货。

【小案例】

2014年4月，上海某公司与美国一代理商签订了一份金额为105 000美元的纺织品出口合同，6月初收到其开出的不可撤销信用证，信用证要求出具记名××公司的提单，并指定货物装运美国某船公司。货物出运后全套单据经通知行寄开证行，正常的结汇时间已过，但货款一直未到账，此时收到开证行的不符点电报，称单据有一处不符点，全套单据由开证行暂为保管，不久三份正本提单连同其他单据被开证行退回。上海公司查货物下落，船公司告知货物已被提走。上海公司要求船公司做出解释，三份正本提单仍在银行，我方也并无放货指令，凭什么放货？船公司告知，记名提单可不凭正本提单，仅凭收货人的身份证明即可放货，船公司无责任。上海公司面临着手持正本提单却钱货两空的残酷现实，在要求船公司赔偿货物无果的情况下，一纸诉状把船公司推上了被告席。

被告认为，此案适用于美国1936年《海上运输法》，放货的理由是提单背面条款中已约定，按此法规定记名提单项下承运人可以不凭正本提单放货，只要收货人提供了证明自己合法身份的有关文件即可。一审上海海事法院认定，被告未提供完整的美国1936年《海上运输法》文本，无从依据，故本案适用于《中华人民共和国海商法》，根据其第17条的规定，提单无论是记名或不记名都是物权凭证，承运人必须凭正本提单放货，现原告正本提单在手，被告已将货物放掉，属于严重侵权行为，判决被告赔偿原告全部货款和利息损失。被告不服，立即上诉上海市高级人民法院，要求终审法院依据美国法律改判此案。在法庭的要求下，上诉方提供了完整的美国1936年《海上运输法》文本，通过研读这份完整的法律文本发现，此法只适用于往来美国港口的运输业务，而此案并未涉及美国港口，故终审判决驳回上诉，维持原判。终审判决书下达7天内，公司即收到了被告赔偿的全部货款及利息。

2．外贸集装箱货运业务程序

（1）集装箱进口货运程序。

1）集装箱出口港寄货运单证。集装箱出口港在船舶开航后，应将有关货运单证传递给进口港区船公司的集装箱管理处。

2）集装箱管理处分发单证。进口港区船公司的集装箱管理处收到单证后即分别发给进口港代理公司和集装箱装卸区。

3）代理公司发出到箱到货通知。进口港代理公司在接到船舶到港时间通知及有关货运资料后，即分别通知收货人。

4）收货人在向银行购单后，即用正本提单向代理公司换取提货单。

5）代理公司签发提货单。代理公司根据收货人提供的正本提单，经与货运或箱运舱单核对无误后，即签发提货单。

6）在集装箱装卸区办理提箱提货手续。收货人携进口许可证及提货单至集装箱装卸区，办理提箱提货手续。

7）整箱货交箱。装卸区堆场根据正本提货单交箱，并与收货人代表在船公司签发的设备交接单上签字，以示办妥交接手续。

8）拼箱货交货。拼箱货在货运站办理提货手续由货运站向收货人收回正本提货单，将货交给收货人。

集装箱进口货运程序如图7-5所示。

（2）集装箱出口货运程序。

1）订舱或托运。发货人的出口商应在正式办理托运手续前，选定班期适当的船舶，填制订舱单或托运单，向船公司或船公司的代理人，或其他运输方式经营人申请认舱或托运。

2）承运。承运是对订舱或托运要求的书面确认。对于申请订舱并得到船公司或船公司的代理人对订舱要求做出承诺的货物，货主或货运代理人在交运集装箱货物前还须填制集装箱托运单向船公司或船公司的代理人办理托运，船公司的代理人审核托运单，对于经过订舱的货物，还须与订舱单核对，确认无误后，在装货单上签章，以表明承运货物，然后将货物单退还给货主或货运代理人。货主或货运代理人即可持货运单向海关办理货物出口报关手续。而船公司或船公司的代理人则会在承运货物后，根据订舱单或托运单缮制订舱单分送集装箱装卸作业区或集装箱堆场，据以准备空箱的发放和重箱的交接、保管和装船。

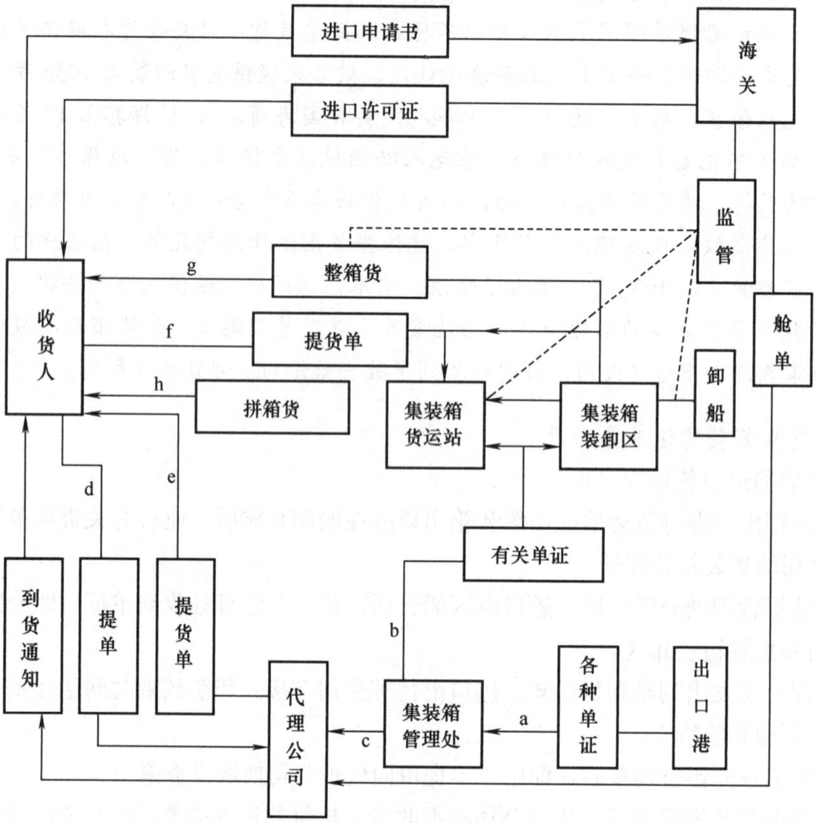

图 7-5　集装箱进口货运程序

注：a、b、c 等表示流程的顺序

3）发放空箱。通常，集装箱是由船公司无偿借给货主或集装箱货运站使用的。在整箱货的情况下，船公司或它的代理人在接受订舱、承运货物后，即签发集装箱发放通知单，连同集装箱设备交接单一并交给托运人或货运代理人，据以到集装箱堆场或内陆站提取空箱。

4）货物装箱。货主或货运代理人托运的货物既可能是整箱货，也可能是拼箱货。在整箱货的情况下，由货主自行办理货物出口报关手续，在海关工作人员的监装下自行装箱，并缮制装箱单和场站收据。在拼箱货的情况下，由集装箱货运站将分属于不同货主但流向相同的零星货物装箱，拼装为整箱货物。

5）换取提单。发货人收到经集装箱货运站或集装箱的经营人签署的场站收据后，即可凭场站收据向船公司或其他运输方式的经营人付清运费，换取提单或其他多式联运单证，然后去银行结汇货款。

6）装船。集装箱进入集装箱装卸区的集装箱堆场后，装卸区根据待装货箱的流向和装船顺序编制集装箱装船计划或积载计划，在船舶到港前将待装船的集装箱移至集装箱前方堆场，按顺序堆码于指定的箱位，当船舶到港后，即可顺次装船。

集装箱出口货运程序如图 7-6 所示。

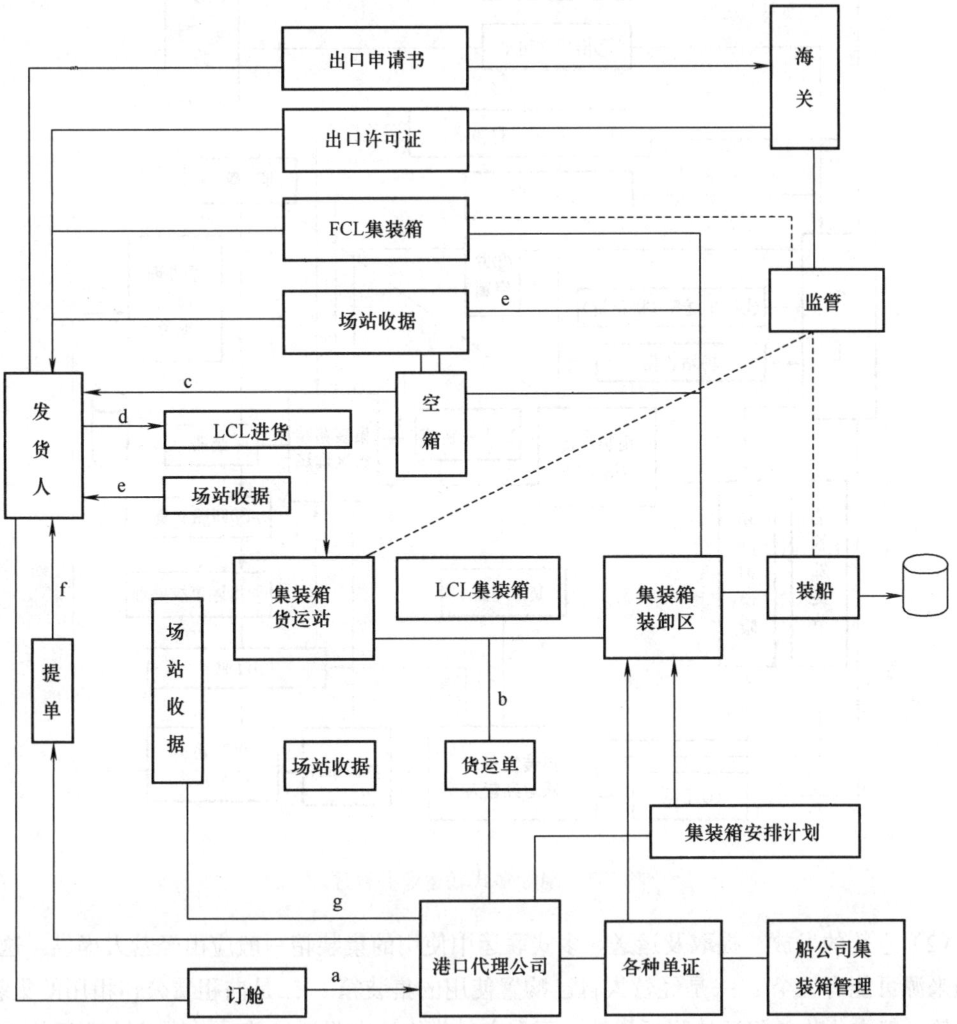

图 7-6　集装箱出口货运程序

3. 国际集装箱多式联运业务程序

在国际多式联运中，多式联运经营人是全程运输的组织者，以国际集装箱多式联运为例，其主要业务及程序有以下几个环节（见图 7-7）：

（1）接受托运申请，订立多式联运合同。多式联运经营人根据货主提出的托运申请和自己的运输路线等情况，决定是否接受该托运申请。如果能够接受，则双方在议定有关事项后，在交给发货人或其代理人的场站收据（空白）副本上签章（必须是海关能接受的），证明接受托运申请，多式联运合同已经订立并开始执行。

发货人或其代理人根据双方就货物交接方式、时间、地点及付费方式等达成的协议填写场站收据（货物情况可暂空），并将其送至多式联运经营人处编号，多式联运经营人编号后留下货物托运联，将其他联交给发货人或其代理人。

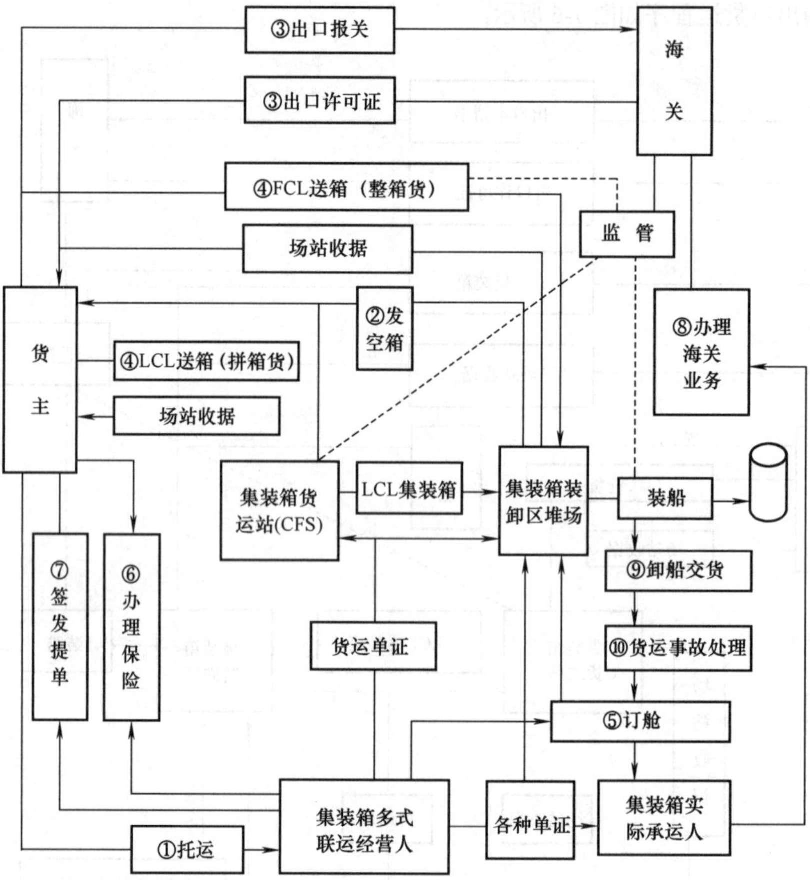

图 7-7 国际多式联运业务程序图

（2）空箱的发放、提取及运送。多式联运中使用的集装箱一般应由经营人提供。这些集装箱来源可能有三个：一是经营人自己购置使用的集装箱；二是向租赁公司租用的集装箱，这类箱一般在货物的起运地附近提箱，而在交付货物地点附近还箱；三是由全程运输中的某一分运人提供，这类箱一般需要在多式联运经营人为完成合同运输与该分运人（一般是海上区段承运人）订立分运合同后才能获得使用权。

（3）出口报关。若联运从港口开始，则在港口报关；若从内陆地区开始，则应在附近的内地海关办理报关。出口报关事宜一般由发货人或其代理人办理，也可委托多式联运经营人代为办理（这种情况需加收报关服务费及报关手续费，并由原发货人负责海关派员所产生的全部费用）。报关时，应提供场站收据、装箱单及出口许可证等有关单据和文件。

（4）货物装箱及接收货物。若是发货人自行装箱，则发货人或其代理人提取空箱后在自己的工厂和仓库组织装箱，装箱工作一般要在报关后进行，并请海关派员到装箱地点监装和办理加封事宜。如需理货，还应请理货员现场理货并与之共同制作装箱单。若是发货人不具备装箱条件，则可委托多式联运经营人或货运站装箱（指整箱货情况），发货人应将货物以原来形态运至指定的货运站由其代为装箱。如是拼箱货物，则发货人应负责将货物运至指定的集装箱货运站，由货运站按多式联运经营人的指示装箱。无论装箱工作由谁负责，装箱人均需制作装箱单，并办理海关监装与加封事宜。

对于由货主自装箱的整箱货物，发货人应负责将货物运至双方协议规定的地点，多式联运经营人或其代理人（包括委托的堆场业务员）在指定的地点接收货物。

如果是拼箱货，则经营人应在指定的货运站接收货物。验收货物后，代表联运经营人接收货物的人应在场站收据正本上签章并将其交给发货人或其代理人。

（5）订舱。经营人在合同订立之后，即应制订该合同涉及的集装箱的运输计划，安排订舱。该计划应包括货物的运输路线、区段的划分、各区段实际承运人的选择、确定，以及各区段间衔接地点的到达时间、起运时间等内容。

（6）办理保险。在发货人方面，应投保货物运输险。该保险由发货人自行办理，或由发货人承担费用，由经营人代为办理。货物运输保险可以是全程的，也可以是分段投保。在多式联运经营人方面，应投保货物责任险和集装箱保险，由经营人或其代理人向保险公司以其他形式办理。

（7）签发多式联运提单，组织完成货物的全程运输。多式联运经营人的代表收取货物后，经营人应向发货人签发多式联运提单。在把提单交给发货人前，应注意按双方议定的付费分工及内容、数量向发货人收取全部费用。

多式联运经营人有完成和组织完成全程运输的责任和义务。在接收货物后，要组织各区段实际承运人和各派出机构及代理人共同协调工作，完成全程各区段的运输以及各区段之间的衔接工作，运输过程中所涉及的各种服务性工作和运输单据、文件及有关信息传递等组织和协调工作。

（8）办理海关业务。按惯例，国际多式联运的全程运输（包括进出口国内陆段运输）均应视为国际货物运输。因此，该环节工作主要包括货物及集装箱进口国的通关手续，进口国内陆段保税（海关监管）运输手续及结关等内容。如果陆上运输要通过其他国家海关和内陆运输线路，则还应包括这些海关的通关及保税运输手续。这些涉及海关的手续一般由多式联运经营人的派出机构或代理办理，也可由各区段的实际承运人作为多式联运经营人的代理人来办理。由此产生的全部费用应由发货人或收货人负担。如果货物在目的港交付，则结关应在港口所在地海关进行。如在内陆交货，则应在口岸办理保税（海关监管）运输手续，海关加封后方可运往内陆目的地，在内陆海关办理结关手续。

（9）卸船交货。在货物运至目的地后，由目的地代理通知收货人提货。收货人需凭多式联运提单提货，经营人或其代理人需按合同规定收取收货人应付的全部费用。收回提单后签发提货单（交货记录），提货人凭提货单到指定堆场（整箱货）和集装箱货运站（拼箱货）提取货物。如果是整箱提货，则收货人要负责至掏箱地点的运输，并在货物掏出后将集装箱运回指定的堆场，至此运输合同终止。

（10）货运事故处理。如果在全程运输中发生了货物灭失、损坏和运输延误，无论是否能确定损害发生区段，发（收）货人均可向多式联运经营人提出索赔。多式联运经营人根据提单条款及双方协议确定责任并做出赔偿。如能确知事故发生的区段和实际责任者，可进一步向其索赔；如不能确定事故发生的区段，一般按在海运段发生处理。如果货物已投保，则有要求保险公司赔偿和保险公司进一步追索的问题。如果受损人和责任人之间不能取得一致意见，则需通过在诉讼时效内提起诉讼和仲裁解决。

【课堂实训】

海运集装箱拼箱作业流程一般如下：

第一步，确定集装箱运输方式。集装箱运输可分为直拼运输与混拼运输两种。因直拼运输比混拼运输有明显的优点，所以有条件的应采用直拼运输方式。影响直拼运输的主要因素有：出运港直抵目的港的航班及时间，货物数量和备货时间，买卖合同和信用证的规定等。影响混拼运输的主要因素有：除直拼条件与要求外，转运港货物滞留时间、费用与服务情况。有时，为使货物及时出运，宜采用转拼方式，即把承接的货物转移给具有拼装能力的其他货运代理商，并由其为货物安排拼装运输。

第二步，办理货物进站单证。货物进站单证，由一套多联组成，每一联都有其相应的作用与功能。经当事人签署的单证是货物交接和责任划分的重要凭据。因此，操作人员须正确缮制和填写单证，以已审核清楚、正确的托运单内容为依据，使货物实体与单证相符合。

第三步，货物进站或入库。集装箱拼箱助理应及时通知货运站或仓库经管部门有关货物进站和入库时间的情况，并要求在现场按照提交单证的内容，对进站的货物进行查验、点数，检查货物实体与包装是否符合拼箱和运输的各项要求，货运文件是否齐备，货物是否办理了检验、报关等出口手续。对于站库人员采用不合理的度量和计算方法，可以提出异议和纠正的要求，必要时可以聘请技术专家和公证人员进行监装和监理。

第四步，监管货物的拼箱过程。视拼装货物的性质与要求，在现场对整个货物拼箱过程进行监察和协助工作，指导箱内货物置放，核实货物拼装的箱子及实际承运人、入箱货物的数量等。拼装过程中如发现或发生涉及托运人权益相关的事宜，应及时联系托运人并经其同意（书面）后做出相应处理。

第五步，绘制货物积载图并贴放。货物拼箱完毕，根据海关要求应及时绘制箱内货物积载图，并按规定进行贴放。检查箱门和铅封情况，确保安全和牢固。及时获得货物拼箱记录，更正已备制的装箱单及其他相关单证。拼箱货物应及时订舱和送至约定地点，按规定进行出口申报和文件报备。

第六步，备制与签发提单。掌握货物在码头及装船情况，做好拼箱货的提单备制工作，同时，按规定签发各票拼箱货的货运提单给各相关托运人。

第七步，提供文件与资料。通知转运港或目的港代理人有关拼箱货运抵的情况及要求，及时提供有关文件与货运资料，包括提取整箱货所要求的海运提单，或采用电报放货的明示文件，分票货物的载货清单、装箱单、提单副本及原先约定的其他详细资料，以便货物在转运港或目的港的各项进出口通关、转运或提货、拆箱、分拨和交付事项得到及时安排和处理。

广东龙华贸易公司（中国广州市正龙路152号）委托中国外轮代理公司向位于赫尔辛基（芬兰首都）的客户芬兰ABC有限公司（AKEDSANTERINK AUTO P.O.BOX9，FINLAND）运送一批节能灯产品400箱，包装为纸箱，毛重为3600kg，体积为26m^3，共1TEU货物。要求运送日期最迟为2014年12月28日前装船，请为其填写相关单证。

本章附录Ⅰ　国际集装箱运输主要货运单证

1．集装箱货物托运单（Way-bill）

集装箱货物托运单是指由托运人根据买卖合同和信用证的有关条款规定，向承运人或其代理人办理货物运输的书面凭证。托运单的主要内容包括：托运人名称，收货人名称，货物的名称、重量、尺寸、件数、包装式样、标志和号码、目的港、装船期限，信用证的有效期，能否公路运输或转运等。

注意：集装箱货物托运单通常一式十联，各联的作用如下：第一联，货主留底；第二联，船代留底；第三联，运费通知（1），作为船东计收运费结算清单；第四联，运费通知（2）；第五联，装货单（场站收据副本）；第五联附页，缴纳出口货物港务费申请书（由港区核算应收的港建费、港杂费等费用）；第六联（粉红色），场站收据副本（大副联）；第七联（黄色），场站收据，供港区集装箱作业和设备交接时使用；第八联，货代留底；第九联，配舱回单（1）；第十联，配舱回单（2）。

2．订舱单（Booking Note，B/N）

订舱单有时叫托运申请书，是航运公司用于接收、安排集装箱运输而制定的单证。订舱单一经承运部门确认即作为承托双方的订舱有效凭证。

3．装货清单（Loading List，L/L）

装货清单是由承运人或其代理人，根据本航次所托运的货物，按到港先后把性质接近的货物加以归类后制成的一张装货单的汇总清单。

4．装货单（Shipping Order，S/O）

装货单由承运人或其代理人签章后，既是货物办理托运的凭证，又是通知船方接收承运货物装船的凭证。装货单通常一式三联：第一联留底，作为编制装货清单用；第二联是装货单本身，货方凭以向海关办理货物出口申报手续，又称关单；第三联是收货单，又称大副收据，是承运人收到货物的凭证，也是发货人换取提单的依据。

5．集装箱发放通知单（Equipment Despatch Order）

集装箱发放通知单又称空箱提交单，是指船公司集装箱堆场将空集装箱及其他设备提交给本单持有人的书面凭证。

6．装箱单（Container Load Plan，CLP）

集装箱装箱单是详细记载每一个集装箱内所装货物的名称、数量及箱内货物积载顺序的单证。

7．场站收据（Dock Receipt，D/R）

场站收据是承运人委托集装箱装卸区、中转站或内陆站收到整箱货或拼箱货后签发的收据，它由发货人编制。如同一批货物装有几个集装箱时，先凭此装箱及验收，直到最后一个集装箱验收完毕时，才由港站管理员在场站收据上签收。站场在收到货后，如发现整箱货箱外表或拼箱货包装外表有异时，应加批注。场站收据相当于传统运输中的大副收据，是发货人向船公司换取提单的凭证。

8．设备交接单（Equipment Interchange Receipt，EIR）

它是集装箱所有人或租用人委托集装箱装卸区、中转站或内陆站与货方（即用箱人或其代表）之间交接集装箱及承运设备的凭证。交接单由承运人或其代理人签发给货方，据以向区、站领取或送还重箱或轻箱。交接单第一张背面印有交接使用条款，主要内容是集装箱及设备在货方使用期中，产生的费用及遇有设备及所装货物发生损坏、灭失的责任划分，以及对第三者发生损害赔偿的承担。设备交接一般在区、站大门口办理。设备包括集装箱、底盘车、台车及电动机等。交接单分“出门”和“进门”两种。

9．提单（Bill of Lading，B/L）

集装箱提单是由集装箱运输经营人或其代理人在收到或接管货物后签发给发货人或托运人的一种凭证；是证明运输物品已被接收或装船，并待进行海上运输后，在指定港口把货物交给正当的提单持有人的一种有价证券；也是表示运输公司和货主间有关运输条件的运输合同。它体现了对记载货物的权利，通常通过背书的方式流通，是押汇票据的主要附属单据，分为装货提单和收货提单。

10．集装箱载货清单（Shipping Invoice）

集装箱载货清单又称集装箱舱单，是一份按卸港顺序逐票列明全船实际载运集装箱及其货物的汇总清单。它是在集装箱及其货物装船完毕后，由船公司或其代理公司根据场站收据，核对理货报告单编制而成的，编妥后还需送交船长签字认可。它应逐票标明货物的明细情况，如提单、标志、货名、件数、重量、收货人、集装箱箱号、铅封号、船名、航次、装卸港及开航日期等内容。

11．提货通知书（Delivery Notice）

提货通知书是船公司在卸货港的代理人向收货人或通知人发出的船舶预计到港时间的通知。目的是要求收货人事先做好提货准备，加快货物离港。

12．到货通知书（Arrival Notice）

到货通知书是卸货港的船公司的代理人在集装箱卸入集装箱堆场，或移至集装箱货运站，并办理好交接准备后，书面向收货人发出的要求收货人及时提取货物的通知。

13．提货单（Delivery Order）

提货单是收货人凭正本提单向承运人或其代理人换取的可向港区、场站提取集装箱或货物的凭证，也是承运人或代理人对港区、场站放箱交货的通知。

14．交货记录（Delivery Record）

交货记录共有五联：到货通知书一联，提货单一联，费用账单两联，交货记录一联。交货记录是集装箱堆场和集装箱货运站向收货人或其代理人交货的凭证，是证明船公司责任终止的重要单证。交货记录通常在签发提货单的同时交给收货人或其代理人，而后通过提货、交货，由收货人和承运人所委托的集装箱堆场或集装箱货运站的经营人共同签署。

本章附录Ⅱ　各种单证样表

附表 1　集装箱货物托运单样本

<table>
<tr><td colspan="3">Shipper（full name & address）/ 发货人
LIANYUNGANG WORLD UNION　INT'L CORP
ADD：R301，Unit1，Building 6，New Block
Wu'ai，Yiwu City，Zhejiang，P R China

TEL：0579-5177×××</td><td colspan="2" rowspan="3">Booking No.（托单号）：

中乔国际货运代理（深圳）有限公司

集装箱货物托运单
CONTAINER BOOKING NOTE

TEL：0579-5217×××（×小姐）
FAX：0579-5217×××</td></tr>
<tr><td colspan="3">Consignee/ 收货人
LOVAGE TRADING　CO LTD
TEL：00971-6-5350×××</td></tr>
<tr><td colspan="3">Notify party/ 通知人
SAME AS CONSIGNEE</td></tr>
<tr><td colspan="2">Pre-carriage by（前段运输）</td><td>Place of receipt（接收地）</td><td colspan="2">箱型箱量：2* 40 HQ
运价条款：CY-CY</td></tr>
<tr><td colspan="2">Vessel/voyage（船名 / 航次）</td><td>Port of loading（装运港）
NINGBO</td><td colspan="2" rowspan="2">Freight & Charges（运费及附加费）
⇨
Prepaid（预付）</td></tr>
<tr><td colspan="2">Port of discharge（卸货港）
JEBEL ALI</td><td>Place of delivery（目的港）
DUBAI</td></tr>
<tr><td>Marks & No.
唛头</td><td>Number of packages
数量</td><td>Descriptions of goods
货品名</td><td>Gross weight
毛重</td><td>Measurement
体积</td></tr>
<tr><td>N/M</td><td>600 CTNS</td><td>BLANKET</td><td>16 000 KGS</td><td>136 CBM</td></tr>
<tr><td colspan="5">中海宁波公司　×先生
5 月 27 日的 CSCL 船 2*40HQ，
运价 USD1375 退 4.25%，我司通过宁波中通物流订舱，请确认舱位，谢谢！</td></tr>
<tr><td rowspan="2">托运人声名</td><td colspan="2" rowspan="2">1. 是否委托我司安排拖车：否
2. 是否委托我司报关：否

3. 放货方式：船东单</td><td>特别事项</td><td>重要数据以提单确认为准</td></tr>
<tr><td colspan="2">

日期：　　　　　　盖章：</td></tr>
</table>

附表2 订舱单样本（空白）

中 国 外 轮 代 理 公 司
CHINA OCEAN SHIPPING AGENCY
留 底
COUNTERFOLL S/O NO.__________

船名 Vessel Name ______________ 航次 Voy. ______________ 目的港 For ______________

托运人 Shipper ____

收货人 ____

Consignee:

通知 Notify Party ____

标记及号码 Marks & No.	件数 Quantity	货名 Descriptions of goods	毛重 Gross weight	尺码（m^3）Measurement m^3

共计件数（大写）TOTAL NUMBER OF PACKAGES（IN WORDS）____________________

委托号		可否转船		
装船期		可否分批		
结汇期		存货地点		
总尺码				

附表 3　装货单

货代负责的单证之出口十联单——第五联

<table>
<tr><td colspan="3">SHIPPER（发货人）</td><td colspan="2">S/O NO.（编号）</td><td>抬头</td></tr>
<tr><td colspan="3">CONSIGNEE（收货人）</td><td colspan="3">装货单</td></tr>
<tr><td colspan="3">NOTIFY PARTY（通知人）</td><td colspan="2">场站收据副本</td><td>第五联</td></tr>
<tr><td colspan="3">PRE-CARRIAGE BY（前段运输）
PLACE OF RECEIPT（收货地点）</td><td colspan="3"></td></tr>
<tr><td colspan="3">OCEAN VESSEL VOY.NO.　（船名 航次）
PORT OF LOADING（装货港）</td><td colspan="3"></td></tr>
<tr><td colspan="3">PORT OF DISCHARGE　PLACE OF DELIVERY
（卸货港）　（交货地点）</td><td colspan="3">FINAL DESTINATION FOR THE MERCHANT'S REFERENCE
（目的地）</td></tr>
<tr><td>CONTAINER NO.
（集装箱号）</td><td>SEAL NO.
（封志号）</td><td>NO. OF CONTAINERS OR PKGS
（箱数和件数）</td><td>KIND OF PACKAGES；DESCRIPTION OF GOODS
（包装种类与货名）</td><td>GROSS WEIGHT
（毛重）</td><td>MEASUREMENT
（尺码）</td></tr>
<tr><td colspan="2">TOTAL NUMBER OF CONTAINERS OR PACKAGES（IN WORDS）
集装箱数或件数合计（大写）</td><td></td><td colspan="3">SAY________________ONLY</td></tr>
<tr><td>CONTAINER NO.
（箱号）</td><td>SEAL NO.
（封志号）</td><td>PKGS
（件数）</td><td>CONTAINER NO.</td><td>SEAL NO.</td><td>PKGS</td></tr>
<tr><td colspan="3">RECEIVED
（实收）</td><td colspan="3">BY TERMINAL CLERK
（场站员签字）</td></tr>
<tr><td rowspan="2">FREIGHT & CHARGE</td><td colspan="2">PREPAID AT
（预付地点）</td><td colspan="2">PAYABLE AT
（到付地点）</td><td>PLACE OF ISSUE
（签发地点）</td></tr>
<tr><td colspan="2">TOTAL PREPAID
（预付总额）</td><td colspan="2">NO.OF ORIGINAL B/L
（正本提单份数）</td><td></td></tr>
</table>

附表4 装箱单（空白）

CONTAINER LOAD PLAN 外运
装 箱 单

SINOTRANS SHANGHAI COMPANY
中国外运上海公司
(1) Terminal's Copy
码头联

Reefer Temperature Required 冷藏温度 ℃ ℉			
Class 等级	IMDG Page 危规页码	UN NO. 联合国编号	Flashpoint 闪点

Ship's Name/Voy No. 船名/航次	Port of Loading 装港	Port of Discharge 卸港	Place of Delivery 交货地	SHIPPER'S/PACKER'S DECLARATIONS We hereby declare that the container has been thoroughly cleaned without any evidence of cargoes of previous shipment prior to vanning and cargoes has been properly stuffed and secured		
Container No. 箱号	Bill of Lading No 提单号	Packages & packing 件数与包装	Gross Weight 毛 重	Measurements 尺 码	Description of Goods 货 名	Marks & Numbers 唛 头
Seal No. 封志号	Front 前					
Cont.Size 箱型 / Cont. Type 箱类 GP=普通箱 TK=油罐箱 RF=冷藏箱 PF=平板箱 OT=开顶箱 HC=高箱 FR=框架箱 HT=挂衣箱						
ISO Code For Container Size/Type 箱型/箱类ISO标准代码						
Packer's Name/Address 装箱人名称/地址 TEL No. 电话号码	Door 门					
Packing Date 装箱日期	Received By Drayman 驾驶员签收及车号	Total Packages 总件数	Total Cargo Wt. 总货量	Total Meas. 总尺码	Remarks: 备注	
Packed By 装箱人签名	Received By Terminals/Date Of Receipt 码头收箱签收和收箱日期		Cont. Tare Wt. 集装箱皮重	Cgo/Cont Total Wt. 货/箱总重量		

附表 5　场站收据（空白）

Shipper （发货人）	委托号: Forwarding agents B/L No.(编号)
Consignee （收货人） Tel:	场站收据 DOCK RECEIPT 第四联
Notify Party (通知人) Tel:	Received by the Carrier the Total number of containers or other Packages or units stated below to be transported subject to the terms and conditions of the Carrier's regular form of Bill of Lading (for Combined Transport or port to port Shipment) Which shall be deemed to be incorporated herein. Date (日期)
Pre-carriage by (前程运输)　Place of Receipt (收货地点)	
Ocean Vessel(船名) Voy.No(航次) Port of Loading(装货港)	场站章

Port of Discharge(卸货港)	Place of Delivery (交货地点)	Final Destination for the Merchant's Reference (目的地)

Particulars Furnished by Merchants (托运人提供详细情况)

Container No. (集装箱号)	Seal No.(封志号) Marks & Nos. (标记与号码)	No.of containers or Pkgs. (箱数和件数)	Kind of Packages; Description of Goods (包装种类与货名)	Gross Weight 毛重/kg	Measurement 尺码/m^3
TOTAL NUMBER OF CONTAINERS OR PACKAGES(IN WORDS) 集装箱数或件数合计(大写)					

Container No. (箱号)	Seal No. (封志号)	Pkgs. (件数)	Container No. (箱号)	Seal No. (封志号)	Pkgs. (件数)
			Recevied (实收)	By Terminal clerk/Tally clerk(场站员/理货员签字)	

FREIGHT & CHARGES	Prepaid at (预付地点)	Payable at (到付地点)	Place of Issue(签发地点)
	Total Prepaid(预付总额)	No.of Original B(s)/L(正本提单份数)	货值金额:

Service Type on Receiving □—CY, □—CFS, □—DOOR	Service Type on Delivery □—CY, □—CFS, □—DOOR	Reefer Temperature Required(冷藏温度)	°F	°C
TYPE OF GOODS (种类)	□ Ordinary, (普通)　□ Reefer, (冷藏)　□ Dangerous, (危险品)　□ Auto. (裸装车辆) □ Liquid, (液体)　□ Live Animal, (活动物)　□ Bulk (散货)　□ ______	危险品	Class: Property: IMDG Code Page: UN No.	

发货人或代理名称地址:			联系人:	电话:
可否转船:	可否分批:	装 期:	备注	装箱场站名称
效期:		制单日期:		
海运费由　　　　支付 如预付运费托收承付,请填准银行账号				

附表 6 设备交接单 1

● 第九联配舱回单（1）

上海中远国际货运有限公司 OUT 出场

COSCO SHANGHAI INTERNATIONAL FREIGHT CO.，LTD.

集装箱发放 / 设备交接单

EQUIPMENT INTERCHANGE RECEIPT

NO.

<table>
<tr><td colspan="2">用箱人 / 运箱人（CONTAINER USER/HAULIER）</td><td colspan="2">提箱地点（PLACE OF DELIVERY）</td></tr>
<tr><td colspan="2"></td><td colspan="2"></td></tr>
<tr><td colspan="2">发往地点（DELIVERED TO）</td><td colspan="2">返回 / 收箱地点（PLACE OF RETURN）</td></tr>
<tr><td colspan="2"></td><td></td><td></td></tr>
<tr><td>船名 / 航次
（VESSEL/VOYZGE NO.）</td><td>集装箱号
（CONTAINER NO.）</td><td>尺寸 / 类型
（SIZE/TYPE）</td><td>营运人
（CNTR.OPTR.）</td></tr>
<tr><td></td><td></td><td></td><td></td></tr>
<tr><td>提单号
（B/L NO.）</td><td>铅封号
（SEAL NO.）</td><td>免费期限
（FREE TIME PERIOD）</td><td>运载工具牌号
（TRUCK，WAGON，BARGE NO.）</td></tr>
<tr><td></td><td></td><td></td><td></td></tr>
<tr><td colspan="2">出场目的
（PPS OF GATE-OUT/STATUS）</td><td>进场目的 / 状态
（PPS OF GATE-IN/STATUS）</td><td>出场日期
（TIME-OUT）</td></tr>
<tr><td></td><td></td><td></td><td></td></tr>
<tr><td colspan="4">出场检查记录（INSPECTION AT THE TIME OF INTERCHANGE）</td></tr>
<tr><td>普通集装箱
（GP CONTAINER）</td><td>冷藏集装箱
（RF CONTAINER）</td><td>特种集装箱
（SPECIAL CONTAINER）</td><td>发电机
（GEN SET）</td></tr>
<tr><td>正常（SOUND）
异常（DEFECTIVE）</td><td>正常（SOUND）
异常（DEFECTIVE）</td><td>正常（SOUND）
异常（DEFECTIVE）</td><td>正常（SOUND）
异常（DEFECTIVE）</td></tr>
</table>

除列明者外，集装箱及集装箱设备交接时完好无损，封印完好无损。

THE CONTAINER/ASSOCIATED EOUIPMENT INTERCHANGED IN SOUND CONDITION AND SEAL INTACT UNLESS OTHERWISE STATED

附表 7　设备交接单 2

中海集装箱运输有限公司

CHINA SHIPPING CONTAINER LINES CO., LTD.

OUT 出场

集装箱发放/设备交接单

EQUIPMENT INTERCHANGE RECEIPT

NO.

用箱人/运箱人(CONTAINER USER/HAULIER)			提箱地点(PLACE OF DELIVERY)
发往地点(DELIVERED TO)		返回/收箱地点(PLACE OF RETURN)	
船名/航次(VESSEL/VOYAGE NO.)	集装箱号(CONTAINER NO.)	尺寸/类型(SIZE/TYPE)	营运人(CNTR. OPTR.)
提单号(B/L NO.)	铅封号(SEAL NO.)	免费期限(FREE TIME PERIOD)	运载工具牌号 (TRUCK,WAGON,BARGE NO.)
出场目的/状态(PPS OF GATE-OUT/STATUS)	进场目的/状态(PPS OF GATE-IN/STATUS)		出场日期(TIME-OUT)
			月　日　时

出场检查记录(INSPECTION AT THE TIME OF INTERCHANGE)

普通集装箱 (GP CONTAINER)	冷藏集装箱 (RF CONTAINER)	特种集装箱 (SPECIAL CONTAINER)	发电机 (GEN SET)
□ 正常 (SOUND) □ 异常 (DEFECTIVE)	□ 正常 (SOUND) □ 异常 (DEFECTIVE)	□ 正常 (SOUND) □ 异常 (DEFECTIVE)	□ 正常 (SOUND) □ 异常 (DEFECTIVE)

损坏记录及代号(DAMAGE & CODE)　BR 破损 (BROKEN)　D 凹损 (DENT)　M 丢失 (MISSING)　DR 污箱 (DIRTY)　DL 危标 (DG LABEL)

左侧(LEFT SIDE)　右侧(RIGHT SIDE)　前部(FRONT)　集装箱内部(CONTAINER INSIDE)

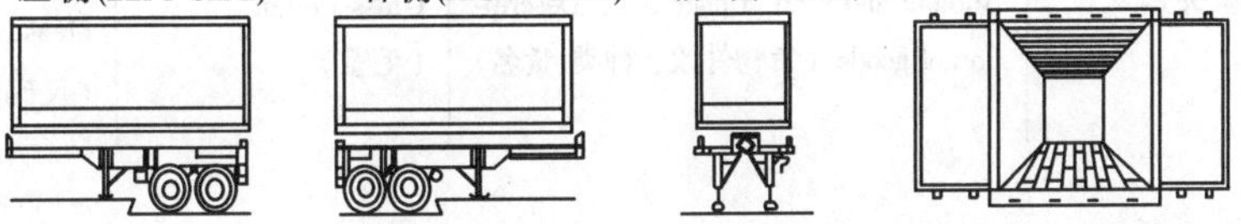

顶部(TOP)　底部(FLOOR BASE)　箱门(REAR)

如有异状，请注明程度及尺寸(REMARK).

(1) 船务公司留底

除列明者外，集装箱及集装箱设备交接时完好无损，封印完整无误。

THE CONTAINER/ASSOCIATED EQUIPMENT INTERCHANGED IN SOUND CONDITION AND SEAL INTACT UNLESS OTHERWISE STATED.

用箱人/运箱人签署
(CONTAINER USER/HAULIER'S SIGNATURE)

码头/堆场值班员签署
(TERMINAL/DEPOT CLERK'S SIGNATURE)

附表8 提单（空白）

Shipper（发货人）		BILL OF LADING	B/L No：
Consignee（收货人）		COSCO 中国远洋运输公司	
Notify Party（通知人）		CHINA OCEAN SHIPPING	
* Pre-carriage by（前段运输）	* Place of Receipt（收货地点）	ORIGINAL	
Ocean Vessel Voy. No.（船名航次）	Port of Loading（装货港）		
Port of discharge（卸货港）	* Final destination（目的地）	Freight payable at（到付地点）	Number original Bs/L（正本提单份数）
Marks and Numbers（唛头）	Number and kind of packages；Description of goods（货物件数、种类、货名）	Gross weight（毛重）	Measurement m^3（尺码 m^3）

TOTAL PACKAGES（IN WORDS）
包装总件数合计（大写）

Freight and charges
（费用）

Place and date of issue（签发地点）
Signed for the Carrier（承运人盖章签字）

* Applicable only when document used as a Through Bill of Loading（只有这份单据被用作运输提单的时候才适用）

附表 9　提货单（空白）

金龙国际船务代理有限公司
MIN SHENG INTERNATIONAL SHIPPING AGENCY CO.,LTD.
进口集装箱货物提货单

No.：0865236

船档号

港区场站

收货人名称	收货人开户 银行与账号

船名	航次	起运港	目的港	预计到达日期
提单号	交付条款	卸货地点	进库场日期	第一程运输

标记与集装箱号	货　　名	集装箱数或件数	重量/kg	体积/m^3

<table>
<tr>
<td rowspan="2">船代公司重要提示：
（1）本提货单中有关船、车的内容按提单的相关显示填写。
（2）请当场核查本提单内容错误之处，否则本公司不承担由此产生的责任和损失。(Error And Omission Excepted)
（3）本提单仅为向承运人或承运人委托的雇用人或替承运人保管货物订立合同的人准备的凭证，不得买卖转让。(Non-negotiable)
（4）在本提货单下，承运人代理人及本人的任何行为，均被视为代表承运人的行为，均享受承运人享有的免责、责任限制和其他任何抗辩理由。(Himalaya Clause)
（5）货主不按时提单造成的损失，责任自负。
（6）本提货单中的中文译文仅供参考。
（7）本提货单到达日期系预估日期，不作为申请过境和计算滞留金、滞留货起算之日的凭据。
金龙国际船务代理有限公司
（盖章有效）
年　月　日</td>
<td>收货人章
1</td>
<td>海关章
2</td>
</tr>
<tr>
<td>检验检疫章
3</td>
<td>4</td>
</tr>
<tr>
<td>注意事项：
1. 本提货单盖有船代验货章和海关放行章后方可有效，凡属法定检验、检疫的进口商品，必须向检验检疫机构申报。
2. 提货人到码头公司办理提货手续时，应出示单位证明和经办人身份证明，提货人若非提货单记名收货人时，还应当出示提货单记名收货人开具的证明，以表明其为有权提货的人。
3. 货物超过储存期，码头公司可以按《上海港口货物运输管理条例》的有关规定处理，在规定期内无人提取的货物，按《中华人民共和国海关法》和国家有关规定处理。</td>
<td>5</td>
<td>6</td>
</tr>
</table>

附表10 交货记录（Delivery Record）

交 货 记 录 No.

港区、场、站

收货人	名称			收货人开户银行与账号		
	地址					
船名		航次		起运港	目的港	到站
提单号		标记（唛头）				
交付条款		集装箱号	箱尺寸	货名	件数	备注
到付运费						
第一程运输						
卸货地点						
到达日期						
进库场日期						
件数						
重量						
体积						
集装箱数	20ft					
	40ft					

交货记录

日期	货名或集装箱号	出库数量			操作过程	尚存数		经手人签名	
		件数	包装	重量		件数	数量		

备注	收货人章	港区场站章

本章小结

本章包括集装箱运输概述、集装箱、集装箱货物种类及拼装、集装箱运输方式、集装箱运输作业程序几个部分，重点是集装箱运输方式和集装箱运输作业程序。通过本章学习，应重点把握集装箱运输的特点、集装箱运输类型、集装箱运输系统组成、集装箱的分类、集装箱货物种类、集装箱运输方式及集装箱运输货物的组织及运输流程。

案例分析

货物进口的操作

（资料来源：《物流运输管理》，喻小贤主编，高等教育出版社）

一、背景及任务

2005 年 5 月，某市轻工进出口公司（以下简称 A 公司）从美国进口 1000t 纸板。进口港为天津新港，共计 52 个 20ft 集装箱。

任务：根据这一集装箱进口业务，完成其进口业务的操作处理，说明注意事项。

二、操作要点

集装箱进口流程：

第一步：在接到客户的全套单据后，要查清该进口货物属于哪家船公司承运、哪家作为船舶代理及在哪里可以换到供通关用的提货单。（注：全套单据包括带背书的正本提单或电报放货副本、装箱单、发票和合同。）

注意事项：①提前与船公司或船舶代理部门联系，确定船到港时间、地点，如需转船需确认二程船名。②提前与船公司或船舶代理部门确认换单费、押箱费和换单的时间。③提前联系好场站，确认好提箱费、掏箱费、装车费和回空费。

第二步：凭带背书的正本提单（如是电报放货，则可带电报放货的传真件与保函）去船公司或船舶代理部门换取提货单和设备交接单。

注意事项：①背书有两种形式，如果提单上收货人栏显示“TO ORDER”，则由发货人背书；如果收货人栏显示其真正的收货人，则需收货人背书。②保函是由进口方出具给船舶代理的一份请求放货的书面证明。保函内容包括进口港、目的港、船名、航次、提单号、件重及进口方签章等。③换单时应仔细核对提单或电放副本与提货单上的集装箱箱号及封号是否一致。④提货单共分五联，即白色提货联、蓝色费用账单、红色费用账单、绿色交货记录和浅绿色交货记录。⑤设备交接单：它是集装箱进出港区、场站时，用箱人、运箱人与管箱人或其代理人之间交接集装箱及其他机械设备的凭证，并兼有管箱人发放集装箱的凭证的功能。当集装箱或机械设备在集装箱码头堆场或货运站借出或回收时，由码头堆场或货运站制作设备交接单，经双方签字后，作为两者交接设备的凭证。

集装箱设备交接单分进场和出场两种，交接手续均在码头堆场大门口办理。出码头堆场时，码头堆场工作人员与用箱人、运箱人就设备交接单上的以下主要内容共同进行审核：用箱人名称和地址，出堆场的时间与目的，集装箱箱号、规格、封志号以及是空箱还是重箱，机械设备正常还是异常等。

进码头堆场时，码头堆场的工作人员与用箱人、运箱人就设备交接单上的下列内容共同进行审核：集装箱、机械设备归还日期、具体时间及归还时的外表状况，集装箱、机械设备归还人的名称与地址，进堆场的目的，整箱货交箱货主的名称和地址，拟装船的船次、航线及卸箱港等。

第三步：用换来的提货单之一、三联并附上报关单据前去报关。

海关放行后，在白联上盖放行章，发还给进口方作为提货的凭证，报关时准备好正本箱单、正本发票、合同、进口报关单一式两份、正本报关委托协议书及海关监管条件所涉及的各类证件。

注意事项：

① 在接到客户全套单据后，应确认货物的商品编码，然后查阅海关税则，确认进口税率、确认货物需要什么监管条件。如需各种检验，则应在报关前向有关机构报验。报验所需单据有：报验申请单、正本箱单、正本发票、合同及进口报关单两份。

② 换单时应催促船舶代理部门及时给海关传舱单，如有问题应与海关舱单室取得联系，确认舱单是否转到海关。

③ 当海关要求开箱查验货物时，应提前与场站取得联系，将所查箱子调至海关指定的场站。（事先应与场站确认好调箱费和掏箱费。）

第四步：若是法检商品，则应办理验货手续。如需商检，则须在报关前，持进口商检申请单（带公章）和两份报关单办理登记手续，并在报关单上加盖商检登记在案章，以便通关验货手续在最终目的地办理。

如需动植物检疫，也要在报关前持箱单、发票、合同和报关单，去代报验机构申请报验，在报关单上盖放行令以便通关。验货手续可在通关后在堆场进行。

第五步：海关通关放行后应去三检大厅办理三检。

向大厅内的代理报检机构提供箱单、发票、合同和报关单，由他们代理报验，可在大厅内统一窗口交费，并在白色提货单上盖三检放行章。

第六步：三检手续办妥后，去港池大厅交港杂费。

港杂费用交完后，港方将提货联退给提货人，供提货用。

第七步：所有提货手续办妥后，可通知事先联系好的堆场提货。

注意事项：①应与港口调度室取得联系，安排好计划。②根据提箱的多少与堆场联系足够的车辆，尽可能在港方要求的时间内提清，以免产生料栈堆存费用。③提箱过程中应与堆场有关人员共同检查箱体是否有重大残破，如有，要求港方在设备交接单上签残。

第八步：重箱由堆场提到场地后，应在免费期内及时掏箱，以免产生滞箱费。

第九步：在货物提清后，从场站取回设备交接单，证明箱体无残损，去船公司或船舶代理部门取回押箱费。

基本训练

1. 单项选择题

（1）集装箱中的标准箱指的是（　　）。

A. 40ft 集装箱　　B. 30ft 集装箱

C. 10ft 集装箱　　D. 20ft 集装箱

（2）（　　）是指用橡胶或其他复合材料制成的有弹性的集装箱。

A. 柔性集装箱　　B. 整体集装箱

C．软式集装箱　　D．框架集装箱

（3）将集装箱从一种运输工具上卸下，转装到另一种运输工具上，称为（　　）作业。

A．集装箱换装　　B．直接换装

C．简洁换装　　D．一次换装

（4）生丝绸缎、丝织品和照相机等属于（　　）货物。

A．细货　　B．高价货

C．粗货　　D．普通货

（5）（　　）是干线运输的首尾衔接性支线运输。

A．集装箱集疏运输　　B．集装箱运输

C．铁路运输　　D．多式联运

2．判断题

（1）内河集装箱船主要特点是上部建筑简单，有大开口或大甲板便于装卸集装箱。（　　）

（2）水平式换装也称吊上吊下式换装。（　　）

（3）集装箱承运过程主要包括审核单证、箱子交接和查验收箱。（　　）

（4）货物固定的方法通常有支撑、塞紧、系紧和缓冲等。（　　）

（5）若联运从港口开始，则在港口报关；若从内陆地区开始，则可暂缓办理报关。（　　）

3．多项选择题

（1）国际多式联运的特点有（　　）。

A．一次托运　　B．一单到底　　C．一次收费

D．统一理赔　　E．全程负责

（2）根据设计中所考虑的装运货物品类的不同，集装箱可分为（　　）。

A．普通货物集装箱　　B．特种货物集装箱　　C．通用集装箱

D．航空集装箱　　E．专用集装箱

（3）集装箱多式联运的组织形式有（　　）。

A．海陆联运　　B．陆桥运输

C．一贯制运输　　D．海空联运

4．问答题

（1）如何实施集装化运输？

（2）集装箱运输组织的要点是什么？

实践训练

进一步了解集装箱运输发展趋势，并编写报告。

第八章　零担货物运输管理

学习目标

了解零担货物运输的概念和特点；熟悉零担货物运输的组织工作和零担货物运输作业程序；掌握普通零担货物运输的基本理论和业务技能，以满足物流作业的基本需要。

【引导案例】

上海大众发展（集团）股份有限公司

上海大众发展（集团）股份有限公司下属有大众物流有限公司、大众便捷货运有限公司、大众国际货运代理有限公司、大众集装箱货运有限公司、大众快递公司和大众电子商务股份有限公司几个子公司。大众物流有限公司年总收入约7亿元，原来经营货运、客运和出租等业务。其中，货运方面有1000辆0.6～0.9t的货车，每年纯利润约450万元。

目前，大众物流有限公司的主要业务包括货物运输、仓储理货、货运代理，下设有搬场、储运、货代及配载中心库几个分公司。大众便捷货运有限公司，主要业务为华东地区及上海市内货运配送，拥有各类运输车辆一千余辆，配备有最先进的GPS，在行业中处于领先地位。

【课堂讨论】

零担货物品类多、批量小、重量轻；体积小、流通范围广、要求运送速度快，是一种集零为整、化整为零的运输组织形式。经营零担货物运输，必须具备以下条件：

（1）配置货运场站设施，便于取货上门、送货到家、集零为整、化整为零。

（2）形成运输网络，便于提供货物中转服务，扩大服务范围，提高车辆利用效率。

（3）具有较高的组织管理水平。小件货物的运送往往需要经过多个线路区段、多家运输企业联手合作才能完成，服务质量要求高，因而必须具有较高的组织管理水平。

（4）车辆技术装备要求高，要求采用厢式车，以适应品种多、批量小、重量轻和体积小等货物装运要求，减少货物途中受损和灭失。

讨论：如果货运公司有20个货运场站点，那么应如何安排车辆、线路使货物集零为整？

第一节　零担货物运输组织

随着国民经济的发展和人民物质文化生活的提高，特别是现代物流理念和技术的飞速发展，货物的流动无论从时间上还是空间上都发生了根本的变化。目前，零星用户、零星货物、零星整车的“三零”货急剧增加，普通零担货物运输已成为货物运输的重要形式之一。

一、零担货物运输的特点

零担货物运输的货物类型和运输组织形式有独特性，因此呈现出不同于其他运输的独有特点。一般而言，公路承运的零担货物具有数量小、批次多、包装不一和到站分散的特点，并且品种繁多，许多商品价格较高。而且经营零担货运又需要库房、货棚、货场等基本设施以及与之配套的装卸、搬运、堆码机具和苫垫设备。零担货物运输的特点可概括如下：

> **小词典**
>
> 由同一托运人一次托运的不够装一车的货物，称为零担货物。利用运输工具使零担货物产生位置移动的活动称为零担货物运输。

（1）货源的不确定性和来源的广泛性。零担货物运输的货物流量、货物数量和货物流向具有不确定性，难以通过运输合同方式将其纳入计划管理范围。

（2）组织工作的复杂性。繁杂的货物和各式各样的运输要求，必须采取相应的组织形式，才能满足人们对货运的需求。这使得零担货物运输货运环节多，作业工序细致，设备条件繁杂，对货物配载和装载要求较高。

（3）单位运输成本较高。为了适应零担货物运输的需求，货运站要配备一定的仓库、货棚、站台，以及相应的装卸、搬运、堆置的机具和专用厢式车辆。此外，相对于整车货物运输而言，零担货物周转环节多，更易出现货损、货差，赔偿费用较高。因此，零担货物运输成本较高。

（4）能满足千家万户的需要。零担货物运输具有品种繁多、小批量、多批次、价格较高、时间紧迫、到站分散的特点，因此，它能满足各层次商品流通的要求，方便物资生产和流通。

（5）运输安全、迅速、方便。零担货物运输由于其细致的工作环节和业务范围，可承担一定的行李、包裹运输。零担班车一般都有固定的车厢，所装货物不会受到日晒雨淋，一方面为客运工作提供有力支持，另一方面体现了其安全、迅速、方便的优越性。

（6）零担货物运输机动灵活。零担货物运输都是定线、定期、定点运行，业务人员和托运单位对运输情况都比较清楚，便于沿途各站点组织货源，往返实载率高，经济效益显著。对于竞争性、时令性和急需的零星货物运输具有尤为重要的意义。

【小案例】

某公司在美国纽约州建有一个主仓库，为美国东部的一些日用品商店提供服务。商品来自上千家供应商的许多小批量采购的货品。为减少内向运输成本，公司在主要供货商所在地建立了合并运输的货站，通知供货商将公司采购的货物运往集运站。当货物累积到一整车时，企业自己的货车就会将商品由集运站运到主仓库。这样做避免了以小批量、长距离的方式将货物运到主仓库所承担的昂贵的单位运费。（资料来源：《现代物流配送中心运营与管理》，谢声等，暨南大学出版社）

二、零担货物运输的基础工作

汽车零担货运的开办和发展必须具备一定的前提条件，这些前提条件一方面是宏观大环境，另一方面就是零担货运的微观物质条件。从汽车运输企业开办和发展零担货运的实际工作看，零担货运的基础工作主要是指其微观物质条件。要开办和发展零担运输，必须要做好下述基础工作：

（1）建立零担货物仓库是开办零担货运的首要条件。零担货物自身的特点决定了多数零担货物不可能在业务受理后即行装车，也不可能在货物运达卸车后即行交付，它有一个“集零为整”“化整为零”的过程，同时有些货物还需要中转，必须在货运站短期堆存保管。所以，必须根据吞吐量的大小，建设一定面积的零担货物仓库。

（2）零担货运站是开办零担货运业务的中介。货运站是货源货流的直接组织者，它一方面起着为社会集结和疏散货物的作用，另一方面为运载工具包揽运输业务，是建立在运载工具和货物之间的纽带。

（3）班车开辟和建立零担货运网络是开办和发展零担货运的基础。零担货运网络是指由若干站点和运行线路组成的具有循回功能的运输系统。班车是零担货运网络的基本组成部分。班车的开辟应以满足货流需要、尽量减少中转环节为原则，并在货源货流调查的基础上确定和制定车辆运行方案。

（4）零担货车配备是开办和发展零担货运的保证。零担货车是公路运输零担货物的工具，没有它，即使其他条件都已成熟，也不能实现零担货物的运输。

（5）组织零担货物联运是增强零担货运活力的关键。零担货物运距长短不一，车船不可能每点都到、各线都跑，因此，必须与铁路、水路、航空搞好联运，这样才能满足托运人多方面的需要。

三、零担货物货源组织

在完成零担货物运输的基础工作后，零担货物运输便进入货源组织阶段。零担货物货源组织工作，始于货源调查，终止于货物受理托运，其主要目的是寻找、落实货源。

获得货源货流信息并进行有效处理，开展零担货运货源的市场实际调查，是零担货物运输经营管理的基础性工作。零担货物运输是货物运输的一个组成部分，因此其市场调查的内容、方式和方法基本相同。零担货运货源的调查，其实质就是通过有效的市场调查方法，获取货运货源的基本信息，并对获取的信息做进一步分析，用于指导零担货运的过程。

1．货源、货流的概念

货源即货物的来源，货流的发生地；货流是指一定时间、一定区段内的货物流动，它包括货物的流量、流向、流时和流程四个要素。公路货物在一定时间、一定区段内流动的数量称为货物流量，流动的方向称为流向，分为顺向和反向。路段上货流量大的方向的货流称为顺向货流，反之则称为反向货流。零担货物运输的货源货流信息是指与零担货物的发生地、流量、流向、流时、流程及其变化有关的各种信息的总称。

2．零担货运中货源货流信息的收集

获取零担货运的货源货流信息不仅是零担货运经营决策的重要依据，还是提高零担货运应变能力的重要手段。零担货运中货源货流信息的收集一般通过下述方法开展：

（1）开展零担货运的市场调查。零担货运的市场调查按调查方式分为全面调查、典型调查和专题调查。全面调查是指在一定时期内，调查零担货运企业活动区内的自然资源（矿山、土地、森林和土特产等）、人口、企事业单位、机关等的基本概况；调查农业、农副产品的产量、规格、供给流通；调查工业生产所需原材料、燃料、辅助材料的品种、消耗量、自产量、流入量；调查商品流通的数量、范围、时间；调查交通运输网络布局和竞争对手的发展变化等。

典型调查是指根据需要选择一些具有代表性的地区、单位或运输线路，进行调查分析，再用“由此及彼”的推理方法，了解同类事物的共同规律。专题调查是指为研究零担货运的某些特殊问题（如新辟零担货运线路）而专门进行的市场调查。

【小案例】快速消费品行业的物流需求

（1）广阔的地域覆盖，包括城市和农村。

（2）降低物流成本以支持本来已经很薄的利润率。

（3）快速的物流运作能力（包括拣配和运送）。

（4）灵活的物流能力以适应其需求的季节性。

（5）支持小批量、多品种、高频度的运送。

（2）整理分析资料。整理分析零担货运企业近期承托运资料、地区发出运量统计资料等，从中分析货源货流信息。

（3）实时情报的收集。实时情报的收集是指在固定的货运站点，在代办业务、取货送货等承运业务活动中，通过咨询、交谈了解货源货流信息。

3．零担货源组织方法

（1）实行合同运输。合同运输是公路运输部门行之有效的货源组织形式。它具有以下特点：①有利于稳定一定数量的货源；②有利于合理安排运输；③有利于加强企业责任感，提高运输服务质量；④有利于简化运输手续，减少费用支出；⑤有利于改进产、运、销的关系，优化资源配置。

（2）设立零担货运代办点（站）。零担货物具有零星、分散、品种多、批量小、流向广的特点，零担货物运输企业可以自行设立货运站（点），也可以与其他社会部门或企业联合设立零担货运代办站（点），这样既可以加大零担货运站的密度，又可以有效利用社会资源，减少企业成本，弥补企业在发展中资金和人力的不足。设立零担货运代办站的前提是广泛的市场调查，只有通过细致的调查分析，才能了解货源情况，有的放矢地建立起零担货运网络。

（3）委托社会相关企业代理零担货运业务。零担货运企业还可以委托货物联运公司、日杂百货打包公司和邮局等单位代理零担货运受理业务，利用社会的资源，即这些单位现有的设施和营销关系网络，取得相对稳定的货源。委托代理关系是现代市场经济出现的一种有效的经营管理模式，这种模式可以充分调动社会各方面的经济资源，将有利于零担货运的经济资源重新配置。这一方面可以扩大联运公司、日杂百货打包公司和邮局等单位的营业额；另一方面可以方便购物者，扩大零担货源，实现企业效益和社会效益的双赢。

（4）聘请货运信息联络员，建立货源情报网络。在有较稳定的零担货源的物资单位聘请货运信息联络员，可以随时掌握货源信息，以零带整，组织整车货源。

（5）设立信息化的网络受理业务。可以利用现代信息技术，创建数字化的零担货运受理平台，形成虚拟的零担货运业务网络，进行网上业务受理和接单工作。

【资料链接】物流需求分析的注意事项

在当前的物流业发展条件下，重视物流需求分析应着重做好以下工作：

（1）物流企业应自觉加强市场调查研究工作，重视市场需求预测。

（2）重视发挥物流咨询研究机构的作用，注重科学预测技术并结合专家分析。

（3）提高信息管理和利用能力，加强物流信息管理，完善物流信息系统建设，重视物流需求信息的综合分析、评估。

（4）重视对国内外成功物流企业经验的学习和借鉴，减少物流需求分析中的盲目和武断。

（5）加强对国际国内经济形势的分析，掌握和了解全社会物流需求特点，明确物流企业服务对象的需求在质和量方面的特点，提高物流需求分析的准确度，找准物流企业的市场切入点。

四、零担货物运输的组织形式

社会生产和人民生活对零担货物的运送时间和方式、收发和装卸交接等有不同需要，因此需要采取不同的营运组织形式，这些组织形式形成了零担货物运输的基本组织形式。零担货物运输所采用的组织形式，一方面受制于用户的需求，另一方面则取决于零担货运所使用的车辆。零担车是指装运零担货物的车辆，按照零担车发送时间的不同，可将零担货物运输的组织形式划分为固定式和非固定式两大类。

1．固定式零担货物运输

固定式零担货物运输是指车辆运行采取定线路、定班期、定车辆、定时间的一种零担运输，也叫“四定运输”。承担相应货物运输任务的汽车称为货运班车（简称零担班车）。其运输车辆主要以厢式专用车为主。零担班车主要采用以下几种方式运行：

（1）直达式零担班车。直达式零担班车是指在起运站将各个发货人托运的到站相同且性质适宜配载的零担货物，同车装运后直接送达目的地的一种货运班车，其货运组织形式如图8-1所示。

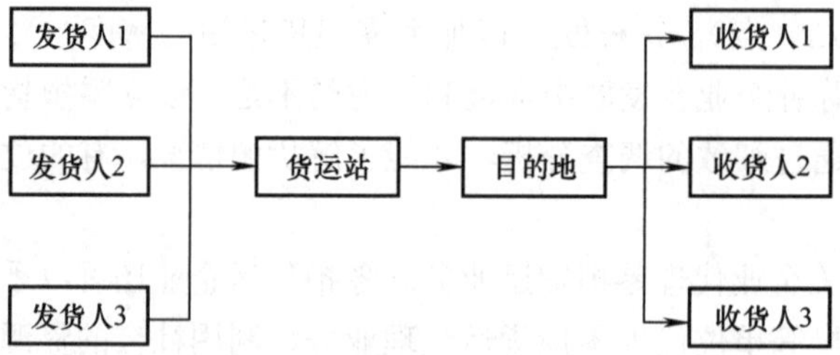

图8-1 直达式零担班车货运组织形式

（2）中转式零担班车。中转式零担班车是指在起运站将各个发货人托运的同一线路、不同到达站且性质允许配载的各种零担货物，同车装运至规定中转站，卸后复装，重新组成新的零担班车运往目的地的一种货运班车。其货运组织形式如图8-2所示。

（3）沿途式零担班车。沿途式零担班车是指在起运站将各个发货人托运的同一线路不同到达站，且性质允许配装的各种零担货物，同车装运后，在沿途各计划停靠站卸下或装上零担货物再继续前进，直到最后终点站的一种货运班车。

在上述三种零担班车运行模式中，以直达式零担班车最为经济，是零担货运的基本形式，这种形式具有以下无法代替的优点：

（1）避免了不必要的换装作业，节省了中转费用，减轻了中转站的作业负担。

（2）减少了货物在中转站的作业，有利于运输安全和货物完好，以减少事故，确保质量。

（3）减少了在途时间，提高了零担货物的运送速度，有利于加速车辆周转和物资调拨。

（4）在仓库内集结待运时间少，充分利用了仓库货位。

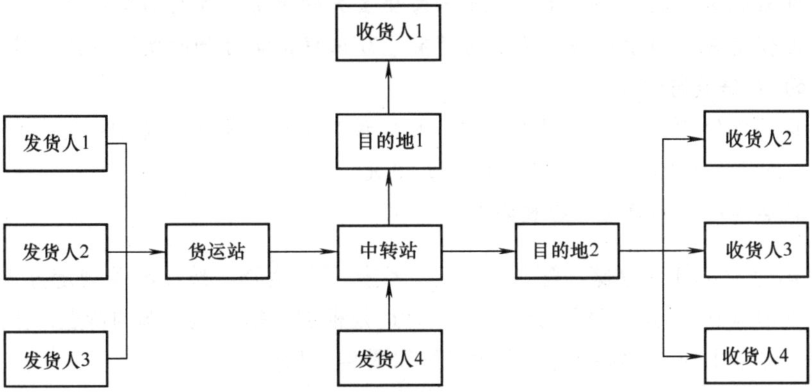

图 8-2　中转式零担班车货运组织形式

2. 非固定式零担货物运输

非固定式零担货运的完成是通过非固定式零担车的组织来实现的。非固定式零担车是指按照零担货流的具体情况，临时组织而成的一种零担车，通常在新辟零担货运线路或季节性零担货物线路上使用。

【课堂实训】

郑州某物流公司，当天收到的货物如下：1t 货物运到新乡；1.2t 货物运到鹤壁；1.5t 货物运到安阳；新乡有 1.3t 货物运到安阳；鹤壁有 1t 货物运到安阳。

请问：如何组织货物的零担运输？（四地的大概位置如图 8-3 所示。）

图 8-3　四地的大概位置

第二节　零担货物运输作业程序

【小案例】托运单少写俩字，公司痛失 7000 元

5 月 25 日，对外加工装配服务公司（下称服务公司）将价值 6800 元的笔记本电脑一台，由一家物流公司服务部托运到南宁。物流公司在运输途中将笔记本电脑丢失。服务公司将物流公司告到区人民法院，请求法院判决令物流公司赔偿损失 6800 元，并承担本案诉讼费。

物流公司辩称，该服务公司托运的货物丢失是事实，但该服务公司经理王某的托运单上写明托运货物是“笔记本”，而不是“笔记本电脑”，托运单上“托运人声明货物价值”“贵重货物保价费”栏内空白，而且是以普通货物办理托运手续。而清单下方有已印刷好的“重要提示”提到：“未进行价值声明的货物及声明价值未按约定交纳贵重货物保价费的货物在运输中毁损、丢失时，承运人按本次托运该件货物运费50倍以内赔偿。”所以，物流公司只在该货物运费5元的50倍以内予以赔偿。

区法院审理认为，物流公司承运的货物发生丢失的情形，其行为构成违约，依法应承担相应的民事赔偿责任。由于原告服务公司没有充分证据证实货物的实际价值，确定按合同约定，即运费的50倍进行计算。

最后，区法院做出判决：物流公司负责赔偿该服务公司货物损失250元。案件受理费等684元由服务公司负担634元，物流公司负担50元。

思考：托运单的正确填写是否重要？

零担货运企业承托、仓储、配装、发送、交接零担货物，按照相关规定办理业务手续，统称为零担货物运输（简称零担货运）。零担货运是根据零担货运工作的特点，按照流水作业形式构成的一种作业方式。零担货运作业流程如图8-4所示。

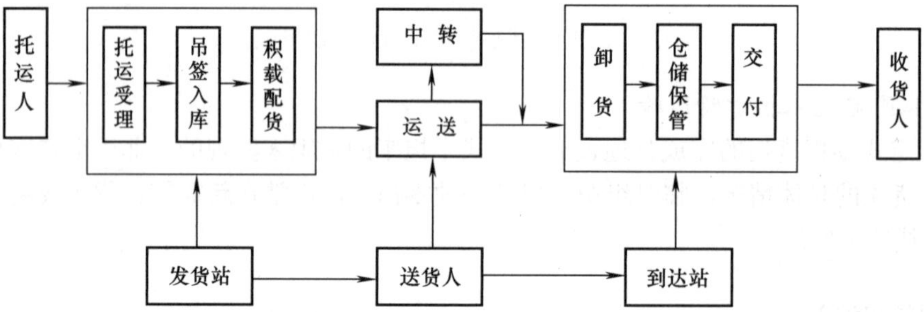

图8-4 零担货运作业流程

一、受理托运

受理托运是指零担货物承运人根据营运范围内的线路、站点、运距、中转范围、各车站的装卸能力、货物的性质及收运限制等业务规则和有关规定接受零担货物，办理托运手续。受理托运是零担货物运输作业中的首要环节。由于零担货运线路站点多、货物品类繁杂、包装形状各异、性质不一，受理人必须熟知营运线路范围内的线路、站点、运距、中转范围、车站装卸能力、货物的理化性质及收运限制等一系列业务及有关规定。

1. 受理托运的必备条件

（1）公布办理零担的线路、站点（包括联运、中转站点）、班期及里程运价。

（2）张贴托运须知、包装要求和限运规定。

2. 受理托运的方法

在受理托运时，可根据受理零担货物数量、运距以及车站作业能力采用不同的受理制度和方法，如随时受理制、预先审批制、日历承运制等制度，以及站点受理、上门受理、预约受理等方法。

（1）随时受理制。这种受理制度对托运日期无具体的规定，在营业时间内，发货人均可随时将货物送到托运站来办理托运。这一制度为货主提供了很大的方便。但这种受理制度也有其局限性，如事先不能组织货源、缺乏计划性等，因此货物在库时间长，设备利用率低。在实际零担货物运输中，这一受理制度常被作业量小的货运站、急运货运站，以及始发量小、中转量大的中转货运站采用。

（2）预先审批制。预先审批制要求发货人事先向货运站提出申请，车站再根据各个发货方向及站别的运量，结合站内设备和作业能力加以平衡，分别指定日期进货集结，组成零担班车。

（3）日历承运制。日历承运制是指货运站根据零担货物流量和流向规律，编写承运日期表，事先公布，发货人则按规定日期来站办理托运手续。采用日历承运制可以有计划、有组织地开展零担货物运输，便于将去向和到站比较分散的零担货物合理集中，组织直达零担班车，均衡安排货运站每日承担零担货物的数量，合理使用货运设备，便于物资部门安排生产和物资调拨计划，以提前做好货物托运的准备工作。

3．托运单的填写与审核

受理托运时，必须由托运人认真填写托运单，承运人审核无误后方可承运。

零担货物托运单一式两份，一份起运站仓库存查，另一份开票后随货同行。凡货物到站在零担班车运行线路范围以内的，称为“直线零担”，可填写“零担货运托运单”；需通过中转换装的，称为“联运零担”，可填写“联运零担货物托运单”。公路汽车零担货物托运单格式见图 8-5。

托运日期______年___月___日

起运站____________ 到达站____________

托运单位__________ 详细地址__________ 电话______________

收货单位(人)________ 详细地址__________ 电话______________

货物名称__________ 包装________ 件数________ 实际质量______ 计费质量______________

托运人注意事项：

①托运单填写一式两份；②托运货物必须包装完好捆扎牢固；③不得捏报货物名称，否则在运输过程中发生一切损失均由托运人负责赔偿；④托运货物不得夹带易燃危险品；⑤以上各栏，由托运人详细填写。

合计

发货人记载事项__________ 起运站记载事项______________

进货仓位______________ 仓库理货验收员______________ 发运日期______________

到站交付日______________ 托运人(签章)______________

图 8-5　公路汽车零担货物托运单

托运单原则上由发货人填写，承运人不予代填，对托运人填写的托运单还必须认真审核。审核托运单的要求是：①检查核对托运单的各栏有无涂改，涂改不清的应重新填写；②审核到站与收货人地址是否相符，以免误运；③对货物的品名和属性进行鉴别，注意区别普通零担货物和笨重零担货物（同时注意它们的长、宽、高能否适应零担货车的装卸及起运站、中转站、到达站的装卸能力等）、普通物品与危险品（如属危险品则应按规定办理）；④对一批货物多种包装的应认真核对，详细记载，以免错提、错交；⑤对托运人在声明事项栏内填写的内容应特别注意货主的要求是否符合有关规定，能否承担相应责任。

二、过磅与起票

过磅与起票的作业就是零担货物受理人员在收到托运单后，审核托运单填写内容与货物实际情况是否相符，检查包装，过磅量方，扣、贴标签和标志。

1．核对运单

核对货物品名、件数和包装标志是否与托运单相符。注意是否夹带限制运输货物或危险货物，做到逐件清点件数，防止发生差错。对长大、笨重的零担货物要区别：终点站，长大件不超过零担班车车厢的长度和高度；中途站，长大件不超过零担车后门宽度和高度；笨重零担货物，不超过发站和到站的自有或委托装卸能力；单件重量，一般在人力搬运装卸的条件下，以不超过40kg为宜，笨重零担货物应按起运、中转和到达站的起重装卸能力受理。

2．检查货物包装

货物包装是指货物在运输、装卸、仓储和中转过程中保护货物质量必须具备的物质条件。货物包装的优劣，直接关系到运输质量和货物自身的安全，因此必须按货物的特性和要求进行包装，要达到零担货运的关于货物包装的规定。如发现应包装的货物没有包装或应有内包装而只有外包装的，应请货主重新包装。对包装不良或无包装但不影响装卸及行车安全的，经车站同意可予受理，但应请货主在托运单中注明包装不良状况及损坏免责事项。对使用旧包装的应请货主清除旧标志、旧标签。

检查货物虽然十分琐碎，但非常重要。检查疏忽会使原来已经残破、短少或变质的货物进入运送过程，不但会加剧货物的损坏程度，而且不能保证承运期间的安全，甚至还会转化为运输部门的责任事故，影响企业信誉，造成不应有的损失。

3．过磅量方

货物重量是正确装载、凭以核算运费和发生事故后正确处理赔偿费用的重要依据。因此必须随票过磅（量方），确保准确无误。货物重量分实际重量、计费重量和标定重量。

【小思考】

如何检查货物包装？

（1）实际重量。货物的实际重量根据货物过磅后（包括包装在内）的毛重来确定。

（2）计费重量。计费重量可分为不折算重量和折算重量。不折算重量就是指货物的实际重量。关于折算重量的计算可参考相关规定。

（3）标定重量。标定重量是对特定的货物所规定的统一计费标准。同一托运人一次托运轻泡和实重两种货物至同一到站者，可以合并称重或合并量方折重计费（不能拼装者例外）。过磅或量方后，应将重量或体积填入托运单内。当一张托运单的货物分批过磅、量方时，应将重量和长、宽、高体积尺寸记在托运单内，以备查考，然后将总重量和总体积填入托运单告知货主。零担货物过磅量方后，司磅、收货人员应在托运单上签字证明并指定货位将货物搬入仓库，然后在托运单上签注货位号，加盖承运日期戳，将托运单留存一份备查，另一份交还货主持其向财务核算部门付款开票。

4．扣、贴标签和标志

零担标签、标志是建立货物本身与其运输票据间的联系、标明货物本身性质的凭证，也是理货、装卸、中转和交付货物的重要识别凭证。标签的各栏必须认真详细填写，在每件货物的两端或正、侧两面明显处各扣（贴）一张。标签、货票式样见图8-6、图8-7。

车次
起站
到站
票号
总件数
站发
年　月　日
公路汽车行李、包裹、零担标签
站至　站
票号　总件数
站　年　月　日

图 8-6　公路汽车行李、包裹、零担标签

起点站________中转站________到达站________里程______　备注
托运人________详细地点________________________
收货人________详细地点________________________
货名______包装________件数________体积(m^3)________
实际重量________计费重量________每百千克运价________合计______
长____________宽____________高____________
托运人签章
合计
车站：　填票人：　复核人：　经办人：

图 8-7　公路汽车零担运输货票

三、验收入库

零担货物验收入库是车站对货物履行责任的开始。把好验收关，就能有效地杜绝差错。验收时必须逐件查收，按指定货位堆放。零担货物仓库应严格划分货位，一般可分为待运货位、急运货位、到达待交货位等。堆码整齐，经复点无误后在托运单上注明货位，经办人签章后生效。零担仓库的货位配置可根据通道位置，分成一列式排列和双列式排列。此外，零担货物仓库要具备良好的通风、防潮、防火能力，具备灯光设备及安全保卫能力。

验收入库必须做到：

（1）凡未办理托运手续的货物，一律不准进入仓库。

（2）认真核对运单、货物，坚持照单验收入库。

（3）货物必须按流向堆码在指定的货位上。

（4）一批货物不要堆放在两处，库内要做到层次分明，留有通道，互不搭肩，标签向外，箭头向上。

（5）露天堆放的货物要注意下垫上盖。

（6）经常检查仓库四周，不可将有碍货物安全的物品堆放在仓库周围，以保持仓库内外

整洁。

（7）货物在仓库待运期间，要经常进行检视核对，以票对货、票票不漏。

四、开票收费

零担货物运输的开票收费作业，是在零担货物托运收货后，根据司磅人员和仓库保管人员签字的零担货物托运单进行的。开票收费环节包括运费和杂费的计算。运费的计算有既定计算公式，在计算时可以套用。

1．零担货运的杂费项目

（1）渡费。零担运输车辆如需要过渡运行，则由起运站代收渡费。

（2）标签费。

（3）标志费。

（4）联运服务费。通过两种及以上的运输工具的联合运输以及跨省（市）的公路联运，核收联运服务费。

（5）中转包干费。联运中转换装所产生的装卸、搬运、仓储和整理包装劳务等费用，实行全程包干，起运站一次核收。

（6）退票费。受理承运后货主要求退运，按规定收取已发生的劳务费用及消耗票证的印制成本费用。

（7）保管费。

（8）快件费。应货主要求办理快件运输，收取快件费。

（9）保价（保险）费。对贵重物品要实行保价运输，制定收费标准按货物价值的百分比核收。

2．营收审核

营收人员每日工作完毕，必须将当天开出货票中的营收进款累计数与所收的现金、支票金额进行核对。

五、配载装车

零担货物装车是起运的开始。装车前必须根据车辆吨位、车厢容积、货物性质和货物运送方向、中转、直达等，做好货物配载工作。

1．零担货物的配载

零担货物的配载必须遵循以下原则：①中转先运、急件先运、先托先运、合同先运，对一张托运单和一次中转的货物，须一次运清，不得分批运送；②凡是可以直达运送的货物，必须直达运送；必须中转的货物，应按合理流向配载，不得任意增加中转环节；③充分利用车辆的载重量和容积进行轻重配装，巧装满装；④认真执行货物混装限制规定，确保运输安全；⑤加强预报中途各站的待运量，并尽可能使同站卸装的货物在吨位和容积上相适应。

货物装车前必须做好以下准备工作：

（1）按车辆的容载量和货物的长短、大小、性质进行合理配载，填制配装单和货物交接清单。填单时应按货物先远后近、先重后轻、先大后小、先方后圆的顺序填写，以便按单顺次装车。对不同到达站和中转的货物要分单填制，不得混填一单。

（2）整理各种随货单证，分附于交接单后面。整理各种随货同行单据，包括提货联、随货联、托运单、零担货票及其他附送单据，按中转、直达理开。在组织中转时应考虑发运到中转次数最少的中转站进行中转，不得任意中转，更不能迂回中转。凡中转货物一律不得分批运送。

（3）根据车辆核定吨位、车厢容积和起运货物的重量、理化性质、长度、大小、形状等合理配载，编制货物交接清单。按单核对货物堆放位置，做好装车标记。

2．装车组织

（1）备货。货运仓库在接到“货物装车交接清单”后，应逐批核对货物台账、货位、货物品名、到站，点清件数，检查包装标志、标签或贴票。

（2）交代装车任务。在货物装车前，仓库保管人员要将待装货物按货位、按批量向承运车辆的随车理货员或驾驶员和装车工人交代货物品名、件数、性能及具体装车次序、装载要求、防护要领和消防方法等。

（3）监装。实际装车时，可采用“点筹对装法”，由仓库保管员发筹，随车理货员或驾驶员收筹，按筹点数核对。零担货物配运员与随车理货员（或驾驶员）根据零担货物配运计划监装，并以随货同行的托运单及附件为凭证按批点交。装车时应注意如下几点：

1）检查零担车车体、车门及车窗是否良好，车内是否干净。

2）将贵重物品放在防压、防撞的位置，保证其运输安全。

3）根据车辆容积，均衡地分布货物，防止偏重；对某些集重货物和畸形偏心偏重货物，下面应垫以一定厚度的木板或钢板，并使其重心尽可能位于车辆纵横中心线的交叉点。

4）紧密地堆放货件，充分利用车辆载重量和容积，巧装满载，防止车辆在运行中因振动而造成货物倒塌、破损。

5）货物装妥后，要复查货位，防止错装、漏装、误装；确认无误后，驾驶员（或随车理货员）要清点随货单证并在交接清单上签章。

6）每批货物要堆放在一起，并按公—铁、公—水、公—航空、公—公联运中转零担和直线零担次序装车，为到站和中转快速卸货提供便利。

7）检查车辆关锁及遮盖捆扎等情况。

中途站装卸零担货物，应先卸后装，依次进行，避免货物混乱，产生差错。无论卸货进仓或装货上车，均要按起点装卸作业程序办理。在装车前还应将车上的货物按目的地的远近适当整理，以减少下一站卸货的困难。

中转站应积极组织车辆发运，减少货物在中转站滞留的时间。对破散受潮、包装污染的货物，除在卸车交接时如实编制记录外，应先进行整理加固，然后再换装，严禁破来破去。如遇有票货不齐或串件，除在交接清单中签注外，应立即通知起运站查找和纠正，待货票完全相符后再转运，严禁错来错转。

六、货物交付

起运站与承运车辆，依据“零担货物装交接清单”办理交接手续，按交接清单有关栏目逐批点交，逐批接收。在交接完毕后，由随车理货员或驾驶员在交接清单上签收。交接清单应一站一单，以利于点交和运杂费结算，如图 8-8 所示。

货物入库后，应及时用电话或书面通知收货人凭“提货单”提货，并做好通知记录，逾期提取的按有关规定办理。对预约“送货上门”的货物，则由送货人按件点交收货人签收。

货物交付要按单交付，件检件交，做到票货相符。货物点交完毕后，应及时在提货单上加盖“货物交讫”戳记。

车属单位:__________ 编号: ________ 字第 ___号
车号:__________
吨位:__________ 年 月 日
原票记录__________中转记录__________票号__________
收货单位(或)收货人 __________
品名__________包装__________承运路段__________备注 __________
原票起站__________到达站__________里程__________中转站__________到达站__________
件数__________里程 __________计费重量__________运费__________
合计
附件 零担货票 发票 证明 上列货物已于 ___月 ___日经点件验收所随带附件，收讫无误。
中转站:(盖章)
到达站:(盖章) 月 日
填发站: 填单人: 驾驶员盖章:

图 8-8 公路汽车零担货物交接及运费结算清单

零担货运通常由多个运输企业（或站、点）连续作业才能完成，因此在零担运输作业的全过程中，每个环节都必须严格办理交接手续，否则，就会产生手续不清、责任不明等问题，甚至无法查明原因，造成混乱。

七、货物中转

零担货运班车必须严格按期发车，按规定线路行驶，在中转站要由值班人员在行车路单上签证。对于需要中转的货物，需以中转零担班车或沿途零担班车的形式运到规定中转站进行中转。中转作业主要是将来自各个方向仍需继续运输的零担货物卸车后重新集结待运。零担货物中转作业一般有以下三种基本方法：

1. 落地法

落地法是将到达车辆上的全部零担货物卸下入库，按方向或到达站在货位上重新集结，再重新装配。这种方法简便易行，车辆载货量利用较好，但装卸作业量大，作业速度慢，仓库和场地的占用面积也较大。

2. 坐车法

坐车法即将到达车辆上运往前面同一到站，且中转数量较多或卸车困难的那部分核心货物留在车上，将其余货物卸下后再加装同一到站的其他货物。采用这种方法，核心货物不用卸车，减少了装卸作业量，加快了中转作业速度，节约了装卸劳动力和货位。但留在车上的核心货物的装卸情况和数量不易检查和清点，在加装货物较多时也难免会发生卸车和倒装等附加作业。

3. 过车法

过车法是当几辆零担车同时到站进行中转作业时，将车内部分中转货物由一辆车直接换装到另一辆车上。组织过车时，货物可以向空车上过，也可以向留有核心货物的重车上过。

这种方法在卸车作业的同时即完成了装车作业，减少了零担货物的装卸作业量，提高了作业效率，加快了中转速度，但对到发车辆时间衔接要求较高，容易遭受意外因素的干扰。

零担货物中转站除了承担货物的保管工作外，还需进行一些与中转环节有关的理货、堆码和整理等作业，因此，中转站应配备有一定的仓库或货棚等设施。零担货物的仓库或货棚，应具备良好的通风、防潮、防火、采光和照明等条件，以保证货物的完好和适应各项作业的需要。零担货物中转作业是按货物流向或到站进行分类整理，先集中再分散的过程，中转站的选择必须建立在充分的运输经济调查、结合货源和货流特点的基础上，中转站的硬件设施与仓库的要求相同。

八、零担货运到达作业

【小思考】

当发现货票不符时，应如何处理？

1. 到站卸货

零担班车到站后，对普通到货零担及中转联运零担应分别理卸。根据仓库情况，除将普通到货按流向卸入货位外，对需要中转的公—公联运货物，应办理驳仓手续，填制“货物驳运、拼装、分运交移凭证”，分别移送有关货组。其他公转铁、公转水、公转航空的货物，接托后分送有关仓库，办理仓储及中转作业。应注意以下各点：

（1）要认真办好承运车与车站的交接工作。班车到站时，车站货运人员应向随车理货员或驾驶员索阅货物交接清单以及随附的有关单证。要注意核对两者，如有不符，应在交接清单上注明不符情况。

（2）要检查车门、车窗及敞车的篷布覆盖、绳索捆扎，有无松动、漏雨等情况，确认货物在运送过程中的状态和完整性，以便在发生货损货差时划清责任并防止误卸。

2. 到货通知

理验完毕后，对到达本站的货物，应登入“零担货物到货登记表”，并迅速以“到货布告”形式和“到货通知单”或电话发出通知，催促收货人提货，同时将通知的方式和日期记入到货物登记簿内备查。对合同运输单位的货物，应立即组织送货上门。

3. 收票交货

收票交货是零担货物运输的最后一道工序。货物交付完毕，收回货票提货联，公路汽车的责任运输才告结束。它包括内交付（随货同行单证交付）和外交付（现货交付）。为了防止误交，应做到：

（1）不得白条提货、信用交付。

（2）凭货票提货联交付者，由收货人在提货联上加盖与收货人名称相同的印章，并提供有效的身份证件。

（3）凭到货通知单交付的，由收货人在到货通知单上加盖与收货人名称相同的印章，并验看提货经办人的有效身份证件，在货票提取联签字交付。

（4）凭电话通知交付的，凭收货单位介绍信经车站认可后由提货经办人在货票提货联上签字交付。

（5）委托其他单位代提的，应有收货人盖有相同印章向车站提出的委托书，经车站认可后，由代提单位在货票提货联上签章交付。

（6）零担货物交付时，应认真核对货物品名、件数和票签号码。如货件较多，应取货后集中点交，以免出错。

【课堂实训】

学习填写托运单：

××物流公司汽车零担货物托运单

托运日期： 年 月 日 发站： 到站： 运单编号：

收货单位（人）：			电话：			详细地址：		
重要声明：（若货物不保险，出险后我公司将按背书条款赔偿） 本票货物：已保价（ ），未保价（ ）						重量/kg	货物价值（元）	体积/m^3
货物名称	包装	件数	实际重量	计费重量	运费	代付款	保价费（3‰）	合计金额（元）
付款方式：现付（ ）到付（ ）签回单付（ ）月结（ ）合计金额（大写）： 万 仟 佰 拾 元								
发货人签字		发货人电话		收货人签字		承运经办人		承运单位盖章
重要提示：请发货人及收货人认真阅读本托运单背面托运协议条款，特别是免除或限制承运人责任条款，如有异议，请要求承运人说明。您在本协议上签字或盖章，即表示您理解并同意本协议所记载的全部内容。								
本公司地址： 业务电话： 传真： 提货：								

注：托运单一式四联。第一联，承运人存根；第二联，托运人留存；第三联，财务统计；第四联，随货同行。

第三节 零担车辆的配装

一、车辆配装的概念

【课堂讨论】

货物如何装载能使装载效率提高？举实际例子说明。

配送工作所需车辆一般为汽车。由于需配送的货物的比重、体积不同，包装形式各异，在装车时，既要考虑车辆的载重量，又要考虑车辆的容积，使车辆的载重和容积都能得到有效利用。配送车辆配装技术要解决的主要问题就是在充分保证货物质量和数量完好的前提下，尽可能提高车辆在容积和载货两方面的装载量，以提高车辆利用率，节省运力，降低配送费用。

二、车辆运输生产率

车辆运输生产率是一个综合性指标，是一系列效率指标的综合表现。在车辆的运行组织中除了车辆行程利用率外，还有一个很重要的指标就是吨位利用率。

车辆按核定吨位满载运行时，表示车辆的载运能力得到了充分的利用。在实际工作中，因不同货物配送的流量、流向、流时、流距及运行中的某些问题，会造成车辆不能按核定吨位满载运行。通常用吨位利用率这一指标来考查载重利用情况，其计算公式如下：

$$吨位利用率=\frac{实际完成周转量}{载运行程载重量}\times 100\%$$

配送运输车辆的吨位利用率应保持在100%，即按车辆核定吨位装足货物，既不要亏载，造成车辆载重能力浪费，也不要超载。后者一方面可能会造成车辆早期损坏，增加车辆的过度磨损，同时还会增加车辆运行燃、润料的消耗；另一方面车辆容易发生运行事故，可能给企业、货主带来重大损失。

三、运输车辆亏载的原因

（1）货物特性。例如，轻泡货物，由于车厢容积的限制和运行限制（主要是超高），而无法装足吨位。

（2）货物包装情况。例如，车厢尺寸不与货物包装容器的尺寸成整倍数关系，则无法装满车厢。如货物宽度80cm，车厢宽度220cm，将会剩余60cm。

（3）不能拼装运输，或规定必须减载运行。如有些危险品必须减载运送才能保证安全。

（4）装载技术的原因，造成不能装足吨位。

四、提高运输车辆吨位利用率的具体办法

（1）研究各类车厢的装载标准、不同货物和不同包装体积的合理装载顺序，努力提高装载技术和操作水平，力求装足车辆核定吨位。

（2）根据客户所需的货物品种和数量调派适宜的车型承运。这就要求配送中心保持合适的车型结构。

（3）凡是可以拼装运输的，尽可能拼装运输，但要注意防止产生差错。

五、车辆积载的原则

在明确了客户的配送顺序后，接下来就是如何将货物装车、以什么次序装车的问题，这就是车辆的积载问题。原则上，客户的配送顺序安排好后，只要按货物“后送先装”的顺序装车即可。但有时为了有效地利用空间，还应根据货物的性质（怕振、怕压、怕撞、怕湿）、形状、体积及重量等做某些调整。如能根据这些选择恰当的装卸方法，并能合理地进行车辆积载工作，则可使货物在配送运输中货损货差减少，既能保证货物完好和安全运输，又能使车辆的载重能力和容积得到充分利用。当然，这就要求在车辆积载时应遵循以下原则：

① 轻重搭配的原则。车辆装货时，必须将重货置于底部、轻货置于上部，避免重货压坏轻货，并使货物重心下移，从而保证运输安全。

② 大小搭配的原则。例如，到达同一地点的同一批配送货物，其包装的外部尺寸有大有小，为了充分利用车厢的内容积，可在同一层或上下层合理搭配不同尺寸的货物，以减少箱内的空隙。

③ 货物性质搭配的原则。拼装在一个车厢内的货物，其化学属性、物理属性不能互相抵触。在交运时托运人已经包装好的而承运人又不得任意开封的货物，在箱内因性质抵触而发生损坏，由托运人负责；由此造成的承运人的损失，托运人应负赔偿责任。

④ 到达同一地点的适合配装的货物应尽可能一次积载。

⑤ 确定合理的堆码层次及方法。可根据车厢的尺寸、容积，货物外包装的尺寸来确定。

⑥ 积载时不允许超过车辆所允许的最大载重量。

⑦ 积载时车厢内货物重量应分布均匀。

⑧ 应防止车厢内货物之间碰撞、沾污。

配送车辆的载重能力和容积能否得到充分利用，当然与货物本身的包装规格有很大关系。小包装的货物容易降低亏箱率，同类货物用纸箱比用木箱包装亏箱率要低一些。但是，亏箱率的高低还与采用的积载方法有关，所以说，恰当的积载方法能使车箱内部的高度、长度、宽度都得到充分利用。

六、车辆配装的方法

具体车辆配装要根据需配送货物的具体情况及车辆情况决定，主要依靠经验或简单的计算来选择最优的装车方案。

（一）经验配装法

凭经验配装时，应注意以下问题：

① 为了减少或避免差错，应尽量把外观相近、容易混淆的货物分开装载。

② 重不压轻，大不压小，轻货应放在重货上面，包装强度差的应放在包装强度好的上面。

③ 尽量做到“后送先装”。由于配送车辆大多是后开门的厢式货车，故先卸车的货物应装在车厢后部，靠近车厢门，后卸车的货物装在前部。

④ 货与货之间、货与车辆之间应留有空隙并适当衬垫，防止货损。

⑤ 不将散发臭味的货物与具有吸臭性的食品混装。

⑥ 尽量不将散发粉尘的货物与清洁货物混装。

⑦ 切勿将渗水货物与易受潮货物一同存放。

⑧ 包装不同的货物应分开装载，如板条箱货物不要与纸箱、袋装货物堆放在一起。

⑨ 具有尖角或其他突出物的货物应和其他货物分开装载或用木板隔离，以免损伤其他货物。

⑩ 装载易滚动的卷状、桶状货物，要垂直摆放。

⑪ 装货完毕，应在门端处采取适当的稳固措施，以防开门卸货时货物倾倒造成货损或人身伤亡。

（二）计算配装法

合理使用运输工具，是提高运输能力的重要措施，也是合理组织商品运输的重要途径之一。所谓合理使用运输工具，就是在特定的自然条件下，根据运输工具的特点，结合商品的自然属性和形态，以及市场需求的缓急，将全部货运量配给各种运输工具，充分发挥运输设备的效能。合理使用运输工具的主要途径是提高技术装载量。

提高技术装载量的基本条件是改进商品包装，实现包装标准化，以适合载运工具容积的特点。要提高技术装载量，最大限度地利用车船的载重吨位和有效容积，主要采取的措施有：①组织轻重配装。一辆货车装载实重商品，虽然能够充分利用货车的载重量，但不能装满容积，在容积上造成浪费；若装载轻泡商品，可以充分利用货车容积，但不能达到核定载重量，在吨位上形成浪费。组织商品轻重配装，则可以充分利用车船容积和装载量，以提高运输工具的载重效率。②商品解体装载。这种方法适用于某些机械商品，如自行车、磅秤和运动器材等。这些商品体积大，又不便于堆码，如果装载方法不当，必然浪费车船容积，在不影响商品质量的前提下，拆解成几个部分，分别包装，可以缩小商品所占空间，提高运输工具的装载能力，也便于装卸和搬运。

轻重商品组配是提高运输工具吨位利用率和容积利用率的重要方法之一。在组织轻重商品组配时，应用理论与实践相结合的方法，较为科学实用。举例说明如下：

［例题 8-1］已知圆钉每件重 20kg，每件体积为 $0.3m\times0.25m\times0.2m=0.015m^3$。铝制品每件重 37kg，每件体积为 $0.75m\times0.74m\times0.63m=0.35m^3$。计划装上一辆标重为 30t、容积为 $10.2m\times2.81m\times2.3m=66m^3$ 的铁路棚车。测算如何装载上述两种商品，各需组配多少件，才能达到容满吨足。

1．如果只装铝制品或只装圆钉

（1）理论上求解。理论求解较为简单，只需要从重量或体积上求出件数即可。

铝制品从重量上计算：铝制品件数 =30t÷0.037t/ 件 =810 件

铝制品从体积上计算：铝制品件数 $=66m^3\div0.35m^3$/ 件 =188 件

铝制品的装载按重量能装 810 件，按体积能装 188 件，说明铝制品装载 188 件就已装满，从理论上计算只能装载 188 件。

圆钉从重量上计算：圆钉件数 =30t÷0.020t/ 件 =1500 件

圆钉从体积上计算：圆钉件数 $=66m^3\div0.015m^3$/ 件 =4400 件

圆钉的装载按重量能装 1500 件，按体积能装 4400 件，说明圆钉装载 1500 件就已满吨位，从理论上计算只能装载 1500 件。

从理论上计算得出：铝制品只能装 188 件，圆钉只能装 1500 件。

（2）实际组配。

1）如果车辆只装铝制品，情况见表 8-1。

表 8-1　只装铝制品时的装配件数

	车长 10.2m	剩　余	车宽 2.81m	剩　余	车高 2.3m	剩　余
品长 0.75m	13	0.45m	3	0.56m	3	0.05m
品宽 0.74m	13	0.58m	3	0.59m	3	0.08m
品高 0.63m	16	0.12m	4	0.29m	3	0.41m

$$铝制品件数 =16\times3\times3=144$$

或

$$铝制品件数 =13\times4\times3=156$$

最优装配 156 件比理论 188 件少配 32 件。也就是说，理论上算得的装载数量，实际的空间已放不下商品，理论的求算值与实践有差距。

2）如果车辆只装圆钉，那么装载 1 500 件时就已经装满吨位，容积绰绰有余，不需要再列表求算。

2．两种商品组配

从上面的计算可以看出，不论装载哪种商品，都会造成浪费。只装铝制品会造成吨位浪费，只装圆钉会造成容积浪费。如果把两种商品组配在一起，那么将会充分利用吨位和容积。

（1）理论上求解。设：A 为圆钉的数量，B 为铝制品的数量。

列方程：$\begin{cases} 0.02A+0.037B=30 \\ 0.015A+0.35B=66 \end{cases}$

解方程求得：$\begin{cases} A=1250 \\ B=135 \end{cases}$

即圆钉能装1250件，铝制品能装135件。

（2）两种商品理论结合实际组配。上面求算的是理论数值，在实际组配时，往往有一定的困难。因此，在理论的基础上，结合实际组配法。其步骤如下：

1）理论计算两种商品的装车高度。根据已知条件求得：

$$\text{圆钉每立方米重量} = \frac{0.02\text{t}}{0.015} = 1.333\text{t}$$

$$\text{铝制品每立方米重量} = \frac{0.037\text{t}}{0.35} = 0.106\text{t}$$

设圆钉占车容积为 X，铝制品占车容积为 Y。

列方程：$\begin{cases} 1.333X+0.106Y=30 \\ X+Y=66 \end{cases}$

解方程求得：$\begin{cases} X=18.769\text{m}^3 \\ Y=47.231\text{m}^3 \end{cases}$

铝制品占车高度 $=47.231\text{m}^3 \div 10.2\text{m} \div 2.81\text{m}=1.648\text{m}$

圆钉占车高度 $=2.3\text{m}-1.648\text{m}=0.652\text{m}$

2）实际组配两种商品的装载数量。

① 铝制品实际装配。根据计算得知，要使车辆满载，装载铝制品的高为1.648m。这部分容积能装载的铝制品件数可由表8-2计算。

表8-2 铝制品实际装配

	车长10.2m	剩　余	车宽2.81m	剩　余	车高1.648m	剩　余
品长0.75m	13	0.45m	3	0.56m	2	0.148m
品宽0.74m	13	0.58m	3	0.59m	2	0.168m
品高0.63m	16	0.12m	4	0.29m	2	0.388m

铝制品件数为

方式一：16×3×2=96

方式二：13×4×2=104

可知，铝制品最优装配件数为104件，比理论值135件少31件。装配方式见图8-9。

② 圆钉实际装配：根据计算可知，要使车辆满载，装载圆钉时所占的车高为0.652m。这部分容积能装的圆钉件数可按表8-3计算。

表8-3 圆钉实际装配

	车长10.2m	剩　余	车宽2.81m	剩　余	车高0.652m	剩　余
品长0.3m	34	0	9	0.11m	2	0.052m
品宽0.25m	40	0.2m	11	0.06m	2	0.152m
品高0.2m	51	0	14	0.01m	3	0.052m

圆钉件数为

方式一：34×11×3=1122

方式二：51×2×11=1122

方式三：40×14×2=1120

可知，最多可装 1122 件，比理论计算值 1250 件少 128 件。装配方式如图 8-10 所示。

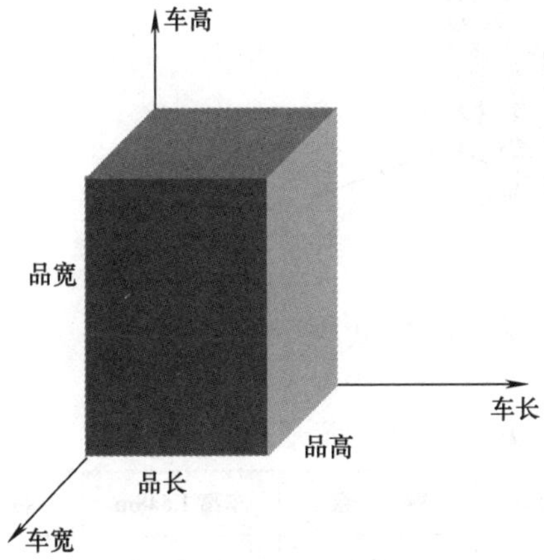

图 8-9　铝制品装配方式

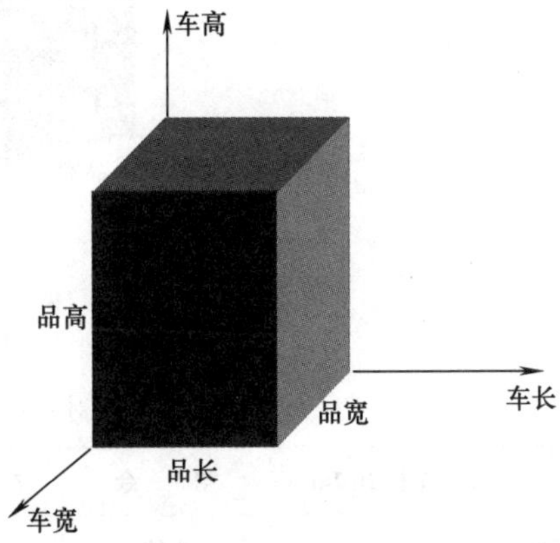

图 8-10　圆钉装配方式

从表 8-3 中分析可知，商品宽按车长放，能剩余 0.2m，而商品的长、宽、高中最小的高为 0.2m，此空间可按高再放一排商品，但需要用方式三，即装 1120 件圆钉。此方式虽然比方式一和方式二少两件，但如果车长剩余的 0.2m 能装到两件以上，那么方式三即为最优。0.2m 车长可装商品件数按表 8-4 计算。

表 8-4　剩余空间的圆钉装配

	剩余车长 0.2m	剩　余	车宽 2.81m	剩　余	车高 0.652m	剩　余
品长 0.3m			9	0.11m	2	0.052m
品宽 0.25m			11	0.06m	2	0.152m
品高 0.2m	1	0				

即能再装下 1×2×11=22 件。22>2，因此应选择此方案，圆钉总件数为 1120+22=1142。装配方式如图 8-11 所示。

由于铝制品和圆钉是上下摆放，剩余的高度最后都集中在车顶部，等于两者剩余高度之和。（如果是左右摆放，那么车宽剩余可以相加；如果是前后摆放，那么车长剩余可以相加。）从表 8-5 和表 8-6 中可以看出，已采取方案的总剩余高度为 0.168m+0.052m=0.22m。0.22m 高度空间还可以放一层圆钉，如表 8-7 所示。

在圆钉的品宽就车长、品长就车宽的方向多装一层圆钉的件数 =9×40=360

在圆钉的品长就车长、品宽就车宽的方向多装一层圆钉的件数 =11×34=374

选择后一种方式，如图 8-12 所示，共装圆钉件数 =1142 件 +374 件 =1516 件

按上述的计算结果，铝制品能装 104 件，圆钉能装 1516 件，这样有可能超吨。虽然容积能装下，但超出吨位也是不允许的，要计算一下吨位。

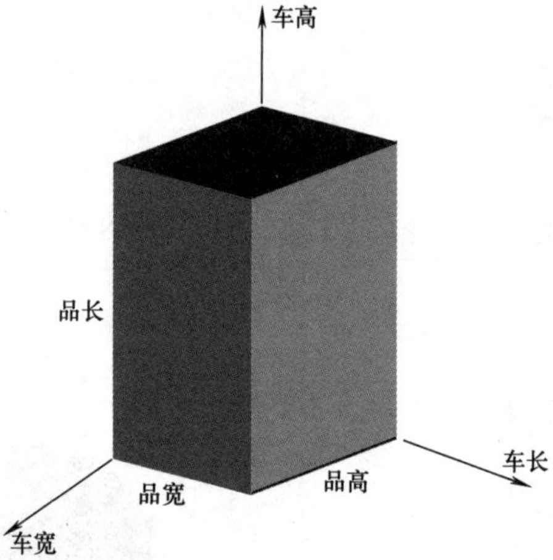

图 8-11 剩余空间的圆钉装配方式

表 8-5 铝制品实际装配方案（加粗表示）

	车长 10.2m	剩 余	车宽 2.81m	剩 余	车高 1.648m	剩 余
品长 0.75m	**13**	**0.45**	3	0.56	2	0.148m
品宽 0.74m	13	0.58	3	0.59	**2**	**0.168m**
品高 0.63m	16	0.12	**4**	**0.29**	2	0.388m

表 8-6 圆钉实际装配方案（加粗表示）

	车长 10.2m	剩 余	车宽 2.81m	剩 余	车高 0.652m	剩 余
品长 0.3m	34	0	9	0.11m	**2**	**0.052m**
品宽 0.25m	**40**	**0.2m**	11	0.06m	2	0.152m
品高 0.2m	51	0	**14**	**0.01m**	3	0.052m

表 8-7 剩余的高度装载圆钉实际装配方案

	车长 10.2m	剩 余	车宽 2.81m	剩 余	剩余车高 0.22m	剩 余
品长 0.3m	34	0	9	0.11m		
品宽 0.25m	40	0.2m	11	0.06m		
品高 0.2m					1	0.02

铝制品吨数 =104 件 ×0.037t/ 件 =3.848t

剩余吨数 =30t−3.848t=26.152t

能装圆钉件数 =26.152t÷0.02t/ 件 =1307 件

虽然实际计算可装圆钉 1516 件，但吨位超了，所以用复合组配方案组配的圆钉实际只能装 1307 件，铝制品装 104 件。

综合以上计算得到如下结论：

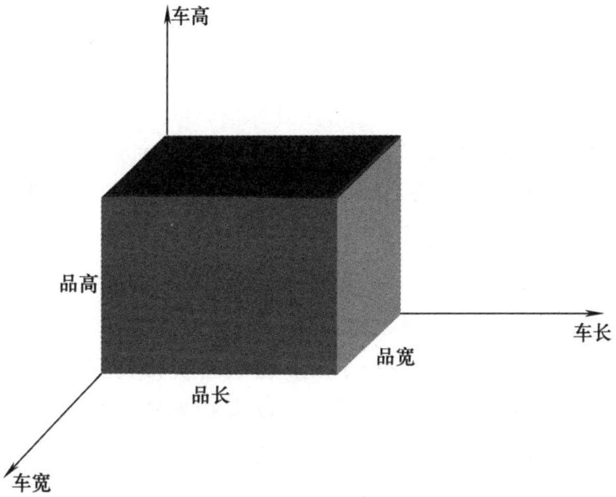

图 8-12　多装一层圆钉的装配方式

如果只装铝制品或只装圆钉：圆钉只能装 1500 件，铝制品只能装 156 件。

两种商品理论组配：圆钉能装 1250 件，铝制品能装 135 件。

两种商品实际组配：圆钉能装 1307 件，铝制品装 104 件。

轻重配装不仅能合理装载，还可以减少运输工具。但是在配载时要注意理论结合实际，否则就可能会出现理论上能装下，但实际配装时产生甩货的现象。

解决车辆配装量问题，当数据量小时还能用手工计算，但当数据量大时，依靠手工计算将变得非常困难，这时就需用计算机来求解。现在已开发出车辆配装的软件，将配送货物的相关数据输入计算机，即可由计算机自动输出配装方案。在进行配装时，我们可以充分利用此类软件。

【课堂实训】

某饮料厂，要对一些销售网点配送货物，为了能多装货物，现有甲、乙两种厢式货车可供选择。甲厢式货车内壁尺寸的长、宽、高分别为 2.5m、1.6m、1.3m；乙厢式货车内壁尺寸的长、宽、高分别为 2.4m、1.5m、1.5m；已知瓶装饮料包装箱的长、宽、高分别为 0.5m、0.3m、0.25m。

问：企业应选择哪种车型？最多一车能装多少箱饮料，如何装载？

【资料链接】公路货运基础岗位职责

汽车货运调度员

一、岗位职责

（1）根据运输管理的基本原则，合理利用运力，安全、高效、准确、及时地运送货物。

（2）根据运量变化等情况，认真编制日班计划，交领导审批后下达。

（3）根据货物种类、运距、运量、运价等因素，选派合适的车辆。

（4）记录车辆出发时间、交货时间及返回时间，提高运输的时效性。

（5）督促检查运输计划的执行情况，及时解决相关问题。

（6）汇总货物运输相关资料。

二、工作流程

1．发布调度命令

调度命令的发布应按有关规定办理，并应做到以下三点：

（1）指挥汽车运行的命令和口头指示，只能由调度员发布。汽车的加开、停运、折返、变更路径及车辆甩挂的命令，由调度员发布，其他人员无权发布。

（2）在调度命令发布前，应详尽了解现场情况，书写命令内容，受令单位必须填写正确、完整、清晰。先拟后发，发布时要复诵核对。

（3）调度员发布行车命令，要一事一令，不得填写其他内容。遇有不正确的文字不准涂改，应圈掉后重新书写。调度命令日期的划分，以零时为界。日循环及月循环命令号码的起讫时间，均以18时划分。各级调度命令应妥善保管一年。

2．登记调度命令

调度员发布调度命令时应先登记于调度命令登记簿内，然后发布。当发、收调度命令时，都需填写调度命令登记簿，见表8-8。

表8-8 调度命令登记簿

__月__日	发出时刻	命令			接受命令人姓名	阅读时刻（签名）	调度员姓名
		号码	受令及抄知所处	内容			

3．交付调度命令

当调度员向驾驶员、运转车长发布调度命令时，若驾驶员不在，则应发给有关乘务室负责转达。在具备良好转接设备和录音装置的条件下，调度员可根据规定，使用无线调度电话，直接向驾驶员发布口头指示。

汽车货运押运员

一、岗位职责

（1）随车押运货物。

（2）监督货物装卸，并给予必要的指导。

（3）途中照料货物，并采取必要的安全措施，保证货运安全。

（4）严守机密，不得向任何人泄露守护目标的位置、结构、设施和押运时间、地点、线路、数量等信息，不准在电话和其他场合谈论守卫、押运事项。

（5）及时处理车辆、货物发生的意外，如发现异常情况或不安全因素，应及时向有关领导反映，妥善处理。

二、工作流程

1．了解情况

掌握押运途中的路情和社会治安保卫力量情况。

（1）路情。熟悉路基情况，如是柏油路还是水泥路、道路宽度如何、有多少个“Z”形急转弯和多少座桥梁及沿途要穿过多少个闹市区等，还要注意雨雪天对道路行车造成的影响。

（2）向当地派出所详细了解近几年的沿途社会治安情况。

2．制订预案

接到押运命令之后，保卫部门应迅速拟订预案。预案内容包括运送时间、地点、路线、执行押运任务的负责人和遇异常情况应采取的措施等。

3．押运登记

填写押运登记表送领导审核、签发。出发前，押运负责人要向全体押运人员讲明押运途中的有关注意事项。

4．行前检查

详细检查车辆、警卫设备、通信器材等是否完好，手续是否齐全。

5．安全押运

严格执行押运守则和途中的规章制度，严禁途中走亲访友，严禁携带易燃易爆物品和其他无关物品。要严格保密，不准向无关人员泄露押运事项，严禁途中无故停留。押运途中，要时刻保持高度的警惕性，服从命令、听从指挥。需要在途中就餐时，应保证双人守卫，轮流就餐。

6．排障应急

（1）若车辆在途中发生故障，被迫停驶时，押运负责人应根据停车位置和当时的情况，指挥驾驶员尽快抢修，排除故障。

（2）当车辆发生车祸，丧失继续运行能力时，押运员要组织力量想方设法保护好现场。同时，派人与附近的交通监理部门取得联系，请求帮助处理，并将发生的情况迅速报告上级领导，以便尽快派人派车。

（3）当发生火灾时，指挥员应迅速组织灭火，奋勇抢救，同时要加强警戒。

7．总结汇报

押运任务完成后，要认真总结，吸取经验和教训，并将有关情况向领导汇报。

【资料链接】铁路零担运输

一批货物的重量、体积、性质或形状不需要一辆铁路货车装运（用集装箱装运除外），即属于零担运输。

1．零担运输的条件

为了便于装卸、交接和保管，有利于提高作业效率和货物安全，除限按整车办理的货物外，一件体积不小于 $0.02m^3$（一件重量在 10kg 以上的除外）、每批件数不超过 300 件的货物，均可按零担运输办理。

2．零担货物的分类

根据零担货物性质和作业特点，零担货物分为：

（1）普通零担货物，简称普零货物或普零，即按零担办理的普通货物。

（2）危险零担货物，简称危零货物或危零，即按零担办理的危险货物。

（3）笨重零担货物，简称笨零货物或笨零，是指：①一件重量在 1t 以上，体积在 $2m^3$ 以上或长度在 5m 以上，需要以敞车装运的货物；②性质适宜敞车装运和吊装吊卸的货物。

（4）零担易腐货物，简称鲜零货物或鲜零，即按零担办理的鲜活易腐货物。

3．整零车种类

零担车的到站必须是两个（普零）或三个（危零或笨零）以内的零担车，称为整装零担车（简称整零车）。整零车按车内所装货物是否需要中转，分为直达整零车和中转整零车两种；按其到站个数，分为一站整零车、两站整零车和三站整零车三种。上述两种分法组合起来，则有一站（两站或三站）直达整零车和一站（两站或三站）中转整零车六种。

危零货物只能直接运至到站，不得经中转站中转。

4．整零车组织条件

（1）一站整零车。车内所装货物不得少于货车标重的50%或容积的90%。

（2）两站整零车。第一到站的货物不得少于货车标重的20%或容积的30%，第二到站的货物不得少于货车标重的40%或容积的60%；两个到站必须在同一路径上且距离不得超过250km。符合下列条件之一可不受距离限制：①第二到站的货物重量达到货车标重的50%或容积的70%；②两个到站为相邻中转站；③第一到站为中转站，装至第二到站的货物符合第一到站的中转范围。

（3）三站整零车。危零、笨零货物不够条件组织一站或两站整零车时，组织同径路上三个到站的整零车，但第一到站与第三到站间的距离不得超过500km。

本章小结

零星用户、零星货物、零星整车的“三零”货物急剧增加，使得零担货物运输正呈现日益繁荣的景象，普通零担货物运输作为货物运输的重要形式之一，越发显现出它的重要性。本章简要分析了零担运输的特点，介绍了零担货物运输的基础工作及货源货流的概念和货源组织方法。在此基础上，对零担货物运输的作业程序做了详细说明。

案例分析

UPS是一家大型的国际快递公司，每天的运输量达1000多件。UPS在世界上建立了10多个航空运输的中转中心，在200多个国家和地区建立了几万个快递中心，年营业额可达几百亿美元，在世界快递公司中享有很高的声誉。它在世界许多国家和地区取得了进出的航空权；在中国，它建立了许多快递中心。

案例思考：

1．为什么说UPS是一家国际物流企业？它与一般运输物流企业有什么不同？

2．开办快递物流企业是否有风险？风险表现在哪些方面？

基本训练

1．单项选择题

（1）将到达车辆上运往前面同一到站，且中转数量较多或卸车困难的那部分核心货物留在车上，将其余货物卸下后再加装同一到站的其他货物。这种方法是（　　）。

A．落地法　　B．坐车法　　C．过车法

（2）下列哪组商品可以配装在一辆车上（　　）。

A. 肥皂、洗衣粉、茶叶　　B．肥皂、洗衣粉、布鞋　　C．肥皂、洗衣粉、洗洁精

2．判断题

（1）建立零担货物仓库是开办零担货运的首要条件。　　（　　）

（2）固定式零担车是指车辆运行采取定线路、定班期、定车辆、定时间的一种零担车，也叫“四定运输”，通常又称为汽车零担货运班车（简称零担班车）。（　　）

（3）非固定式零担货物运输是临时组织而成的一种零担车，通常在新辟零担货运线路或季节性零担货物线路上使用。（　　）

3．问答题

（1）零担货物运输具有什么特点？

（2）写出零担货物运输作业程序。

（3）零担货物运输的组织形式有哪些？

实践训练

1．试比较整车运输、集装箱运输、零担运输的区别及同时存在的必要性。

2．某企业现有汽车集装箱一辆，箱体内壁尺寸为2.5m×1.6m×13m。现需运送两批货：一批为酒，共160件，每件大小尺寸为0.25m×0.2m×0.1m；另一批为铝盆，共200件，每件大小尺寸为0.35m×0.3m×02m。

问：这一辆车能否装下，如果能装下，应如何装？

3．上海宏远物流有限公司于2001年创业初期，只是一个货运站，仅有货运代理、仓储理货及场站出租等物流服务项目，当时其仅基于自己的仓储设施、场地及两台小型厢式货车向客户提供服务，货运站收入有限。经过近20年的发展，该公司目前已拥有四个分公司，近20个作业站点，并在华东建立了四大区域配送中心：上海区、苏州区、南京区和杭州区。主要业务包括：跨区域长途运输、区域内配送、仓储管理及零担专线运营等物流服务。经市场考察，上海区上海市内有电子科技街，IT卖场面积接近6万m^2，有网点460余家，企业近4000家。于是总部决定开发新的物流服务功能，在该电子科技街设作业站点，开办上海至沈阳的电子产品零担运输业务。电子产品属于普通零担货运，运输物流员必须熟练掌握零担货运的组织作业程序，并能组织实施。

2018年12月6日，上海宏远物流有限公司（承运人）接到上海S公司（托运人，其地址为：上海市闵行区江桥镇星华公路2256号）的一单非加急零担运输任务，产品为小型变压器（产品名称），纸箱包装，规格为40cm×20cm×10cm，共50箱，单件重量为22kg/箱，托运人派业务员王某自行送货到货运站办理托运手续。

客户联系电话：138××××××××，021-22××××××。

客户要求到达日期：2018年12月13日下午3点至5点。

送货地址：沈阳市大东区文萃路25号。

收货人：沈阳市D公司。

联系人：姚某，电话：133××××××××，024-66××××××。

中转站点：郑州货运站

受理此次业务的受理员为杨某，托运单号为00223419，此次运输任务的运费在办理货物托运时由托运人以现金形式支付给承运人，承运人收到款项后出具票号为4930286的发票给多方作为财务核算依据。完成此次运输任务的司机是李某，车牌号为沪A16×××，车辆标记吨位为8t。请按照零担货物运输业务流程进行本次货物的组织（公司托运单如表8-9所示）。

表 8-9 上海宏远物流有限公司公路运输货物托运单　　　　单号：NO.

托运日期：　　年　　月　　日　　　　　　　　货号：

<table>
<tr><td rowspan="10">托运人必填项目</td><td colspan="2">发站</td><td></td><td>到站</td><td colspan="2"></td><td>由经</td><td></td><td colspan="2">中转至</td><td></td></tr>
<tr><td rowspan="2">托运人</td><td>单位</td><td colspan="4"></td><td>联系人</td><td></td><td colspan="2">电话</td><td></td></tr>
<tr><td>地址</td><td colspan="6"></td><td colspan="2">手机</td><td></td></tr>
<tr><td rowspan="2">收货人</td><td>单位</td><td colspan="4"></td><td>联系人</td><td></td><td colspan="2">电话</td><td></td></tr>
<tr><td>地址</td><td colspan="6"></td><td colspan="2">手机</td><td></td></tr>
<tr><td colspan="2">货称名称</td><td>件数</td><td>包装</td><td>货物等级</td><td>托运人申报重量 /kg</td><td>托运人申报体积 /m³</td><td>货物保价（元）</td><td colspan="2">承运人核定计费重量 /kg</td><td>承运人核定计费体积 /m³</td></tr>
<tr><td colspan="2"></td><td></td><td></td><td></td><td></td><td></td><td></td><td colspan="2"></td><td></td></tr>
<tr><td colspan="2"></td><td></td><td></td><td></td><td></td><td></td><td></td><td colspan="2"></td><td></td></tr>
<tr><td colspan="2"></td><td></td><td></td><td></td><td></td><td></td><td></td><td colspan="2"></td><td></td></tr>
<tr><td colspan="2">委托事项</td><td colspan="9">1. 送货方式：□自提 □送货上门　2. 是否急件：□急件　3. 回单签收要求：□签托运单回执 □签客户送货回执 □收货人必须盖章　4. 其他</td></tr>
</table>

<table>
<tr><td rowspan="4">收货人填写项目</td><td rowspan="2">运费</td><td rowspan="2">保险费</td><td rowspan="2">直送费</td><td colspan="6">其他费用</td><td></td><td colspan="3">付款方式</td><td rowspan="2">票据类型 / 号码</td></tr>
<tr><td>手续费</td><td>进仓费</td><td>装卸费</td><td>提货费</td><td>理货费</td><td>铲吊费</td><td>合计</td><td>现付</td><td>欠付</td><td>提货付款</td></tr>
<tr><td></td><td></td><td></td><td></td><td></td><td></td><td></td><td></td><td></td><td></td><td></td><td></td><td></td><td></td></tr>
<tr><td>承运记载事项</td><td colspan="14">到站代收事项：1. 代收运费金额　元；附发票号码　；2. 直送并代收要求：□先直接送后收款 □先收款后送货　3. 代收货款金额　元；
附送货单　份　4. 收货方式：□自送 □上门提货　5. 发站应付到站直送费：　元，中转费　元　6. 出车单号码：　7. 其他</td></tr>
</table>

<table>
<tr><td>特别提示内容及背面《托运合同》条款已阅！
托运人签章：</td><td>特别提示：填写本托运单前，请托运人认真阅读本运单背面的《托运合同》，若认可并同意按《托运合同》的各项条款履行，请托运人在本运单签章确认；若有不完全同意的条款，由双方另行协商后重新约定相关条款或增订新的条款！
承运方受理员：　　人库员：　　收银员：　　业务员：　　装车制单员：</td></tr>
</table>

第九章　国际联合运输管理

学习目标

通过本章的学习，了解国际联合运输的含义及特点；掌握大陆桥运输的不同种类；掌握国际多式联运的优越性及组织形式；掌握国际多式联运的组织和运营。

【引导案例】

海铁联运

2019 年 3 月 19 日，海铁联运“中集华骏号”班列从驻马店铁路车站北货场成功首发，驶向青岛港，两天后，这些满载着出口车辆配件的集装箱将从青岛港装船运往非洲。据了解，该班列辐射、服务驻马店市及周边半径 80km 的近百家进出口企业。与传统汽运模式相比，该班列更加安全、高效、环保，节省运输时间近 50%，节省物流成本超 20%。

这是青岛港—郑州“经略海洋港城联动”融合发展推介会收获的首个落地成果，将中国北方的“出海口”搬到河南地区的“家门口”，为驻马店及豫南地区进出口企业打通了安全、高效、绿色、便捷和低成本的出海新通道。同时，这对青岛港持续加强与中铁武汉路局、豫南当地企业的后续合作，不断完善豫南地区班列布局有着重要意义。在郑州推介会的积极推动下，2019 年青岛港与河南省的海铁联运班列将从目前的每周 5 列提升到每周 8 列。（资料来源：https://finance.sina.com.cn/roll/2019-03-22/doc-ihtxyzsk9441246.shtml）

联合运输是综合利用某一区间中各种不同运输方式的优势进行不同运输方式的协作，使货主能够按一个统一的运输规章或制度，使用同一个运输凭证，享受不同运输方式综合优势的一种运输形式。它在各种运输方式和港站集疏运的衔接配合中，处于结合部的地位，是推动运输横向经济联合，组织发挥各种运输方式的特点和优势，提高综合运输效率的有效途径。

第一节　联合运输概述

【小案例】郑州南站：空铁联运五位一体，15 万 m^2 规模比肩郑州东站

规划中的郑州南站位于郑州航空港经济综合实验区中部，新郑国际机场东南方向约 6km 处。郑州南站设计方案由同济大学建筑设计研究院（集团）有限公司完成，具有很多独有特点：空铁联运、五位一体；多维进站、便捷换乘；空间舒适、服务高质；绿色生态、智慧科技等。

郑州南站设计注重功能延伸与设施衔接。郑州南站采用以高铁站房为核心，构建集空铁换乘中心、高铁物流中心、汽车客运中心和旅游集散中心“五位一体”的现代综合交通枢纽，在满足高铁站基本交通功能的同时，为旅客提供全方位的延伸服务。在站房西北角规划设置空铁换乘中心和南站至机场的捷运系统，使空铁换乘更便捷高效；在站房西南角规划设置高

铁物流中心，在站台南端设置物流专用通道，直达地面物流货运区连接高铁物流中心，最大限度实现高铁物流高效运转和便捷化；在车站东北角设置游客集散中心，方便游客集散、促进中原文化旅游发展；在车站东南角设置汽车客运中心，方便郑州南站周边县市区的旅客集散。

郑州南站为智慧车站，包含了智慧服务、智慧安全、智慧管理、智慧商业和智慧网络等。郑州南站利用智能预判和高效响应，智能资源调度，借助信息化技术手段提升车站管理和服务，实现高铁站运行的最优效率。

郑州南站建成后，作为航空港区发展引擎，有利于带动和促进郑州航空港经济综合实验区的发展，方便郑州航空港区和周边县市区居民的出行。郑州南站与郑州新郑国际机场构成空铁联运、双核驱动的枢纽格局，可以有效扩充郑州航空港区腹地范围，提升陆路支撑条件和客货集散能力，更好地服务于中原经济区建设。（资料来源：据 https://www.toutiao.com/i6585048761918030344 改编）

一、联合运输的概念、内容和特征

1．概念

联合运输（Combined Transport）是指一次委托，由两家及以上运输企业或用两种及以上运输方式共同将某一批物品运送到目的地的运输方式。

2．联合运输的内容

联合运输需要对不同运输企业、不同运输区段、不同运输方式和不同运输环节之间的运输进行衔接和协调，其内容主要包括以下几个方面：

（1）货物全程运输中使用的两种或两种以上运输工具（方式）的运输衔接。

（2）货物全程运输中同一种运输方式的多家经营主体和多种运输方式经营主体的组织衔接。

（3）货物全程运输所涉及的货物生产、供应、运输和销售企业的运输协调。

从以上内容可以看出，联合运输属于交通运输范畴，联运行业属于运输行业。它不是一种新的运输方式，而是一种新的运输组织形式。联合运输的运输组织工作，除上述衔接性工作外，还包括把原来由货主自己（或委托代理人）与运输企业订立运输合同、办理货物交接和办理所需要的手续及各种运输服务事宜，改变为由联运企业或联运管理机构统一组织办理。

在联合运输组织业务中，联合是核心，衔接与协作是关键。联合运输把不同运输方式的运输线路、运输枢纽、运输企业、运输服务企业连成了一个不可分割的整体。

3．联合运输的基本特征

联合运输与传统的单一方式、单程运输有很大区别，其基本特征主要有：

（1）全程性。联运经营人或联运管理机构要负责从接受货物托运、各区段运输、各区段运输衔接，直到货物交付期间的全部运输及相关服务业务。无论全程运输过程中包含几个区段、采用几种运输方式、经过几次中转换装，均要对运输的全程负责。联运合同是从起运地到运输目的地的全程运输合同。

（2）简便性。联运实行“一次托运，一份合同，一次结算费用，一票到底”的全程负责制。与传统的分段运输比较，货主需要办理的手续简化了很多，大大节约了货主的人力与时间，从而提高了社会综合经济效益。

（3）通用性。联运涉及不同的运输方式或一种方式两程以上运输的衔接配合，以及产、供、销、运企业之间的运输协作，因此，它与单一方式运输、单程运输或某一行业的运输业务都不同。联运中所应用的商务活动的模式与规则、所依据的国际国内法规、使用的单证文件等，都应有通用性，以适应不同运输方式、不同企业及其衔接工作的需要。

（4）代理性。联运企业（联运经营人）业务活动的性质具有运输代理的特点。这主要是指联运企业尽管与货方订立了全程合同，对全程运输负有责任，但在实际运输过程中，它不拥有任何一种运输工具或不拥有所有种类的运输工具（只拥有其中的一种或两种），因此，它一般并不实际完成所有运输区段的运输，而是通过分别与其他运输企业（一般称为实际承运人）订立区段的运输合同（一般称为分运或分包合同），借助其他运输企业的力量完成各段的运输。

（5）协同性。搞好联合运输要依赖于生产、供应、运输、销售、金融、通信等部门及集、装、运、转、卸、疏等环节的紧密协作与配合。这种协同性不仅体现为运输组织和管理体制的协调一致，而且也体现在技术装备的协调发展和同步建设方面，必须使港、站、库、场、集疏运系统相互配套，实现各环节运输设备和设施的协调。这是联运发展的必要条件。

二、联合运输的分类

根据不同的原则，对联合运输可以有多种分类形式，这里仅根据组织方式和体制的不同对联合运输进行分类。按这种原则，联合运输一般可分为两类：协作式联运和衔接式联运。

1．协作式联运

协作式联运一般是指为保证指令性计划调拨、重点物资和国防、抢险及救灾等急需物资的运输，而在国家计划指导下的联合运输。联合运输中的“产、供、运、销的运输协作”，也属于这一类。协作式联运是计划体制下的联合运输的主要形式，我国国内过去的联合运输大多属于这一类。

2．衔接式联运

衔接式联运一般是指由一个联运企业综合组织的两种或两种以上运输工具的连续运输，或者由一个联运企业综合组织的，用同一种运输工具但由多家经营的两程或两程以上的连续运输。这类联运是企业经营行为。

这一类联合运输是国际货物联运的基本形式，是市场经济体制下的联运。随着我国经济体制改革的不断深入，我国国内货物联运也越来越多地采用这一类形式，它将成为主要的发展方向。衔接式联运可以按不同原则进一步分类。

（1）按运输对象分类，可分为旅客联运和货物联运。旅客联运一般是指“一票到底”的，由不同运输形式下不同运输企业完成的多区段旅客全程连续运输。随着计算机网络、通信技术的发展，许多客运企业已建立了全国甚至全球的订票系统，旅客联运的简便性、全程性的优势正在逐步丧失。货物联运一般是指以货物为对象的联合运输，一般应具有前面提到的联运的基本特征。货物联运是本章重点介绍的内容。

（2）按全程运输使用的运输方式，可分为单一式联运和多种方式联运（简称多式联运）。单一式联运是指一个联运经营人或机构综合组织的由使用同一方式（运输工具）的不同运输企业完成的两程或两程以上的全程连续运输，如海—海联运、铁—铁联运、公路—公路联运、航空—航空联运都属于这一类。多种方式联合运输（多式联运）是指根据多式联运合同，运用两种或两种以上的运输方式，由联运经营组织完成的全程连续运输。

多式联运是不同运输方式的综合组织，是综合运输研究的主要内容之一。

> **小看板**
> 多式联运的常见方式有：海—空联运、铁—海联运、铁—公联运、管道—海联运、铁—海—公联运等。

（3）按联运起点和终点是否在一个国家之内可分为国内联运与国际联运。国内联运是指联运合同中规定的联运经营人接收货物的地点与交付货物的地点在一个国家之内的联运。国际联运是指联运合同规定的联运经营人接收货物的地点与交付货物地点不在同一国家之内的联运。

在以上分类的基础上，可以再用不同分类组合形式来说明和描述特定的联运活动，如国内旅客公路联运和国际货物多式联运等。

三、联合运输的作用

联合运输是交通运输的一个组成部分。它在各种运输方式和港口站集疏运的衔接配合中处于“结合部”的地位，是推动运输横向经济联合，组织发挥各种运输方式的特点和优势，提高综合运输效率的有效途径。它对促进工业生产、发展商品经济、发展国际贸易、方便人们旅行和发展旅游事业有着重要的作用。具体来讲可以概括如下：

1．有利于发挥综合运输的优势

通过联运公司开办、代办业务，合理组织各种运输方式的衔接和配合，可以做到选择最佳运输方式和运输路线，使公路、铁路、水运合理分流，使车船库场得到充分利用，从而加速货物和资金周转，缩短车船停靠时间和库场使用周期，更好地组织宜水则水、宜陆则陆、宜空则空、效益优化的合理运输，充分发挥综合运输的整体功能。

2．有利于提高经济效益和社会效益

联运公司“一手托两家”，既为货主、旅客服务，又为运输企业服务。通过代办、代理运输，简化了货主自办托运的手续，减少了中间环节，提高了运输效率，取得了良好的经济效益和社会效益。联运公司的货运代理不仅方便了货主，而且降低了运输费用和其他各项开支。

3．有利于挖掘运输潜力，加速货位周转，提高运输效率

就铁水干线联运而言，铁路组织直达列车和成组运输，水运组织专用船舶定线、定班运输，在港口专用码头进行装卸，彼此之间及时预报，使车、港、船紧密地协调衔接，把全程运输组成统一的作业体系，可以大大提高运输效率。

4．有利于形成以城市为中心、港站为枢纽的综合运输网络

城市是交通运输的枢纽，港站是联运网络的集结点，是客货集散的中转地。许多联运公司是以中心城市和港站为依托建立起来的。通过联运，发展联运企业之间、联运企业与运输、仓储企业之间的横向联合，发展跨地区的联营与协作，并向乡镇辐射，不仅有利于搞活流通，发展商品经济，促进乡镇企业的进一步发展，还使联运企业之间建立起各种形式的伙伴关系，扩大了联运服务范围，为逐步形成互相适应的综合运输体系创造条件。

5．有利于交通运输管理体制的改革

联合运输通过组织协调，运用合同、协议等经济办法，加强了产、供、销、运与仓储及各种运输方式之间的配合与衔接，不但改变了人们的传统观念和习惯势力，而且也打破了部门与部门、部门与地区、地区与地区间的界限，有力地冲击了条块分割、自成体系的管理体

制。发展联合运输是交通运输企业横向经济联合的基本形式之一。联营联运的发展，必将成为交通运输管理体制改革的重大突破口，并将向纵深发展。

四、联合运输公司的主要业务

1．零担货物的集结运输（联运货物）

零担货物具有批数多、重量小、发到地分散、品种复杂、形状各异及包装不统一等特点。因此，零担货物运输是一种运输条件要求较高、货运业务手续较为繁杂且面向千家万户的运输。由联运服务公司承包零担货物运输业务，不仅可以方便货主、提高服务质量，还可以通过联运服务公司的货物集结过程，化零为整，提高运输企业的运输效率和运输过程的安全可靠性。

零担货物集结运输包括货物接取、集结装运、不同运输工具的货物中转和到达分送等运输环节。联运服务公司通过对运输各环节的合理组织和分设在货物发到地各处所的运输营业站、点（包括专营和兼营），实现零担货物的集结运输。

2．代办货物中转（非联运货物）

代办货物中转业务是在采用货主直接托运制的条件下，联合运输公司作为货主的代理人为货主办理不同运输工具间的货物转运业务。联合运输公司代办的货物中转业务不仅可以减轻货主的运输业务工作负担，还有利于货物运输过程在不同运输工具间的紧密衔接，压缩货物中转滞留时间。代办货物中转业务可以由货主按批向联合运输公司提出委托的方式来办理，也可以通过货主和联合运输公司签订定期委托书（合同）的方式来办理。

3．笨重货物运输

笨重货物、家具等货物的运输由于对运送条件、装运工具等都有特殊要求，需要作为特种货物办理。为开发这方面的业务，应拥有相应的专业运输人员，建立相应的工作制度。

4．工厂或成套设备承包运输

工厂或成套设备运输是指联运公司对由各地区供应的用于新建工厂的全部设备，或用于改建、扩建工厂的某方面成套设备的系统承包运输。开展这一运输承包业务时，厂方与联合运输公司签订一个运输合同，协商确定一项总的运输费用。承包的联合运输公司根据运输合同要求，组织联运业务网内各地区联运服务公司，共同完成任务，并按完成运输量大小确定运输收入。

5．仓库保管

联合运输公司的仓库保管业务相当于仓储公司或储运公司的业务，也是联合运输公司（尤其是地处仓储或储运设施还不发达的地区的联合运输公司）可以开展且大有发展前途的业务。在这种情况下，联运服务公司必须具有足够数量的仓储设备和相应的仓库保管业务人员。

【小案例】

上海市联运有限公司下设 7 个分公司，共有 59 个营业站点，现有总资产 2 亿元人民币，各种装卸机械和运输车辆 141 台辆，仓储面积 13 万 m^2。公司的主营业务是办理上海口岸至国内或境外的各类货物运输服务，主要经营公路、水路、航空、铁路、国际（国内）集装箱运输的货运服务，办理货物联运、中转换装、异地装箱掏箱、货物堆存储运业务，代理货物运输保险及费用结算，实行“一次托运，一次收费，一票到底，全程负责”的一站式服务方式。（资料来源：http://www.sit-cn.com）

五、联合运输的运输代理人

按代理业务的性质和范围的不同，运输代理人可分为租船代理、船务（承运方）代理、货运（货方）代理和咨询代理四类。

1．租船代理

租船代理又称租船经纪人，其主要业务活动是在市场上为租船人寻找合适的运输船舶或为船东寻找货运对象，他以中间人身份使船租双方达成租货交易，从中赚取佣金。因此，根据他代表的委托人身份的不同又可分为船东代理和租船人代理。有些租船代理还兼办船舶买卖和船舶代理业务。

租船代理的主要工作有：

（1）按照委托人（船东或租船人）的指示要求，为委托人提供最合适的对象和最有利的条件并促成交易。

（2）根据双方洽谈确认的条件制成租船合同并按委托人的授权代签合同。

（3）向委托人提供航运市场行情、国际航运动态以及有关资料信息等。

（4）为当事人双方斡旋调解纠纷，取得公平合同的解决。

租船代理佣金按照惯例是由运费或租金收入方支付，也就是由船东支付，代理佣金一般按租金的1%～2.5%在租船租约中加以规定。

2．船务代理

船务代理是指受承运人的委托，代办与船舶有关的一切业务的人。船务代理业务范围很广，主要包括船舶进出港业务、货运业务、船舶供应方面业务以及其服务性业务等几个方面。

> **小看板　船务代理的类型**
>
> 船务代理关系根据委托方式的不同，一般分为航次代理和长期代理两种。前者委托人的委托和代理人的接受均以每船一次为限，即逐船、逐航次办理委托手续；后者则是指在船方和代理人之间签订有长期（1～5年或更长时间）代理协议的船务代理。

3．货运代理

货运代理是指接受货主的委托，代表货主办理有关货物报关、交接、仓储、调拨、检验、转运及订舱等业务的人。他与货主的关系是委托和被委托的关系。在办理代理业务中，他以货主的代理人身份对货主负责，并按代理业务项目和提供的劳务向货主收取代理费。

货运代理的业务范围有大有小，大的兼办多项业务，如办理海陆空货运代理业务；小的则专办一项或两项业务，如空运货运代理、陆运货运代理和海运货运代理。较常见的货运代理主要有以下几类：

（1）订舱揽货代理。这类代理与国内外货方和海陆空运输公司有着广泛的联系，有的代表货主向承运人办理订舱，有的代表承运人向货主揽货。他们是承运人和托运人之间构成承托关系的媒介。

（2）货物装卸代理。

（3）货物报关代理。有些国家对这种代理要求很严，如美国规定其必须向有关部门申请登记，必须是美国公民并经过考试合格并获得执照。

（4）转运代理。

（5）理货代理。

（6）储存代理。其业务包括货物保管、整理以及保险等。

（7）集装箱代理。其业务包括装箱、拆箱、分拨、转运，以及集装箱租赁、维修等。

4．咨询代理

咨询代理是专门从事咨询工作，按委托人的需要，以提供有关咨询情报、情况、资料数据和信息服务来收取一定报酬的人。这类代理人不仅拥有研究人员和机构，而且与世界各贸易运输研究中心有广泛的联系，所以消息十分灵通。诸如设计经营方案、选择合理经济运输方式和路线、核算运输成本、研究解释法律规章以及调查有关企业财政信誉等，均可根据委托，提供专题报告和资料情报。

【课堂实训】空运为主的联运视频介绍

1．实训目的

了解国际空运港作业的基本情况以及空运与其他运输方式的联合情况。

2．实训设备或软件准备

多媒体播放设备、空运作业视频。

3．实训步骤

（1）播放空运港作业流程视频。

（2）记录国际空运的基本流程。

（3）讨论空运与其他运输方式的联合。

4．实训成果

详细了解国际空运发展的基本情况。

第二节　大陆桥运输

【小案例】阿里巴巴布局中欧铁路货运　将创造3000个就业岗位

中国电商巨头阿里巴巴自2019年3月2日起开通中国到比利时列日机场的铁路专线，旨在使用比飞机更便宜的运输方式将从中国在线订购的货物运到欧洲。

阿里巴巴物流子公司“菜鸟国际”的总经理赵剑表示：欧洲是一个重要的市场，铁路货运使他们能够为中小企业提供更加多样化的物流服务，并且得以进行跨国在线商务。

菜鸟国际会与郑州国际陆港开发建设有限公司（ZIH）进行每周两次的合作运营。后者已于2018年10月在该铁路上测试了一条货运专线。该专线将每周运输在阿里巴巴上在线订购的货物运往欧洲，这种替代航空运输的运输方式应该可以节省30%的物流成本。

根据比利时媒体报道，阿里巴巴还需要在列日建立一个38万m^2的物流仓库，并最终创造3000个就业岗位，其中包括900个直接就业岗位和2100个间接就业岗位。（资料来源：据https://www.toutiao.com/a6665518065561633291/ 改编）

一、大陆桥运输的定义

所谓大陆桥运输（Land Bridge Transport），是指用横贯大陆的铁路或公路作为中间桥梁，将大陆两端的海洋运输连接起来的连贯运输方式。

一般情况下，大陆桥运输都以集装箱为媒介。因为采用大陆桥运输，中途要经过多次装卸，如果采用传统的海陆联运，不仅会增加运输时间，而且会大大增加装卸费用和货损货差。以集装箱为运输单位，则可大大简化理货、搬运、储存、保管和装卸等作业环节，同时集装箱经海关铅封，中途不用开箱检验，可以迅速直接转换运输工具，故采用集装箱是开展大陆桥运输的最佳方式。

小看板

大陆桥运输，从形式上看，是海—陆—海的连贯运输，但实际上它已在世界集装箱运输和多式联运的实践中发展为形式多变的运输方式。

二、大陆桥运输产生的历史背景

大陆桥运输诞生于1967年。当时由于中东战争，苏伊士运河关闭，航运中断，而巴拿马运河又堵塞，远东至欧洲间的船舶只好改道绕航南非好望角或南美，造成航程距离倍增，运输时间延长，加上当时油价飞涨，海运成本上升，这时正值集装箱的兴起，于是大陆桥运输应运而生。1967年年底首次开辟了从远东到欧洲的货运，使用了美国大陆桥运输路线，把原来的全程海运，改为海—陆—海运输，取得了较好的经济效果，达到了缩短运程、降低运输成本、加速货物运输的目的。大陆桥运输就此兴起。

三、大陆桥运输的意义

大陆桥运输一般是以集装箱为媒介，将海运和陆运结合起来、一票到底的多式联合运输。因此，大陆桥运输将多种运输方式的优点融为一体，具体表现为以下几方面：

1．缩短运输里程，节省运输时间

大陆桥运输与海上运输相比，大大缩短了运输里程。以日本至英国的运输为例，日本至英国的海运，有几条海运路线可供通行，西行可经过苏伊士运河，东行可穿过巴拿马运河，也可绕道非洲好望角或者南美合恩角，上述各路线的海运里程及对应大陆桥里程如表9-1所示。

表9-1 日本至英国的传统海运里程和大陆桥里程

传统海运里程（折算）	大陆桥里程
苏伊士运河航线 20 807km	北美大陆桥 831km
巴拿马运河航线 23 061km	西伯利亚大陆桥 13 400km
好望角航线 27 389km	新亚欧大陆桥 10 837km
合恩角航线 31 484km	

以上两组数字的对比表明，大陆桥运输线的里程大大短于海运里程。

再以中国天津港至德国汉堡港为例，海上运输距离为21 175km，而大陆桥运输距离仅为10 155km，不及海上运输距离的一半。再从时间上看，海上运输一般需约60天，而大陆桥运输只需约35天。

2．加快运输速度，降低运输成本

尽管大陆桥运输中途须转换运输工具，但在换装作业中，集装箱装卸效率高，加之铁路运输速度快，时间准确，使货运速度加快，相应地又降低了运输成本。

3．充分体现集装箱运输的优越性

由于大陆桥运输以集装箱为运输单位，凡是集装箱运输的优越性均可在大陆桥运输中明显地展示出来。

4．简化货运手续，利于资金周转

大陆桥运输可以实现门到门运输，发货人只需将货物交给总承运人（或多式联运经营人），办理一次托运，无须费时费力，即可取得货运单据，货物的全程运输则由总承运人负责。大陆桥运输同海上运输相比，可提前结汇，有利于发货人的资金周转。

四、世界主要大陆桥线路

目前广泛使用的大陆桥有西伯利亚大陆桥、新亚欧大陆桥和北美大陆桥（包括美国大陆桥和加拿大大陆桥）。

1．西伯利亚大陆桥

西伯利亚大陆桥把太平洋远东地区与波罗的海、黑海沿岸及西欧大西洋沿岸连接起来，为世界最长的大陆桥。十几年来，这条大陆桥运输的西端已从英国延伸到西欧、中欧、东欧、南欧、北欧整个欧洲大陆和伊朗、近东各国，其东端也不只是日本，而是发展到韩国、菲律宾、中国等。

小看板

从西欧到远东，经大陆桥为13 000km，比海上经好望角航线缩短1/2的路程，比经苏伊士运河航线缩短1/3的路程，同时，运费要低20%～25%，时间可节省35天左右。

目前，经过西伯利亚往返于欧亚之间的大陆桥运输路线主要有三种：

（1）铁—铁路线（Tranrail）。该路线由日本等地用船把货箱运至俄罗斯的纳霍德卡和东方港，再用火车经西伯利亚铁路运至白俄罗斯西部边境站，继续运至欧洲和伊朗，或相反方向。

（2）铁—海路线（Transea）。该路线由日本等地把货箱运至俄罗斯纳霍德卡和东方港，再经西伯利亚铁路运至波罗的海的圣彼得堡、里加、塔林和黑海的日丹诺夫、伊里切夫斯克，再装船运至北欧、西欧、巴尔干地区港口，最终运交收货人。

（3）铁—卡路线（Trancons）。该路线由日本等地把货箱装船运至俄罗斯纳霍德卡和东方港，经西伯利亚铁路运至白俄罗斯西部边境站，再用载货汽车把货箱运至德国、瑞士和奥地利等国。

我国从1980年开办大陆桥运输业务以来，以上三种路线均已采用，但主要还是铁—铁路线，即从中国内地各站把货物运至中俄边境满洲里 / 后贝加尔，进入俄罗斯，或运至中蒙边境站二连浩特 / 扎门乌德进入蒙古，经蒙俄边境站苏赫巴托 / 纳乌斯基进入俄罗斯，再经西伯利亚铁路运至白俄罗斯西部边境站，辗转欧洲铁路运至欧洲各地或从俄罗斯运至伊朗。在我国大陆桥运输具体业务上，根据欧洲各国收发箱的不同地点，铁—铁路线共有五条，通过朱尔法、温格内、乔普、布列斯特、鲁瑞卡，分别往返伊朗、东欧、西欧、北欧等地。

2．北美大陆桥

美国有两条大陆桥运输线：一条是从西部太平洋口岸至东部大西洋口岸的铁路（公路）系统，全长3200km；另一条是从西部太平洋口岸至南部墨西哥湾口岸的铁路（公路）运输系统，全长500～1000km。

（1）美国大陆桥。美国大陆桥是北美大陆桥的组成部分，是最早开辟的从远东到欧洲水陆联运线路中的第一条大陆桥。后因东部港口和铁路拥挤，货到后往往很难及时换装，抵消了大陆桥运输所节省的时间。目前，美国大陆桥运输基本陷于停顿状态，但在大陆桥运输过程中，却又形成了小陆桥和微型陆桥运输方式，而且发展迅速。

（2）美国小陆桥。小陆桥运输比大陆桥的海—陆—海运输缩短了一段海上运输，成为海—陆或陆—海形式。如远东至美国东部大西洋沿岸或美国南部墨西哥湾沿岸的货运，可由远东装船运至美国西海岸，转装铁路（公路）专列运至东部大西洋或南部墨西哥湾沿岸，然后换装内陆运输运至目的地。我国前几年大部分货物都是用此方式运到美国。

（3）美国微型陆桥。微型陆桥运输比小陆桥更短一段，它只用了部分陆桥，故又称半陆桥（Semi—Land Bridge）运输。例如，远东至美国内陆城市的货物，改用微型陆桥运输，则货物装船运至美国西部太平洋岸，换装铁路（公路）集装箱专列可直接运至美国内陆城市。微型陆桥比小陆桥优越性更大，既缩短了时间，又节省了运费，因此发展非常迅速。

3. 新亚欧大陆桥

1990年9月11日，我国陇海—兰新铁路的最西段乌鲁木齐至阿拉山口的北疆铁路与土西铁路接轨，第二条亚欧大陆桥运输线全线贯通，并于1992年9月正式通车。此条运输线东起我国连云港，西至荷兰鹿特丹，跨亚欧两大洲，连接太平洋和大西洋，穿越中国、哈萨克斯坦、俄罗斯与西伯利亚大陆桥重合，经白俄罗斯、波兰、德国到荷兰，辐射20多个国家和地区，全长1.08万km，在我国境内全长4134km，为亚欧联运提供了一条便捷、快速和可靠的运输通道，更好地促进了世界经济与技术的交流与合作。这条运输线与西伯利亚大陆桥相比，具有以下优势：

（1）运输距离短。它使亚欧之间的货运距离比西伯利亚大陆桥缩短得更为显著，从远东到西欧的货物（从日本、韩国至欧洲），通过新亚欧大陆桥，水陆全程仅为12 000km，比绕过好望角的海上运输线短15 000km，比经苏伊士运河的海上运输线短8000km，比经巴拿马运河的海上运输线短11 000km，比经北美大陆桥短9100km。韩国、日本、中国到中亚国家的货物走新亚欧大陆桥比西伯利亚陆桥近3000km；到欧洲的货物走新亚欧大陆桥比海运缩短距离上万公里。我国到欧洲的新亚欧大陆桥物流运输通道，经新疆阿拉山口口岸至中亚各国及欧洲地区，其运距比经西伯利亚大陆桥可缩短约2000km路程，比海运距离缩短了上万公里，运行速度也比海运快。

（2）地理位置和气候条件优越。整个大陆桥避开了高寒地区，港口无封冻期，自然条件好，吞吐能力大，东端桥头堡自然条件好，位置适中，气候温和，一年四季可不间断作业。西伯利亚大陆桥的桥头堡纳霍德卡港为季节性港口，冬季严寒风大，作业有困难。在其对面建设的东方港，由于深水条件好一些，有掩护屏障，冬季作业条件有所改善。

（3）辐射面广。西伯利亚大陆桥的吸引范围，东段由最初的日本，发展到韩国、中国、东南亚，西段从英国扩展到整个欧洲大陆和伊朗、中东各国。由于新亚欧大陆桥横贯亚欧大陆中部，因此具有更广阔的吸引区域。东端能吸引东亚和东南亚诸国的集装箱货物，西端还能辐射北欧、西欧和东欧诸国，同时，经阿拉木图、塔什干南下，因此还可吸收中亚各地，以及伊朗、土耳其、伊拉克等国的货流。

【资料链接】关于美国OCP条款

“OCP”是Overland Common Points的简写，意即“内陆公共点地区”，简称“内陆地区”。其含义是：根据美国费率规定，以美国西部九个州为界，也就是以洛矶山脉为界，其以东地区，均为内陆地区范围。这个范围很广，约占美国全国 2/3 的地区。按 OCP 运输条款规定，凡是经过美国西海岸港口转往上述内陆地区的货物，如按 OCP 条款运输，就可享受比一般直达西海岸港口低廉的优惠内陆运输费率，一般约低 3% ～ 5%。相反方向，凡从美国内陆地区起运经西海岸港口装船出口的货物同样可按 OCP 运输条款办理。同时，按 OCP 运输条款，尚可享受比一般正常运输低的优惠海运运费，每吨约低 3 ～ 5 美元。

采用 OCP 运输条款时必须满足以下条件：

（1）货物最终目的地或起运地必须属于 OCP 地区范围内，这是签订运输条款的前提。

（2）货物必须经由美国西海岸港口中转。因此，在签订贸易合同时，有关货物的目的港应规定为美国西海岸港口，即为 CFR 或 CIF 美国西海岸港口条件。

（3）在提单备注栏内及货物唛头上应注明最终目的地 OCP××× 城市。

例如，我国出口至美国一批货物，卸货港为美国西雅图，最终目的地是芝加哥。西雅图是美国西海岸港口之一，芝加哥属于美国内陆地区城市，此笔交易就符合 OCP 规定，经双方同意，就可采用 OCP 运输条款。在贸易合同和信用证内的目的港可填写“CIF Seattle（OCP）”。除在提单上填写目的港西雅图外，还必须在备注栏内注明“内陆地区芝加哥”字样，即“OCP Chicago”。

【课堂实训】郑欧班列视频介绍

1．实训目的

了解郑欧国际铁路货运班列的基本情况，及其对新亚欧大陆桥经济发展的影响。

2．实训设备或软件准备

多媒体播放设备，郑欧班列宣传片，郑欧班列新闻播报视频。

3．实训步骤

（1）播放郑欧班列宣传片。

（2）播放郑欧班列新闻播报视频。

（3）讨论郑欧班列的运行对新亚欧大陆桥经济发展的影响。

4．实训成果

详细了解大陆桥运输中郑欧班列的基本情况。

第三节 国际多式联运概述

【小案例】国际陆海贸易新通道助推中国 - 东盟互联互通升级

国际陆海贸易新通道，以中国西部地区经广西出海出边大通道为主轴，向北连通陆上丝绸之路经济带，向南衔接 21 世纪海上丝绸之路。

随着新通道的建设，广西北部湾港口与世界近百个国家和地区的 200 多个港口建立贸易往来，目前钦州港开通至新加坡、越南、泰国等国际班轮航线 22 条。同时，广西毗邻东盟的主要边境城市均已通达高速公路。2017 年以来，中越北仑河二桥开通，中越友谊关——友谊国际口岸货运专用通道正式通车，中越（南宁 - 河内）跨境集装箱班列实现常态化运营。

根据官方数据，连通重庆至新加坡的北部湾港 - 重庆班列、北部湾港 - 香港航线和北部湾港-新加坡航线三个“天天班”实现稳定常态化运营。西部地区已开通至广西北部湾港8条铁海联运班列，其中5条已实现常态化运营。国际陆海贸易新通道首列冷链专列（广西防城港-重庆）成功运行，满载海产品、水果及冻肉等货物进入西部市场。

此外，广西与重庆、贵州、甘肃四地海关共同推动通关一体化，货物通关时间较之前节省了1/3。广西友谊关口岸于2018年6月起实行节假日和周末正常通关。

新通道的运营，促进中国西部地区与东盟贸易发展，直接推动广西北部湾港的货物吞吐量快速增长。2019年，钦州港月吞吐量达到千万吨级别，仅前11个月已突破亿吨，同比增长17.9%。自2017年西部陆海通道运营以来，集装箱班列迅速增长，并实现与中欧班列无缝衔接。（资料来源：据东方财富网 http://sh.qihoo.com 资料改编）

思考：从郑州运一批大宗货物到美国纽约，应该选择怎样的运输方式？

国际多式联运是一种比区段运输高级的运输组织形式。20世纪60年代末美国首先试办多式联运业务，受到货主的欢迎；随后，国际多式联运在北美、欧洲和远东地区开始采用；20世纪80年代，国际多式联运已逐步在发展中国家实行。目前，国际多式联运已成为一种新型的重要的国际集装箱运输方式，是今后国际运输发展的方向，受到国际航运界的普遍重视。

小看板 多式联运中的两个合同关系

一方面，多式联运经营人与发货人之间的合同关系，构成多式联运的主要特征，即经营者与发货人签订一个运输合同，提供一次托运、一次收费、统一理赔、一单到底、全程负责的一贯运输服务；另一方面，经营人与分段承运人签订合同，共同完成全程联运的任务。

一、国际多式联运的概念

国际多式联运是指按照多式联运合同，以至少两种不同的运输方式，由多式联运经营人将货物从一国境内的接管地点运至另一国境内指定交付地点的货物运输。

这是在集装箱运输基础上发展起来的更先进的运输组织形式。这种运输方式采用一张国际多式联运合同，由一个总承运人负责全程的承运并直接对货主负责，组织两种以上的不同运输方式，跨国界进行联合运输。

二、国际多式联运的特点

（1）国际多式联运主要采用集装箱运输，同时在集装箱内的货物又大量采用托盘，使运输中的装卸更为方便高效，所以，这是具有很多优点的现代化运输方式。它以集装箱作业贯通全程的货物单位，采用各种先进的接转方式实现集装箱的铁—水、陆—铁、陆—水等不同运输方式的转换，这就将全程连接成贯通一气的过程，甚至做到不同国家之间的门到门运输。

（2）国际多式联运虽采用不少于两种的运输方式，但运输全程用单一费率计算运费。

（3）国际多式联运有多种收交货的经营方式，主要包括：

1）门到门方式——由联运经营人在发货单位“门口”开始起运，到收货人“门口”交货。“门口”可以是仓库，也可以是收发货人装箱、出箱站，甚至是车间。“门”的确定需要有集装箱货载的装卸条件和必要场所，由货主和经营人协议确定。

2）门到站方式——由发货人“门口”接运，至集装箱办理站交货。

3）门到场方式——由发货人“门口”接运，至集装箱堆场交货。

4）场到站方式——由联运承运人在集装箱港区堆场接运，至集装箱办理站交货。

5）站到场方式——由联运承运人在集装箱办理站接运，至港口堆场交货。

6）场到门方式——从港口堆场接运至接运人“门口”交货。

7）站到站方式——两个集装箱办理站之间的交接货。

三、国际多式联运的影响因素

1．货物流通过程的变化

现代货物流通要求尽量降低流通过程中的劳动消耗，最大限度地节省流通费用。流通过程的主要环节是包装、储存、运输、装卸，虽然每一环节都在不断改革，但只有在出现多式联运后，流通过程才发生了革命性的变化。

2．货物运输方式的变化

在传统的货物运输方式下，装卸效率问题一直是一个难题，集装箱的出现，解决了这一难题，因此，传统的货物运输方式也开始向以集装箱为基础的多式联运方面发展。集装箱运输的产生不仅对运输业本身，而且也为与运输业有关的其他工业部门带来了很大的变化。它不仅能给货主节省包装费用、运费、保险费，还能大大缩短货物装卸时间，提高运输工具的周转率。

3．货物贸易结构的变化

全球制成品贸易的发展，适箱货源的不断增加，为集装箱多式联运创造了条件。同时，为了在竞争中求生存、求发展，航运业面临对传统运输方式的改革，开始进入铁路、公路、航空等非海运领域，即所谓“登陆上天”。在信息社会高度发展的情况下，信息不受任何行业、区域、国界的限制，只要掌握信息，能提供货主所需的优质服务，即使不拥有硬件（运输工具），也可以通过软件（信息、市场经营）控制硬件。因而，在国际多式联运下，无船承运人、国际货运代理人等不断涌现。

4．经营方式的变化

由于开展了国际多式联运，打破了行业界限，各承运人可选择最佳运输方式、路线，合理组织运输，提高运输组织水平，协调各种运输方式的衔接。这样做的目的是在提高运输效率的前提下，保证降低运输成本。

通过国际多式联运，可提供优质服务，方便货主。货主只需要指定交货地点，运输经营人在条件许可的情况下将各种运输方式组合起来，设定最佳运输路线，提供统一货运单证、统一责任限制、统一费率。因而，货主对多式联运的需求日益高涨，并与国际运输业者一起极力促进国际多式联运的发展。

四、国际多式联运的优越性

国际多式联运是今后国际运输发展的方向，开展国际集装箱多式联运具有许多优越性，主要表现在以下几个方面：

1．简化托运、结算及理赔手续，节省人力、物力和有关费用

在国际多式联运方式下，无论货物运输距离有多远、由几种运输方式共同完成，且不论运输途中货物经过多少次转换，所有一切运输事项均由多式联运经营人负责办理。托运人只

需办理一次托运，订立一份运输合同，支付一次费用，办一次保险，从而省去办理托运手续的许多不便。同时，由于多式联运采用一份货运单证，统一计费，因而也可简化制单和结算手续，节省人力和物力。此外，一旦运输过程中发生货损货差，由多式联运经营人对全程运输负责，理赔手续简便。

2. 缩短货物运输时间，减少库存，降低货损货差事故，提高货运质量

在国际多式联运方式下，各个运输环节和各种运输工具之间配合密切，衔接紧凑，货物所到之处中转迅速及时，大大减少货物的在途停留时间，从而从根本上保证了货物安全、迅速、准确、及时地运抵目的地，因而也相应地降低了货物的库存量和库存成本。同时，多式联运以集装箱为运输单元进行直达运输，尽管货运途中需经多次转换，但由于使用专业机械装卸，且不涉及箱内货物，因而货损货差事故大为减少，从而在很大程度上提高了货物的运输质量。

3. 降低运输成本，节省各种支出

由于多式联运可实行门到门运输，因此对货主来说，在货物交由第一承运人以后即可取得货运单证，并据以结汇，从而提前了结汇时间。这不仅有于加速货物占用资金的周转，还可以减少利息的支出。此外，由于货物是在集装箱内进行运输的，因此从某种意义上来看，可相应地节省货物的包装、理货和保险等费用的支出。

4. 提高运输管理水平，实现运输合理化

对于区段运输而言，由于各种运输方式的经营人各自为政，自成体系，因而其经营业务范围受到限制，货运量相应也有限。而一旦由不同的运输经营人共同参与多式联运，经营的范围可以大大扩展，同时可以最大限度地发挥其现有设备作用，选择最佳运输线路组织合理化运输。

5. 加强政府监管，促进国际贸易发展

从政府宏观的角度来看，发展国际多式联运具有以下重要意义：①有利于加强政府部门对整个货物运输链的监督与管理；②保证本国在整个货物运输过程中获得较大的运费收入分配比例；③有助于引进新的先进运输技术；④减少外汇支出；⑤改善本国基础设施的利用状况；⑥通过国家的宏观调控与指导职能保证使用对环境破坏最小的运输方式达到保护本国生态环境的目的。

五、国际多式联运的组织形式

国际多式联运是采用两种或两种以上不同运输方式进行联运的运输组织形式。这里所指的至少两种运输方式可以是海—陆、陆—空、海—空等。由于国际多式联运具有其他运输组织形式无可比拟的优越性，因而这种国际运输新技术已在世界各主要国家和地区得到了广泛的推广和应用。

1. 海陆联运

海陆联运是国际多式联运的主要组织形式，也是远东—欧洲多式联运的主要组织形式之一。目前组织和经营远东—欧洲海陆联运业务的主要有班轮公会的三联集团、北荷、冠航和丹麦的马士基等国际航运公司，以及非班轮公会的中国远洋运输公司和德国那亚航运公司等。这种组织形式以航运公司为主体，签发联运提单，与航线两端的内陆运输部门开展联运业务，与大陆桥运输展开竞争。

【资料链接】我国国际多式联运的主要路线

我国内陆——我国港口——日本港口——日本内陆（或反向运输）。

我国内陆——我国港口——美国港口——美国内陆（或反向运输）。

我国港口——肯尼亚港口——乌干达内陆。

我国内陆——我国港口——欧洲有关港口——西欧内陆（或反向运输）。

我国内陆——我国港口——科威特——伊拉克。

我国东北地区——图们——朝鲜清津港——日本港口（或反向运输）。

我国港口——日本港口——澳大利亚港口——澳大利亚内陆（或反向运输）。

我国内陆——俄罗斯西部边境——欧洲、中东（或反向运输）。

（资料来源：姚新超，《国际贸易运输》，对外经济贸易大学出版社。）

2．海—陆—海联运

海—陆—海联运中的陆地运输线被形象比喻为大陆桥。在国际多式联运中，大陆桥运输起着非常重要的作用。它是远东—欧洲国际多式联运的主要形式。大陆桥运输是采用集装箱专用列车或卡车，把横贯大陆的铁路或公路作为中间“桥梁”，使大陆两端的集装箱海运航线与专用列车或载货汽车连接起来的一种连贯运输方式。

3．海—空联运

海—空联运又被称为空桥运输。在运输组织方式上，空桥运输与陆桥运输有所不同：陆桥运输在整个货运过程中使用的是同一个集装箱，不用换装，而空桥运输的货物通常要在航空港换入航空集装箱。不过，两者的目标是一致的，即以低费率提供快捷、可靠的运输服务。

目前，国际海空联运线主要有远东—欧洲，远东—中南美，远东—中近东、非洲、澳大利亚等。

小看板　海空联运与运输距离的关系

运输距离越远，采用海空联运的优越性就越大。因为同完全采用海运相比，其运输时间更短；同直接采用空运相比，其费率更低。因此，从远东出发将欧洲、中南美以及非洲作为海空联运的主要市场是合适的。

六、国际多式联运经营人

随着国际经济贸易结构的变化，多式联运经营人向多样化方向发展，名目繁多。其中，既有传统航运企业充当经营人的，如美国总统轮船公司和海陆公司以及日本邮船公司、大阪三井商船和山下新日本汽船公司等；也有贸易公司的运输部门充当经营人的，如日本的三井、伊藤忠、丸红和住友等国际贸易公司均组建了多式联运公司，开办无船承运人经营业务；此外，还有铁路航空和汽车运输公司也充当经营人，承担全程运输责任。

小看板

《联合国国际货物多式联运公约》中规定：多式联运经营人是指本人或通过其代表与发货人订立多式联运合同的任何人，他是事主，而不是发货人的代理人或代表，也不是参加多式联运的承运人的代理人或代表，负有履行合同的责任。

1．多式联运经营人的类型

尽管目前国际上多式联运经营人的形态多种多样，但根据其是否实际参加海上运输，国际上通常将多式联运经营人分为以下两种主要类型：

（1）以船舶运输经营为主的多式联运经营人。随着集装箱运输的发展，众多船舶所有人已将他们的服务范围扩展到包括陆上运输和航空运输在内的其他运输方式。这种多运输方式的结合使船舶运输经营人成为多式联运经营人。因此，将此类经营人称为“有船”多式联运经营人。通常，这种多式联运经营人并不拥有也不从事公路、铁路和航空货物运输，而是通过与有关承运人订立分合同来安排这些类型的运输。此外，他们通常还会订立内陆装卸、仓储及其他辅助服务的分合同。

（2）无船多式联运经营人。无船多式联运经营人是指不拥有和不掌握船舶的承运人，他利用船舶经营人的船舶向货主提供运输服务，并承担运输责任。国际上将此类经营人又称为“无船公共承运人”。起初，无船公共承运人仅指无海上运输船舶的公共承运人，后来它又成为无运输工具的公共承运人的通用名词。

2．多式联运经营人的基本条件

多式联运经营人是一个独立的法律实体，作为国际多式联运经营人的基本条件是：

（1）多式联运经营人本人或其代表必须就多式联运的货物与发货人本人或其代表订立多式联运合同，而且，该合同至少使用两种运输方式完成货物全程运输，合同中的货物系国际货物。

（2）从发货人或其代表那里接管货物时起即签发多式联运单证，并对接管的货物开始承担责任。

（3）承担多式联运合同规定的运输和与其他服务有关的责任，并保证将货物交给多式联运单证的持有人或单证中指定的收货人。

（4）对运输全过程中所发生的货物灭失或损害，多式联运经营人首先对货物受损人负责，并应具有足够的赔偿能力，当然，这种规定和做法不会影响多式联运经营人向造成实际货损的承运人行使追偿权利。

（5）多式联运经营人应具备与多式联运所需要的、相适应的技术能力，对自己签发的多式联运单证确保其流通性，并作为有价证券在经济上能令人信赖。

3．多式联运经营人的责任类型

在货物多式联运情况下，多式联运经营人通常将全程或部分路程的货物运输委托给他人，即区段承运人去完成。在多式联运的两种或两种以上的不同运输方式中，每一种方式所在区段适用的法律对承运人责任的规定往往是不同的，当货物在运输过程中发生灭失或损坏时，由谁来负责任，是采用相同的标准还是区别对待，就必须看经营人所实行的责任制类型。从目前国际多式联运的实际来看，主要有网状责任制、统一负责制和修订统一责任制三种。

（1）网状责任制或分段责任制。这种责任制是指多式联运经营人尽管对全程运输负责，但对货运事故的赔偿原则仍按不同运输区段所适用的法律规定，当无法确定货运事故发生区段时则按海运法规或双方约定的原则加以赔偿。就货主而言，各个运输环节中的衔接工作由经营人负责组织完成，获得了很大的便利，但是当运输过程中发生货运事故时，只能通过联运经营人来敦促有关运输部门进行赔偿，而不能采用统一的方法进行解决，因此这是不太成熟的多式联运责任制类型。在当前国际多式联运中，由于法规不健全，也没有相应的管制，几乎所有的多式联运单据均采取这种赔偿责任形式。

（2）统一责任制。这种责任制是指多式联运经营人对货主赔偿时不考虑各区段运输方式的种类及其所适用的法律，而是对全程运输按一个统一的原则并一律按一个约定的责任限额进行赔偿。由于现阶段各种运输方式采用不同的责任基础和责任限额，因而目前多式联运经营人签发的提单很少采取此种责任形式。

（3）修订统一责任制。这是介于统一责任制与网状责任制之间的责任制，也称混合责任制。它在责任基础方面与统一责任制相同，在赔偿限额方面则与网状责任制相同。即多式联运经营人对全程运输负责，各区段的实际承运人仅对自己完成区段的运输负责。无论货损发生在哪一区段，多式联运经营人和实际承运人都按公约规定的统一责任限额承担责任。目前，《联合国国际货物多式联运公约》基本上采取这种责任形式。

七、国际多式联运单据

国际多式联运单据，是指证明国际多式联运合同以及证明多式联运经营人接管货物，并负责按照合同条款交付货物的单据，它是适应国际集装箱运输需要而产生的，在办理国际多式联运业务时使用，也称为国际多式联运提单。

1. 国际多式联运单据的性质与作用

（1）它是国际多式联运经营人与托运人之间订立的国际多式联运合同的证明，是双方在运输合同中确定的权利和责任的准则。在国际多式联运成立后签发多式联运单据，因此，它不是运输合同，而是运输合同的证明。

（2）它是国际多式联运经营人接管货物的收据。国际多式联运经营人向托运人签发多式联运单据表明已承担运送货物的责任并占有了货物。

（3）它是收货人提取货物和国际多式联运经营人交货的凭证。收货人或第三人在目的地提取货物时，必须凭国际多式联运单据换取提货单（收货记录）才能提货。

（4）它是货物所有权的证明。国际多式联运单据持有人可以押汇、流通转让，因为国际多式联运单据是货物所有权的证明，可以产生货物所有权转移的法律效力。

2. 多式联运单据的内容。其内容包括以下几项：

① 货物的外表状况。

② 联运人的名称和地址。

③ 发货人的名称。

④ 收货人的名称。

⑤ 联运人接管货物的地点和日期。

⑥ 联运人或经其授权的人的签字。

⑦ 每种运输方式的运费，或者应由收货人支付的运费，包括用以支付的币种。

⑧ 货物品类、标志、危险货物的性质、包数或件数、货物的毛重，由发货人提供。

⑨ 预期经过路线、运输方式和转运地点。

⑩ 在不违背签发多式联运单据所在国的法律的情况下，双方同意列入多式联运单据的任何其他事项。

【资料链接】

多式联运单据是经营人与货主之间的运输合同的证明，它具有有价证券的性质，可以进行转让和向银行抵押贷款。至于多式联运业务中分承运人出具的各种承运单据，如海运提单、铁路运单、公路运单、航空运单等，仅是总、分承运人之间的运输合同或其书面证明，与货主无关。因此，在填制这些单据时，“托运人”一栏应填写多式联运经营人的名称和地址，“通知人”一栏则填写该程运输终端总承运人的代理人名称和地址，“收货人”一栏一般填“凭指示”。

3. 国际多式联运单据的种类

国际多式联运单据可以分为两大类：可转让单据与不可转让单据。

（1）可转让国际多式联运单据分为可指示单据（提单）和不记名单据（提单）。

（2）不可转让国际多式联运单据。它是记名单据（提单），是在单据下面收货人一栏中载明作为收货人的特定人（或公司）的提单，一般不能流通转让。

【课堂实训】 联运提单的填写

1. 实训目的

了解提单填写的注意事项，能够正确填写提单。

2. 实训设备或软件准备

空白提单。

3. 实训步骤

（1）阅读信用证规定。

（2）根据填写规范、信用证要求，填写提单。

（3）总结提单填写的注意事项。

4. 实训成果

正确填写一份提单。

提单制单示例：

L/C（信用证）规定：Huangpu feeder HKG ocean vessel LAX（W.C.）LB NYC（E.C.），黄埔驳运至香港—大船至洛杉矶（Los Angeles）—大陆桥（Land Bridge）至纽约（New York City），据此填制提单。

海运提单

<table>
<tr><td colspan="2">1. SHIPPER（托运人）一般为出口商</td><td rowspan="5">B/L NO.
COSCO
中国远洋运输（集团）总公司
CHINA OCEAN SHIPPING（GROUP）CO.

ORIGINAL
Combined Transport Bill of Lading</td></tr>
<tr><td colspan="2">2. CONSIGNEE（收货人）“order”或“order of shipper”或“order of × × × Bank”</td></tr>
<tr><td colspan="2">3. NOTIFY PARTY（通知人）通常为进口方或其代理人</td></tr>
<tr><td>4. PRE-CARRIAGE BY
（前程运输）
填 feeder ship 名即驳船名</td><td>5. PLACE OF RECEIPT
（收货地）
填 Huangpu</td></tr>
<tr><td>6. OCEAN VESSEL VOY.NO.（船名及航次）
填大船名</td><td>7. PORT OF LOADING
（装货港）
填 HKG</td></tr>
</table>

（续）

8. PORT OF DISCHARGE（卸货港）填 LAX		9. PLACE OF DELIVERY（交货地）若大船公司负责至 NYC 则填 NYC；若负责至 LAX 则填 LAX		10. FINAL DESTINATION FOR THE MERCHANT'S REFERENCE（目的地）仅当该 B/L 被用作全程转运时才填此栏（填 NYC）	
11. MARKS（唛头）	12. NOS.& KINDS OF PKGS（包装种类和数量）	13. DESCRIPTION OF GOODS（货物名称）		14. G.W.（kg）（毛重）	15. MEAS（m^3）（体积）
16. TOTAL NUMBER OF CONTAINERS OR PACKAGES（IN WORDS）（总件数）					
17. FREIGHT & CHARGES（运费）PREPAID（运费预付）或 COLLECT（运费到付）	REVENUE TONS（运费吨）	RATE（运费率）	PER（计费单位）	PREPAID（运费预付）	COLLECT（运费到付）
PREPAID AT（预付地点）	PAYABLE AT（到付地点）	18. PLACE AND DATE OF ISSUE（出单地点和时间）一般与装船日一致			
TOTAL PREPAID（预付总金额）	19. NUMBER OF ORIGINAL B（S）L（正本提单的份数）	22. SIGNED FOR THE CARRIER（承运人签章）			
20. DATE（装船日期）	21. LOADING ON BOARD THE VESSEL BY（船名）	中国远洋运输（集团）总公司 CHINA OCEAN SHIPPING（GROUP）CO. ×××			

第四节　国际多式联运的组织和运营

一、国际多式联运实施的条件

根据 1980 年《联合国国际货物多式联运公约》（简称《多式联运公约》）以及 1997 年我国交通部和铁道部共同颁布的《国际集装箱多式联运管理规则》的规定，结合国际上的实际做法，可以得出，构成国际多式联运必须具备以下特征或基本条件：

（1）必须具有一份多式联运合同。该运输合同是多式联运经营人与托运人之间权利、义务、责任与豁免的合同关系和运输性质的确定，也是区别多式联运与一般货物运输方式的主要依据。

（2）必须使用一份全程多式联运单证。该单证应满足不同运输方式的需要，并按单一运费率计收全程运费。

（3）必须是至少两种不同运输方式的连续运输。

（4）必须是国际货物运输。这涉及国际运输法规的适用问题。

（5）必须由一个多式联运经营人对货物运输的全程负责。

【资料链接】

《联合国国际货物多式联运公约》是世界上第一个关于多式联运的公约，于1980年5月24日在日内瓦召开的联合国贸易和发展会议全权代表会上通过。我国参加了公约的起草并在最后的文件上签了字。《联合国国际货物多式联运公约》是关于国际货物多式联运中的管理、经营人的赔偿责任及期间、法律管辖等的国际协议，旨在对多式联运经营人和托运人之间的权利义务关系进行规定，解决因国际货物多式联运的发展而带来的一系列法律问题。公约由一个序言，总则、单据、联运人的赔偿责任、发货人的赔偿责任、索赔和诉讼、补充规定、海关事项及最后条款八个部分，共四十条以及一个《有关国际货物多式联运的海关事项条款》组成。

二、国际多式联运经营人的服务范围

多式联运经营人直接提供的或由与其订立分合同的人提供的服务范围是随经营人的不同而不同的，并在一定程度上随国家和地区而异，这取决于各国港口区域、内陆港站及内陆运输的管理体制。同时根据其服务的贸易运输航线，多式联运经营人可能会从事不同的经营服务范围。多式联运经营人的服务范围除全程运输外还常常包括以收货人或发货人的名义（也包括以多个收货人或发货人的名义）在目的地分发全部货物。下面按多式联运链中的服务过程分别列明多式联运经营人的服务范围。

1．整箱货服务

当货主（托运人）托运的集装箱货为整箱货时，通常是由货主或其代理自行装箱，并负责运送至经营人的集装箱堆场（CY）。当然，某些经营人也提供由集装箱货运站（CFS）到货主指定地点接收重箱或运送空箱的辅助性运输服务。同样，在进口运输中，也可以在收货人指定地点提供这种服务。经营人为此还常常提供集装箱租赁服务。

对于由货主自行装箱的整箱货，多式联运经营人通常不监督其装箱过程。当然，应托运人的要求，经营人可向其提供装箱咨询服务。对于此类集装箱，多式联运经营人通常要在多式联运单据（Multimodal Transport Document，MTD）上注明“据称装有（Said to Contain）”。

2．拼箱货服务

对于拼箱货，通常是在多式联运经营人或其代理的监督下，在其内陆货运站或港口集装箱货运站进行装箱。同时，在目的地所在国的集装箱货运站监督拆箱，如果是在货运代理公司的货运站装箱，则其装箱过程不受经营人的监督，且该集装箱将被视作整箱货。

3．货物的计量

货物重量或体积的计量是由货主（托运人）或其代理在多式联运经营人或其代理的监督下进行的。

4．报关

许多集装箱货运站可以设在内陆清关货运站（Inland Clearance Depot，ICD）内，并在那里进行海关检验。通常，海关清关、进出口手续、外汇兑换等业务是由货主或其代理负责办理的。但依据经营人与货主的双方协议，也可由多式联运经营人或其代理办理上述业务，这取决于买卖双方所约定的价格条款。

此外，为保证国际联运货物顺利通过海关，多式联运经营人应负责向过境海关机构提供必要的担保，并在国内边境派驻代理，以确保符合海关手续及国家法律规定的任何其他要求。

5. 签发国际多式联运单据

多式联运单据作为多式联运合同的证明，是由多式联运经营人或其代理签发给托运人或其代理人的。根据货主的要求，该单据可以是可转让（Negotiable）单据，也可以是不可转让（Non-negotiable）单据，这取决于各国的有关法规。

6. 订舱

在从货主处接受货物后，多式联运经营人就必须与不同运输方式的承运人订立分合同，并进行订舱，以便将货物运至最终目的地。

7. 多式联运过程的监督与管理

在接管货物后，多式联运经营人就对货物的运输与安全负责，直到将货物交付给收货人为止。为此，经营人或其代理须对多式联运链中货物的运输、装卸与储存等环节进行监督与管理，以确保货物能安全、迅速、顺利地运抵目的地。

8. 保险与索赔

多式联运经营人应按国际多式联运单据的规定，对货主承担免责范围外的货物损坏或灭失责任。为避免因承担责任造成自己的经济损失，经营人应根据提单规定的责任范围的大小，通过“船东保赔协会”“全程运输协会”等组织投保货物责任险，当然，也可在普通保险公司投保其责任险。

三、国际多式联运的经营管理

国际多式联运涉及多种运输方式，是由多种运输方式组合而成的综合性的一体化运输。因此，开展国际多式联运应具备比单一运输方式更为先进、更为复杂的技术条件。根据目前情况，需要在以下几方面加强经营管理和建设。

（一）国际多式联运企业（经营人）组织机构的建立

对于没有经营运输业务经历的经营人来说，要创建多式联运经营公司或机构不是件容易的事情。因为这不仅是资金投入的问题，更重要的是专业知识、技能和经验的积累。

对于多式联运经营人来讲，拥有精通国际运输业务的高素质的专业人才，是其最大的财富。一般来说除了航运公司和航空公司等专业运输公司之外，这种专业人才通常只有在货运代理公司才能找得到。由此可见，无船承运人能在货运代理业站稳脚跟是不足为奇的。此外，作为多式联运经营人，其另一大财富是与国内、外经营相同业务的其他组织机构之间的广泛联系。要保证多式联运经营的成功，就必须对整个运输链进行严格的管理与控制，而这离不开与其他组织机构间的紧密联系。

建立经营多式联运业务的企业，通常可采用以下几种方式：

（1）由本国经营单一运输方式的承运人或货运代理对其经营范围进行扩展。

（2）由本国经营单一运输方式的多家承运人建立合资企业。

（3）由本国航运公司与国外航运公司创办合资公司。

（4）由内陆国家与转运国共同组建联合运输企业。

（5）由商品的生产商或贸易商组建新公司。

（6）由本国或地区的多家货运代理组建联营公司。

（二）建立国际多式联运线路与集装箱货运站

国际多式联运的线路，从理论上说，可以是从某一国的任何一地到另一国的任何一地。但事实上这是不可能的，世界上许多经营多式联运的公司通常只能是重点办好几条多式联运线路。

确定建立一条多式联运线路，首先需要进行国际货物流向流量的调查，在此基础上，选择货物流量较大且较稳定的路线；其次要考虑联运线路的全程应具备适当规模的运输能力。此外，由于国际多式联运通常是以集装箱运输为主，所以联运线路需要有一定的装卸、运送集装箱的设备条件。

国际多式联运改变了传统运输的交接概念，不再仅仅把港口或车站作为货物的交接地点，而是延伸到港口或车站以外的地点进行交接。货主不一定需要到港口或车站去交货或提货。集装箱货运站（包括内陆货运站）即是接受货物进行装箱、拼箱或拆箱分拨的地方，具有货物交接、储存、中转的功能，在多式联运业务中有着重要作用。因此，多式联运经营人必须建立具有一定设施条件与能力的集装箱货运站，同时要加强集装箱货运站的组织管理，以降低运营费用，提高运输效率，保证货物的迅速流转。为确保集装箱货物的顺利交接，集装箱货运站应根据业务开展情况配备必要的机械设备，包括搬运和装卸集装箱的起重机、车辆及办理装箱拆箱的各种机具。

小看板　如何选址更有利于集装箱货运站工作的开展？

集装箱货运站通常应建在靠公路线、铁路线的地方或工业中心地区。该地区还应能和海关、保险、商品检验等机构连接在一起，以便办理货物的报关查验、装箱、拆箱及分拨交接等业务。

（三）选择科学的国际多式联运经营方式

1．有船经营人

经营集装箱联运业务的“有船经营人”通常是由两个或更多的航运公司合并而成或者是由两个或更多的母公司组建的子公司，因而这种经营人通常是以航运联盟或班轮公会成员的形式开展业务。

一般来讲，“有船”多式联运经营人的经营范围常常限定在其所经营的特定航线上，而且，他能为货主（托运人）提供的服务范围也是有限的。比如，他可能不提供包装、单证签发、报关、进出口便利等服务功能，而这些正是货主所需的。对于这些服务功能他只能通过订立分合同的形式由分承运人或货运代理来提供。由于在国际多式联运的“门到门”运输过程中，海运是主要的一部分，因而由“有船经营人”来提供他自己经营的业务，对货主来说，这种服务显得更为可靠，这也是越来越多的船舶经营人成为多式联运经营人的原因。

2．无船经营人

对于无船经营人，比如提供多式联运服务的货运代理，在经营组织模式上与上述经营人则不相同，他通常是独立地开展业务，并以确保有效的市场竞争为中心进行业务的组织与经营。无船经营人其服务范围要大得多，他不仅可以提供去往世界各地的货物运输服务，还可以代理人的身份提供诸如拼箱货的拼箱、单证签发、货物包装、仓储、办理结关手续、货物保险等各种服务。当然，为此他必须建立一个包括代理、国外合伙人、子公司或分支机构等在内的联系紧密的网络。

（四）建立国内外联运网点

国际多式联运是跨国运输，需要国内外有关单位的共同合作才能完成。因此，经营国际多式联运必须根据业务的需要建立国内外业务合作网，负责办理国内外运输、交接手续。

1．在国外建立联运业务合作网的主要方式

（1）订立协议建立业务代理关系。这种方式要注意选择资信可靠有业务经营能力的货运公司签订协议，建立双方业务代理关系，接受或委托对方作为分承运人，承担分段运输业务。同时，根据委托编制和寄送有关单证，签发或回收联运提单，提供货运信息，代收费用，处理货运纠纷与事故以及代办货物交接等工作。这种合作关系，双方各负盈亏，也可根据协议双方对合作的业务按比例分享盈利或分摊亏损。

（2）在国外货运公司内入股，或同国外货运公司搞联营或合营，遇有业务时，双方仍可采取委托与被委托形式，开展业务活动。这种方式实际上是入股一方参与了对方的经营，至于参与的程度则根据入股多少来决定。由于对方经营能力的好坏直接影响到入股方的利益，因此采用这种方式时必须注意选择好合作伙伴。

（3）在国外设立自己的分支机构或子公司，独立承办自己的运输业务。多式联运经营人可在一些重点地区、国家设立分支机构，甚至子公司，作为全权代表，处理货物交接、揽货、出运等过程中的一系列业务。

这三种方式采用较多的是第一种方式，而另两种方式，大都是一些较大的货运公司采用。

2．建立国内联运业务合作网

由于国际多式联运线长面广，因此在建立国外网点的同时，还应注重国内各省市间的运输网点的建设，以保证运输渠道的畅通。否则，即使外部开通，如果内部不畅也会使整个运输过程难以发挥效用。因此，建立国内跨地区的横向合作体制是极为重要的。我国开展国际集装箱多式联运的范围还较小。

（五）制定多式联运单一费率

采用单一费率是国际多式联运的基本特征之一，经营多式联运要制定一个单一的联运包干费率。由于多式联运环节多，费率又是揽取业务的关键，所以制定单一费率是一个复杂而又重要的问题，需要综合考虑各种因素，使制定的费率具有竞争性，以利于联运业务的顺利进行。国际集装箱多式联运全程运费主要由运输费用（国内外内陆段运费、海运段运费或国际铁路、航空运费）、经营管理费用及利润三大部分组成。该单一费率因货物的交接地点和业务项目的不同而异。

（六）建立科学的组织管理制度

要确保国际多式联运货物快速、安全地运抵目的地，必须建立科学的组织管理制度，使各部门、各环节紧密衔接，从而从组织上保证货物迅速安全运输。根据实践经验，应着重组织好以下几方面的工作：

（1）保证各部门之间的工作紧密衔接。国际多式联运业务效率的高低，关键在于组织好各部门之间的工作，从业务管理开始直到货物交接完毕，都要做到职责分明、环节紧扣。在国外，有的货运公司采用“作业安排书”的办法来衔接各部门和各环节的工作。业务部门受理业务后，填制“作业安排书”，列明委托单位名称，托运的货名、重量、体积、数量，收货及装运日期与地点，运输方式、路线、中转地点，订舱时间、船名，国外代理名称，交货地点、交货条件、运费金额、集装箱取送时间与地点，以及托运人的特殊要求和运输注意事项等。“作业安排书”制妥后分送有关部门，它既是安排和检查全程运输工作的依据，也是业务进程的记录，是衔接各部门和各环节工作的纽带。

（2）建立掌握货运信息的工作制度。货运信息在多式联运工作中具有重要作用。整个联运过程都离不开信息，特别是货物在中转地的到达、装卸、发运及交接动态，更须随时掌握和了解，以便一旦发现问题，可以迅速采取措施，保证运输顺利进行。

（3）要有一个统一的管理机构。根据多式联运工作环节多、涉及面广的特点，应建立一个统一的管理机构，负责对外受理业务，对内统一管理全部运输工作，包括对运力、报关、装卸、取送集装箱以及交接货物等工作的组织与衔接，以提高运输效率。

【课堂实训】

奇瑞汽车有限公司有一批轿车出口伊朗，轿车的发货地为安徽省芜湖市，交货地为伊朗的德黑兰市。这批轿车如果采用传统的单一运输方式，由奇瑞公司分别与铁路、航运或汽车运输公司签订合同进行运输，将会耗费大量的人力和物力。如果委托一家多式联运企业运输，享受“门到门”的服务，就会使这项工作变得简单、快捷。如果你是一家多式联运企业的业务经理，负责这批汽车的运输，请回答以下问题：

1. 请你设计两种运输方案。
2. 在运输方案中涉及哪几种运输方式？

【资料链接】1991年联合国贸易和发展会议/国际商会多式联运单证规则

《多式联运单证规则》（UNCTAD/ICC Rules for Multimodal Transport Documents），是1991年由联合国贸易和发展会议与国际商会在《联合运输单证统一规则》的基础上，参考《联合国国际货物多式联运公约》共同制定的一项国际规则，供当事人自愿采纳。规则主要内容有：①本规则经当事人选择后适用，一经适用就超越当事人订立的条款，除非这些条款增加多式联运经营人的义务。②对一些名词下了定义。③多式联运单证是多式联运经营人接管货物的初步证据，多式联运经营人不得以相反的证据对抗善意的单据持有人。④多式联运经营人责任期间自接管货物时起到交付货物时止。多式联运经营人为其受雇人、代理人和其他人的作为或不作为承担一切责任。⑤多式联运经营人的赔偿责任基础是完全责任制，并且对延迟交付应当承担责任。⑥多式联运经营人的责任限制为每件或每单位666.67特别提款权，或者毛重每千克2特别提款权。⑦如果货物的损坏或灭失的原因是多式联运经营人的作为或不作为造成的，则不得享受责任限制。⑧如果货物的损坏或者灭失是由托运人的原因造成的，则多式联运经营人应先向单据的善意持有人负责，而后向托运人追偿。⑨货物损坏明显，则收货人立即向多式联运经营人索赔，如不明显，则在6日内索赔。⑩诉讼时效为9个月。⑪规则对无论是侵权还是违约均有效。⑫本规则适用于所有多式联运关系人。

本章小结

联合运输是综合利用某一区间中各种不同运输方式的优势进行不同运输方式的协作，使货主能够按一个统一的运输规章或制度、使用同一个运输凭证、享受不同运输方式综合优势的一种运输形式。联运的发展和联运企业的出现，是交通运输向专业优化发展的重要标志。

大陆桥运输是借助于不同的运输方式，跨越大陆或海峡，以沟通两个互不毗连的大洋或海域之间的运输形式。大陆桥运输通常也是一种国际联合运输，目的在于缩短运输距离，减少运输时间和节约运输总费用支出。

多式联运是一种以实现货物整体运输的最优化效益为目标的联运组织形式。它通常是以集装箱为运输单元，通过一次托运、一次计费、一份单证、一次保险，由各运输区段的承运人共同完成货物的全程运输，即将货物的全程运输作为一个完整的单一运输过程来安排。国际多式联运的出现从根本上改变了过去传统运输的交接界限，因而拥有许多优势。多式联运的开展离不开多式联运经营人，因此学习和掌握多式联运经营人的主要工作内容对于掌握多式联运有重要意义。

案例分析

威海：中韩“四港联动” 海空港联动开展多式联运

为深化服务贸易创新发展试点、中韩自贸区地方经济合作示范区和国家跨境电商综试区建设，威海充分利用与仁川在区位、交通、政策等方面的优势，依托两地海港、空港“四港联动”，开展陆海空多式联运，构建以威海、仁川为节点的东西互联互通国际物流大通道。

1．构建立体交通体系

一是拓展空中通道。威海机场新增大邱、清州两个全新对韩通航城市，对韩机场覆盖及客运能力进一步提升；开通至仁川机场的货运包机业务，并逐步加密航班。

二是拓宽海上通道。威海港整体划入青岛港，“中创威海—青岛集装箱航线”和“威海—青岛双向对开集装箱海铁联运班列”相继开通，“威海—潍坊”集装箱航线也正式开通，使威海能够充分运用全省港口资源，加强与全球航运巨头的合作，做大辐射东北亚的中转网络体系，加快内陆港和海铁联运布局。

三是推进海铁联运。积极探索发展海铁联运，先后开通了威海至德国杜伊斯堡、乌兹别克斯坦塔什干、乌兰巴托等地的铁路班列，开通了“威海—重庆”冷链班列。同时，探讨开展中韩整车运输业务，将其作为衔接海铁联运的重要方式，组织开展韩国整车在威海境内从事运输业务模拟测试。

2．畅通多式联运服务平台

一是推进威海国际多式联运中心建设。威海国际多式联运中心运营企业已完成注册手续。规划建设中的“日韩—威海—欧亚”东西双通道海铁公多式联运项目被评为“第三批山东省多式联运示范工程项目”。

二是推进综合保税区创新发展。不断完善园区基础配套设施，大力发展跨境电商直购出口和保税进口业务，提升产业承载力和吸引力，已引进快递公司国际快件一级分拨中心、仓储物流等项目。

三是发挥威海港国际集装箱多式联运综合服务中心的效用。威海已实现“一次申报、一次查验、一次放行”的“三个一”通关作业模式，为进出口企业提供一站式通关服务，提高验放作业效率和货物的集疏港作业速度，特别是对于韩国进口货物，整体上实现了“当天到港、当天提货”。

四是加快威海国际物流园发展。完善提升园区保税仓储、分拣分拨、展示交易等配套功能，吸引 70 多家跨境电商产业链企业在园区聚集，平均每月进出口跨境电商货物货值 2.8 亿美元，占青岛关区业务量的 80% 以上。（资料来源：商务部新闻办公室网易号文章，2020 年 8 月，有删节）

案例思考：

1. 案例中提到的物流通道的开通对我国对外贸易有何意义？
2. 威海作为国际多式联运的节点，有哪些优势？

基本训练

1. 单项选择题

（1）国际贸易中最主要的运输方式是（　　）。

A．国际铁路运输　　B．海上运输

C．国际航空运输　　D．国际多式联运

（2）（　　）是国际多式联运的主要组织形式，也是远东和欧洲多式联运的主要组织形式之一。

A．陆空联运　　B．海空联运

C．陆桥运输　　D．海陆联运

（3）大陆桥运输是指（　　）。

A．海陆海联运　　B．陆空陆运输

C．海空海联运　　D．陆空海联运

（4）签发多式联运提单的承运人的责任是（　　）。

A．只对第一程运输负责　　B．必须对全程运输负责

C．对运输不负责　　D．只对最后一程运输负责

2. 判断题

（1）国际多式联运在全程运输中要使用两种或两种以上运输方式，一般有一程为海运。（　　）

（2）运输距离越远，采用海空联运的优越性就越大。（　　）

（3）虽然多式联运采取全程负责的方式，但是需要办理多次托运手续。（　　）

（4）货物运输中采取多式联运可以减少货损，缩短运输时间，提高运输效率，降低运输成本，提高运输质量。（　　）

（5）多式联运适用于水路、公路、铁路和航空等运输方式，由于在国际贸易中 85% 左右的货物是通过海运来完成的，所以该种运输方式在国际多式联运中占主导地位。（　　）

3. 多项选择题

（1）在现行的集装箱货物多式联运中承运人或运输经营人采用的责任制有（　　）。

A．过失责任制　　B．网状责任制

C．严格责任制　　D．统一责任制

（2）以下联运方式属于国际多式联运的是（　　）。

A．海陆　　B．海空

C．陆空　　D．陆陆

（3）国际多式联运的经营管理和建设主要包括（　　）。

A．拥有网络化的集装箱货运站

B．拥有国内外的联运网点

C．实行单一的多式联运费率

D．实行多种多式联运费率

4．问答题

（1）国际多式联运的组织形式有哪几种？

（2）国际多式联运经营人的责任类型有哪几种？

（3）联合运输的优点有哪些？

（4）试分析新亚欧大陆桥的优势。

实践训练

针对当前的经济形势分析国际多式联运对国民经济增长的贡献。

第十章　智能运输技术

学习目标

通过本章的学习，了解智能运输系统发展的必要性；掌握智能运输系统的关键技术、系统构成及应用；掌握 GIS 的行业应用；掌握 GPS 技术的特点、构成及在运输中的应用。

【引导案例】

5G 等新技术助推智慧物流　降低全社会运输成本

“通过单证机器人，物流公司降低 90% 时耗；智能数字公路港两个月节省了人力成本 300 万元……”从在重庆举行的 2019 中国国际智能产业博览会上可以看到，在 5G 等先进技术的参与改造下，我国传统物流行业正快速向智慧物流转型，并为全社会降低物流、人力等成本。

“通过云计算、物联网、大数据、人工智能等前沿技术的创新应用，有效提升供应链的服务能力，降低企业物流成本，是物流业持续健康发展的必由之路和根本途径。”重庆市副市长陆克华表示。

这一观点获得了企业一线数据的支撑。“AR 实时监控、智能分析、业务数字化……该公路港通过智慧物流园区系统，两个月效率整体提升 58%，工业反应速度提升 40%，节省时间 50%，人力成本降低了 300 多万元。”传化智联副总裁李尚青以全方位数字化的某传化公路港举例。他表示，在新技术的推动下，传化智联还打造了贯通物流供应链全流程的信息系统。接入这个传化智联的全国网络，企业可以实现一键发货、货源实时整合、运力智能调度，实现物流在途跟踪的可视化、自动化、智能化管理；还可以为企业接入专业的支付金融服务，解决资金结算和融资等问题。

“智慧物流是智能化设施设备与物流深度融合的产物，具有全面感知、可靠传输、智能处理、高效透明、信息对称及价格公开的社会化现代物流生态体系。”国家发展改革委经贸司副司长张江波认为，下一步，要在现有基础上充分发挥企业的市场主体作用，加大物联网、传感器等设施设备和电子面单、电子合同的应用，促进物流要素数据化和物流信息互联共享，夯实智慧物流的发展基础。（资料来源：http://www.chinawuliu.com.cn/zixun/201908/27/343466.shtml）

案例思考：智慧物流在运输管理中的应用与体现有哪些？

道路运输的智能化是应用现代通信技术和信息处理技术等，努力使道路运输作为一个系统来实现智能化。这与驾驶员靠自己的眼睛在可见范围内获取信息，靠自己的大脑做出有限判断的传统型道路运输系统不同，是一次革命性的飞跃。本章将介绍智能运输技术的新发展，包括智能运输系统、GIS 技术和 GPS 技术。

第一节　智能运输系统

【小案例】国内外智能交通系统发展状况

智能交通系统（Intelligent Transport System，ITS）作为一种实时、高效、准确的新型交通运输系统目前在欧美等发达国家正得到广泛应用。据预测，智能交通系统的应用可有效提高交通运输效益，使交通拥挤降低20%，延误损失减少10%～25%，交通事故降低50%～80%，油料消耗减少30%。

美国ITS的应用状况：据报道，目前ITS在美国的应用已达80%以上，而且相关的产品也较先进。美国ITS应用在车辆安全系统（占51%）、电子收费（占37%）、公路及车辆管理系统（占28%）、导航定位系统（占20%）及商业车辆管理系统（占14%）方面发展较快。

日本ITS的应用状况：日本的ITS主要应用在交通信息提供、电子收费、公共交通、商业车辆管理及紧急车辆优先等方面。

欧洲ITS的发展重点：计划在全欧洲建立专门的交通（以道路交通为主）无线数据通信网，开发先进的出行信息服务系统，车辆控制系统，商业车辆运行系统及电子收费系统等。

我国智能交通主要用于高速公路、城市交通与电子停车场等领域，预计到2020年，我国智能交通市场规模可突破千亿元大关，将真正进入产业化、规模化发展阶段。我国智能交通系统的特点，一是着眼于交通信息的广泛应用与服务，二是着眼于提高既有交通设施的运行效率。（资料来源：http://www.afzhan.com/news/detail/68475.html；http://k.sina.com.cn/article_2694336674_a09850a200100m31z.html。）

思考：ITS对运输质量有何影响？

随着计算机、通信及电子技术等技术的日益成熟并走向产业化，多媒体技术越来越被广泛地应用于社会的各个方面，信息化将成为影响未来社会经济发展的重要因素。在这样一个大背景下，发达国家为了解决共同面临的道路交通日益拥挤、路网通行能力不能满足交通量增长需要的问题，相继推出了适应未来运输需求的智能运输系统（ITS）发展规划。

一、智能运输系统简介

智能运输系统或智能交通系统（Intelligent Transportation System，ITS），是将先进的信息技术、数据通信传输技术、电子传感技术、电子控制技术以及计算机处理技术等有效地集成运用于整个地面运输管理体系，从而建立起的一种在大范围内、全方位发挥作用的，实时、准确、高效的“人—车—路”三位一体的综合运输管理系统。

ITS强调的是运输设备的系统性、信息交流的交互性以及服务的广泛性，如在公路运输领域，该系统将汽车、驾驶员、道路及其相关的服务部门相互联系起来，并使汽车在道路上的运行功能智能化，使公众能够高效地使用公路交通设施和能源。

二、发展ITS的必要性

随着城市化的进展和汽车的普及，交通问题日益严重，道路车辆拥挤，交通事故频发，交通环境不断恶化。交通问题不仅在发展中国家，即使在发达国家也是令人困扰的问题。

解决交通问题的直接办法是提高路网的通行能力，限制交通流量。这些方法短期可以奏效，但不能解决根本问题。ITS 把汽车、驾车的人以及所使用的道路设备这三方面有机地综合成一个人机系统，有效利用各种交通设备及与此相关的信息，使路网上的交通流处于平衡的运输状态，使交通的安全性、畅通性得到很大的提高，能源消耗与环境污染得到有效的降低与改善。

【资料链接】

据权威人士估计，今后 20 年，由于采用 ITS 这项技术可使美国的交通事故死亡人数降低 30% ～ 70%，交通堵塞减少 20%，每年节约的燃料近亿立方米，现有公路网的交通量最少可提高一倍。

三、ITS 涵盖的内容

ITS 涵盖的内容十分广泛，根据美国 ITS 协会的观点，从技术领域、工作特点和应用场合等方面，可把从事 ITS 产业的众多部门大致概括为以下四大类：

1．车辆控制和车载单元

这主要包括：自动高速公路系统、不停车收费系统、智能运行控制系统、视觉增强系统、汽车电子系统、车道跟踪 / 变更 / 交汇系统、自动制动系统、精确停车系统、车牌自动识别系统、电子黄页和其他非地图数据库。

2．远程信息处理

这主要包括：导航数据库、车载硬件系统和元件、实时交通 / 气象信息服务、紧急辅助通信和服务、GPS 和元件、事故检测系统、互联网接入、碰撞告警系统。

3．车队信息系统和导航

这主要包括：车队跟踪软件和服务、车队管理和燃油系统、运动称重设备和系统、贵重器材运输车辆跟踪系统、计算机辅助调度系统、航位推算装置、差分 GPS 修正、其他有关硬 / 软件。

4．ITS 工程和服务

这主要包括：系统工程设计、ITS 系统集成、运输市场分析、系统计划 / 测试 / 评估、外场测试、培训 / 技术支持、运行 / 维护、培训 / 鉴定、交通环境模拟等。

四、主要技术和功能

发展 ITS 所需的主要技术有：微电子技术、计算机网络及软件技术、移动通信技术、系统控制和集成技术等。具体包括：互联网技术、GPS 技术、GIS（地理信息系统）技术、GSM（全球移动通信系统）技术、光纤网络技术、IC（集成电路）卡技术、电子标签技术、信息自动采集技术、航位推算技术、大屏幕显示技术、智能信号控制技术、信息系统集成技术和网络软件技术等。这些技术中的核心部分是 GPS 技术。

ITS 系统的功能主要包括信息提供、安全服务、计收使用费和减少交通堵塞等。系统向道路管理者和用户主要提供道路交通情况的实时信息及相关的其他信息，如天气等；而安全服务的内容有危险警告、人车事故预防、行车辅助等，它们通过不同的方式来减少交通事故；费用收取主要是以电子方式自动地向用户收取道路使用费或车辆停放费等。当然，系统还可以根据人们的需要提供更多的服务。

五、ITS 的组成

ITS 由以下子系统组成：

（一）先进的交通管理系统

1. 系统组成

先进的交通管理系统（ATMS）即交通控制指挥中心，可以使路网中交通流的运行呈现最佳状态，并保证交通安全。该系统包括了城市道路信号实时控制、公路交通控制、交通事故自动处理、交通疏导等公路交通管理的各种功能，以及用来研究和评价交通控制系统运行功能与效果的三维交通模拟系统。管理系统能实时、准确、全面地掌握公路网的交通运行情况，进行及时调度与事故处理。

2. 关键技术

（1）感应技术。自动高速公路利用感应技术，在路面上插入磁块或采用雷达等其他感应系统，形成一个无形的“导沟”，使汽车由电子设备控制其方向、速度及与前面车辆之间的距离，使汽车成组行驶。感应技术能在路网中监测交通流的变化，发现交通运行中出现的问题。

（2）模式识别技术。模式识别技术和感应技术结合起来，根据测得的汽车经过已知公路段（即探测器间的距离）的次数推断出道路的交通流量状况。

（3）视频图像处理技术。在世界许多地区，人们正用视频图像处理技术自动监视公路交通状况。从设在道路沿途的闭路摄像机拍摄的视频图像了解交通流状况，通过“机器视觉算法”评估视频图像个别像素色彩或阴暗程度的变化，确定车辆不断变化的位置。这样，图像传感软件就能识别个别车辆的实时轨迹，从而测出说明道路运行质量的交通流量特点。

（4）射频标签技术。另一种监视交通流量的方法是使用装在汽车上的“标记”或脉冲转发器，脉冲转发器只能识别装有这种转发器的车辆。一种具有醒目显示条码的胶粘贴花纸是广为采用的车辆识别标记。当贴有“标记”的车辆经过路边的阅读装置时，车辆的标记就被阅读并记录下来。这些信息经计算机主机迅速处理后，可用于评估道路交通运行状况。这些称为车辆自动识别系统的简单技术已被世界许多城市用于征收通行税。

（二）先进的驾驶员信息系统

1. 系统原理

先进的驾驶员信息系统（ADIS）是驾驶员（或旅客）通过前述 ATMS 中提供的有关交通、天气及道路状况等信息，依靠车载定位导航系统、路侧通信及各种诱导可变标志等，使车辆始终行驶在最畅通和最短距离的路线上。

设计 ADIS 的目的，是向驾驶员提供有关道路交通运行中的问题，以及为避免这些问题可供选择的其他路线的实时信息。这些信息可以通过声频或视频方法在车内、道路沿途，甚至在私人住宅和商业区传递。告诉驾驶员“下游”运行中可能存在的危险，可以极大地提高道路交通的安全性。此外，给驾驶员提供足够的导航信息，便于车辆绕过发生交通问题的地区改道而行，这样可以大大减少交通拥挤和延误。

【小思考】

ADIS 与 ATMS 的区别是什么？

2．功能

ADIS和ATMS的功能十分相似，可以压缩旅行时间，降低燃油消耗和减少废气排放，使交通拥挤状况得到缓解。除通过传统的商业无线电广播传送有关信息外，还建立了专门用于连续报道交通状况的无线电台。在道路沿线安装了可更换的布告显示屏，以电子方式向驾驶员发布沿线情况报告。

（三）先进的车辆管理系统

1．系统原理

先进的车辆管理系统（AVCS）或称智能汽车控制系统（WCS），使汽车靠电子装置实现智能化，以其自身的智能和上述ATMS的智能相结合，在道路上安全、高效地行驶，而不发生碰撞等交通事故。

2．功能

AVCS通过帮助驾驶员和使驾驶员任务本身自动化，提高道路的容量和安全性。其实施初期使用的技术是帮助驾驶员操作汽车的各系统，包括：车辆过于接近某个物体时能自动启动的报警系统；遇到紧急情况时自动启动的制动系统；在夜晚或恶劣天气中能帮助驾驶员的视觉增强系统等。

未来的技术很可能包括能自动调节车速的自适系统。车辆之间的实际距离以及这些车辆的相对速度可能通过从一辆车向下一辆车传送信息信号来调节。

先进的车辆管理系统还应包括紧急情况管理，旨在提高对突发交通事件的报告和响应能力，改善应急响应的资源配置。它有以下两项功能：

（1）紧急通告。它可以自动报告驾驶员和乘客的安全情况，还可为用户提供突发事件的初步信息，如机械故障或汽车抛锚。一旦发生交通事故，通告功能可报告事故的地点、性质和车辆碰撞的受损程度。

（2）应急车辆管理。应急车辆管理系统将为公共安全机构提供车队管理、线路导航、信号优先信息。车队管理将提高确定事故车辆方位的能力。路线导航将以信号优先技术确定最佳的行车路线，以引导应急车辆尽快到达事故现场。

（四）车辆运营管理系统

车辆运营管理系统包括运营车辆调度管理系统（CVOM）与公共交通系统（APTS）。运营车辆调度管理系统是专为运输企业提高盈利而开发的智能运营管理技术，目的在于提高商业车辆、公共汽车和出租汽车的运营效率。企业的车辆调度中心通过卫星、路边中心站等装置，以及车辆自动定位、识别和称重设备，对运营车辆进行调度管理。APTS是在借鉴城市交通流诱导系统的基础上，通过有效利用各种智能技术，实现网络通信、信息服务、公交收费和智能化调度的智能系统。APTS能改善运营管理，如通过个人终端等向公众就出行时间和方式、路线以及车次选择等提供咨询；在公共汽车站，通过显示器向乘客提供车辆的实时运行信息等。

（五）电子收费系统

电子收费（ETC）系统在ITS中具有特殊的地位，特别是在高速公路及桥梁（包括贯穿城市的大型桥梁）收费系统中。常规的人工收费加计算机管理模式使停车收费时间较长，账目管理有漏洞，所以对全自动、不停车的收费系统需求自然就提到了议事日程上。建立这样的系统能大大提高车辆通行能力。高速公路的交通堵塞35%发生在收费处，采用ETC将大大提高公路的营运效率，节约乘客的时间。

【小案例】

2020年1月，我国ETC用户已超过2亿，平均使用率超过70%，ETC产业正处于快速发展阶段，应用市场规模不断扩大，应用场景进一步拓宽，为智能运输做好充分的铺垫。

ETC市场发展趋势主要有以下几个方面：①ETC应用服务场景拓宽。目前，ETC主要应用在高速公路、收费桥隧以及停车场，应用场景相对局限。未来，将鼓励ETC在更多应用场景使用，到2020年12月底前，基本实现机场、火车站、客运站、港口码头等大型交通场站停车场景ETC服务全覆盖。此外还将推广ETC在居民小区、旅游景区等停车场景的应用。②ETC发行服务渠道多样化。推动建立全网协同服务模式，完善服务规则，鼓励银行业金融机构、非银行支付机构和互联网企业等服务机构紧密合作；允许ETC绑定既有银行账户和支付账户；支持商业银行推广发行加载交通行业应用的联名卡；停止ETC储值卡发行、逐步减少ETC储值卡使用。③支付方式更加便捷。未来，ETC在支付方式上将加快推广移动支付应用。鼓励通过市场化手段，扩大移动支付车道覆盖范围，2019年12月底前基本实现所有人工收费车道全覆盖；鼓励结合信用体系建设，推动"后台账户"应用，将移动支付纳入联网收费结算体系。④ETC车载装置加快完善。随着公路、桥隧、停车场等场所实现ETC，不停车收费将成为主流方式，汽车的ETC车载装置需要加快完善。未来，鼓励车载装置产品形态及服务功能多样化发展，研发与行车记录仪、智能后视镜等车载电子产品结合的多功能一体化终端，满足不同用户应用和消费需求。同时支持开展车载装置汽车前装，鼓励汽车生产企业与ETC设备制造商、发行方开展合作，加强车载装置汽车前装技术研究、试点和推广应用。（资料来源：根据 http://baijiahao.baidu.com/s?id=1648108211635348961&wfr=spider&for=pc）

【课堂实训】 智能运输系统之ETC演示

1. 实训目的

了解智能运输系统的典型应用之ETC的构成、使用方法及对智能运输的作用。

2. 实训设备或软件准备

ETC宣传片。

3. 实训步骤

（1）观看ETC宣传片。

（2）总结ETC的构成要件。

（3）讨论ETC的应用对交通运输系统的影响。

4. 实训成果

掌握ETC的使用规则、办理及使用方法。

第二节 地理信息系统及其应用

【资料链接】2019年GIS的发展趋势

2019年GIS的发展趋势可总结为以下几点：

GIS发展趋势一：部署企业GIS云解决方案。越来越多的组织将其整个GIS完全部署到云端。这是通过结合云服务功能来优化GIS。展望未来，企业应批判性地评估其数据管理流程和程序，识别将工作流程从使用直接数据库连接转变为使用Web服务技术的机会，从而消除迁移到云的障碍。

GIS发展趋势二：成为一个完整的SaaS。在线的地图服务门户已日益成为一个功能丰富的地理空间平台，正在消除GIS成为真正的SaaS的障碍。

GIS发展趋势三：室内导航。GIS在室内导航方面的能力将会得到利用，如公司设施、会议中心、教育园区、零售店和机场等应用场景。室内应用需要的不仅是寻路，还要求改进安全和安全管理、资产和IT服务管理、室内空间分配，并可以根据实时事件进行更新。

GIS发展趋势四：大数据和物联网。借助大数据和物联网，GIS在提供实时态势感知的地图上显示实时传感器数据、天气预报、车辆跟踪信息等。

GIS发展趋势五：分析工具。随着先进的空间分析工具变得更容易获得，GIS和数据科学之间的界限将变得越来越模糊。对于更广泛的受众而言，这些信息也更易于访问和消化，从而避免了GIS分析只能由少数专家完成的问题。（资料来源：据 http://www.sohu.com/a/301668459_416839 改编）

【课堂讨论】

结合GIS的发展趋势，分析GIS在未来将如何更好地发挥其功能。

GIS是空间信息存储、检索、分析、处理、显示和利用的计算机综合应用技术系统，是在信息时代中计算机技术发展的产物。它建立在地理空间数据库基础上，集遥感应用、数据统计分析、地学专家分析和计算机制图为一体，具有采集、管理、分析和输出地理空间信息的能力，以地理横空方法为手段，产出高层次地理信息。它还能快速、精确、综合地对复杂的地理系统进行空间定位和过程动态分析，用途十分广泛。GIS的技术基础包括遥感技术、定位技术和信息技术。

小看板

地理信息系统（Geography Information System，GIS），是近年来迅速发展起来的地理学研究新技术，从计算机科学角度看，它属于计算机信息系统的一类，属于计算机软件的范畴。

一、GIS的定义及分类

顾名思义，地理信息系统是处理地理信息的系统。地理信息是指直接或间接与地球上的空间位置有关的信息，又常称为空间信息。

小词典

一般来说，GIS可定义为："用于采集、存储、管理、处理、检索、分析和表达地理空间数据的计算机系统，是分析和处理海量地理数据的通用技术。"

从GIS应用角度，可对其进一步定义："GIS由计算机系统、地理数据和用户组成，通过对地理数据的集成、存储、检索、操作和分析，生成并输出各种地理信息，从而为土地利用、资源评价与管理、环境监测、交通运输、经济建设、城市规划以及政府部门行政管理提供新的知识，为工程设计和规划、管理决策服务。"

GIS可分为三大类：①专题信息系统，即根据专业领域需求而设计的地理信息系统，可用于森林动态监测、水资源管理、矿产资源管理、农作物估产等；②区域信息系统，主要用于区域综合研究和全面的信息服务；③地理信息系统工具，是用于图形、图像数字化和信息存储、查询检索的一组软件包。

【小案例】视频监控系统助力城市管理

近年来，城市视频监控系统不断在各个城市投入使用。以浙江桐乡为例，桐乡数字城管监督指挥中心（以下简称“数管中心”）视频监控系统的运行，可以实现第一时间快速协调处置。

从视频监控系统的电子屏幕上可以看到任意一个监控设备实时传回的画面，而且还能进行实时抓拍、远程劝导及舆情回溯取证等可视化管控功能。

桐乡视频监控系统共建有117路固定监控点位，部分点位的监控设备不仅能360度“无死角”旋转，还能“收录”声音，极大地节省了人力成本，让城市管理更加便捷、高效。

目前，这套视频监控系统基本实现了全市城区主干道、管理复杂区域、人员密集场所和重点位置的全覆盖。（资料来源：据 https://zj.zjol.com.cn/news.html?id=972264 改编。）

二、GIS 的发展历程

人类生活在地球上，许多信息与地球上的空间位置有关。GIS 的出现是信息技术及其应用发展到一定程度的必然产物。地理信息系统萌芽于 20 世纪 60 年代。1962 年，加拿大的 Roger F.Tomlinson 提出利用数字计算机处理和分析大量的土地利用地图数据，并建议加拿大土地调查局建立加拿大地理信息系统（CGIS），以实现专题地图的叠加、面积量算、自然资源的管理和规划等。与此同时，美国的 Duane F.Marble 在美国西北大学研究利用数字计算机研制数据处理软件系统，以支持大规模城市交通研究，并提出建立地理信息系统的思想。

进入 20 世纪 80 年代后，计算机技术飞速发展，在性能大幅度提高的同时，价格迅速下降，特别是工作站和个人计算机的出现与完善，使 GIS 的应用领域与范围不断扩大。GIS 与卫星遥感技术相结合，开始用于全球性问题的研究，如全球变化监测、全球可居住区评价、厄尔尼诺现象及酸雨、核扩散及核废料等；同时从土地利用、城市规划等宏观管理应用，深入到各个领域解决工程问题，如环境与资源评价、工程选址、设施管理、紧急事件响应等。

20 世纪 90 年代为 GIS 的用户时代，随着地理信息产业的建立和数字化信息产品在全世界的普及，GIS 成为一个产业，投入使用的 GIS 系统数量每 2 ～ 3 年就翻一番。目前，GIS 的应用在走向区域化和全球化的同时，已渗透到各行各业，涉及千家万户，成为人们生产、生活、学习和工作中不可缺少的工具和助手。与此同时，GIS 也从单机、二维、封闭向开放、网络（包括 Web GIS）、多维的方向发展。

我国 GIS 发展历程如表 10-1 所示。

表 10-1　我国 GIS 发展历程

发展阶段	主要内容
准备阶段（1978—1980 年）	地理信息产业被引入，我国开始组建队伍，进行舆论宣传，组织实验研究，以腾冲联合航空遥感试验为契机，建立了中国第一个地理信息分析学科组
起步阶段（1980—1985 年）	1980 年，中国科学院遥感应用研究所成立全国第一个地理信息系统研究室，开展区域实验研究
发展阶段（1985—1995 年）	GIS 发展被列入“七五”国家科技计划，开展 GIS 和遥感联合科技攻关计划，已经从实验研究、地区性应用走向了大规模产业化和实用，为解决国民经济重大问题提供分析和决策的依据

（续）

发展阶段	主要内容
产业化阶段（1996 年至今）	"九五"期间（1996—2000 年），GIS 作为独立课题被列入"重中之重"科技攻关计划，出现一大批拥有自主版权的国产 GIS 软件，初步实现产业化，在支援农业、美化城市、开发海洋、保护环境和减缓全球变化等方面发挥着重大作用。目前，GIS 已成为许多机构的必备工作系统，网络环境下的地理空间信息分布式存取、共享与变换、互操作、系统集成等成为新的发展亮点

三、地理信息系统的组成

GIS 的应用系统由五个主要部分构成，即硬件、软件、数据、人员和方法。

1．*硬件*

这是指操作 GIS 所需的一切计算机资源。GIS 软件可以在很多类型的硬件上运行，从中央计算机服务器到个人计算机、从单机到网络环境都可以。一个典型的 GIS 硬件系统除计算机外，还包括数字化仪、扫描仪、绘图仪、磁盘等外部设备，如图 10-1 所示。

图 10-1　典型的 GIS 硬件配置示意图

2．*软件*

这是指 GIS 运行所必需的各种程序。它主要包括计算机系统软件和地理信息系统软件两部分。地理信息系统软件提供存储、分析和显示地理信息的功能和工具。主要的软件部件有：输入和处理地理信息的工具；数据库管理系统工具；支持地理查询、分析和可视化显示的工具；容易使用这些工具的图形用户界面（GUI）。

3．*数据*

数据是一个 GIS 应用系统最基础的组成部分。空间数据是 GIS 的操作对象，是现实世界经过模型抽象的实质性内容确认。

4．*人员*

人是地理信息系统中重要的构成要素。GIS 不同于一幅地图，它是一个动态的地理模型，仅有系统软硬件和数据还不能构成完整的地理信息系统，需要人进行系统组织、管理、维护和数据更新、系统扩充完善以及应用程序开发，并采用空间分析模型提取多种信息。因此，GIS 应用的关键是掌握实施 GIS 来解决现实问题的人员的素质。这些人员既包括从事设计、开发和维护 GIS 的技术专家，也包括那些使用该系统并解决专业领域任务的领域专家。

5．*方法*

这里的方法主要是指空间信息的综合分析方法，即常说的应用模型。它是在对专业领域的具体对象与过程进行大量研究的基础上总结出的规律的表示。GIS 应用就是利用这些模型对大量空间数据进行分析综合来解决实际问题的，如基于 GIS 的矿产资源评价模型、灾害评价模型等。

四、地理信息系统的主要功能

一个 GIS 软件系统应具备五项基本功能，即数据的获取、数据编辑、数据的存储与管理、数据处理与空间分析、可视化表达与输出。

1．数据的获取

数据的获取包括数据的采集与输入，即将系统外部的原始数据传输到系统内部，并将它们从外部格式转换为系统能够识别和处理的内部格式存储于系统的地理数据库中。数据输入功能是指将地图数据、物化遥测数据、统计数据和文字报告等输入、转换成计算机可处理的数字形式的各种功能。对多种形式、多种来源的信息，可实现多种方式的数据输入，如图形数据输入、栅格数据输入、GPS 测量数据输入、属性数据输入等。

用于地理信息系统空间数据采集的主要技术有两类，即使用数字化仪的手扶跟踪数字化技术和使用扫描仪的扫描技术。手扶跟踪数字化曾在相当长的时间内是空间数据采集的主要方式。扫描数据的自动化编辑与处理是空间数据采集技术研究的重点，随着扫描仪技术性能的提高及扫描处理软件的完善，扫描数字化技术的使用越来越普遍。

2．数据编辑

数据编辑主要包括图形编辑和属性编辑。属性编辑主要与数据库管理结合在一起完成，图形编辑主要包括拓扑关系建立、图形整饰、图幅拼接、图形变换、投影变换、误差校正等功能。矢量数据结构、光栅数据结构、矢栅一体化数据结构是存储 GIS 的主要数据结构。数据结构的选择在相当大的程度上决定了系统所能执行的功能。

3．数据的存储与管理

数据的存储与管理，是 GIS 系统应用成功与否的关键。它主要提供空间与非空间数据的存储、查询检索、修改和更新功能。数据的存储，即把这些数据以某种形式记录在计算机的内部或外部存储器上，目的是使计算机能够灵活、高效、快速地访问并处理这些数据，关键在于如何建立记录的逻辑顺序以确定存储的地址。

数据结构确定后，在空间数据的存储与管理中，关键是确定应用系统空间与属性数据库的结构以及空间与属性数据的连接。目前广泛使用的 GIS 软件大多数采用空间分区、专题分层的数据组织方法，用 GIS 管理空间数据，用关系数据库管理属性数据。

4．数据处理与空间分析

数据处理包括两方面的工作：①对输入的数据进行质量检查与纠正，包括图形数据和属

小看板　地理信息系统的空间分析可分为哪几个层次？

（1）空间检索，包括从空间位置检索空间物体及其属性、从属性条件检索空间物体。

（2）空间拓扑叠加分析，实现空间特征（点、线、面或图像）的相交、相减、合并等，以及特征属性在空间上的连接。

（3）空间模型分析，如数字地形高程分析、BUFFER 分析、网络分析、图像分析、三维模型分析、多要素综合分析及面向专业应用的各种特殊模型分析等。

性数据的编辑、图形数据和属性数据之间对应关系的校验、空间数据的误差校验等；②对输入的图形数据进行处理，使其满足地理信息系统的各种应用要求。

空间分析是GIS的核心，是GIS最重要的和最具有魅力的功能，也是GIS有别于其他信息系统的本质特征。

5．可视化表达与输出

中间处理过程和最终结果的可视化表达是GIS的重要功能之一。GIS通常以人机交互方式来选择显示的对象与形式，对于图形数据，根据要素的信息密集程度，可选择放大或缩小显示。可以采用的输出设备有计算机显示器、打印机、绘画图仪、照排机等。GIS不仅可以输出全要素地图，也可以根据用户需要，分层输出各种专题图、各类统计图、图表及数据等。如仓库管理人员在GIS的地图中划定一个范围，就可以得到该范围内仓库物资库存情况等信息，为仓库管理人员的决策分析提供依据。

除上述五大功能外，系统还有用户接口模块，用于接收用户的指令、程序或数据。它是用户和系统交互的工具，主要包括用户界面、程序接口与数据接口。由于地理信息系统功能复杂，且用户又往往为非计算机专业人员，因此用户界面非常重要，是地理信息系统应用的重要组成部分，使地理信息系统成为人机交互的开放式系统。

【课堂实训】 百度地图的应用

1．实训目的

了解GIS的典型应用之电子地图的使用和操作。

2．实训设备或软件准备

百度地图手机版软件、智能手机。

3．实训步骤

（1）将百度地图下载并安装至手机上。

（2）打开百度地图，使用其附近功能，查看美食、酒店、银行等便民信息。

（3）选定一个目的地，掌握路线选择（含步行、驾车、公交三种方式）的具体操作流程。

五、GIS在物流中的应用

1．GIS在仓库规划中的应用

由于GIS本身是把计算机技术、地理信息和数据库技术紧密结合起来的新型技术，其特征非常适合仓库建设规划，从而使仓库建设规划走向规范化和科学化，使仓库建设的经费得到最合理的运用。仓库GIS作为仓库MIS中的一个子系统，它用地理坐标、图标的方式更直观地反映仓库的基本情况，如仓库建筑情况、仓库附近公路和铁路情况、仓库物资储备情况等。

2．GIS在铁路运输中的应用

铁路运输GIS便于销售、市场、服务和管理人员查看客运站、货运站、货运代办点，客运代办点之间的相对地理位置，运输专用线和铁路干线之间的相对地理位置，并用不同颜色和填充模式来区分各种表达信息，使用户看到销售区域、影响范围、最大客户、主要竞争对象、人口状况及分布、工农业统计值等，由此可看出能增加运输收入的潜在地区，从而扩大延伸服务。通过这种可视方式，运输经营单位更好地制定市场营销和服务策略，有效地分配市场资源。

3．GIS 在物流配送中的应用

物流配送活动涉及物体在空间上的移动，是时间和空间的集合。物流配送的信息管理中有 80% 的商业数据都涉及地理因素。利用 GIS 强大的地理数据功能，完善物流分析技术，处理相关空间问题的分析、检索、处理和决策等内容，实现在 GIS 的图形环境中对物流配送的可视化管理，取得“一目了然”的效果。将 GIS 引入物流配送系统中，有助于形成物流配送优化方案，完善配送线路规划，提高决策的可靠性，实现高效的车辆路径优化方案，进而降低企业配送成本，提高企业经济效益。

【小案例】 白沙烟草物流 GIS 配送优化系统

白沙烟草物流 GIS 配送优化系统是集成了国际上发展成熟的网络数据库、Web/GIS 中间件、GPS、GPRS 通信技术，采用金启元科技发展（北京）有限公司的地图引擎中间件（GS-GMS-MapEngine for Java）产品为核心开发技术平台，结合白沙烟草物流的实际，开发设计的集烟草配送线路优化、烟草配送和烟草稽查车辆安全监控、烟草业务（访销、CRM 等）可视化分析、烟草电子地图查询为一体的物流 Web/GIS 综合管理信息系统。该系统利用 Web/GIS 强大的地理数据功能来完善物流分析，及时获取直观可视化的第一手综合管理信息，即可直接合理调配人力、运力资源，求得最佳的送货路线，又能有效地为综合管理决策提供依据。系统中使用的 GPS 技术可以实时监控车辆的位置，根据道路交通状况向车辆发出实时调度指令，实现对车辆进行远程管理。

白沙烟草物流 GIS 配送优化系统具有六大应用功能：

（1）配送线路优化系统。选择订单日期和配送区域后，系统自动完成订单数据的抽取，根据送货车辆的装载量、客户分布、配送订单、送货线路交通状况、驾驶员对送货区域的熟悉程度等因素设定计算条件，进行送货线路的自动优化处理，形成最佳送货路线，保证送货成本及送货效率最佳。线路优化后，允许业务人员根据业务具体情况进行临时线路的合并和调整，以适应送货管理的实际需要。

（2）综合地图查询。能够基于电子地图实现客户分布的模糊查询、行政区域查询和任意区域查询，查询结果实时在电子地图上标注出来。用户可以通过使用图形操作工具，如放大、缩小、漫游、测距等，查看详细情况。

（3）业务地图数据远程维护。系统提供基于地图方式的烟草业务地图数据维护功能，还可以根据采集的新变化的道路等地理数据及时更新地图，如：对烟户点的增、删、改；对路段和客户数据的综合初始化；对地图图层的维护操作；地图服务器系统的运行故障修复和负载均衡等功能。

（4）业务分析。可实现选定区域、选定时间段的复合条件查询；实现在选定时间段内的各种品牌香烟的销量统计和销售区域分布展示；显示配送车组送货区域的地图分布。用户可以在各种查询统计、分析现有客户分布规律的基础上，通过空间数据密度计算，挖掘潜在客户；通过对配送业务的互动分析，扩展配送业务（如第三方物流）。

（5）物流 GPS 车辆监控管理。系统通过对烟草送货车辆的导航跟踪，提高车辆运作效率，降低车辆管理费用，抵抗风险。其中车辆跟踪功能是对任一车辆进行实时的动态跟踪监控，提供准确的车辆位置及运行状态、车组编号及当天的行车线路查询。报警功能是当驾驶员在送货途中遇到被抢被盗或其他紧急情况时，按下车上的GPS报警装置即可向公司的信息中心报警；轨迹回放功能是根据所保存的数据，将车辆在某一历史时间段的实际行车过程重现于电子地图上，随时查看行车速度、行驶时间、位置信息等，为事后处理客户投诉、路上事故、被抢被盗事件提供有力证据。

（6）配送车辆信息维护。根据车组和烟草配送人员的变动，及时在这一模块中进行车辆、驾驶员、送货员信息的维护操作，包括添加车辆和对现有车辆信息的编辑。

GIS计算自动生成的优化配送线路图，可指导烟草送货员大大提高送货效率，节约配送成本。（资料来源：http://www.chinawuliu.com.cn/information/200607/07/152228.shtml）

第三节 全球定位系统及其应用

GPS是美国1973年11月开始研制，耗资200亿美元，于1994年7月全面建成，具有在海、陆、空进行全方位实时三维导航与定位能力的新一代卫星导航与定位系统。GPS以全天候、高精度、自动化、高效益等显著特点，成功地应用于大地测量、工程测量、航空摄影测量、运载工具导航和管制、地壳运动监测、工程变形监测、资源勘察、地球动力学等多种学科，是智能运输系统的核心技术。

【课堂讨论】
GPS与GIS有什么区别？

小词典
GPS即全球定位系统（Global Positioning System），是美国20世纪70年代初在“子午仪卫星导航定位”技术上发展而起的具有全球性、全能性（陆地、海洋、航空与航天）、全天候性优势的导航、定位、定时、测速系统。

一、GPS的基本原理

卫星不间断地发送自身的星历参数和时间信息，用户接收到这些信息后，经过计算求出接收机的三维位置、三维方向以及运动速度和时间信息。具体是，由于卫星的位置精确可知，在GPS观测中，我们可得到卫星到接收机的距离，利用三维坐标中的距离公式，利用3颗卫星，就可以组成3个方程式，解出观测点的位置（X，Y，Z）。考虑到卫星的时钟与接收机时钟之间的误差，实际上有4个未知数，X、Y、Z和钟差，因而需要引入第4颗卫星，形成4个方程式进行求解，从而得到观测点的经纬度和高程。所以，3颗有效卫星可以2D定位，4颗有效卫星才能3D定位，测出高程。

二、GPS的基本构成

在概念上，GPS代表着整个系统，包括空间卫星系统、地面监控系统、用户接收系统。

1．空间卫星系统

按目前的方案，GPS的空间部分使用24颗卫星组成卫星星座。GPS系统共有24颗定位卫星，分6个轨道面，每个轨道面分布4颗卫星，其中3颗卫星备用。这些卫星运行周期约为11h 58min，在距离地球表面约20 000km的太空轨道中运行，轨道面倾斜角为55°，提供全球全天候、每秒一次、持续不断的定位信号。这些卫星就像是月球一样不停地绕着地球旋转，卫星的分布使得在全球的任何地方、任何时间都可观测到 4 颗以上的卫星，并能保持具有良好定位解算精度的几何图形。这就提供了在时间上连续的任一载体高精度的三维位置、三维速度和系统时间信息等的全球导航能力。

2．地面监控系统

地面监控部分包括 5 个监控站、3 个数据注入站和 1 个主控站。监控站设有 GPS 用户接收机、原子钟、收集当地气象数据的传感器和进行数据初步处理的计算机。监控站的主要任务是取得卫星观测数据并将这些数据传送至主控站。主控站的主要任务是收集各监控站对 GPS 卫星的全部观测数据，利用这些数据计算每颗 GPS 卫星的轨道和卫星钟改正值。数据注入站的任务主要是在每颗卫星运行至上空时把这类导航数据及主控站的指令注入卫星。这种注入对每颗 GPS 卫星每天进行一次，并在卫星离开注入站作用范围之前进行最后的注入。

3．用户接收系统

用户部分主要是 GPS 接收机，它接收卫星发射的信号并利用本机产生的伪随机噪声码取得距离观测量和导航电文，根据导航电文提供的卫星位置和钟差改正信息计算位置。当接收机捕获到跟踪的卫星信号后，即可测量出接收天线至卫星的伪距离和距离的变化率，解调出卫星轨道参数等数据。根据这些数据，接收机中的微处理计算机就可按定位解算方法进行定位计算，计算出用户所在地理位置的经纬度、高度、速度、时间等信息。接收机硬件和机内软件以及 GPS 数据的后处理软件包构成完整的 GPS 用户设备。GPS 接收机的结构分为天线单元和接收单元两部分。接收机一般采用机内和机外两种直流电源。设置机内电源的目的在于更换外电源时不中断连续观测。在用机外电源时机内电池自动充电。关机后，机内电池持续供电，以防止数据丢失。目前各种类型的接收机体积越来越小，重量越来越轻，便于野外观测使用。

三、GPS 的特点

GPS 系统的特点是：高精度、全天候、高效率、多功能、操作简便、应用广泛等。

1．定位精度高

应用实践已经证明，1 小时以上观测的解，其平面位置误差小于 1mm。

2．观测时间短

随着 GPS 系统的不断完善，软件的不断更新，可随时定位，观测只需几秒钟。

3．测站间无须通视

GPS 测量不要求测站之间互相通视，只需测站上空开阔即可，因此可节省大量的造标费用，使选点工作甚为灵活，也可省去网中的传算点、过渡点的测量工作。

4．可提供三维坐标

经典大地测量对平面与高程采用不同方法分别施测。GPS 可同时精确测定测站点的三维坐标。目前，GPS 可满足四等水平测量的精度。

5．操作简便

随着 GPS 接收机不断改进，自动化程度越来越高，有的已达“傻瓜化”的程度；接收机的体积越来越小，重量越来越轻，减轻了测量工作者的工作紧张程度和劳动强度，使野外工作变得轻松愉快。

6. 全天候作业

目前 GPS 观测可在一天 24 小时内的任何时间进行，不受阴天黑夜、起雾刮风、下雨下雪等气候的影响。

7. 功能多、应用广

GPS 系统不仅可用于测量、导航，还可用于测速、测时。测速的精度可达 0.1m/s，测时的精度可达几十毫微秒。其应用领域不断扩大。

【资料链接】

“北斗一号”卫星定位系统是我国自主研发、利用地球同步卫星为用户提供全天候、区域性的卫星定位系统，由 3 颗地球同步卫星组成。“北斗一号”卫星导航定位系统，不受通信信号和空间距离的影响，一台主指挥机进行卫星定位后，可连接多部类似手机的“北斗一号”终端机，终端机每次可编写 40 多字的短信发送到指定手机上，“北斗一号”卫星导航系统在 2008 年的汶川地震抗震救灾中发挥了重要作用。地震发生后，中国卫星导航应用管理中心为救援部队紧急配备了 1000 多台“北斗一号”终端机，实现了各点位之间、点位与北京之间的直线联络。在灾区通信没有完全修复、信息传送不畅的情况下，救灾部队携带的“北斗一号”终端机不断从前线发回各类灾情报告，为指挥部指挥抗震救灾提供了重要的信息支援。目前我国北斗系统正在实施第三步规划，计划在 2020 年前后覆盖全球。（资料来源：http://baike.baidu.com/view/1602543.htm）

四、GPS 在智能交通系统中的功能设计

1. 车辆定位、跟踪

为了有效提高定位精度和定位连续性，国际上广泛采用集成的差分 GPS（DGPS）定位和惯性导航（INS）定位方法。具体流程为：控制中心通过广域网与 GSM、GPRS 或 CDMA 网络相连，以实时显示出车辆的实际位置，还可实现多车辆、多屏幕同时跟踪，车辆上安装有 GPS 接收机与接收天线。另外，一旦车辆发出遇劫、被盗等警情时，控制中心也可将车辆位置信息及警情信息通过广域网发送到 110 指挥中心，由公安部门出警。

【小案例】运用 GPS 严控“两客一危”车辆

2014 年春运以来，哈尔滨市交通运管部门在科学组织运力、保障运营的基础上，充分利用 GPS 监控系统，加大了对“两客一危”（长途客运、旅游客运、危货运输）车辆的动态监管，全力保障春运道路运输安全。春运以来，哈尔滨市交通运管部门监控指挥中心共抓拍照片近 11 万张，查处超员车辆 20 台；查处客运车辆超速 6 台次、旅游客运超速车辆 3 台、危险品运输车辆超速 3 台，对违规驾驶员要求其下岗接受再培训，并将违规信息移交公安交管部门处理，同时违规信息纳入所属企业质量信誉考核与驾驶员诚信考核档案；查处不按规定使用 GPS 车辆 10 台。

此外，哈尔滨市运输管理处通过车辆卫星定位系统语音短信功能，在恶劣天气和特殊路况时，及时向在线车辆驾驶员和运输企业发送预警信息 7085 条，有效降低了道路运输事故的发生。（资料来源：http://www.cpsits.com/gps/201402/32818.html）

2. 出行路线规划、导航

提供出行路线规划是汽车导航系统的一项重要辅助功能，包括自动线路规划和人工线路设计。自动线路规划是由驾驶者确定起点和目的地，由计算机软件按要求自动设计最佳行驶路线，包括最快的路线、最简单的路线、通过高速公路路段次数最少的路线等的计算。人工线路设计是由驾驶者根据自己的目的地设计起点、终点和途经点等，自动建立线路库。线路规划完毕后，显示器能够在电子地图上显示设计线路，并同时显示汽车运行路径和运行方法。

3. 信息查询

为用户提供主要物标，如旅游景点、宾馆、医院等数据库，使用户能够在电子地图上根据需要进行查询。查询结果可以以文字、语言及图像的形式显示，并在电子地图上显示其位置。同时，控制中心可以对区域内的任意目标所在位置进行查询，车辆信息将以数字形式在控制中心的电子地图上显示出来。

4. 智能调度

控制中心可以监测区域内车辆运行状况并随时与被跟踪目标通话，对车辆进行合理调度。

5. 紧急援助

通过 GPS 定位和监控管理系统可以对遇有险情或发生事故的车辆进行紧急援助。控制中心的电子地图显示求助信息和报警目标，规划最优援助方案，并以报警声光提醒值班人员进行应急处理。

6. 交通流量监测

利用 GPS 采集到的实时道路信息并综合其他交通数据，可以对道路交通状况进行分析，提供某路段的实时流量，也提供由多条路段形成的道路交通状态。

7. 交通设施信息的实时采集

交通设施信息是智能交通管理数据的重要组成部分之一。交通运输的详细信息，例如交通中的红绿灯控制信息、步行街、单行道、禁止左转等信息，公路交通中的路况、车道数、限速等有关交通运输专用信息在实际中经常发生变化，随时掌握交通设施的位置及变化，对交通管理、规划出行路线等至关重要。这些信息可用 GPS 准确采集，及时补充。

8. 行车安全管理

通过对 GPS 位置信息的分析，能对道路上一些不安全的行为进行记录，以便事后及时处理与纠正，如超速行驶、在单行线上逆行、不按规定拐弯、不按交通限制行驶等情况。

9. 交通事故分析

运用系统中保存的 GPS 信息，可将发生的交通事故重现出来，管理人员可根据当时车辆的行驶路线、方向、速度等得出事故发生的原因，加快事故的确认和处理，使受阻的路段尽快恢复通行，提高道路通行能力。

五、GPS 在运输中的应用

GPS 具有性能好、精度高、应用广的特点，是迄今最好的导航定位系统。当初设计 GPS 主要是用于导航、收集情报等军事目的，但是，随着 GPS 的不断改进，硬、软件的不断完善，其应用领域正在不断地开拓，目前已遍及国民经济各种部门，并开始逐步深入人们的日常生活。

1. 导航

三维导航是GPS的首要功能，飞机、船舶、地面车辆以及步行者都可以利用导航接收机进行导航。例如，安装了GPS接收机的车辆，随时可以知道自身所处的准确位置，指挥中心也可以随时对车辆进行监控。

汽车导航系统是在GPS基础上发展起来的一门新型技术。汽车导航系统一般由GPS接收机、微处理器、车速传感器、陀螺传感器、CD-ROM⊖存储器、LCD（液晶显示器）等组成。GPS接收机接收GPS卫星信号（三颗以上），求出车辆所在地理位置的经、纬度坐标，再利用地图匹配技术，将汽车的位置和CD-ROM存储器中存储的道路数据等信息相结合，LCD就可以显示汽车在电子地图中的具体位置。驾驶员在驾驶安装了GPS车辆导航系统的汽车时，只要通过车前的显示器触摸屏输入需要达到的目的地，显示器上即可出现标有本车位置和行驶最佳路线的电子地图，他只要按照电子地图上显示的行驶方向箭头以及扬声器发出的行驶指令行驶，就可以快速到达目的地。同时系统的CD-ROM存储器中还存储有行驶路线上的各种信息，如路况、交通规则、饭店、维修点、加油站、商店等，以方便驾驶员查看。这样的导航系统使驾驶员可以满怀信心，以最佳的路径驶向目的地，在任何时间、任何地点、任何天气以及任何地域都不会迷失方向和路线。

【小案例】

在沃尔玛公司（Wal-Mart），3000余位分店经理的手机上都配备了专门的GPS定位服务，一旦遇上飓风或暴风雪等灾害性天气，他们就会收到预警信息。在美国阿拉巴马州，棒约翰公司（Papa John's）的顾客可以通过TrackMyPizza.com网站来查询比萨饼的外送情况，其查询结果可以精确到街区，这是因为每位送货员的手机上都安装了GPS。而在美国加州的康特拉科斯特郡（Contra Costa County），斯普林特公司（Sprint）的用户能及时收到突发事件的警报，如山林火灾的险情通报等，不过，通告范围只限于危险区域内。（资料来源：http://www.ciotimes.com/application/gis/gis200804031614.html）

2. 在道路工程中的应用

GPS在道路工程中，目前主要是用于建立各种道路工程控制网及测定航测外控点等。高等级公路的迅速发展，对勘测技术提出了更高的要求。由于线路长、已知点少，因此，用常规测量手段不但布网困难，而且难以满足高精度的要求。目前，国内已逐步采用GPS技术建立线路首级高精度控制网，然后用常规方法布设导线加密。实践证明，在几十公里范围内的点位误差只有2cm左右，达到了常规方法难以实现的精度，同时也大大提前了工期。GPS测量无须通视，减少了常规方法的中间环节，因此速度快、精度高，具有明显的经济效益和社会效益。

3. 营运车辆管理

（1）实现集成管理，提高实时监控能力。车辆安装GPS后，车队通过互联网进入公司GPS监控平台，通过电子地图就可以对自己公司的车辆和驾驶员进行实时监控，清楚地了解到车辆运行的具体位置、驾驶员是否按照指定的线路行驶以及当时的行车速度，甚至通过卫星传输回来的图像看到车厢内的情况和驾驶员开车的情景，使车辆运营管理实现可视化。

⊖ CD-ROM，即只读光盘，是一种在计算机上使用的光碟。

【小案例】

北斗邮政物流应用以对邮政网路运输车辆的监控调度管理为切入点，以北斗定位导航授时服务为基础，综合利用新一代信息技术，通过安装北斗智能车载终端实现对邮政生产作业车辆、人员及货物的全程监管，实现位置与信息的完美结合，解决邮政车辆、揽投人员和邮件信息化、规范化管理的难题。主要实现三个方面的功能：一是对邮政网路运输车辆实现了全程位置跟踪、在途监管和车辆调度；二是实现了邮路、站点的信息化、精细化管理，准确掌握邮路出班、到达时间，邮路到站预报、线路偏离报警等相关信息；三是实现了网路运行质量分析统计和辅助决策，如车辆的报警、准班准点率、卸车延滞时长、车辆行程明细、车辆里程利用率、车辆使用成本等相关统计分析。（资料来源：中国卫星导航系统管理办公室。）

（2）提高调度能力。按照传统做法，车辆在站场发出后，调度人员一般都是通过电话等通信手段了解车辆运行的大致情况，但使用GPS后，线路管理人员坐在办公室或手里有台无线上网的计算机，随时随地都可以清楚地知道运行车辆目前往返于路途的实际情况，对车辆进行实时监控，有利于合理调度车辆。

（3）提高安全管理能力，减少管理成本。车辆的行车安全非常重要，GPS可以解决原来车辆超速、不按线路行使、疲劳驾驶等违章行为靠人工来监管的困难，实现安全运行情况全程实时监控。一旦车辆不按原来设定的速度、路线、驾车时间行驶，公司监控中心就会自动报警，提高安全管理水平，减少管理成本。另外，当车辆发生意外或失盗时，驾驶员在车上可以方便、快捷地向监控中心紧急报警。驾驶员只需按紧急按钮，中心即时响起警报并显示报警车辆的实时位置、速度、方向和状态，同时实时显现报警车辆汽车档案和驾驶员个人档案，中心将立即与当地“110”联系报警，并将报警车辆实时位置信息源源不断地传给当地警方，便于警方组织营救。此外，GPS还可以同时对所有车辆行车全程实施营运管理等多项功能。

（4）减少车队工作量。车队使用GPS后，每台车辆都有配备相应的数据存储器，安全营运部门在公司通过计算机上网可准确、快速地统计车辆的行车里程、车辆及驾驶员排班计划。这些工作的网络自动化，可减少车队的工作量和办公成本。

（5）油料管理。系统可以不间断地记录车辆累计行驶里程、加油记录，准确提供车辆实际油耗，改变了运输企业按照“理论公里”确定油料标准的“模糊”管理方式，为运输企业节约油料、堵漏增收、降低成本提供了科学依据。

【小案例】

易流GPS是由深圳市宇易通科技有限公司研发的运输过程透明管理的软件，该软件可以通过以下措施降低车辆油耗：①易流GPS针对车辆油耗管理推出的油量监测系统，主要监测汽车油量实时数值，实现车辆偷油报警、油耗报表统计、当前油量查看等功能。②易流GPS全程监控系统的里程报表可以根据客户设置的车辆实际百公里油耗和车辆GPS里程计算出车辆实际行驶里程的油耗参考基准量，对车辆油耗的控制提供一个可以参考的标准，里程报表可下载，客户可根据在网车辆里程报表并结合实际管理手段，有效杜绝油卡卖油的“超油耗”现象。③借助易流GPS全程监控系统，可以对监控车辆设置停车未熄火报警、超速报警，对无效率的油耗浪费和超速带来的高油耗及不安全因素有很好的治理效果。对车辆进行停车未熄火报警设置后，车辆停车时间超出设定值系统就会报警，并记录停车地点、停车时间等详细信息，可提供下载。

易流GPS货运车辆监控系统，让物流企业更加科学、有效地管理车辆、降低油耗，压缩物流运输成本，为企业发展助力。（资料来源：www.chinawuliu.com.cn/information/200912/08/151228.shtml）

4. 在铁路运输中的应用

利用GPS的计算机管理信息系统，可以通过GPS和计算机网络实时收集全路列车、机车、车辆、集装箱及所运货物的动态信息，实现列车及货物的追踪管理。只要知道货车的车种、车型和车号，就可以立即从近10万km的铁路网上流动着的几十万辆货车中找到该货车，还能得知这辆货车现在何处运行或停在何处，以及所有的车载货物发货信息。铁路部门运用这项技术可大大提高其路网及其运营的透明度，为货主提供更高质量的服务。

5. 结合移动通信技术提高驾驶员技能

在定位系统中整合通信与导航功能，对于提高物流行业运输效率、进行车辆指挥实时调度和道路状况预警、解决交通领域的车辆拥堵问题等具有很大的实用价值。移动运营商丰富的网络容量、便捷的信息平台和WLAN（无线局域网）热点接入、GPS等多种无线技术整合方案等在实时通信与导航应用中大有作为。比如：前方车辆遇到结冰路面或碰到一起交通事故，可通过无线方式将信息发送出去，后方的车接收信息后，可通过车载导航系统重新选择路线行驶；而采用三维地图显示的导航系统能够真实地显示出整个街道和十字路口的图像，驾驶员甚至可以在不熟悉的城市比较容易地找到他们的目的地。

【课堂实训】图吧手机导航软件的使用

1. 实训目的

了解GPS的典型应用——图吧手机导航软件的使用和操作。

2. 实训设备或软件准备

图吧手机导航软件、智能手机。

3. 实训步骤

（1）将图吧手机导航软件下载并安装至手机上。

（2）打开图吧手机导航软件，使用搜索功能，查询一个服务设施（如酒店、加油站、汽车维修站等）的具体地址。

（3）掌握行车导航的具体操作流程。

【资料链接】ETC系统

ETC（Electronic Toll Collection）系统，即电子收费系统，是指车辆在通过收费站时，通过车载设备实现车辆识别、信息写入（入口）并自动从预先绑定的IC卡或银行账户上扣除相应资金（出口），是国际上正在努力开发并推广普及的一种用于道路、大桥和隧道的收费系统。车主只要在车窗上安装感应卡并预存费用，通过收费站时便不用人工缴费，也无须停车，高速费将从卡中自动扣除。这种收费系统每车收费耗时不到两秒，其收费通道的通行能力是人工收费通道的5～10倍。

和传统的人工收费系统不同，ETC技术是以IC作为数据载体，通过无线数据交换方式实现收费。计算机可以读取IC卡中存放的有关车辆的固有信息（如车辆类别、车主、车牌号等）、道路运行信息、征费状态信息，按照既定的收费标准，通过计算，从IC卡中扣除本次道路使用通行费。当然，ETC也需要对车辆进行自动检测和自动车辆分类。ETC系统由后台系统、车道控制器、RSU和OBU等组成，如图10-2所示。

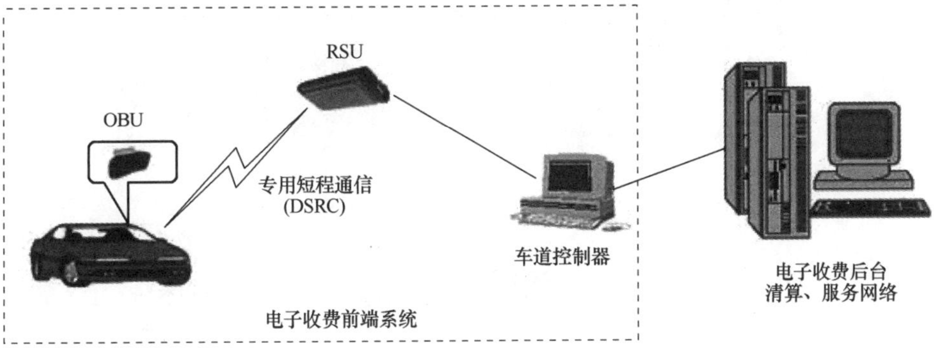

图10-2 ETC系统组成

1．处理流程

（1）车辆进入通信范围。

（2）读写天线与电子标签和CPU卡（见图10-3）进行通信，判别车辆是否有效，如有效则进行交易；无效则报警并封闭车道，直到车辆离开检测线圈。

图10-3 CPU卡

（3）如交易完成，系统控制自动栏杆抬升，通行信号灯变绿，显示器上显示交易金额。

（4）车辆通过自动栏杆下的落杆线圈后，栏杆自动回落，通行信号灯变红，系统等待下一辆车进入。

ETC工作原理示意图和应用分析图如图10-4和图10-5所示。

2．优势分析

与传统的人工收费系统相比，ETC系统对车主以及交通监管部门都提供了很大的便利。其优势见表10-2。

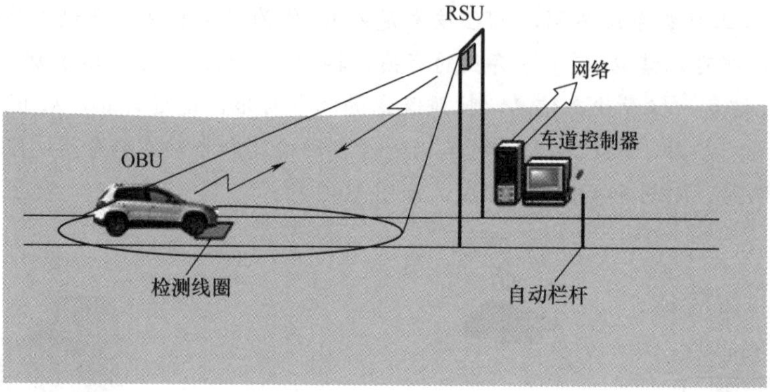

图 10-4 ETC 工作原理示意图

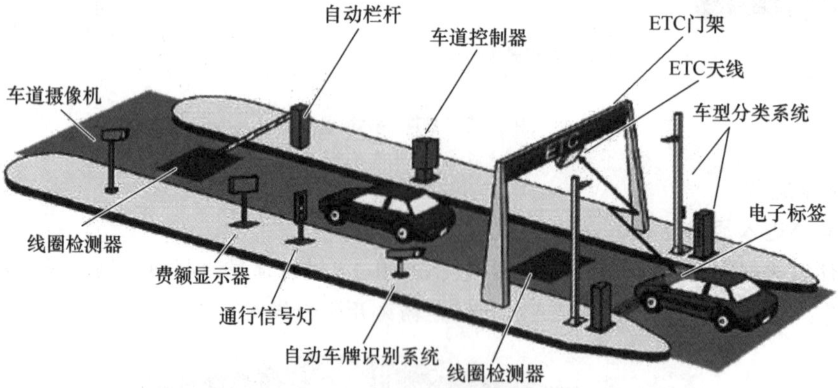

图 10-5 ETC 应用分析图

表 10-2 ETC 的优势

对 象	优 势
对车主的益处	（1）更高的收费站通行能力 （2）更好的服务水平 （3）更通畅的通行环境 （4）更低的排放和环境污染 （5）更便捷的付费服务 （6）更准确的运营数据
对交通监管部门的益处	（1）更少的基建投入。1 条 ETC 车道的通行能力相当于至少 4 条 MTC（人工半自动收费）车道的通行能力，ETC 通道的投入运营可以大大减少交通监管部门的建设基金投入，可以节约 40% 的基建费 （2）更低的运营成本。一般来说，14 条 MTC 车道的运营成本为 120 万元 / 年，2 条 ETC 车道加上 6 条 MTC 车道的运营成本为 60 万元 / 年，可以看出，在相同的通过能力条件下，使用 ETC 系统可以减少运营成本的投入

3. 应用情况

根据交通部网站公布的数据，截至 2018 年 12 月月底，全国 29 个联网省份共有收费站

9322 个，ETC 专用车道 19 674 条，MTC（半自动收费）车道 60 405 条，混合车道 2318 条；联网区域内主线收费站 ETC 车道覆盖率为 98.94%；ETC 用户约 7656 万，其中客车及乘用车用户为 7134 万，占 ETC 用户总量 93.18%，货车用户约为 522 万，占用户总量的 6.82%。

虽然我国 ETC 近几年行业增长相对迅速，但渗透率相比日韩等国家依然相对较低。截至 2018 年年底，我国 ETC 渗透率仅 31.9%，而韩国“hi-pass”使用率达到 80%，日本 ETC 利用率超过 90%。

2018 年，我国 ETC 行业规模已达到 49.0 亿元，年增长速度超过 30%。随着我国推进高速公路跨省收费站取消，预计未来几年我国 ETC 行业仍将保持 30% 以上的速度增长。ETC 实际应用图如图 10-6 所示。

a) b)

图 10-6 ETC 实际应用图

本章小结

随着社会经济的不断发展和交通运输量的持续增长，利用智能运输系统（ITS）来提高道路利用率、道路交通安全、道路使用舒适性和运输车辆利用率，已成为未来交通运输的发展方向。面对激烈的市场竞争，物流企业引进智能运输系统进行现代化系统管理是毋庸置疑的。本章主要介绍物流业中的智能运输技术。

智能运输系统强调的是运输设备的系统性、信息交流的交互性以及服务的广泛性。其核心技术是 GPS 技术，ITS 主要由交通管理系统、驾驶员信息系统、车辆管理系统、车辆运营管理系统和电子收费系统组成。

GIS 是空间信息存储、检索、分析、处理、显示和利用的计算机综合应用技术系统，建立在地理空间数据库基础上，集遥感应用、数据统计分析、地学专家分析和计算机制图为一体，用途十分广泛。GIS 的应用系统由五个主要部分构成，即硬件、软件、数据、人员和方法。一个 GIS 软件系统应具备五项基本功能，即数据的获取、数据编辑、数据的存储与管理、数据处理与空间分析、可视化表达与输出。

在概念上，GPS 代表着整个系统，包括空间卫星系统、地面监控系统、用户接收系统。GPS 系统的特点是高精度、全天候、高效率、多功能、操作简便、应用广泛等。目前 GPS 技术广泛应用于导航、定位、营运车辆管理、移动通信等多个领域。

案例分析

海尔集团：利用GIS大力降低服务成本

海尔的服务质量有目共睹，但是这并不意味着他们为高质量要付出很高的成本。那么，他们怎么有效控制成本呢？

在海尔的服务管理中，用户报修的流程是这样的。首先，用户打电话报修，之后客服人员在系统上登记用户信息，如姓名、购买产品的型号、购买时间等。这其中最关键的是用户所处的位置——只有通过确定用户位置，之后的售后服务才能继续。然后，客服人员手工选择离该用户最近的维修网点，手工网上分派任务，之后维修工程师上门服务。

乍一看，流程非常完美，但仔细看却有不少漏洞。在登记用户信息时，接线员可能对该地址一点都不熟悉，她怎样才能快速、准确地定位用户的位置？而在手工选择离该用户最近维修网点的环节，该接线员又怎样知道哪个网点离报修地点最近？以前的状况是，海尔为上门维修的服务商按照服务距离配发津贴，而怎么确定距离？由服务商报，是不是会有大的漏洞？

这些漏洞用常规手段解决很困难。刚开始，海尔使用的是“人海＋人脑”的战术。先记住各个城市网点的分布情况，然后根据用户提供的信息，将维修任务派送到客服人员认为最近的网点。之后，客服人员使用纸质地图量出用户点至维修网点的大概距离，再进行费用结算。

很显然，这种通过手工方法得到的信息，在准确性、正确性、成本和详细程度上都有很大问题。首先，这种人海战术直接带来的是成本的上升。电话接进来，就得有人去处理，再找服务商信息，服务时间就会加长，自然每个客服人员的服务数量就会减少，相应就会需要更多的客服人员。其次，人脑的能力毕竟是有限的，就算是对业务非常熟悉的客服人员能够记住各主要城市的网点分布情况，他也只能知道地图上的距离，而不是实际到达距离。而在城市或者是乡镇，只凭借手工量地图距离与实际弯曲的路线有很大差距，既有可能影响服务商的响应质量，又有可能提高服务成本。纸质地图本身就存在较大的测量误差，同时，当手工量出15km时，会有服务商说量的路是直的，而实际路是弯的，要求多加5km，维修费就这样溜出去了。

2006年，海尔引入了由中科院旗下的超图公司的SuperMap GIS的空间分析功能，在售后服务系统中增加了地理信息处理能力。GIS包含了全国所有的县级道路网和200个城市的详细道路信息，还记录了全国100多万条地址信息。在如此海量的地理信息基础上，售后服务系统可以在很短的时间内计算出距离用户最近的网点，以及网点到用户家的详细路径描述和距离，并及时将这些信息派送到最合理的服务网点。其工作模式示意图如图10-7所示。

应用GIS之后，海尔的售后服务流程变为这样：用户打电话报修，之后接线员登记用户信息，关键是位置信息。接线员记录后，系统自动匹配用户地址，计算出距离用户最近的网点，之后自动将维修信息派送到网点，网点维修工程师再上门服务。整个地址匹配和服务商挑选工作由系统自动完成，无须手工操作，堵住了服务漏洞。

而同时，系统的快速也远不是手工能比的，以前要花几十秒甚至几分钟翻信息，现在系统自己匹配，每次处理的时间缩短到0.1s以内，大大提高了客服部门的效率。在GIS的支持下，海尔客服部门现在每天可以处理10万次左右的服务请求，得以满足全国用户的需求。

案例思考：

1．海尔为什么要引进 GIS？

2．GIS 是如何改善海尔的服务水平的？

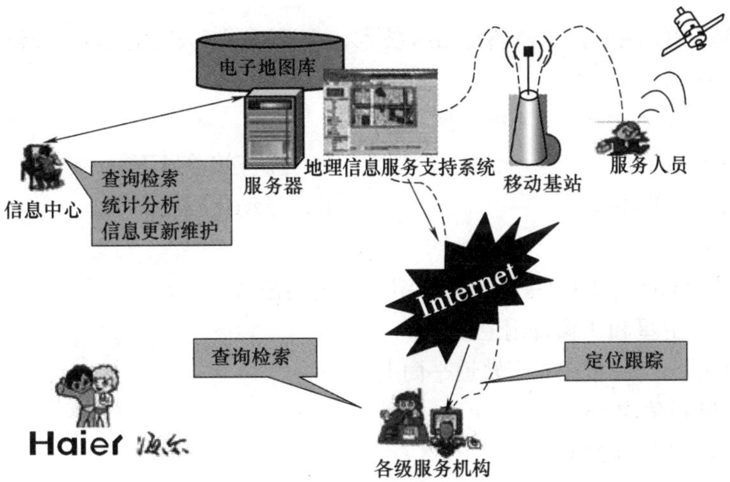

图 10-7　海尔客户服务空间信息系统工作模式示意图

基本训练

1．单项选择题

（1）智能运输系统的英文缩写为（　　）。

A．GPS　　B．GIS

C．ITS　　D．ETC

（2）下列关于智能运输系统说法错误的是（　　）。

A．智能运输系统的核心技术是 GPS 技术

B．智能运输系统强调的是运输设备的系统性、信息交流的交互性以及服务的广泛性

C．智能运输系统容易提高运输成本，增加环境污染

D．智能运输系统是实时、准确、高效的人—车—路三位一体的综合运输和管理系统

（3）用于采集、存储、管理、处理、检索、分析和表达地理空间数据的计算机系统，是分析和处理海量地理数据的通用技术，这项技术是（　　）。

A．智能运输系统　　B．地理信息系统

C．全球定位系统　　D．移动定位技术

（4）关于全球定位系统说法正确的是（　　）。

A．其英文缩写为 GIS

B．受空间卫星影响，定位精度不高

C．核心技术是 ITS

D．可以确定物体的经纬度、高度、速度、时间等信息

2．判断题

（1）GPS 地面监控系统包括 1 个主控站、3 个数据注入站和 5 个监控站，共 9 个站组成。

（ ）

（2）全球定位系统具有性能好、精度高、应用广的特点。（ ）

（3）从计算机科学角度看，地理信息系统属于计算机信息系统的一类，属于计算机软件的范畴。（ ）

（4）不管是ITS、GPS技术，还是GIS技术，都无法减轻交通运输中的环保问题。（ ）

3．多项选择题

（1）与经典测量方法相比，GPS的特点有（ ）。

A．定位精度高
B．经济效益显著
C．可适用不同的环境
D．自动化程度高
E．可全天候观测

（2）下面关于GPS空间卫星系统的介绍，正确的是（ ）。

A．21颗工作卫星和3颗备用卫星
B．24颗卫星平均分布在6个轨道平面上
C．轨道面倾斜角为55°
D．卫星运行周期为24h

4．问答题

（1）GPS的基本构成包括哪几个部分？

（2）GPS技术的特点是什么？

（3）智能运输系统的主要技术包括哪些？

（4）简述GPS技术在运输中的应用。

（5）地理信息系统的主要功能包括哪些？

实践训练

调查所在城市物流企业应用GPS技术的情况并给出发展建议。

参考文献

[1] 陈志红. 运输管理实务［M］. 北京：人民交通出版社，2007.
[2] 易华. 物流管理成本［M］. 北京：清华大学出版社，2005.
[3] 季永清. 运输管理实务［M］. 北京：高等教育出版社，2000.
[4] 秦四平. 运输经济学［M］. 北京：中国铁道出版社，2004.
[5] 孙秋菊. 现代物流概论［M］. 北京：高等教育出版社，2003.
[6] 科伊尔，巴蒂，诺瓦克. 运输管理［M］. 张剑飞，袁宇，朱梓齐，译. 北京：机械工业出版社，2004.
[7] 周芳娟，雷定熠. 运输成本的控制分析［J］. 物流科技，2006，29（134）：52-55.
[8] 杨晓英，盖宇仙. 保障超限货物运输安全的对策［J］. 铁道运营技术，2008，14（1）：12-16.
[9] 李茂盛. 超限超载运输治理工作中的问题［J］. 交通世界，2007（7）：22-23.
[10] 蔡建华，张剑飞. 超限运输的成因及治理对策［J］. 中国公路学报，2007，19（3）：100-105.
[11] 贾国彪. 超限运输管理系统实施方案初探［J］. 中国交通信息产业，2005（7）：50-51.
[12] 陆宁，杨睿. 超限运输的危害和治理对策［J］. 科学与经济，2006（4）：105-107.
[13] 曾新春，成资文. 公路运输超载超限原因与治理［J］. 公路与汽车，2007（4）：42-44.
[14] 崔占勇，成国栋. 浅析如何加强道路危险品运输管理［J］. 新西部，2007（22）：86.
[15] 赵跃华. 运输管理实务［M］. 郑州：河南科学技术出版社，2009.
[16] 杨志刚，吴永富. 国际集装箱运输实务［M］. 北京：人民交通出版社，1998.
[17] 宋华，胡左浩. 现代物流与供应链管理［M］. 北京：经济管理出版社，2000.
[18] 朱隆亮，谭任绩. 物流运输组织管理［M］. 北京：机械工业出版社，2003.
[19] 缪六莹. 物流运输管理实务［M］. 成都：四川人民出版社，2002.
[20] 沈云志. 交通运输工程学［M］. 北京：人民交通出版社，1999.
[21] 张清，杜扬. 国际物流与货运代理［M］. 北京：机械工业出版社，2003.
[22] 牛鱼龙. 世界物流经典案例［M］. 深圳：海天出版社，2003.
[23] 黄卫，陈里得. 智能运输系统［M］. 北京：人民交通出版社，1991.
[24] 邵振一，董千里. 道路运输组织学［M］. 北京：人民交通出版社，1998.
[25] 许庆斌. 运输经济学导论［M］. 北京：中国铁道出版社，2000.
[26] 胡思继. 交通运输学［M］. 北京：人民交通出版社，2002.
[27] 王之泰. 现代物流学［M］. 北京：中国物资出版社，2002.
[28] 姜宏. 物流运输技术与实务［M］. 北京：人民交通出版社，2001.
[29] 王成. 现代物流管理实务与案例［M］. 北京：企业管理出版社，2001.
[30] 夏洪山，等. 现代航空运输管理［M］. 北京：人民交通出版社，2000.
[31] 杨志刚. 国际集装箱多式联运实务与法规［M］. 上海：上海科学技术出版社，1995.
[32] 杨家其. 现代物流与运输［M］. 北京：人民交通出版社，2003.
[33] 丁国良. 交通运输企业经营管理［M］. 北京：人民交通出版社，2002.
[34] 王淑云. 现代物流：英汉对照［M］. 北京：人民交通出版社，2002.
[35] 雷孟林. 运输合同法总论［M］. 北京：人民交通出版社，2006.

[36] 张代思．运输合同·保管合同·仓储合同［M］．北京：中国法制出版社，1999．
[37] 张长青，郑翔．运输合同法［M］．北京：清华大学出版社，2005．
[38] 侯作前，乔宝杰．运输合同实务［M］．北京：知识产权出版社，2005．
[39] 孙林．运输合同［M］．北京：法律出版社，1999．
[40] 侯作前，乔宝杰．运输合同实务评析［M］．北京：知识产权出版社，2003．
[41] 卢永真．运输合同［M］．北京：中国民主法制出版社，2003．
[42] 阎子刚．物流运输管理实务［M］．北京：高等教育出版社，2011．
[43] 刘丽艳，刘文歌．物流运输管理实务［M］．北京：清华大学出版社，2012．
[44] 申纲领．物流案例与实训［M］．北京：北京大学出版社，2010．
[45] 陈云天，杨国荣．物流案例与实训［M］．北京：北京理工大学出版社，2007．
[46] 吴理门．物流案例与分析［M］．天津：天津大学出版社，2011．
[47] 董铁，张荣．物流案例分析［M］．北京：清华大学出版社，2012．
[48] 杨文忠．物流管理实务［M］．北京：科学出版社，2010．
[49] 章雪岩．物流信息管理：规划、设计与建设［M］．北京：中国人民大学出版社，2010．
[50] 李宇桐．3S 技术在现代物流中的应用［J］．地球科技，2013（9）：127-128．
[51] 计国君，蔡远游．运输管理［M］．厦门：厦门大学出版社，2012．
[52] 王晓平．物流信息技术［M］．北京：清华大学出版社，2011．
[53] 戈什，托尼．智能运输系统：智能化绿色结构设计［M］．胡郁葱，译．2 版．北京：机械工业出版社，2012．
[54] 吴忠泽．中国智能交通行业发展现状与未来发展趋势［J］．电气时代，2013（6）：24-26．
[55] 黄河．物流运输实务［M］．北京：北京大学出版社，2012．
[56] 钮立新．运输管理项目式教程［M］．北京：北京大学出版社，2011．
[57] 赵婷婷．运输作业与管理［M］．北京：中国传媒大学出版社，2011．
[58] 朱仕兄．物流运输管理实务［M］．北京：北京交通大学出版社，2009．
[59] 阎子刚．物流运输管理实务［M］．4 版．北京：高等教育出版社，2014．
[60] 刘丽艳，刘文歌．物流运输管理实务［M］．北京：清华大学出版社，2012．
[61] 季永青．物流运输管理［M］．大连：东北财经大学出版社，2015．
[62] 王术峰．运输管理［M］．北京：机械工业出版社，2018．
[63] 仪玉莉．运输管理［M］．北京：高等教育出版社，2012．
[64] 江建达．物流运输管理［M］．大连：东北财经大学出版社，2018．
[65] 方芳．运输作业实务［M］．北京：中国人民大学出版社，2016．
[66] 甘卫华．运输规划与管理［M］．北京：机械工业出版社，2013．
[67] 赵淑芝．运输工程经济学［M］．北京：机械工业出版社，2014．
[68] 丁天明．运输管理实务［M］．北京：北京邮电大学出版社，2013．
[69] 张昭．中国将在“十三五”增加油气管道里程近六成［EB/OL］．(2017-01-19)［2020-01-13］．https://www.jiemian.com/article/1080479.html．
[70] 马驰．营口港海铁联运蓄势领跑一带一路［EB/OL］．(2017-02-24)［2020-01-13］．http://yingkou.nen.com.cn/system/2017/02/24/019682166.shtml．
[71] 宋敏．中欧班列（郑州）去年全年开行 752 班 发送量再创新高［EB/OL］．(2019-01-03)［2020-

01-13]. https://www.henandaily.cn/content/fzhan/2019/0103/141091.html.

[72] 陆娅楠. 中国铁路又添新速度 [EB/OL]. (2019-01-10) [2020-01-13]. http://news.sina.com.cn/o/2017-05-11/doc-ifyfecvz0989754.shtml.

[73] 东博社. 越南水果直航防城港 运输成本省一半 [EB/OL]. (2019-03-05) [2020-01-13]. https://www.toutiao.com/i6664717983186682372.

[74] 巨东物流. 国际海运，散货拼箱全球集装箱运输业的六大趋势 [EB/OL]. (2018-08-30) [2020-01-13]. https://www.world-beater.cn/hangyedongtai/442.html.

[75] 胡耀杰. 亚洲首个港口全自动化集装箱码头在青岛港启用投产 [EB/OL]. (2017-05-11) [2020-01-13].

[76] 雅君，章金. 郑州南站：空铁联运五位一体 15 万平方米规模比肩郑州东站 [EB/OL]. (2018-08-02) [2020-01-13]. https://www.toutiao.com/i6585048761918030344.

[77] 夏莹. 阿里巴巴布局中欧铁路货运 将创造 3000 个就业岗位 [EB/OL]. (2019-03-07) [2020-01-13]. https://www.toutiao.com/a6665518065561633291/.

[78] 蔡攀攀. 政策助推智能交通发展 关联产业都将受益 [EB/OL]. (2018-08-03) [2020-01-13]. http://www.afzhan.com/news/detail/68475.htmlhttp://www.afzhan.com/news/detail/68475.html.

[79] 深圳市金溢科技股份有限公司. 盘点丨国外智能交通系统发展状况 [EB/OL]. (2018-08-22) [2020-01-13]. http://k.sina.com.cn/article_2694336674_a09850a200100m31z.html.

[80] 张卓君. 视频监控系统助力城市管理 [EB/OL]. (2018-06-26) [2020-01-13]. https://zj.zjol.com.cn/news.html?id=972264.

[81] 刘萍. 北斗卫星导航系统性能突飞猛进 定位精度达到米级 [EB/OL]. (2018-03-09) [2020-01-13]. http://www.gpsuu.com/news/zgbdwxdh.html.

[82] 侯小南. 交通部：2019 年着力提高综合交通运输网络效率 降低物流成本 [EB/OL]. (2019-01-25) [2020-01-13]. http://www.truck998.com/allnews/content/id/94784.html.